当代中国社会变迁研究文库编委会

主　任：李培林

副主任：陈光金　张　翼

委　员：（按姓名英文字母排序）
　　　　陈婴婴　景天魁　李春玲　李银河
　　　　罗红光　王春光　王晓毅　王延中
　　　　王　颖　杨宜音

中国社会科学院创新工程学术出版资助项目

当代中国社会变迁研究文库

境遇、态度与社会转型
80后青年的社会学研究

Experience, Attitudes and Social Transition
A Sociological Study of the Post-80's Generation

主编 李春玲　副主编 施芸卿

网络　　　　　　　　房奴
转型　　　　　　　　　拼爹
消费主义　　　　　压力山大
80'S 青年

社会科学文献出版社
SOCIAL SCIENCES ACADEMIC PRESS (CHINA)

总　序
推进中国社会学的新成长

中国社会学正处于快速发展和更新换代的阶段。改革开放后第一批上大学的社会学人，已经陆续到了花甲之年。中国空前巨大的社会变迁所赋予社会学研究的使命，迫切需要推动社会学界新一代学人快速成长。

"文化大革命"结束后，百废待兴，各行各业都面临拨乱反正。1979年3月30日，邓小平同志在党的理论工作务虚会上，以紧迫的语气提出，"实现四个现代化是一项复杂繁重的任务，思想理论工作者当然不能限于讨论它的一些基本原则。……政治学、法学、社会学以及世界政治的研究，我们过去多年忽视了，现在也需要赶快补课。……我们已经承认自然科学比外国落后了，现在也应该承认社会科学的研究工作（就可比的方面说）比外国落后了"。所以必须急起直追，深入实际，调查研究，力戒空谈，"四个现代化靠空谈是化不出来的"。此后，中国社会学进入了一个通过恢复、重建而走向蓬勃发展和逐步规范、成熟的全新时期。

社会学在其恢复和重建的初期，老一辈社会学家发挥了"传帮带"的作用，并继承了社会学擅长的社会调查的优良传统。费孝通先生是我所在的中国社会科学院社会学研究所第一任所长，他带领的课题组，对实行家庭联产承包责任制后的农村进行了深入的调查，发现小城镇的发展对乡村社区的繁荣具有十分重要的意义。费孝通先生在20世纪80年代初期发表的《小城镇·大问题》和提出的乡镇企业发展的苏南模式、温州模式等议题，产生了广泛的影响，并受到当时中央领导的高度重视，发展小城镇和乡镇企业也随之成为中央的一个"战略性"的"大政策"。社会学研究所第三任所长陆学艺主持的"中国百县市经济社会调查",形成了100多卷本调查著作,已建立了60多个县(市)的基础问卷调查资料数据库,现正在组织进行"百村调查"。中国社会科学院社会学研究所的研究人员在20世纪90年代初期集体撰写了第一本《中国社会发展报告》,提出中国社会变迁的一个重要特征,就是在从计划经济走向社会主义市场经济的体制转轨的同时,也处于从农业社会向工业社会、从乡村社会向城市社会、从礼俗社会向法理社会的社会结构转型时期。在社会学研究所的主持下,从1992年开始出版的《中国社会形势分析与预测》年度"社会蓝皮书",至今已出版20本,在社会上产生了较大影响,并受到有关决策部门的关注和重视。我主持的从2006年开始的全国大规模社会综合状况调查,也已经进行了三次,建立起庞大的社会变迁数据库。

2004年党的十六届四中全会提出的构建社会主义和谐社会的新理念,标志着一个新的发展时期的开始,也意味着中国社会学发展的重大机遇。2005年2月21日,我和我的前任景天魁研究员为中央政治局第二十次集体学习做"努力构建社会主义和谐社会"的讲解后,胡锦涛总书记对我们说:"社会学过去我们重视不够,现在提出建设和谐社会,是社会学发展的一个很好的时机,也可以说是社会学的春天吧!你们应当更加深入地进行对社会结构和利益关系的调查研究,加强对社会建设和社会管理思想的研究。"2008年,一些专家学者给中央领导写信,建议加大对社会学建设发展的扶持力度,受到中央领导的高度重视。胡锦涛总书记批示:"专家们来信提出的问题,须深入研究。要从人才培养入手,逐步扩大社会学研究队伍,推动社会学发展,为构建社会主义和谐社会服务。"

目前,在恢复和重建30多年后,中国社会学已进入了蓬勃发展和日渐成熟的时期。中国社会学的一些重要研究成果,不仅受到国内其他学科的广泛重视,也引起国际学术界的关注。现在,对中国社会发展中的一些重大经济社会问题的跨学科研究,都有社会学家的参与。中国社会学已基本建立起有自身特色的研究体系。

回顾和反思20多年来走过的研究历程,社会学的研究中还存在不少不利于学术发展的问题。

一是缺乏创新意识,造成低水平重复。现在社会学的"研究成果"不可谓不多,但有一部分"成果",研究之前缺乏基本的理论准备,不对已有的研究成果进行综述，不找准自己在学科知识系统中的位置，没有必要的问题意识，也不确定明确的研究假设，缺少必需的方法论证，自认为只要相关的问题缺乏研究就是"开创性的""填补空白的"，因此研究的成果既没有学术积累的意义，也没有社会实践和社会政策的意义。造成的结果是，低水平重复的现象比较普遍，这是学术研究的大忌，也是目前很多研究的通病。

二是缺乏长远眼光，研究工作急功近利。由于科研资金总体上短缺，很多人的研究被经费牵着鼻子走。为了评职称，急于求成，原来几年才能完成的研究计划，粗制滥造几个月就可以出"成果"。在市场经济大潮的冲击下，有的人产生浮躁情绪，跟潮流、赶时髦，满足于个人上电视、见报纸、打社会知名度。在这种情况下，一些人不顾个人的知识背景和学科训练，不尊重他人的研究成果，不愿做艰苦细致的调查研究工作，也不考虑基本的理论和方法要求，对于课题也是以"圈"到钱为主旨，偏好于短期的见效快的课题，缺乏对中长期重大问题的深入研究。

三是背离学术发展方向，缺乏研究的专家和大家。有些学者没有自己的专门研究方向和专业学术领域，却经常对所有的问题都发表"专家"意见，"研究"跟着媒体跑，打一枪换一个地方。在这种情况下，发表的政策意见，往往离现实很远，不具有操作性或参考性；而发表的学术意见，往往连学术的边也没沾上，仅仅是用学术语言重复了一些常识而已。这些都背离了科学研究出成果、出人才的方向，没能产生出一大批专家，更遑论大家了。

这次由中国社会科学院社会学研究所学术委员会组织的"当代中国社会变迁研究文库"，主要是由社会学研究所研究人员的成果构成，但其主旨是反映、揭示、解释我国快速而巨大的社会变迁，推动社会学研究的创新，特别是推进新一代社会学人的成长。

李培林

2011年10月20日于北京

目　　录

第一章　前言 …………………………………………………………… 1
　第一节　为什么研究 80 后 ……………………………………………… 4
　第二节　如何研究 80 后 ………………………………………………… 9
　第三节　本书的主要内容 ……………………………………………… 11

第二章　80 后现象的产生及其演变 ………………………………… 18
　第一节　"小皇帝"与"垮掉的一代" ……………………………… 19
　第二节　"另类"与"反叛"的 80 后作家 ………………………… 22
　第三节　80 后社会形象的逆转 ……………………………………… 25
　第四节　市场竞争压力下的奋斗者 ………………………………… 28
　结　语 ………………………………………………………………… 30

第三章　80 后人口特征 ……………………………………………… 31
　第一节　中国人口变化趋势与青年人口比重的变化 ……………… 31
　第二节　80 后人口数量、比重、民族和城乡分布 ………………… 35
　第三节　青年人口年龄段性别比失调 ……………………………… 37
　第四节　青年阶层结婚率降低 ……………………………………… 40
　结　语 ………………………………………………………………… 43

第四章　教育机会增长与 80 后的教育状况 ………………………… 46
　第一节　教育扩张及教育机会增长 ………………………………… 47
　第二节　升学机会的代际比较 ……………………………………… 50

1

第三节　80后的基本教育状况……………………………………… 54
　　第四节　城乡教育机会不平等增长趋势…………………………… 60
　　结　语………………………………………………………………… 63

第五章　80后青年话语的建构与表达……………………………… 65
　　第一节　青年话语的建构传统……………………………………… 65
　　第二节　青年自身的话语表达方式………………………………… 72
　　第三节　代际视野中的80后认同…………………………………… 82
　　结　语………………………………………………………………… 90

第六章　80后职业群体的比较研究………………………………… 93
　　第一节　劳动力市场变迁、教育和职业…………………………… 94
　　第二节　80后青年的职业群体划分……………………………… 100
　　第三节　家庭背景与代际流动…………………………………… 104
　　第四节　收入、消费和生活方式………………………………… 108
　　第五节　阶层认同和社会态度…………………………………… 114
　　结　语……………………………………………………………… 118

第七章　80后大学生的基本状况………………………………… 122
　　第一节　个人与家庭特征………………………………………… 123
　　第二节　学业表现与就业………………………………………… 125
　　第三节　消费与网络行为………………………………………… 126
　　第四节　观念与态度……………………………………………… 128
　　结　语……………………………………………………………… 130

第八章　80后农民工研究………………………………………… 133
　　第一节　80后农民工的概念界定………………………………… 134
　　第二节　80后农民工的主要特征………………………………… 137
　　第三节　80后农民工的就业与经济地位………………………… 139

第四节　80后农民工的消费特征 …………………………… 144
　　第五节　80后农民工的生活压力与社会态度 ………………… 148
　　结　语 …………………………………………………………… 154

第九章　80后独生子女的生命历程 ……………………………… 157
　　第一节　制度塑造的公共生命历程 ……………………………… 159
　　第二节　选择独生子女的结果 …………………………………… 162
　　第三节　独生子女的公共生命历程 ……………………………… 167
　　第四节　国家政策对家庭生育决策影响 ………………………… 171
　　结　语 …………………………………………………………… 173

第十章　80后知识精英的多元分化机制 ………………………… 179
　　第一节　知识精英的界定 ………………………………………… 180
　　第二节　上大学与上好大学 ……………………………………… 182
　　第三节　先赋因素对经济生活的分化机制 ……………………… 189
　　第四节　先赋因素对学业成绩的分化机制 ……………………… 190
　　第五节　先赋因素对社会交往的分化机制 ……………………… 192
　　第六节　先赋因素对就业预期的分化机制 ……………………… 194
　　结　语 …………………………………………………………… 196

第十一章　80后"蚁族"群体的生存现状 ……………………… 201
　　第一节　"蚁族"群体界定 ……………………………………… 202
　　第二节　人口学特征 ……………………………………………… 205
　　第三节　就业与收入 ……………………………………………… 211
　　第四节　居住与消费 ……………………………………………… 218
　　第五节　网络行为与社会参与 …………………………………… 224
　　第六节　社会态度 ………………………………………………… 232
　　结　语 …………………………………………………………… 235

第十二章　80后毕业生的就业状况 … 245

第一节　毕业生的人口特征 … 246

第二节　毕业生的就业率 … 247

第三节　毕业生分流现象与继续教育 … 250

第四节　初职月薪及"文凭贬值"现象 … 251

第五节　预期月薪与实际月薪 … 254

第六节　工作单位选择与实际就业分布 … 255

第七节　影响就业率的因素 … 257

第八节　初职月薪的影响因素 … 259

结　语 … 260

第十三章　80后985高校毕业生消费和收入状况 … 262

第一节　消费状况 … 264

第二节　收入状况 … 271

第三节　房产拥有状况与影响因素 … 275

第四节　收入的影响因素 … 278

结　语 … 284

第十四章　80后知识精英婚恋观 … 288

第一节　相对开放的恋爱观 … 290

第二节　相对理性的择偶观 … 297

第三节　传统与理性相容的婚姻家庭观 … 301

结　语 … 309

第十五章　80后奢侈品消费与时尚文化研究 … 311

第一节　奢侈品符号消费在中国 … 312

第二节　"年轻化"的奢侈品消费 … 317

第三节　青年时尚消费的影响因素 ································· 325
　　第四节　"符号压力"下的社会后果 ······························· 332
　　结　语 ·· 334

第十六章　80后青年的政治态度 ································· 338
　　第一节　改革以来的青年政治态度研究 ·························· 339
　　第二节　80后青年的政治态度 ······································ 343
　　第三节　80后青年政治态度代际比较 ····························· 353
　　结　语 ·· 360

第十七章　80后知识精英的社会政治态度 ···················· 363
　　第一节　关注话题与社会满意度 ··································· 365
　　第二节　社会态度 ··· 369
　　第三节　政治态度 ··· 370
　　结　语 ·· 373

第十八章　80后网民的个人传统性及现代性 ················· 376
　　第一节　中国互联网发展和研究 ··································· 376
　　第二节　个人现代性研究简略回顾 ································ 381
　　第三节　80后网民的个人现代性和传统性 ······················ 388
　　结　语 ·· 396

第十九章　80后政治信心的国别差异 ··························· 401
　　第一节　金砖国家的兴起与七国集团的衰落 ··················· 401
　　第二节　金砖国家与七国集团80后政治信心的国别差异 ··· 406
　　第三节　政治信心差异的三条解释路径 ·························· 412
　　结　语 ·· 424

第二十章　双重转型下的 80 后青年 ·· 428
　第一节　社会转型与个人转型的互嵌：80 后的崛起 ······················ 428
　第二节　一个代际群体和一个时代：80 后的境遇与态度 ··············· 432
　第三节　双重转型的烙印：80 后的共性与分化 ···························· 439
　第四节　未来研究展望·· 442

附录一　表目 ·· 445

附录二　图目 ·· 450

后记 ··· 454

第一章
前　言

　　80后是一个独特的中国概念，指出生于1980～1989年的青年一代①，据统计，中国在这10年间出生的人口共有219611563人。1979年开始的改革开放和与之同时的独生子女政策，构成了80后生命历程中最关键且影响最为深远的社会事件。如果说80后的父母们是"新中国的一代"，他们的生活史就是新中国国家建构史；那么，80后们则是不折不扣的"转型的一代"，他们的成长与中国迈向现代化的转型过程密不可分。因此，有关80后的研究实质上既是对中国社会转型的反思，又是对全球范围到来的现代性的反思。

　　作为成长在这个独特的历史进程中的中国80后青年一代，其所面临的挑战无疑是多重且史无前例的：当下正值80后离校就业的高峰，他们

---

① 以10年来计算世代只是习惯使然，临界点之间的差异，实则模糊不清。从某种程度上来说，以重大社会事件来界定世代更能体现生命历程研究的社会结构视角。因此，如果从改革开放和独生子女政策实施的意义上来说，80后的界定应始于1978、1979年。此外，鉴于80后内部不同阶层和群体之间的差异性，作为总体的80后只在代际意义上成立。本书虽包含有80后农民工以及不同职业群体等研究，但在说到80后一代时，依然更多的指向主流社会以及媒体所关注的以城市白领和大学生为主体的80后精英。

既面临个体从依赖家庭学校到成家立业的人生转型时期，又处于中国向工业化、市场化和城市化过渡的社会转型阶段，并且同时置身于全球范围向后现代社会迈进的风险和不确定性当中。面对这样的挑战，他们的生命历程在多大程度上被这些宏观的社会历史进程所形塑？这种影响又是通过什么模式作用于个人的？而作为具有主体性的个体，他们又是通过什么模式适应这个宏观的社会历史变迁的？这些都是本书试图探讨的问题。源于这些问题，本书从"个人转型"和"社会转型"这两个维度出发，以80后青年当前从毕业到成家立业这一过渡期中具体的生活境遇与态度为着眼点，将独特的个体生命历程置于中国社会转型和全球化范围向后现代社会迈进的背景下进行解读。在此视角下，我们需要做到以下几方面的理论关注。

1. 要充分重视青年因处于个人转型期而对社会变迁特有的敏感性

从人的一生的历程来看，青年被看成是一个人生命周期中从儿童到成年的转型阶段，这种转型包括职业、社会和文化的转型，其中最主要的标志是从离开学校到获得稳定职业的职业转型，其要点在于青年的经济独立、思想成熟并实现自我管理。然而当今世界年轻人教育年限的延长、工作的不稳定，使得原先的界限变得模糊不清，影响整个生命模式的青年转型期正在延长（拉葛雷，2007）。当前的80后正处于这个独特的人生转型阶段，最能充分地体现出社会变迁在其身上打下的深刻烙印，具有重大的研究价值。

与此同时，从中国当前经历的变迁来说，这是一个迈向现代性的特定过程。吉登斯把现代性看成一种风险文化，一种充满了不确定性和多样选择的后传统秩序，它带给人类最严重的后果就是不安全感和自我焦虑的磨难（吉登斯，1998）。而年轻人则是对这种变迁最为敏感的群体。法国学者拉葛雷认为，这一代人的重要标志是"邂逅后现代性"，他们在后现代社会的背景下成长起来，后现代社会出现并随之带来了个体化、个人的自由和责任、选择、机会的开放性、传统纽带的崩溃等概念，对未来的不确定性和风险的承担成为当今青年生活的一部分（拉葛雷，2007）。因此，个人从依附向独立的转型与社会从传统向现代并再度向后现代的转型重叠交错，放大了青年在处理个人经历时所面对的风险和不确定性，构成我们探讨80后问题时基本的立足点。

2. 要将青年的生命历程嵌套在特定的国家和全球背景下来理解

将青年置于中国特定的社会历史脉络下理解，可以看到中国社会固有的城乡二元结构，结合来自家庭背景的阶层差异，以教育机会和教育资源为中介，将80后内在划分为很多个子群体，使他们的生活状态迥然相异且相互隔绝。最典型的如大学生80后群体和农民工80后群体，他们生活在同一时点，却仿佛置身于两个迥然相异的世界。这种多元性在个体身上体现为各种机会的不平等（教育、就业、发声）；而若放置于转型的视角之下去理解，社会格局对人口的年龄层和知识层的分割，又内在地成为市场化过程中资本使其利润最大化的工具。正如陈映芳所指出的，这一根本逻辑源于"人"被"人力"化，不同年龄层的劳动力和消费能力，正被各种力量精心地计算并实现其利益最大化（陈映芳，2010）。这背后，既有社会结构力量的形塑，又有席卷全球的资本力量的驱动。

2005年联合国的《世界青年报告》中讨论了全球化给青年人生活带来的四种影响：一是就业机会分配，全球化改变了就业市场，青年作为劳动力市场的新来者成为"最脆弱"的群体；二是全球化带来国家内以及国家间的移民迁徙，而青年人在移民中占有相当的比例；三是全球化对青年文化造成多重影响，媒体的扩展导致全球消费主义的出现；四是全球公民身份和活动潮流涌动（联合国，2005）。这些关于当今欧美青年处境的研究将青年的境遇与全球化时代经济和社会结构的变迁趋势结合起来，视青年为遭主流社会排斥并且被边缘化的弱势群体，这给理解中国80后一代的境遇提供了某种参考。

3. 要重视公共表达和青年的"自我表达"之间的内在张力

近年来，中东、北非以及英国的政治动荡和社会骚乱，使人们将目光重新聚焦于作为这些骚乱主要参与者的青年群体身上。社会学视角的解释主要集中在移民困境、经济危机带来的高失业率和通货膨胀、贫富分化、腐败垄断、向上流动渠道的闭合，以及文化差异等制度性和社会文化的因素上。而在另一种意义上，骚乱也可视为青年群体的一种自我表达，它既与特定的社会结构与社会变迁背景息息相关，又嵌入于青年群体在公共话语中的"被表述"与青年群体各种形式的"自我表达"的内在张力之中。

同样，作为中国当下的青年群体，80后的成长也深刻体现了社会结构转型背景下公共表述和自我表达之间的内在张力。有学者在解释这几年国内层出不穷的各类群体性事件的主角为何都包含大量的80后青年时,曾将"县域青年的认同危机"作为一个重要归因(单光鼐,2011)。作为改革开放和独生子女的第一代,80后自出生以来便备受争议。在早期的公共话语中,充斥着"小皇帝""自我""叛逆""缺乏担当"等负面的表述;而经历2008年汶川地震和奥运之后的公共表述中却突然出现了对这代人的爱国、奉献、责任心和民族精神的高度赞扬,使之前80后的负面形象得到部分修正。与此同时,他们的自我表达自始至终以各种方式展现着分裂和多元性,或漠然或热情,或主流或非主流。这代人身上似乎融合了各种矛盾,比如两种体制并存和多元化的机会所带来的标准化的成长经历与差异化的个人体验、充裕的物质条件与残酷的竞争压力、孤独的成长环境与强烈的表达欲望等。

这究竟是什么样的一代人?如何理解这代人与转型的关系?这一问题构成了本书在经验上的出发点——试图将这一代人放置在转型的过程中去理解,也试图从这一代人的生活境遇的角度来理解转型。有关80后的概念和话题虽然被社会和媒体各界炒得火热,但在学术界至今仍缺少系统规范的研究。关于80后的境遇和态度的研究,试图填补这一学术空白。同时这一研究不仅有助于理解当今青年和中国社会的诸多问题,还有助于消除代际隔阂,在主流社会与80后之间建立起理性的沟通渠道,因此具有重要的现实意义。

第一节 为什么研究80后

有学者曾经对2003~2008年包括《人民日报》在内的14种主流媒体对80后的报道内容进行了分析,发现80后的媒体形象经历了一个从最初的"另类""个性""自我"到后来的"自信""社会责任感""爱国",从原先"垮掉的一代"到后来的"鸟巢一代"[①]的变化历程(王芳,2009)。这

[①] 北京奥运会开幕后第二天,《朝鲜日报》把充满自信和进取精神的中国新生代运动员、志愿者、建设者以及所有关心且亮相于北京奥运的中国年轻人称为"鸟巢一代"。这个称呼被国内主流媒体认可,媒体称他们善于表达交流,爱国心强,给予了正面肯定的评价。

种转变背后的原因是复杂和深层次的，它标志着主流社会日渐走向成熟宽容并在价值观上呈现多元化趋势，同时，80后自身成长并开始在各自工作岗位上参与和发声的作用同样不可忽视。然而，在主流社会对这代人的评价日益主流化，并使80后的议题逐渐淡出公众争议的过程中，我们却要追问，80后是否在研究上构成了一个真问题？回答是肯定的。80后之所以可以作为研究的真问题，是因为这一代人所展现出来的，除却青年作为生命历程的一个特殊年龄阶段所具有的普遍特质之外，还有中国社会转型背景在他们成长历程中所留下的独特而深刻的烙印。在这个意义上，80后可视为一个与年龄相关的社会过程，"在这个过程中，年龄以历史和文化的特殊方式被社会建构、制度化和控制"，它"能帮助我们理解某些社会变革的复杂性以及制度与个人经历之间的交叉点"，这样就"将权力关系带到了最前方"（Johanna Wyn & Rob White，2008）。因此，通过对80后的研究，我们不仅可以理解这个独特的世代，而且可以通过他们分析我们所处的时代。

作为社会急剧转型的产物，80后是一个充满内在矛盾的、多元化的和分裂的群体，所有这个转型时期出现的问题都在他们身上有所体现，这也是80后的话题在近10年来始终能够赢得主流社会和媒体关注的原因。同时，他们也不是被动承受的群体，在应对这个风险社会的过程中，他们以自己的方式建构了新的规则和新的话语模式，并在行动中创造了自己的主体性。国内以往对于80后的研究或者表述总是更多的从上一代人的观念和立场出发，站在主流社会的中心，以居高临下的道德优势将80后青年视为某种程度上的问题青年。基于这样一种价值判断得出的结论就难免有失偏颇。这类研究在方法论上的一个主要缺陷，就是将80后都作为被动的研究客体，没有将80后自身的主体的声音纳入其中。尽管由于80后大多尚未在社会中确立自己稳定的身份和地位，因而很难作为主体来发声，因此常常被排斥在有关80后的主流话语之外，成为"沉默的大多数"，但是要真正了解和理解80后，就需要考虑到公众话语的权力维度，把作为被研究者的80后重新带回分析的中心，让他们发出自己的声音。这是本书区别于以往的青年研究以及主流社会的80后叙述，在研究目标和宗旨上尤其强调的一点。因此，在这个意义上，80后不能简单地作为一代人的标签来理解，不能静态地、孤立地来理解，甚至不能作为一个整体来理解。

因此，在80后研究中，首先要看到这个群体的多元性，注重青年群体本身的社会分层及内部分化。内部分化可以从两个意义上来说，一是传统的社会分层（职业、收入）意义上的分化，如大学生群体和新生代农民工这两个典型群体。大学生就业难和对体制内工作岗位的热衷等问题不仅反映出高等教育体系与劳动力市场之间出现的偏差以及大学生自身存在的一些问题，还折射出社会资源分配的不均衡特别是体制内岗位的优势地位（工作稳定性和隐性福利）。而与第一代农民工相比，对城市认同感更强的新生代农民工在城乡之间"进退两难"的处境更凸现出我国城市化新阶段和户籍制度所面临的困境。此外，各类资源的地区分布严重不均衡（特别是集中于大城市）更加剧了青年的就业难问题和城市生活压力，"蜗居"和"蚁族"现象就是典型的例子。内部分化在第二重意义上可以体现为生活方式、消费模式和消费风格、亚文化小圈子和身份认同等方面的分化。各种被标签化的、非学术意义上的"一族"概念，诸如"月光族"、"卡奴族"、"布波/Bobo族"、"NONO族"（NO Logo）、"乐活族"（LOHAS）、"穷忙族"、"尼特族"（NEET）、"飞特族"（Freeter）、"快闪族"等都从不同侧面反映了青年群体的内部分化和细化。或许可以说，这些五花八门的不同青少年"族群"为我们绘制了一幅当代中国"青少年社会结构"的另类图谱。

进而，在看到该群体多元性的基础上，要注重分析不同社会阶层在代际传递上的差异，特别是先赋性因素（父辈家庭的经济资本、政治资本、文化资本等）对不同青年群体向上流动的影响；在现实中这突出地体现在人们对"官二代""富二代"以及城乡青年教育机会不平等的高度关注上。我们可以明显地发现，十多年来影响着中国社会分层研究的"市场转型理论"范式的大量讨论（边燕杰，2002；2008），无论其具体观点是赞成、修正还是反对，一直都只是成年人的视角，关注的是成年人的不同社会阶层在市场转型过程中利益、机会和权力的得失消长、延续或再生产问题，而严重缺乏了青年和代际传递的视角。事实上，中国改革开放已经有30多年，新的一代已经逐渐走上社会生活各个舞台并开始成为骨干力量，在新的阶段，我们认为社会分层研究有必要也完全有可能引入青年和代际的分析视角。因此，青年研究是对中国社会分层与社会转型研究的必要补充和完善，并会不断丰富其成果甚至由此产生出新的理论范式。

其次，在看到该群体多元性的同时，也应该看到80后作为一个代际群体区别于其他代的共性。作为一个自出生便"形象鲜明"的群体，80后的共性是毋庸置疑的，这代人的衣着打扮、行为举止、生活方式、价值理念都已被标签化并在相当程度上有了辨识度。但本书要特别强调的是，在个人转型和社会转型这一双重转型视角下，80后除了这些外在特征外，还有一个更深层面的鲜明共性：较之其他代，80后是一个内在矛盾凸显的群体。这是由其所在的特定社会变迁时点所决定的。与之前几代相比，他们是改革之后的第一代；而与后几代相比，他们则成长于改革尚未全面推开的初期。这一代完整地见证着有中国特色社会主义改革的渐进过程，他们在听着市场经济的宣传的同时却在很大程度上实践着计划经济而长大，两种体制的并存、纠缠与渐变，口号与实践的矛盾与断裂，内在且撕裂着这一代人，使他们总是处于一个尴尬且自我矛盾的境地。80后身上所体现的这种矛盾性的本质，探究到底，是动态的社会变迁带来的通过不同渠道（如教育、体制内外的单位类型、消费、网络等）作用在80后个体身上的国家、市场、社会三股力量本身的矛盾。

本书设定的目标是：基于实证调查和文本分析资料，采用多元分析方法，对80后群体进行系统性的描述性分析。由于目前大多数有关80后青年群体的研究分析仅限于媒体记者和文化评论家的讨论，缺乏学术性的、实证性的，特别是社会学视角的深入研究以供借鉴，因此，本书可视为一项带有社会学分析视角的探索性或开拓性的研究。另一方面，由于80后是一个正在不断成长和变化的社会群体，目前处于生命历程的过渡时期——由学校走向社会并即将或者刚刚成家立业，其社会特性及形象也在发生转变——由"另类"的、"反叛"的青少年转变为需要适应社会环境并承受生活压力的成年人。因此，本书也是一项针对80后群体长期追踪研究的一个阶段性研究。

本书想要解答以下几个具体问题。

（1）80后是否是一个具有社会学意义的代际群体？通过代际比较分析，描述80后的人口、社会、经济特征及态度取向，并由此判断，80后除了年龄特征，是否是一个具有社会学意义的独特类型，即80后在生活方式、价值观念等方面是否具有显著特征。

（2）80后是否是一个具有高度集体认同的群体？深入分析80后内部的群体差异和构成，描述各个群体的社会经济特征和态度行为差异，由此判断80后作为一个整体是否具有集体意识和认同，以及其中哪一个群体是这一集体意识的典型代表，并最可能产生关键性的影响。同时，由于80后是一个由他人命名的概念，通过研究分析这一代人的自我评价以及对80后这一概念的认同变化及其原因，可以澄清社会上对80后的种种猜测与质疑、误解与困惑，揭示相关争议的实质所在以及与社会变迁的相互关联。

（3）80后是如何被社会环境塑造而成的？80后不仅仅是生于同一时代的年龄群，更是一个与特定社会变迁密切相连的代际概念。本书通过对这一代的生存境遇和生活态度的调查，分析哪些社会因素、以何种方式影响了他们在就业和生活目标上的选择及其实现，从中发掘他们的社会观、价值观以及他们对现代性的理解和感受。

（4）80后的选择与表达如何建构了社会？80后一代在生活态度和行为方式上的选择反映了其背后所推崇的价值观，这种价值观可以理解为他们面对现代性所采取的一种应对策略。这种应对并非是完全被动的，而是体现了现代风险社会中作为个体的行动者的一种主动选择和主体性表达。本书将分析80后的选择与表达如何对主流社会产生冲击和建构作用。

与此同时，本书重点关注影响80后生存状态的以下几个主要方面。

（1）深入考察80后青年群体的就业与失业问题，分析青年人就业的影响因素，了解他们的困难和诉求，向青年人及其父母、高校机构、企业和政府部门提供相关对策和建议，以利于提高其就业竞争力，增加就业机会和渠道，缓解大学生失业问题，帮助大学生顺利地由学校走向社会，促进社会和谐稳定。

（2）深入考察80后青年的消费模式和生活方式，了解其收入水平与消费水平的匹配程度，分析他们的消费取向和偏好，探查其生活方式的特征，评估他们的生活质量。青年的住房问题在当今中国的社会文本中尤其具有挑战性。本书将详细分析80后青年的住房拥有状况及其影响因素，将之放在社会分化和代际流动的框架下进行解释。在此基础之上，也将考察他们的消费模式和生活方式与社会经济发展之间的关联，从而为刺激经济增长和扩大内需以及增加青年的生活空间、提高青年的社会福利做出政策建议。

（3）深入考察80后青年的价值观念和社会政治态度，分析影响其态度变化的原因，分析就业和生存状况对青年人的价值观念的影响，重点研究他们的政治态度和社会预期，比如：对现存政治体制的评价，对官方意识形态、国家和民族的认同，对政府执政水平的评估，以及对各种社会热点问题的看法等。同时，考察哪些社会政策有利于提升青年人对现存体制的认同，对党和政府的支持度，改善哪些方面的生存条件有利于提高他们的社会满意度。在此基础之上，为政府决策部门提供政策建议。

（4）深入考察80后青年的婚恋观和交往模式，分析在互联网和全球化时代这些观念变化和模式更新背后的原因及其影响因素。了解80后在走出校门、走上社会后碰到的基本民生问题，包括在成家立业、住房购置和生养孩子等方面遭遇的困境与最迫切的需求，为他们创造尽可能宽松的生存环境和向上发展的畅通渠道。同时也为他们开启有效的利益诉求通道，保留体制内外以及市场和网络等充足的言论表达空间，使得他们在遭遇转型社会挫折而成为脆弱群体时，不至于变成骚动的"危险"群体，并就此为相关政策部门提供参考性思路。

第二节　如何研究80后

研究方法取决于研究对象的性质以及研究的目的。在确定本研究的研究方法时，项目组充分考虑了如下情况。①青年研究涉猎范围较为宽泛，难以将过多的有关青年的主题纳入研究设计之中。②目前国内有关青年的研究整体上相对薄弱，在多个相关领域尚未形成明确的理论传统和研究范式。③80后是一个至今未经系统研讨的主题，80后作为一个学理上的问题在理论上缺乏梳理，其论域尚未界定。④80后的构成复杂，典型的至少包括大学生和农民工，而不同类型的80后问题可能有完全不同的内涵。根据上述情况，我们确定本研究采取的策略是：以探索和描述为重点，兼顾80后现象的理论构建和解释；分群体、分论域进行调查分析和研究。具体来说，就是在研究对象上以大学生和新生代农民工为重点群体，同时将和80后群体密切相关的就业、婚恋、消费以及政治态度这四个领域作为主要论域，在分析方式上则主要是对量化调查结果进行阐释、解读。

根据上述研究策略，我们采取的研究方法主要包括两大类：以文献研究、文本分析为主的质性研究（qualitative research）和以问卷统计调查（survey research）为主的量化分析研究（quantitative research）。其中，质性研究中文献研究主要应用于梳理80后问题的脉络，从而为80后研究寻找准确的学理定位（第二章）；文本分析则主要应用于有关80后的各种话语，并试图勾勒当前中国社会中的80后形象（第五章）；量化分析则主要针对前文提到的四个论域开展相关研究，描述80后群体在这四个方面的基本情况，同时也对80后群体的代内差异以及80后群体和80前群体之间的代际差异进行描述（第三章、第四章、第六章至第十九章）。

在采取上述研究方法的过程中，我们根据项目经费、时间等客观情况做了如下具体安排。

一是将本项目的问卷调查的目标群体限定为80后大学生，而对农民工等其他群体的分析研究则利用其他数据进行。如前所述，80后群体是一个内部分化明显的群体，各群体面临的问题很可能千差万别，如果要在同一个调查中涵盖所有群体，调查设计和实施的难度超过了本项目资源支持的范围。因此，我们设计的"中国大学生就业、生活及价值观调查"①仅针对在校和毕业的大学生群体，在此基础上进行的分析包括第七、十、十二、十三、十四和十七章；而针对农民工和一些特殊群体的分析则采用了其他数据，如对80后整体的人口特征使用了人口普查数据（第三章），对80后职业群体差异、农民工、80后整体的政治态度分析则使用了中国社会科学院社会学研究所2006、2008和2011年度的"中国社会状况综合调查"数据（第四、六、八和十六章）；对80后群体的国际比较则综合利用了世界价值观调查（World Value Survey，WVS）中的相关数据（第十九章）。

二是在调查方式上尝试采用了网络调查（online survey）。由于我国幅员辽阔，实施全国性的各类面访成本巨大；而电话调查、邮件调查等方式则又受到回收率低等问题的困扰。考虑到80后大学生群体使用网络的程度很高，在线填答问卷对他们来说较为容易，且问卷回收速度快，调查质量易于评估和监控。从实际执行的情况看，网络调查历时3个月左右，较之各类面访节省了3个月以上的执行时间。

三是在抽样方案上采取了主观抽样和随机抽样结合的办法。我国共有各类高等院校2000余所，仅普通本科院校就已超过700所，如果要在全国所有的高校中实施多阶段随机抽样将是一件工程浩大之事，并且本项目的各种

---

① 此调查为一项追踪调查，截至本书成稿之日，继本书涉及的2010年调查之后，项目组又完成了2011年五所普通高校调查（北京工商大学、广州大学、湖北大学、南京工业大学、陕西师范大学），2012年12所高校调查（6所普通高校和6所985高校）及2013年12所高校调查（4所985高校、4所普通高校和4所高等职业学院），研究成果正在撰写之中。

资源也不支持这样的做法。在实际操作中，我们根据地域的分布情况，选取了6所985学校（吉林大学、重庆大学、华中科技大学、南京大学、中山大学、西安交通大学）作为调查对象，在每个学校中，则采取随机抽样方式选取调查样本；这样，我们最终获得了11437个样本，其中在校生样本6782个，毕业生样本4655个；最后在分析的时候，根据各高校专业和性别的分布对样本进行了加权。

四是在分析方法上采取以描述为主，兼进行模型建构的方式。根据研究的策略，我们在量化数据分析过程中，对大多数问题采取频次分析和交互分析的描述分析方法，以呈现80后群体的基本面貌；同时，对一些有理论背景的问题则进行部分的模型建构分析，所用的主要包括Logistic回归、多项Logit模型（Multinomial Logit Model）等类别变量（Categorical Variable）分析方法。

这里重申，研究方法和分析方法均服务于研究的目的，更受制于研究资源和研究策略。选择研究方法是在既定的项目框架下寻求最优或次优的决策过程。在今后开展进一步的80后研究中，将根据研究的目的、经费、主题等要素对研究方法做出相应的调整。

第三节 本书的主要内容

本书分为四大部分。第一部分为总论，共有五个章节。第一章是前言，介绍了本书的研究目的、研究思路、研究方法和研究内容。二至五章分别从社会、人口和文化视角讨论80后这一代际群体，突出80后作为一个代际群体的特殊社会历史内涵，强调了这一群体的共同经历造就了他们强烈的集体意识和身份认同。

第二章"80后现象的产生及其演变"对80后群体从"小皇帝"般的童年、充满叛逆的少年、形象扭转的青年到如今初入职场面临激烈竞争的成年这四个阶段在公共视野中的形象从消极到积极的流变出发，展示了宏观社会转型的推进与个人层面的生命历程的演进这两大发展轨迹对于形塑80后的群体境遇的交错影响，阐释了80后作为中国历史上一个独特的代际群体的意义，凸显了社会学研究不同于其他学科对青年问题关注时的社会转型的视角。

第三章"80后人口特征"对80后群体的人口基本特征加以描述,依据国家统计局人口普查数据、1%人口抽样调查数据和中国社会科学院社会学研究所"中国社会状况综合调查"数据,详细描述80后的人口数量和构成,重点分析了青年人口年龄构成变化、独生子女、性别比失调及结婚率降低等现象。

第四章"教育机会增长与80后的教育状况"分析了在教育事业快速发展的条件下80后教育机会的迅速增长和文化水平的极大提高。通过代际比较分析,这一章充分显示出80后是教育机会大幅度增长的极大受益者。与此同时,本章还详细分析了80后不同群体的教育水平差异及其变化趋势,重点探讨了性别、城乡、农业与非农户口、流动人口与本地人口之间的教育水平差异,特别关注了城乡教育机会不平等扩大现象。

第五章"80后青年话语的建构与表达"主要探讨80后青年话语的建构与表达。其中,主流话语对80后的建构包含了两大传统:一个是作为政治和意识形态意涵的"接班人"话语,另一个是基于代际关系视野的80后话语;而80后自身的话语表达除了沿革和承继其前辈青年文化的反抗性特点之外,还以更加俗世化和娱乐化的方式创造了自己独特的草根文化。改革开放30年来,国家操控下的主流青年话语建构传统日渐走向衰微或被解构,而新的网络技术和平台造就了崭新的丰富多彩的青年话语表达方式,形成两种青年话语之间从控制、对峙与反抗,走向疏离、渗透与反哺的姿态。而80后作为网络时代平民化、草根化、娱乐化并充满反叛色彩的青年话语的主体和原创者,正是在与主流话语的博弈中渐次赢得并扩大自己的话语权,在与成人社会的代际冲突和渗透反哺中建构起自己的认同。这一过程本身经历了对80后这个称呼的集体抗拒到集体认同和无所谓,显示了以80后精英为主导的城市80后一代正在从被溺爱和安排、误解和指责的一代,走向被尊重和关怀、成熟而有担当的多元化的一代。

第二部分的六章(第六至十一章)分析了80后群体的内部分化以及各个子群体的现状特征。尽管这一代人形成了强烈的集体意识和身份认同,但社会结构中存在的多重分割因素仍然在他们的身上打下了深深的烙印。城乡分割和阶层不平等导致了这一群体的教育分化及随后的职业分化,80后内部实际上存在着不同的子群体,在风险与机遇并存、机会竞争白热化的当今社会,不同子群体的生存境遇和市场状态差异很大。这一分化进程伴随着

第一章　前言

80 后的成长而持续深化。

第六章"80 后职业群体的比较研究"着眼于中国社会从封闭向开放过渡的转型特征，针对 80 后青年人群所处的劳动力市场，就高等教育、社会制度等因素的影响，讨论了此间的社会变化过程。本章认为中国社会整体上趋于开放，以职业为基础的社会分层体系适用于 80 后青年。本章在充分考虑户籍制度、企业性质、高等教育等诸多影响因素下，对 80 后群体做了具体的职业划分，并且讨论了 80 后职业群体划分与其他社会分层指标之间的一致性。此外，本章还考察了 80 后代际流动的特点，认为社会流动规模大、以向上流动为主、职业结构变化带来的结构性流动是社会流动性强的主要原因，进一步佐证了中国社会的开放性。

第七章"80 后大学生的基本状况"以 80 后知识精英为研究焦点，基于中国社会科学院社会学研究所 2010 年中国大学生就业、生活及价值观调查的相关数据，描绘了一幅反映这一子群体的个人背景、教育、就业、消费、网络行为、价值观念与态度等特征的总体性图景。

第八章"80 后农民工研究"着眼于 80 后农民工这一当前中国社会变迁中快速形成的庞大社会群体，从工作收入、消费方式、生活压力、社会态度等方面的特征入手，分析了 80 后农民工和老一代农民工之间的共性与差异，得出结论为：80 后农民工虽然在文化程度、工作技能等方面比老一代农民工有较大提高，却仍然处于整个社会结构的底层，游离于城市制度之外，他们是中国社会转型过程中破除城乡二元结构、加快推动城镇化和工业化进程的关键人群。

第九章"80 后独生子女的生命历程"摒弃了独生子女研究中传统的"个体差异"范式，从家国关系视角出发，采用生命历程范式对中国成年独生子女进行分析，认为中国独生子女世代，是具有政策依托性和文化特殊性的一个独特群体。基于 2010 年中国大学生就业、生活及价值观调查的数据和 2011 年在上海高校学生中进行的访谈，本章的主要结论为：家国同构模式促进了 80 后独生子女一代家庭现阶段的发展；"公共生命历程"为入世之初的 80 后一代独生子女提供了优势地位，但另一方面"优势地位递减"趋势也给其未来发展带来了更多的挑战；国家—社会互动过程中，作为中间组织的家庭如果缺乏必要支撑，国家行为的运作机制将会受到制约。

第十章"80 后知识精英的多元分化机制"将第六章职业对 80 后分化的

探讨更向前追溯了一步，着力探究户籍身份和由家庭经济、文化、社会资本组成的阶层因素如何经由教育的中介，在80后代内分化中发挥作用。985高校在校生的数据分析显示，"上大学"这个在西方语境中获致性色彩强烈的因素，在中国的转型背景下，成为一个受社会结构和变迁影响巨大，并受城乡户籍身份决定性影响以及阶层因素强大作用的因素。同时，伴随着扩招而来的高等教育产业化中的一个重要环节是高等教育体系内部分层的严密化和精细化。在这个趋势下，进入精英大学，成为这代人的一个新的分割点，他们在精英大学里的生活呈现先赋性因素和获致性因素的交织：通过就读精英大学，先赋资源较弱的个体可以在很大程度上侧重于传统能力的培养从而改变自己的命运，但较之其他同样有精英大学文凭的同伴，先赋性因素依旧透过各种与现代化更为接轨的资源和技能，捆绑和束缚着他们。

第十一章"80后'蚁族'群体的生存现状"将视角转向以刚毕业大学生为主体的新群体——"高校毕业生低收入聚居群体"（别称"蚁族"）。该群体的出现折射出我国城市管理、大学生就业、社会底层群体稳定等现实问题，特别是在高等教育持续扩招、城市管理日趋复杂、国际金融危机日益深化、世界青年运动的大背景下，这一群体尤其值得关注。本章通过对全国七个城市"蚁族"群体的抽样调查，从工作生活、网络使用以及社会态度等几个方面分析了该群体的生存现状，并就妥善解决"蚁族"问题提出了一些对策建议。

第三部分的四章（第十二至十五章）专门分析80后当中的知识精英（985高校的在校生和毕业生），这是本研究最为关注的一个群体。在某种程度上，他们是80后群体中最活跃的部分，是最具代表性的发声者，是最具竞争能力并抓住最多机会的成功者，他们也可能成为未来的社会精英，对社会未来发展方向产生关键的影响。

第十二章"80后毕业生的就业状况"从毕业生的人口特征、毕业生的就业率、毕业生分流现象与继续教育、初职月薪及"文凭贬值"现象、预期月薪与实际月薪、工作单位选择与实际就业分布、影响就业率的因素、初职月薪的影响因素等方面对80后知识精英的就业状况进行全面描述。大学扩招无疑是80后成长历程中的一个重大事件，这一政策使这一代人享有了前所未有的上大学的机会，但同时也使他们面临了前所未遇的就业竞争压力。

第十三章"80后985高校毕业生消费和收入状况"通过考察985高校毕业生的消费和收入情况，对其生活状况和生活质量做了一个整体评估。数据分析分为两块：一是985高校毕业生的消费（主要指日常支出和住房拥有）和收入的大致状况，由此可以看出这一群体内部的消费分层和收入分层；二是985高校毕业生的住房拥有和收入的影响因素，主要从个人特征、家庭背景和社会环境三个方面对其生活机会和生活质量做进一步的分析。本章还重点考察了住房情况对该群体生活状况的影响，强调了消费在划分社会阶层上的作用。

第十四章"80后知识精英婚恋观"从社会转型期所处的传统和现代碰撞的场景出发，探讨了这代人独特的婚恋观。本章认为，传统观念与个人理性碰撞的结果在80后知识精英身上由于其较高的受教育程度而被放大，形成了他们相对开放的恋爱观、统筹兼顾的相对理性的择偶观以及坚守传统与崇尚理性的婚姻家庭观。集中表现为：双重标准和适度开放的性观念、坚持婚内生育的子嗣观、相信婚姻也注重理性的情感观，以及坚持夫妻有别和注重财产保护的家庭经济观。每一个阶段的婚恋观都体现出80后知识精英对婚姻传统的坚守和对个人理性的崇尚，这是对两者无奈的妥协也是对两者巧妙的融合。

第十五章"80后奢侈品消费与时尚文化研究"聚焦于奢侈品及其仿冒品消费这一80后群体的消费生活中非常醒目的时尚现象，试图理解青年一代在社会转型和全球化双重背景下的文化观念和消费模式的建构路径。奢侈品风潮造成的符号压力使80后群体在日常生活中常常遭遇纠结与困惑，不得不面对贫富差距带来的心理冲突。而他们对于名牌奢侈品真假符号的消费实践呈现内部分化，采取差异化的多重消费策略。本章进一步探讨了参照群体、互联网、时尚传媒等要素所构成的时尚启蒙和教育的社会化动态过程，认为商业化策略的强大影响、资本对社会化过程的渗透、传统文化断裂和文化符号体系的无序等令年轻人感到不安的特殊处境，在一定程度上解释了他们对于强势文化符号的跟从。最后提出希望传媒、教育系统和其他社会机构对年轻人的美育和精神生活的引导有所反思及作为。

以上分别从80后作为一个代际群体的共同生命历程、80后内部分化的子群体以及本研究着重关注的80后知识精英三方面，对80后在社会转型中面对的独特境遇做出了描述和解释，第四部分的四章（第十六至十九章）

转而从多角度对由这些境遇形塑的80后的价值观和社会政治态度进行论述，体现社会结构变迁与青年一代的自我表达之间的张力。

第十六章"80后青年的政治态度"以2008年中国社会科学院社会学研究所的中国社会状况综合调查数据（CGSS2008），在代际比较的基础上对80后青年的政治态度进行描述和分析。结果显示，60后表现出较强的保守特征，最为明显的是其在自我政治角色上的顺从权威倾向；70后表现出过渡性特征，其与80后在部分指标上趋同，但程度上趋缓；80后表现出一定的激进特征，现实生活压力及自我政治角色的独立倾向，使其对未来社会冲突预期加剧；90后表现出前喻的政治社会化进行状态。政治态度是个人对政治的稳定的、有组织的心理状态。青年期是人生中政治态度形成的关键时期。

第十七章"80后知识精英的社会政治态度"从社会政治态度、对个人现状及生活地区的满意度、社会评价、政治态度几方面对985高校的80后的社会政治态度特点进行分析。总体来说，80后知识精英认同新中国从成立至今的发展且对未来充满信心。但是，由于房价问题、社会保障缺乏、就业问题、社会不公、社会诚信衰落和腐败等关乎民生、社会公平正义、道德良俗等的社会问题对其个人发展产生了严重影响，80后知识精英产生了对个人现状不满意的心理，对社会持否定性评价态度，甚至对政治信仰动摇和政治理念分化，毕业生比在校生的社会政治态度更加消极。

第十八章"80后网民的个人传统性与现代性"聚焦于80后网民群体，将这一代人置于中国大陆个人现代性形成的理论历史框架中来理解。本章的研究结果表明，80后网民的个人传统性弱于80前网民；而其个人现代性基本上和80前群体持平，但是在自由平等方面比80前网民有着更强的倾向。这一结果恰好展现了半个多世纪以来社会变迁的影响。1949年以来，大陆传统文化实际上受到了正统意识形态和现代西方思想的双重冲击，从而在很大程度上有所式微，这也是80后群体在个人传统性方面弱于80前群体的重要原因。而就个人现代性来说，80后群体和80前群体几乎同时面对并经历了1978年以后的改革开放，因此个人现代性的形成具有同样的社会背景。而作为青年人在"自由平等"方面倾向强则可以归因于80后群体的总体社会地位较低，从而更容易具有追求自由和平等的倾向。

第十九章"80后政治信心的国别差异"将这代人置于整个世界的政治经济社会形势的大环境中理解。通过使用"世界价值观调查"目前所能得到的最新数据（2005～2008年段），本章对发达工业国家（七国集团）和新兴经济体国家（金砖五国）80后青少年的政治信心进行了比较和分析。研究发现，中国80后对中央政治机构的信心总体上在所有12个国家中最强，不过，中国的80后对政府机构的信心，可能针对的更多的是中央政府层面，而对地方政府以及地方政治，则呈现比较强烈的不信任感。这种情况在与其他国家做对比时，表现得尤其突出。此外，本章还描述了这12个国家的80后在个人生活满意度上的差异，以及对四种不同政治体制的评价，并考察了个人生活满意度和对威权主义的亲和度对他们政治信心的影响。本研究再次确认了经济繁荣对政治信心的重要性，但其他宏观因素，比如传统文化的影响也不容忽视。

最后的第二十章为本书的结论和讨论部分，就本书所体现的社会转型与个人转型互构视角下80后的境遇与态度以及双重转型张力下的共性与分化做了简短的总结，并指出了未来研究可能的方向。

参考文献

Johanna Wyn，Rob White，2008，《青年的概念》，纪秋发编译，《中国青年研究》第6期。

边燕杰主编，2002，《市场转型与社会分层》，生活·读书·新知三联书店。

边燕杰、吴晓刚、李路路主编，2008，《社会分层与流动：国外学者对中国研究的新进展》，中国人民大学出版社。

陈映芳、唐杰等，2010，《80后如何谈政治？——80后的政治意识或曰家国情怀》，《文化纵横》第2期。

吉登斯，1998，《现代性与自我认同：现代晚期的自我与社会》，生活·读书·新知三联书店。

拉葛雷，2007，《青年与全球化——现代性及其挑战》，社会科学文献出版社。

联合国，2005，《2005年世界青年报告》（附件），《联合国青年议题》（http://www.un.org/chinese/esa/social/youth/report.htm），检索时间：2011年12月1日。

单光鼐，2011，《从群体性事件看"县域青年"的认同困惑》，载《2011两岸三地华人青少年研究暨台湾青少年成长历程研究第四次学术研讨会会议论文》。

王芳，2009，《主流媒体上的80后形象研究——对中国14种主要报纸的内容分析》，《青年研究》第3期。

第二章
80后现象的产生及其演变

作为"转型的一代",80后的成长经历伴随着社会转型的演进——从传统社会向现代社会的转型、从计划体制向市场体制的转型、从相对封闭的社会向对外开放的社会的转型。80后在社会巨变环境中成长,体验与父辈完全不同的成长经历,并通过互联网这种前所未有的交往工具,分享和交流共同的感受,形成代际认同和集体意识,这使他们成为一种具有社会意义的代际群体。

在讨论代际关系和定义代际群体时,我们可以区分三种不同含义的"代"的概念。第一种是年龄差别产生的代际关系,如青年与老年;第二种是血缘关系产生的代际关系,如父辈和子辈;第三种是以共同的观念和行为特征产生的"代",如"第五代导演""文革造反一代"等。80后这个代际群体概念,虽然从名称上而言是一个出生同期群——出生在同一个十年里的一批人,但80后不仅是一个"年龄群体"概念,更重要的是一个"社会群体"概念,或可称之为"社会代"。"社会代"的意思是一群同年龄的人,由于共同经历了某些重大的历史事件,产生了共同的思想观念、价值态度和相同的行为方式以及利益诉求。

80后青少年时期生活成长的环境完全不同于他们的父辈。第一,他们生长于开放的环境，广泛地受到西方文化和生活方式的影响；第二，他们生长于市场经济不断推进的过程中，身处竞争和谋利的氛围；第三，不断提高的生活水平使他们较少遭遇逆境和挫折；第四，他们当中有一部分是独生子女，而非独生子女也生长于少子化家庭，享受着祖辈和父辈的多重关爱；第五，他们是伴随着互联网成长的一代，这使他们拥有前辈从未可能享有的丰富快捷的信息、广泛的社会交往渠道和开放的自我表达空间。这些社会环境因素建构了他们鲜明的时代特征，使他们成为中国近现代历史上非常独特的一代人。80后这个概念真正折射的是巨大的社会变迁。社会变迁形塑了他们的观念与行为，而他们的观念与行为又在推进社会的变迁。

80后从一出生就引人关注和争议，公众媒体赋予他们各种社会标签，伴随着其成长历程，他们的社会形象不断流变。80后社会形象和行为表现的种种变化，是两个发展轨迹交错影响的结果，一个是社会宏观层面的重大变化，我们可以称之为社会转型的演进轨迹；另一个是个人层面的生命历程演进过程：从幼儿期成长为青少年期，再由青少年期成长为青年期，之后步入成年期。在80后的每一个人生转折期，剧烈的社会变迁和重大的历史事件都在形塑着他们的观念与行为。

第一节 "小皇帝"与"垮掉的一代"

在"蜜罐"里成长的"小皇帝"是人们对幼儿及儿童期的80后的称谓标签。这一时期的80后遭遇的重大事件是独生子女政策的实施，以及改革最初十年的经济迅速发展和人们生活的明显改善，80后享受到了其父辈从未享受过的物质生活条件，在"四二一"家庭结构中，80后可以说是集千万宠爱于一身。虽然80后人群中独生子女的比例大约只有20%（主要是城镇家庭子女），但大多数的农村家庭出身的80后也成长于少子女家庭（大多数是2~3个子女）。在家庭收入和生活条件明显改善的20世纪八九十年代，80后享受着远多于其父辈童年期享有的家庭资源和父母关注，他们无疑是幸运的一代。

1979年，我国政府出台了一项具有深远意义的人口政策——提倡一对夫妇只生育一个孩子。当年，610万孩子领取了独生子女证。到1984年，全国育龄夫妇中，有2800多万独生子女的父母领取了"独生子女证"。1986年5月26日《人民日报》（海外版）报道，当时，中国大陆独生子女总数已达3500万人（1987年《半月谈》杂志报道为8000万）。据国家统计局统计，到1987年，领取独生子女证的家庭增加到3200多万。据粗略估计，1980年代末全国领证的独生子女达3500多万人。加上一大批未领证的独生子女，全国14岁以下独生子女超过5000万。这些独生子女主要分布在中国的城市，这是城市的人口现象。据1990年的统计，我国已有5000多万独生子女，未满1周岁儿童的独生子女率为52%，而在大城市，0~8岁儿童95%以上是独生子女（陈功，2000）。

独生子女的大量出现，对于中国人的家庭生活及相关生活领域产生了重大影响。传统中国家庭观念崇尚多子女，家庭的经济资源和父母关爱不得不在多个子女中进行分配，在有些家庭中，兄弟姐妹之间还不得不相互竞争，而独生子女则可以享有家庭的完全支持和父母的所有关爱。80后独生子女的父母是极其独特的一代，他们经历过多重磨难和社会经济环境的急剧变迁。风笑天这样来描述这一代独生子女父母的不平常的人生经历：在"三年自然灾害"中度过他们的小学时代；在十年"动乱"和"上山下乡"中度过他们的中学时代和青年时代；在恢复高考和抓经济建设的背景中开始他们的婚姻和学习；在控制人口、计划生育的关键时刻开始生孩子；当他们开始培养他们唯一的孩子时，社会改革、企业竞争的大背景又一次绷紧了他们生活的弦（风笑天，2004）。80后父母的挫折人生使他们对子女寄予厚望和特别关注，他们不想让子女再经受他们所经历过的磨难，他们要给子女提供最好的生活环境和学习条件。在80后的幼儿期和儿童期，祖父母们常常与他们居住在一起，即使不居住在一起，祖父母们也极热心地帮忙照顾孙子孙女。他们对80后孙子孙女们的溺爱程度更为突出。在这种家庭环境中成长的80后独生子女，表现出与以往儿童不同的一些个性特征，这成为一种社会现象而引起人们的关注。

1985年3月18日，美国《新闻周刊》刊登了两名记者所写的题为《一大群"小皇帝"》的文章。正是在这篇文章中，作者借独生子女父母之口，第一次给这一代独生子女戴上了"小皇帝"的帽子："拜倒在孩子脚下的父母称孩子们是'小皇帝'"，中国的报刊称他们是"娇生惯养的孩子"。《一大群"小皇帝"》发表短短 11 天之后（即 1985 年 3 月 29 日），《工人日报》就发表了这篇文章的摘译稿。1986 年《中国作家》第 3 期刊登了一篇题为《中国的"小皇帝"》的报告文学。该刊在扉页的编者按语中深沉地写道：

> 本期以报告文学《中国的"小皇帝"》为开篇。中国有 3000 多万独生子女，他们目前的生活和教育现状，已愈来愈引起全社会的关注和忧虑。愿本刊的读者——尤其是年轻的爸爸、妈妈们，会从这篇文章中得到启发，学会真正地关心这些"小皇帝"。我们愿和作者一起呼吁：为了中国的将来，不要溺爱！不能溺爱！

这篇报告文学向全社会发出了警告："中国的历史进入 80 年代以来，各种新的事物和新的问题一起来临，其中就包括出现在每个家庭里的宠儿，更确切地说是那些由祖父母、外祖父母及父母用全部精力供养起来的、几乎无一例外地患了'四二一'综合症的孩子——独生子女们。……也就是说，凌驾于家庭、父母及亲属之上的'小皇帝'，已遍及千家万户，不久的将来，中国将会家家户户都有一个'小皇帝'。"这篇报告文学引起社会广泛关注，"小皇帝"这一称呼广为流传，它逐渐成了这一代独生子女的代名称。由于独生子女现象是伴随着 80 后的出生才出现的社会现象，因此"小皇帝"也成为 80 后儿童的典型形象。

一些教育家、心理学家和社会学家纷纷指出，这批独生子女存在某些个性弱点，比如胆小、谨慎、恐惧、不合群、孤僻、任性、娇气、利己、嫉妒、易怒、固执，心理上极不稳定，社会适应能力差，性格不健全，品质、道德落伍。这些缺点被称为"独生子女综合征"（陈功，2000）。

20 世纪 90 年代，在父母溺爱和社会担忧的环境中慢慢长大的 80 后进入了小学和中学，一个新的社会标签落于他们的头上——"垮掉的一代"。主流媒体和教育家们认为，这一代人生活条件太优越，没有经受过挫折，导致他们自私、叛逆、脆弱和没有责任感，难以承担国家未来的使命。媒体上有关 80 后的新闻报道常常是其娇宠任性的行为表现和为一点小事而离家出走或自杀。成人社会对他们的评价是："垮掉的一代""最没责任心的一代""最自私的一代""最叛逆的一代""最娇生惯养的一代"，是"喝可乐、吃汉堡"长大的"享乐的一代"。80后的父辈们越来越担忧,这一代人如何能成为未来社会栋梁。

第二节 "另类"与"反叛"的80后作家

20世纪90年代后期,80后们在主流媒体的负面评价、批评指责以及父辈的担忧中步入他们的青春期。80后由青少年期向青年期转变之时,一个新事物极大地改变了中国人的社会生活,尤其是80后的社会生活,那就是互联网的出现和迅速普及。可以说,在某种程度上,互联网造就了80后。80后的前辈们(60后和70后)在青少年时期也曾遭受过成人社会对他们的种种指责,他们只能听从长辈的批评而无法公开表达不同意见,因为主流媒体掌控在成年人手中。然而80后们有了互联网,他们可以在网络上反击成人社会对他们的种种指责和负面评价,并主动出击挑战文化权威和精英名流。

在这之前,无论是"独生子女""小皇帝"还是"垮掉的一代",都是成人社会赋予80后的称谓标签,80后没有机会公开表达他们对自身的评价。20世纪90年代末期和21世纪之初,一批少年文学写手通过文学形式表达他们的自我感受,以及成人社会规范对他们的压抑。虽然主流文学界对他们的作品不屑一顾,但市场经济给他们提供了机会。这类作品在图书市场上受到追捧,尤其受到80后青少年的欢迎,因为这些作品所表达的情绪能引起他们的共鸣。韩寒的《三重门》、春树的《北京娃娃》、郭敬明的《幻城》相继推出,"少年写作""青春文学""新概念青春派"等命名成为图书市场上保障畅销的标签。

如果没有互联网的出现,这些文学作品和青少年文学写手很可能像以往的青春文学一样,仅仅是一种文学现象或者文化现象,然而,由于有了互联网,这种文化现象发展成为一种社会现象。21世纪最初的几年,正是互联网在中国社会刚刚出现的时期,大多数中国人还不太会使用它,而青少年文学写手们则很快地精于此道,成为网络写手。正是通过互联网的渠道,这些青少年文学写手扩大了他们的社会影响,赢得了大量同辈青少年的支持,而由他们组成的个性特征鲜明的80后作家群在中国社会异军突起。

第二章 80后现象的产生及其演变

80后一词最初就是指这批青少年文学写手,他们大多出生于20世纪80年代,有少数人出生于70年代末期,他们被称为80后作家。80后这一词语最早由80后作家代表人物恭小兵提出。2003年,恭小兵在某个论坛里发表了题目为《总结80后》的帖子,那是他对身边的一帮同龄人的生存状态及精神状态的总结。随后,这一词语很快流行起来,几乎每一本新出的青春文学类书籍的封面都会出现80后字样,但其含义主要还是指80后作家群。2004年2月,北京少女作家春树登上《时代》周刊(亚洲版)封面,周刊将春树、韩寒等称作中国80后的代表。这一明确命名与定位,使80后迅速取代其他称谓成为一个广泛应用的语词,也引起了社会各界对80后写作的关注。在2005年6月25日出版的《时代》周刊(全球版)上,又出现了中国青年作家李傻傻,该周刊认为,中国的80后成为当下文化的关键词。

如果说80后作家们在其线下文学作品中所表达的对成人社会不满是温和的情绪宣泄,那么他们在网络上的不满表达则张狂、好斗和尖锐得多,而张狂和好斗性表现得越鲜明,越可能赢得80后们的喝彩。从80后作家代表人物恭小兵的成名之路可以看到这种好斗程度。恭小兵于2000年5月注册网络ID,正式成为互联网中文用户。2001~2003年,他"怀揣硬砖无数,游荡于各大论坛,中文互联网每有战事,内外围必有此人身影"。挑起和参与各种网络论战使他成为2004年天涯社区年度网络风云人物。同年,"因其处女作兼自传体小说《无处可逃》,在天涯社区连载后引发大规模讨论,被出版商借机炒作为'80后文学领袖'后天价买断《无处可逃》的10年版权而一夜间蹿红网络"。[①] 80后作家最著名的代表人物韩寒也是通过网络上的数次文坛大论战而名声大噪,赢得无数追随者和粉丝,最终成为80后的精神领袖和代言人。其中最为著名的论战是"韩白之战"(韩寒与著名文学评论家白烨之间的大论战),韩寒针对白烨的《80后现状与未来》的回应文章《文坛是个屁,谁都别装逼》,充分显示了张狂个性,以及对文化权威的不屑一顾。这种张狂个性和挑战权威的精神受到大量80后的追捧。

80后作家通过互联网扩大了他们的社会影响,他们通过在网络上的意见表达,把80后们集结和动员起来,与成人社会形成对抗。对抗的最初阶段是80后们反击成年人权威对他们的批评指责,而后转向主动出击,挑战

---

① 参见百度百科上"恭小兵"条目(http://baike.baidu.com/view/665608.htm)。

社会文化领域的权威。这种对抗已经超越了文学范畴，延伸至更广泛的社会价值领域。在愈演愈烈的论战对抗中，"另类"和"反叛"的80后作家成为80后的精神领袖，他们带领着大批80后支持者们与主流媒体和文化权威们进行论战，挑战主流价值规范。2005~2008年，网络上爆发了几轮文化大论战，文化权威和精英名流们无一例外地落败而逃。80后网络写手成为社会风云人物，他们毫无顾忌地表现他们与老一辈人的不同，以及对于传统权威的蔑视。

通过网络论战，80后作为一个整体成为一种社会势力，主流媒体和社会名流们在论及80后时变得小心翼翼、措辞谨慎，人们感到这群"另类""自我""张狂"与"反叛"的80后不太好惹。"韩白之战"之后，网络上的一个段子"战争启示录：千万别惹80后"，反映了成人社会对80后的畏惧心态。

1. 上了年纪，千万别和80后论战，尤其持久战，战必败；2. 不懂网络，没有足够多的Fans，千万别和80后论战，战必败；3. 心理承受能力差，千万别和80后论战，战必败；4. 文字水平低，千万别和80后论战，战必败；5. 道德感太强，自命正统，千万别和80后论战，战必败；6. 死要面子，千万别和80后论战，战必败；7. 思想僵化，千万别和80后论战，战必败；8. IQ低，千万别和80后论战，战必败；9. 没有自嘲精神，千万别和80后论战，战必败；10. 教养太好，千万别和80后论战。……一句话，不是80后，别和80后论战！

在这一过程中，80后们逐渐显示出一种代际认同感，或者说他们形成了某种集体意识。他们觉得，他们80后是同样的一群人，他们有共同的想法和追求，他们都感受到了现存社会规范对他们的压抑和束缚，他们不想再像老一代人那样生活与思考。正是在这一时期，80后这个词语由80后作家的代名词转变为对整个80后一代人的称呼，80后一代成为具有代际认同和集体意识的"社会代"。他们所制造的"反叛性"的青年文化由互联网向大众媒体以及其他社会生活领域渗透。

2005~2008年中国80后反叛性青年文化现象，在某些方面类似于20世纪六七十年代欧美社会出现的青年反主流文化。第二次世界大战之后，欧美发达国家有一个相当长时期的经济繁荣期，人们的物质生活水平极大提高，出现了"富裕社会"现象，随之而来的就是20世纪六七十年代大规模的青年反叛文化以及一系列的社会运动和政治运动，反叛传统、反叛道德的权威和规范。这种青年文化成为当时欧美社会变革的一种推动力，尤其促进了价值观念、伦理道德和社会理念等方面的巨大变革。

在2005~2008年，中国的一批80后青年也给人同样的印象，他们的文学写作和网络论战形成了一种反叛性文化，挑战主流社会规范和理念。六七十年代的欧美青年是以摇滚乐作为载体对抗成人社会，而中国80后青年则是以网络写作作为载体对抗主流媒体和文化精英。

第三节 80后社会形象的逆转

2008年中国社会发生了两件大事——汶川大地震和北京奥运会，80后青年在这两次事件中的表现彻底颠覆了他们的原有社会形象。80后在汶川地震后的救援行动中表现出的奉献精神和感人事迹，在西方部分媒体和人士抵制北京奥运会风潮中表现出的高度爱国主义热情，以及在北京奥运会期间志愿者工作中的良好精神面貌，使主流媒体对其评价由负面转向极为正面，而80后与主流社会的关系似乎也由"对抗""反叛"转向合作和支持。

2008年4月7日，北京奥运火炬传递在巴黎遭遇部分"藏独"分子及其支持者的干扰破坏，其后在其他一些国家的火炬传递也受到"藏独"分子的滋扰。与此同时，在西方部分媒体和文化人士的鼓动下，出现了一股抵制北京奥运会和反华倾向的风潮，导致中国政府的国际形象受到极大损害，北京奥运会组办方承受着极大压力。令人们意想不到的是，海外大批80后中国留学生自愿组织起来，沿途维护火炬传递，与"藏独"分子对抗，指责西方媒体的不实报道，宣传中国的正面形象。国内的80后青年与此相呼应，在网络上猛烈回击西方媒体和名流们的反华言论，充分显示其爱国主义热情，强烈支持中国政府举办奥运会。

在奥运火炬传递进程中，2008年5月12日四川省汶川和北川发生8级强烈地震，导致6万多人死亡。在随后的一个多月的救援期间，众多媒体热情洋溢地报道了80后青年的杰出表现。当时中央电视台的《中国周刊》节

目,以"汶川大地震:'80后'撑起中国脊梁"为题所进行的报道采用了下述激动人心的语言:

> 这一刻,80后让我们动容!在汶川大地震中,有这样一群年轻人,以无私无畏的勇敢与坚强,令世人刮目和动容:舍身护佑学生的教师袁文婷;失去10位亲人仍坚持在抗震一线的民警蒋敏;用自己的奶水喂养地震孤儿的民警蒋小娟;背着病人转移导致自己流产的护士陈晓泸……在他们身后,挺立着更多与他们同样优秀的同龄人,冒险在废墟上搜救的普通士兵,奋不顾身的白衣天使,活跃在前线后方的志愿者,去而又返的献血者……他们有相同的年纪,他们来自一个共同的群体——80后。

2008年6月11日的《国际先驱导报》上的一篇报导声称:

> 2008年以来,包括地震在内一连串的危机,成了80后的成人仪式。这个素来强调自我、个性张扬的群体,"突然"变得勇敢和坚强起来。19岁的王君博在帐篷医院里一边工作一边擦着汗。"这对我们是一次机会,表明自己不只是温室中长大的孩子,也不是毫无用处。""……我们就要从心灵上彻底脱掉脆弱的壳,用坚强的意念和敢于担当的勇气接过前代手中的权杖。"汶川大地震,也是80后的一次嬗变。地震过后,80后在灾难中巍然挺立。

互联网上对80后在汶川大地震后的表现的描述则更加煽情:

> 5·12地震已经过去17天了,在这17天里,我们通过电视、网络、报纸,看到总有这么一群人会以不同的方式出现在我们每个人的视线中,他们用自己的语言、自己的表情、自己的行动,传达一个信号。他们在这次地震中有异样的名字:遇难者、救援者、志愿者,他们有不同的职业:军人、学生、教师、医生、护士、中共党员、普通老百姓。当我们把很多泪洒给他们,把很多敬意献给他们,不经意间,我们发现他们当中的很多人还有一个共同的符号,就是那个首次被用代际命名的

群体：80后。在近30多年来最大的地震灾害中，被安了叛逆、自我和冷漠标签的80后，以职业或非职业的姿态成为这次事件进程中的主角。……原来有情怀，原来很勇敢，原来懂大爱，原来能作为。汶川地震以其惨烈和悲壮，摧开了很多封闭和坚硬的心扉，也以很多生命奇迹的创造和展示，搭建起一个无比生动的生命教育课堂，引导和实施了对很多年轻心灵最有力的救赎。于是80后群体，以他们重新自我诠释和定位的共和国公民的身份，以及以公民身份的作为，得到了社会的重新检视和评价。……因80后，未来中国会更加强大！未来中国会更加团结！未来中国会更加博爱！

——2008年5月28日《搜狐网》http：//q.sohu.com/forum/9/topic/2478184

2008年6月12日晚，湖南卫视在黄金时间举办了一场题为"我们正年轻"的晚会来祭奠汶川大地震一个月，整场晚会始终贯穿着一个主题，那就是弘扬80后，无论是受灾的80后，还是伸出援手救助的80后，晚会都对其颂扬赞歌。一位80后对此晚会的观感是："对比之前媒体一边倒对'80后'言之凿凿、恨之切切、责之深深，这场晚会大有为'80后'平反翻案的势头。"

对于80后的奉献精神和社会责任感的高度赞誉在北京奥运会期间达到了顶点，80后志愿者的表现尤其赢得了人们的称赞。在庞大的奥运志愿者队伍中——北京奥运会赛场约7万名志愿者以及其他各方面为奥运服务的几十万志愿者，绝大部分是80后青年，特别是80后在校大学生。他们在志愿服务中表现出的良好素质、责任心、吃苦耐劳和维护民族荣誉的勇气都令人印象深刻。当然，80后运动员的表现更加夺人耳目，他们是为中国军团争夺奖牌的主力军。2008年8月14日《烟台晚报》以《80后奥运新势力》为题，颂扬80后在奥运会上的表现："80后无疑是2008年奥运会最大的支持势力，从运动员到志愿者，80后在北京奥运会上成为了领衔主演。"

2008年80后社会形象的这一逆转表面看来似乎十分突兀，但这一转变有着社会变迁影响的逻辑，是中国崛起和融入全球化进程的一个组成部分。80后进入青年期的一个重要社会背景就是中国在世界上的崛起，遭遇某些发达国家的扼制，与西方世界发生意识形态冲突。20世纪的80和90年代，在中国改革开放的最初 20 年里,中国作为一个经济较为落后而社会政治制度与西方价值理念相左的国家,一直处于国际事务和全球经济体系较为边缘的位置。2001 年中国加入世界贸易组织是一个转折点,之后,中国经济规模猛增,中国制造商品大规模涌入欧美市场,中国的经济成就引起世人注目,它作为一个经济大国在世界上崛起。80 后见证了这一过程,或者说,他们伴随这一过程成长,在这一过程中形成了他们对世界的看法和对中国的定位。这样的成长背景,使他们生成了某种大国心态:中国是世界上的一个大国,应该在国际事务中发挥影响力,中国及中国人在国际社会中应该受到重视和尊重。另一方面,政府长期实施的爱国主义教育,更强化了 80 后的强国梦想。2008 年之后持续数年的金融危机,又加剧了中国与其他国家之间的贸易战。这一系列冲突,反映了中国作为一个新崛起的大国,要走向世界和融入全球化进程所面临的种种问题。这一进程无疑对 80 后的世界观念和国家理念产生了极大影响。最近发生的我国与某些周边国家的领土争端,也将进一步强化 80 后一代的国家意识与民族荣誉感。

第四节 市场竞争压力下的奋斗者

在成人社会对 80 后的评价彻底改变之后,80 后的形象又有了新的变化。近十年来,80 后逐步步入成人世界,他们由学校走向社会和劳动力市场,他们要成家立业和生育子女。在这一过程中,他们遭遇到前所未有的竞争压力——就业的压力、高房价的压力、生活成本不断上升的压力。他们遭遇了大学扩招后的就业难,遭遇了房价和房租的疯涨,遭遇了全球性金融危机,遭遇了连续几年的通货膨胀。更令人不可思议的是,当他们开始生育子女时,还遇上了上幼儿园难的问题。这让许多 80 后感到,他们真是何其不幸、生不逢时。正如网络上流行的"80 后的自述"所表达的情绪:

我们读小学时,读大学不要钱;我们读大学时,读小学不要钱。我们没能工作的时候,工作是分配的;我们可以工作的时候,撞得头破血流才勉强找份饿不死人的工作。我们不能挣钱的时候,房子是分配的;我们能挣钱的时候,却发现房子已经买不起了。我们没有进入股市的时候,傻瓜都在赚钱;我们兴冲冲地闯进去的时候,才发现自己成了傻瓜。当我们不到结婚的年龄的时候,骑单车就能娶媳妇;当我们到了结婚年龄的时候,没有洋房汽车娶不了媳妇。当我们没生娃的时候,别人是可以生一串的;当我们要生娃的时候,谁都不许生多个。

80后无疑是面临全面市场竞争的一代,他们需要应对的是与父辈完全不同的生存环境。在市场竞争压力下步入成人社会的80后,逐渐淡化了他们身上的"另类"和"反叛"的特性,无奈而焦虑的奋斗者成为他们的新形象,"房奴""蚁族""孩奴"等都是80后对自身状况的描述。但与此同时,80后也拥有其父辈所未有的机遇,一批80后精英人物在文化领域、体育领域、新兴产业和高科技产业中以惊人的速度崛起。在以往的论资排辈的社会中,在规则完全由成人权威所制定的秩序中,年轻人不太可能拥有那么多机会,以那么快的速度获取成功,在那么年轻的时候功成名就。80后的精英们自信而自我,一改传统中国社会成功人士的自谦和自敛的形象。网络上流行的"80后名人语录"反映了这批青年精英的个性特征。

- 我想我的时代来了,我那时候特别高兴。我从不感觉压力,我等待这么多年,终于来到,我不会错过每一个机会。
——郎朗(钢琴家,生于1982年)
- 你拍我时我都大度过N次了,难道就不许我踹你一脚。
——范冰冰(演员,生于1981年)
- 我不在乎起点有多高,最重要的是终点。
——姚明(篮球运动员,生于1980年)
- 中国有我、亚洲有我、世界有我。
——刘翔(田径运动员,生于1983年)
- 文坛是个屁,谁都别装逼。
——韩寒(作家,生于1982年)
- 世界是你们的,但归根结底是我们的。
——一位80后的声音

当前的80后们在机遇、挑战、竞争和压力环境中生存,一批人脱颖而出,登上了社会的顶端,而大部分人还在努力奋斗。他们的奋斗目标前所未有的具体——为了工作、为了房子、为了爱情、为了友谊。他们的观念态度和行为方式受到大众媒体的追捧，为主流社会所接纳。现今的80后开始以成年人自居，像他们的父辈当年看他们一样，对其后辈90后们多有微辞。当然，他们绝不会像他们父辈那样严苛指责，80后们有更开放和宽容的心态。他们还在继续成长，他们的社会形象和个性特征还可能发生变化。但毫无疑问，对于我们的社会、我们的国家、我们的民族的未来发展，他们将发挥至关重要的作用。

结　　语

共同经历了社会剧烈变革的80后是中国近现代历史上非常独特的一代人，他们是改革开放所造就的一代，是独生子女的一代，是伴随互联网成长的一代，也是伴随中国融入全球化、走向世界的一代。这些重大的社会变迁和历史事件建构了这一代人的个性特征，同时这一代人也在引领和推进进一步的社会变革。这一代人分享着共同的社会经历、价值观念和行为方式，具有很强的利益表达愿望和能力，承受着前所未有的社会风险和竞争压力，对自我现状不满意但对未来有信心。不过，80后是一个内部分化的群体，受过高等教育的80后大学生们是80后社会形象的典型代表，而人数更为众多的80后新生代农民工们绝不是"沉默的大多数"，他们也是80后群体的主要构成部分，只不过在80后最初崛起时受到了忽视。80后是一个共性特征突出的代际群体，但同时内部的差异仍然鲜明，这种差异性体现了社会结构层面的城乡鸿沟和阶层分化的影响。

参考文献

陈功，2000，《家庭革命》，中国社会科学出版社。
风笑天主编，2004，《中国独生子女：从小皇帝到新公民》，知识出版社。

第三章
80后人口特征

人口特征和教育状况是年龄群体代际特征的基本元素,它们在某种程度上决定了或影响着一代人的其他社会特征。在80后的成长过程中,计划生育政策和大学扩招政策的实施对于80后的人口特征和教育状况产生了深远影响。

第一节 中国人口变化趋势与青年人口比重的变化

社会历史变迁和国家人口的变化导致青年人口数量和占总人口比例不断变化。我们可以从历届人口普查数据来观察青年人口的变化。不过,虽然人口普查数据是最准确的人口数据,但因为种种原因,这些数据也难以做到尽善尽美。比较第五次人口普查和第六次人口普查就会发现:在10~14岁组,第六次人口普查到了7490万人,但第五次人口普查才登记了6897万人;在15~19岁组,第六次人口普查到了9988万人,但第五次人口普查才登记了9015万人;在20~24岁组,第六次人口普查到了1.274亿人,但第五次人口普查才登记了1.254亿人;在25~29岁组,第六次人口普查到了1.01亿人,但第五次人口普查却登记了1.03亿人;在30~34

岁组，第六次人口普查到了9714万人，但第五次人口普查才登记了9457万人。如果第五次人口普查各个年龄段人口数据准确的话，则在一定死亡率的影响下，第六次人口普查得到的10年后的人口数量，应该稍低于第五次人口普查登记的人口数量。但在经历了可能存在的死亡人口的影响后，第六次人口普查却在青年阶层人口中登记到了更高的数据——与人口变化规律不一致的矛盾数据。这至少可以让我们得到这样两个互相矛盾的推断：其一，第五次人口普查低年龄组存在较大的漏登问题；其二，第六次人口普查低年龄组存在较大重复登记问题。实情到底如何，还需要继续观察。

但不管怎么说，两次人口普查都给我们显示了一个相对稳定的人口趋势，那就是——年龄越小的人口同期群，其人口的绝对值也相对较小。比如说，从第六次人口普查数据可以看出，0~4岁人口为7553万人，5~9岁人口为7088万人，10~14岁为7491万人，15~19岁为9989万人，而20~24岁人口则高达1.274亿人，25~29岁人口则为1.01亿人，30~34岁人口为9714万人。这就是说，如果按照年龄推移，未来的青年人口比现在青年人口的数量缩减了很多。如果以20~24岁人口的1.274亿计，则0~4岁人口比其少了5000多万。

如果将六次人口普查的数据放在一起比较还可以看出（如表3-2所示）：在1953年第一次人口普查时，15~34岁青年人口在总人口中的占比为31.44%，在1964年第二次人口普查时在总人口中的占比为30.25%，在1982年第三次人口普查时占比为36.38%，在第四次人口普查时为38.41%——达到最大值，但在2000年第五次人口普查时占比就缩小为33.25%——有了长足的下降，在2010年第六次人口普查时占比为31.92%——占比继续趋于缩小。

当我们将青年阶层在历史横断面上视为15~34岁的人口时，则在历时态意义上，这个阶层人口的多寡，就主要决定于少儿人口——0~14岁人口的增长或减少数量。所以，在生育率比较高时，少儿人口所占比重大，每年进入15岁年龄组的人口就逐步增长，则15~34岁青年阶层的人口也会趋于增长。但当0~14岁人口趋于下降时，青年阶层的人口亦会逐步下降。

表 3-1 青年人口在总人口中所占比重

单位：人，%

	2010 年第六次人口普查数				2000 年第五次人口普查数			
	合计	男	女	占比	合计	男	女	占比
全国总人口	1332810869	682329104	650481765	100	1242612226	640275969	602336257	100
0～4	75532610	41062566	34470044	5.67				
5～9	70881549	38464665	32416884	5.32				
10～14	74908462	40267277	34641185	5.62				
15～19	99889114	51904830	47984284	7.49	90152587	48303208	41849379	7.26
20～24	127412518	64008573	63403945	9.56	125396633	65344739	60051894	10.09
25～29	101013852	50837038	50176814	7.58	103031165	52878170	50152995	8.29
30～34	97138203	49521822	47616381	7.29	94573174	47937766	46635408	7.61
35～39	118025959	60391104	57634855	8.86				
40～44	124753964	63608678	61145286	9.36				
45～49	105594553	53776418	51818135	7.92				
50～54	78753171	40363234	38389937	5.91				
55～59	81312474	41082938	40229536	6.10				
60～64	58667282	29834426	28832856	4.40				
15～34 岁人口	425453687	216272263	209181424	31.92	413153559	214463883	198689676	33.25

注：1. 第五次人口普查的漏登率为 1.81%，第六次人口普查的误差率为 0.12%。
2. 表中数据是根据普查登记数据直接汇总而来，比普查的公报数据小，下文同。
3. 表中 2000 年"五普"时人口数据为 0～24 岁相应年龄段人口数。

表 3-2 青年阶层在总人口中所占比重持续降低

单位：%

年龄段\年份		1953	1964	1982	1990	2000	2010
青年人口	15～19 岁	9.11	8.94	12.49	10.63	7.26	7.49
	20～24 岁	8.17	7.32	7.41	11.12	10.09	9.56
	25～29 岁	7.45	7.26	9.22	9.23	8.29	7.58
	30～34 岁	6.71	6.73	7.27	7.42	7.61	7.29
0～14 岁人口		36.28	40.69	33.59	27.67	22.89	16.60
15～34 岁人口		31.44	30.25	36.38	38.41	33.25	31.92
35～64 岁人口		27.87	25.50	25.12	28.35	36.90	42.61
15～64 岁人口		59.31	55.75	61.50	66.76	70.15	74.53
65 岁及以上人口		4.41	3.56	4.91	5.57	6.96	8.87

正因为如此,在1964年第二次人口普查时,0~14岁人口在总人口中占比最大,为40.69%,但到1982年第三次人口普查时,15~34岁人口占比则迅速上升了——由1964年的30.25%上升到1982年的36.68%,再上升到1990年的38.41%。在实行计划生育政策——尤其是在20世纪70年代之后实行世界上最为严格的计划生育政策之后,1982~2010年,0~14岁人口持续缩小。在2000年时,0~14岁人口占总人口的比重仅为22.89%,到2010年第六次人口普查时,则进一步缩小到16.60%。由此可以推断出:未来青年人口的绝对数量与相对比重都会继续缩小,从这里也可以看出中国人口金字塔底部紧缩的趋势。但在青年阶层人口向成年阶层人口转变的过程中,到2000年,35~64岁的成年阶层人口则转变为占比最大的人口,达到36.90%,再到2010年达到42.61%。

除此之外,如果将表3-2中的数字绘制成图3-1所显示的变化趋势,我们还会发现以下几点。

第一,中国人口长期以来处于成长"年轻型"人口阶段。虽然出生率很高,但死亡率同样也很高。在这种情况下,65岁及以上老年人口在总人口中的占比一直很低。所以,15~65岁劳动力人口的老年负担系数一直不高。即使在改革开放以后的1982年,65岁及以上老年人口在总人口中所占比重也仅仅为4.91%。但伴随老龄化程度的加深,在65岁及以上老年人口占总人口比重增加的同时,35~64岁人口的占比也随之迅速增加了,这预示:未来中国劳动力人口中年龄较大的部分会再增加——未来劳动力人口的平均年龄还会上升,未来老年人口占总人口的比重会增加,未来劳动力人口的老年负担系数也会上升。

第二,在出生率持续下降的过程中,青年阶层人口的后备军——即将转化为青年人口的少儿人口比重的急剧下降预示着:未来中国人口金字塔底部还会收缩。如果现行计划生育政策不改变,如果城市的生活成本与育儿成本仍然上升或保持现在的水平不变,则未来少儿人口下降所导致的15~34岁青年阶层人口也会急剧下降。因为15~34岁青年人口在1990年之后开始收缩了——这也预示未来劳动力人口占总人口的比重会降低。青年一代的老年抚养率也就会迅速上升。

青年人口在总人口中所占比重的降低,是伴随工业化与后工业化人口生产和再生产特点而必然出现的社会现象。但中国青年人口所占比重的下降,

```
       0~14岁人口   15~34岁人口   35~64岁人口   65岁及以上人口
(%)  4.41       3.56        4.91        5.57        6.96        8.87
100
     27.87      25.5        25.12       28.35       36.90       42.61
 80

 60  31.44      30.25       36.38       38.41
                                                    33.25       31.92
 40
     36.28      40.69       33.59
 20                                     27.67
                                                    22.89       16.60
  0  1953       1964        1982        1990        2000        2010   (年份)
```

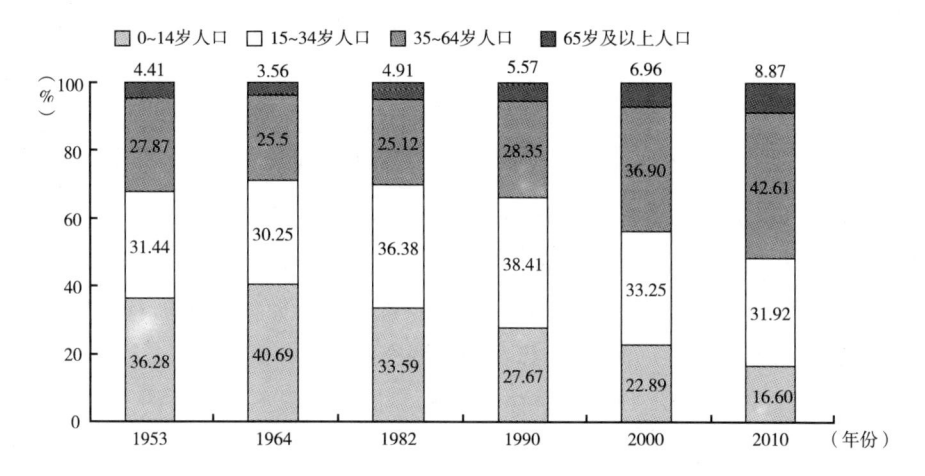

图 3-1 青年人口与其他年龄人口所占比重的历史变化

既是经济发展和社会发展的结果,也是太过严格的计划生育政策控制的结果,所以,中国从成年型人口到老年型人口经历的时间很短①。

但中国人口年龄结构的变化,也带来了当前劳动力人口——整个 15~64 岁人口占比从 1964 年开始逐步上升,到 2010 年已经达到历史最高点,为 74.53%。这是一个非常独特的年龄结构现象。这预示中国人口红利已经达到了历史最高点。在计划生育与社会经济这两个方面因素的作用下,人口红利的维持时间不会太长,一旦人口红利消失,则青年人口的养老负担会迅速增加。观察 15~34 岁青年人口在过去 50 多年中的变化趋势就会发现,其在总人口中的比重已经在波动中趋于降低了。

第二节 80 后人口数量、比重、民族和城乡分布

根据第五次人口普查数据,80 后人口总数约为 2.28 亿,占总人口比例为 17%。80 后最主要的两个群体是 80 后大学生和 80 后农民工(也被称为新生代农民工)。其中,80 后大学生约占 80 后总人数的 20%,新生代农民工约占 44%。虽然 80 后被称为"独生子女的一代",但只有 19.1% 的 80 后

---

① 国际上一般将 0~14 岁人口占总人口的比重在 40% 以上的社会叫作年轻型社会,占 30%~40% 的社会叫成年型社会,占 30% 以下的社会叫老年型社会或老龄化社会。进入老年型社会之后,所有人口的年龄中位数会超过 30 岁。

是独生子女；其中城市出生的80后有49.1%是独生子女，农村出生的80后只有10.2%是独生子女。由于较多的城市家庭只有一个子女，而农村家庭大多数是2~3个子女，因此，80后人口中出生于农村的人数比例要超过成年人口及总人口的相应比例。80后有76.9%出生于农村，23.1%出生于城市；69.2%持有农业户口，30.8%持有非农户口。2005年1%人口抽样调查数据显示，在2005年，80后总人口中，31.1%生活在城市，16.8%生活在小镇，52.1%生活于农村，但只有18%从事农业劳动。中国社会科学院社会学研究所2011年全国社会综合状况调查数据显示，在2011年，56.7%的80后居住于城市，43.3%居住于农村，但是，只有8.4%的人在务农，27.6%的人务过农而目前从事非农工作，64%的人从来没有务过农。这意味着，虽然超过3/4的80后出生于农村，但接近2/3的人从来没有从事过农业劳动，而超过90%的人现在也不从事农业劳动。

就80后群体内部来说，又可以区分为两个年龄组，一个是1980~1984年出生的人，可以称之为前期80后，另一个是1985~1989年出生的人，可以称之为后期80后。在2.28亿80后中，44.1%为前期80后，55.9%为后期80后。表3-3比较了前期80后与后期80后的人口特征。从民族构成来说，后期80后的汉族比例比前期80后高1个百分点，但后期80后的非农户口比例却下降了约6个百分点，这可能是由于农村家庭生育子女人数远多于城市家庭，导致青年人口中农业户口人数上升。后期80后独生子女所占比例虽然比前期80后略高不到一个百分点，但后期80后出生于两个子女的家庭（只有一个兄妹）的比例比前期80后高了约7个百分点，同时，他们出生于两个子女以上家庭的比例明显下降。另外，后期80后的文化水平也明显高于前期80后，后期80后具有高中及以上文化水平的比例比前期80后高约8个百分点，同时文盲比例则下降了0.7个百分点。

表3-3 前期80后与后期80后人口特征比较

单位：%

	前期80后	后期80后	80后总体
汉族	89.4	90.4	89.9
非农户口	26.1	20.4	23.0
独生子女	18.9	19.3	19.1
一个兄妹	36.2	42.8	39.9

续表

	前期80后	后期80后	80后总体
两个兄妹	26.2	24.4	25.2
三个兄妹	11.5	9.0	10.1
三个兄妹以上	7.2	4.5	5.7
文盲	1.7	1.0	1.3
高中及以上文化水平	31.6	39.8	36.2

数据来源：国家统计局第五次人口普查数据。

第三节　青年人口年龄段性别比失调

多年来，一些学者专家和新闻媒体一直在讨论青年群体的性别比失调问题，并预测性别比失调会导致男性寻找女性配偶困难。不过，对于80后青年的婚恋问题，人们印象更深的是大批剩女找不到丈夫，而不是剩男们找不到妻子。80后群体的性别比失调到底有多严重，会对80后们的谈婚论嫁产生多大影响，这是一个有所争论的问题。

在诸多由出生同期群所决定的，但这个出生同期群自己无法摆脱的，难以在结构与数量上克服的，但会对其未来生活形成巨大影响的特征中，由人口出生性别比所决定的分年龄段人口的性别比，会直接影响这个同期群人口婚龄期的择偶行为。不管是男性的短缺还是女性的短缺，都会导致某一个年龄段内男性或女性人口的婚姻挤压[①]，使一些婚姻市场上的弱势群体难以顺利婚配，从而进一步影响这一同期群人口的家庭构成与养老资源构成。

有确定数据可考的中国人口出生性别比，在20世纪80年代中期之后持续失调。1982年第三次人口普查得到的1981年的出生性别比是108.47，1990年第四次人口普查得到的1989年的出生性别比是111.92，2000年第五次人口普查得到的1999年的出生性别比是116.86（张翼，1997；2005）；2010年第六次人口普查时仍然高达118.06，即每新出生100个女婴相对应出生了118.06个男婴。如果以0~4岁年龄段人口的性别比来考察最近几年

---

① 婚姻挤压来自英语Marriage Squeeze的中文翻译，指由择偶男性或女性的短缺所引起的给婚姻相对方造成的结婚难现象。

的失衡状况，那么，以下数据让我们更加焦虑：1995年0~4岁人口的平均性别比是118.38，1996年是119.98，1997年是120.14。2000年第五次人口普查得到的0~4岁人口的平均性别比是120.17，2010年第六次人口普查得到的0~4岁人口的平均性别比是119.13①。这就是说，我国婴幼儿人口的性别比不但在继续上升，而且如果以107为最高警戒线的话，其已经比正常值高出了许多。如果这些数据果真代表了中国人口出生性别比的实际结构状况的话，那么，1985年之后出生的人口，在其逐渐进入婚龄期时，就会遇到非常严重的婚姻挤压问题。

但第五次人口普查和第六次人口普查所得到的数据，在人口年龄推移趋势中所得到的认识，却与当时统计数据所呈现的结构失调状况发生了不一致。正如前文所指出的那样，两次统计数据的矛盾，并不能形成非此即彼的判断。也就是说，很难以这次普查得到的数据否定前次普查得到的数据，也很难以上次普查数据否定这次普查数据。因为还有一种可能，即两次或多次进行的普查数据都存在数据偏误，但我们实在无法确切得知偏误在什么地方。因此，只能依据多次普查所呈现的数据变化趋势进行推理。

但奇怪的是，第六次人口普查得到的男性人口数——10~14岁组和15~19岁组，却比第五次人口普查相应年龄段的人口数分别增加了6.96%和7.46%。但在20~24岁组之后的年龄组，则比第五次人口普查人口数有所收缩（除30~34岁组和35~39岁组外）。可第六次人口普查所得到的女性人口数，在各个年龄组，尤其是在10~14岁到35~39岁组，都比第五次人口普查所得到的人口数有所增长——在越小的年龄段，多登记到的人数百分比就越高。比如说，第六次人口普查的10~14岁组，比第五次人口普查时多登记了10.57%的人口；在15~19岁组，则多登记了14.66%的人口；在20~24岁组，多登记出了5.58%的人口。

由此我们可以得到这样几个推论。

第一，如第六次人口普查在入户登记（即"根据建筑物找人"）时多登记了女性而少登记了男性，则得到的数据就会掩盖即将到来的青年阶层可能面临的婚姻挤压，尤其是女性短缺而带来的对男性的挤压。尤其是对20~24

---

① 根据第六次人口普查全国各民族分性别的人口数计算。

第三章 80后人口特征

表 3-4 第六次和第五次人口普查年龄段人口性别比

单位：人，%

第六次人口普查				第五次人口普查				六普较五普男性增长率	六普较五普女性增长率
年龄段	男性人口	女性人口	性别比	年龄段	男性人口	女性人口	性别比		
0~4	41062566	34470044	119.13						
5~9	38464665	32416884	118.66						
10~14	40267277	34641185	116.24	0~4 岁	37648694	31329680	120.17	6.96	10.57
15~19	51904830	47984284	108.17	5~9 岁	48303208	41849379	115.42	7.46	14.66
20~24	64008573	63403945	100.95	10~14 岁	65344739	60051894	108.81	-2.04	5.58
25~29	50837038	50176814	101.32	15~19 岁	52878170	50152995	105.43	-3.86	0.05
30~34	49521822	47616381	104.00	20~24 岁	47937766	46635408	102.79	3.30	2.10
35~39	60391104	57634855	104.78	25~29 岁	60230758	57371507	104.98	0.27	0.46
40~44	63608678	61145286	104.03	30~34 岁	65360456	61953842	105.50	-2.68	-1.31
45~49	53776418	51818135	103.78	35~39 岁	56141391	53005904	105.92	-4.21	-2.24
50~54	40363234	38389937	105.14	40~44 岁	42243187	38999758	108.32	-4.45	-1.56
55~59	41082938	40229536	102.12	45~49 岁	43939603	41581442	105.67	-6.50	-3.25
60~64	29834426	28832856	103.47	50~54 岁	32804125	30500075	107.55	-9.05	-5.47
			103.39	55~59 岁	24061506	22308869	107.86		
				60~64 岁	21674478	20029370	108.21		

注：1. 2000年第五次人口普查时0~4岁人口是2010年第六次人口普查10~14岁人口，以下类推。
2. 第六次人口普查数据是由普查长表和短表汇总后计算的全国人口数据（见数据集T2-01）。

岁组来说，他们是1986~1990年出生的同期群，也正是出生性别比上升时期出生的人口，这个阶层已经进入了婚恋时期，但普查数据却并没有显示出这个年龄段人口中"女性的短缺"的情况，而显示为100.95。这就预示着，该年龄段青年人口不会面临婚姻挤压问题，甚至在25~29岁组也不会出现女性短缺问题，因为这个年龄段青年人口的性别比也仅仅为101.32。

第二，如果第六次人口普查比第五次人口普查的数据质量高，则在当前：青年阶层人口的性别比不会太大影响到婚姻市场对男性的挤压。这就可以让我们怀疑第五次人口普查的质量，即2000年人口普查时10岁以下年龄段人口所表现出的性别比失衡，是人们惧怕计划生育罚款而瞒报了女性儿童的数量所导致的"数据失真"。

第三，如果我们承认第六次人口普查数据是准确的，那么，对于15~19岁组的青年人口来说，其性别比却稍高一些，达到了108.17。但未来进入青年人口的 14 岁及以下少儿人口的性别比,却大大失衡:0~4 岁年龄组为 119.13,5~9 岁组为 118.66,10~14 岁组为 116.24。在这种情况下,这个年龄段人口进入婚恋期之后,因为女性的短缺,男性会面临比较严重的婚姻挤压问题。

为什么会出现这种问题呢?

20 世纪 70 年代以来实施的人口控制政策,在某种程度上导致了国家人口再生产的有计划性与家庭人口再生产的有计划性之间的矛盾:国家以强有力的干预方式,降低了人口出生率,限制了人口的迅猛增长,将总人口的数量控制在历次"五年计划"之内。但家庭内部的人口再生产计划,以及由此形成的某些夫妇对子女性别的偏好等,却在胎儿性别鉴定以及流产等因素的影响下致使出生性别比上升,即每新出生 100 个女婴相对应出生的男婴的数量上升了。

第四节 青年阶层结婚率降低

青年人口的结婚率,主要取决于法定结婚年龄和人们的受教育时间。除此之外,人口的流动与生活成本的上升等,也会推迟某一时代青年的平均初婚年龄。

1950 年的第一部《中华人民共和国婚姻法》规定的法定结婚年龄是男 20 周岁、女 18 周岁;为实行计划生育政策,20 世纪 70 年代后期各地事实上强制实行的结婚年龄是所谓的"晚婚年龄",即男 26 周岁、女 23 周岁(有些地方女 25 周岁或男女平均 25 周岁)。但在改革开放之后,于 1981 年修订的《婚姻法》规定的法定结婚年龄是男年满 22 周岁、女年满 20 周岁。2001 年修订的《婚姻法》维系了男不得早于 22 周岁、女不得早于 20 周岁的规定。因此,15~34 岁青年人口的结婚率,在某种程度上也取决于法定结婚年龄的变化。在新中国成立初期进入婚龄时期的青年的结婚率比较高,但在 20 世纪 70 年代后期,为响应计划生育政策提出的"晚婚晚育",政府在结婚登记的时候,一般以晚婚年龄准予登记,这就在一定程度上推迟了人们的初婚年龄,也降低了 15~34 岁青年的结婚率。

但在新的历史时期,伴随劳动力市场的变动与生活成本的上升,也伴随人均受教育年数的延长,青年人口的结婚率也随之降低。从表 3-5 可以看出,在有配偶的人口中,人们的受教育程度越低,结婚年龄就越低;受教育程度越高,结婚年龄也就越高。

表 3-5 不同受教育程度人口的结婚年龄

单位：%

受教育程度	19岁以前结婚	20~29岁结婚	30~39岁结婚	40岁以上结婚
未上过学	35.97	58.59	4.61	0.83
小　学	24.21	70.62	4.54	0.63
初　中	14.75	81.39	3.56	0.30
高　中	6.90	87.36	5.33	0.41
大学专科	3.50	89.06	7.00	0.44
大学本科	1.80	88.77	8.92	0.51
研 究 生	1.02	84.23	14.11	0.64

数据来源：依据第六次人口普查数据推算。

比如说，在"19岁以前结婚"的人中，未上过学的人占比高达35.97%，上过小学的达到24.21%，而初中文化程度的人就降低到14.75%，高中文化程度的也仅仅达到6.90%。虽然绝大多数人选择在20~29岁时结婚，但大学专科的人占比最高，达到了89.06%。本科和研究生之所以在该列比例较其低，其中的主要原因是高学历组在30~39岁结婚的比例增加了。大学专科是7.00%，大学本科是8.92%，而研究生则达到了14.11%。

另外，从表3-6也可以看出，即使在同一年龄段中，比如在15~19岁的早婚人口占比中，受教育程度越低，早婚的概率越大；受教育程度越高，早婚的概率就越小。在25~29岁的有偶率中，"未上过学"的人口占比是62.34%，小学是76.72%，初中是77.26%，但在高中却下降为65.82%，在大学专科下降为57.50%，在大学本科下降为50.73%。

这就是说，在人均受教育程度的上升中，也即在高中及以上受教育程度的人口的增加过程中，青年阶层的初婚年龄会进一步推迟。未来，30岁以上才结婚的人口会越来越多。

表 3-6 不同年龄段、不同受教育程度人口的婚姻状况

单位：%

未上过学					小学				
年龄组	未婚	有偶	离婚	丧偶	年龄组	未婚	有偶	离婚	丧偶
15~19	92.29	7.51	0.12	0.09	15~19	91.76	8.15	0.07	0.01
20~24	60.78	38.01	0.82	0.39	20~24	53.52	45.81	0.57	0.10
25~29	35.27	62.34	1.60	0.80	25~29	21.59	76.72	1.40	0.29

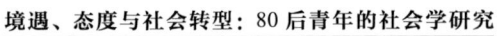

续表

未上过学					小学				
年龄组	未婚	有偶	离婚	丧偶	年龄组	未婚	有偶	离婚	丧偶
30~34	23.80	73.08	1.93	1.19	30~34	10.17	87.43	1.88	0.53
35~39	17.03	79.52	1.70	1.75	35~39	5.82	91.46	1.83	0.88
40~44	12.33	83.22	1.56	2.89	40~44	3.77	92.83	1.71	1.69
45~49	9.12	84.89	1.27	4.72	45~49	2.92	92.49	1.52	3.07
50~54	6.42	84.60	1.04	7.94	50~54	2.53	90.90	1.29	5.28
55~59	5.17	82.45	0.84	11.54	55~59	2.18	89.03	1.02	7.76
60~64	4.57	75.58	0.72	19.13	60~64	2.01	84.65	0.86	12.48
65岁以上	2.31	46.04	0.53	51.13	65岁以上	1.71	66.76	0.65	30.88

初中					高中				
年龄组	未婚	有偶	离婚	丧偶	年龄组	未婚	有偶	离婚	丧偶
15~19	97.94	2.04	0.02	0.00	15~19	99.81	0.19	0.00	0.00
20~24	62.82	36.85	0.30	0.03	20~24	82.96	16.93	0.09	0.01
25~29	21.51	77.26	1.11	0.11	25~29	33.28	65.82	0.84	0.06
30~34	7.42	90.41	1.89	0.27	30~34	9.82	87.84	2.18	0.16
35~39	3.31	94.03	2.13	0.53	35~39	3.94	92.47	3.28	0.32
40~44	1.73	95.09	2.15	1.03	40~44	1.95	93.53	3.83	0.70
45~49	1.20	94.82	2.17	1.81	45~49	1.09	93.83	3.72	1.36
50~54	1.09	93.61	2.14	3.16	50~54	0.80	93.68	3.15	2.37
55~59	0.96	92.53	1.78	4.73	55~59	0.66	93.60	2.13	3.61
60~64	0.81	90.03	1.27	7.89	60~64	0.60	91.73	1.53	6.13
65岁以上	0.93	79.55	0.82	18.71	65岁以上	0.73	82.43	1.01	15.83

大学专科					大学本科				
年龄组	未婚	有偶	离婚	丧偶	年龄组	未婚	有偶	离婚	丧偶
15~19	99.85	0.15	0.00		15~19	99.96	0.04	0.00	
20~24	92.44	7.53	0.03	0.00	20~24	97.44	2.55	0.01	0.00
25~29	41.97	57.50	0.51	0.03	25~29	48.97	50.73	0.28	0.02
30~34	10.55	87.56	1.78	0.10	30~34	11.95	86.74	1.25	0.06
35~39	3.72	93.09	2.96	0.23	35~39	3.89	93.60	2.35	0.16
40~44	1.74	94.24	3.56	0.47	40~44	1.82	94.92	2.97	0.30
45~49	0.92	94.70	3.62	0.76	45~49	1.04	95.37	3.10	0.49
50~54	0.69	94.78	3.10	1.44	50~54	0.88	95.05	3.07	1.01
55~59	0.56	94.67	2.40	2.37	55~59	0.78	95.06	2.48	1.68
60~64	0.47	93.49	1.72	4.32	60~64	0.56	94.17	1.85	3.43
65岁及以上	0.54	85.96	1.03	12.47	65岁以上	0.52	87.34	1.17	10.97

注：研究生文化程度的人口数量很少，这里不再专门列出。

结　　语

通过对中国人口变化趋势及80后人口特征的研究，我们发现以下几点。

第一，在计划生育政策的持续执行中，中国人口金字塔的底部开始收缩。这预示着青年阶层人口在总人口中的占比会越来越小。在青年人口结婚之后，如果其生育两个孩子，则其抚养的人口就会逐渐增多。家庭抚养结构的4:2:1结构或4:2:2结构就会出现，即出现一对青年夫妇要供养四个老人以及自己的一个或两个孩子的家庭抚养结构。这意味着80后一代会面临社会养老压力和家庭养老压力。

第二，由于计划生育政策实施的严格程度存在城乡差异，农村家庭生育一个以上子女的比例远高于城市家庭，导致80后人群中出生于农村的人口数量和比例增长，但这些农村出生的80后大多数又离开农村外出打工，从而形成庞大的新生代农民工群体。这一数量庞大的农民工群体未来的安生之处、职业发展前景、成家生育等问题，需要社会政策制定者加以重视。

第三，由于家庭夫妇生育的有计划性与国家人口生育政策的有计划性之间存在一定的矛盾，在国家控制了人口的数量增长的情况下，中国面临着人口出生性别比所导致的青年婚龄人口性别比的失衡问题，也即面临比较严峻的男性婚姻挤压问题。这些问题不是这个年龄阶层的人口自身所能够控制的，而需要靠好几代人的努力才可能恢复到正常水平。

第四，在家庭人口的缩减过程中——少子化现象反而促使父母亲能够集中更多的教育资本投资自己的子女。与此同时，国家九年制义务教育政策的普及，以及高等教育的扩张等，使青年阶层获得了更多的受教育机会。现在的80后青年一代，是历史上接受文化教育最多的一代。

第五，教育年限的延长，以及市场经济实施中生活成本的增加，推迟了80后的初婚时间，使这一代人的未婚率有所提高。当然，在一定程度上，80后一代也面临较高的离婚率，这也是当前青年人需要面临的一个主要社会问题。

参考文献

Elaine Cumming and William H. Henry，1961，*Growing Old*. New York：St. Martin's Press.

Kart, Cary S., 1997, *The Reality of Aging*: *An Introduction to Gerontology*. Ally and Bacon.

Erik Onlin Wright, 1985, *Classes*. London: New Left Books.

John H. Goldthorpe, 1980, *Social Mobility and Class Structure in Modern Britain*. Oxford University Press.

Pilcher, Jane, 1995, *Age and Generation in Modern Britain*. Oxford University Press.

Donald O. Cowgill and Lowell Holmes, 1972, *Aging and Modernization*. New York: Appleton-Century-Crofts.

Michael Man, 1973, *Consciousness and Action among the Western Working Class*. London: Macmillan.

Robert M. Marsh, 1996, *The Great Transformation*: *Social Change in Taipei, Taiwan Since the 1960s*. Armonk: M. E. Sharpe.

Dale Dannefer, 1984, "Adult Development and Social Theory: A Paradigmatic Reappraisal", *American Sociological Review*, 49, 1, Feb, 100 – 116.

Eisenstadt SN, 1956, *From Generation to Generation*: *Age groups and Social Structure*. Glencoe, IL: Free Press.

Glen H Jr. Elder, 1975, "Age-differentiation and the Life Course", *Annual Review of Sociology*, 1: 165 – 189.

M. W. Riley, M. E. Johnson and A. Foner, 1972, *Aging and Society*, Vol. 3, *A Sociology of Age Stratification*, New York: sage.

Norman Ryder, 1965, "The Cohort as a Concept in the Study of Social Change", *American Sociology Review*, 30: 843 – 61.

Zhou Xueguang, Nancy Brandon Tuma, and Phyllis Moen, 1996, "Stratification Dynamics under State Socialism: The Case of Urban China, 1949 – 1993", *Social Forces*74: 759 – 796.

International Social Survey Programme, 2000, "Social Equality in New Zealand", Massey University Electronic Papers.

Schart, Thomas, 1998, *Ageing and Ageing Policy in Germany*. Berg.

Vincent, John A, 1995, *Inequality and Old Age*. New York: St. Martin Press.

Ineke Maas, 1995, "Demography and Aging: Long Term Effects of Divorce, Early Widowhood, and Migration on Resources and Integration in Old Age", *Korea Journal of Population and Development*, Vol. 24

Bernardi, Bernardo, 1973, "Review of R. Buitenhuijs", Le Mouvement "Mau Mau": une Revolte Paysanne et Anti-Coloniale en Afrique Noire, Africa 43: 374 – 375.

——1985, *Age Class Systems*: *Social institutions and Polities Based on Age*, Cambridge University Press.

Peristiany, J. G., 1939, *The Social Institutions of the Kipsigis*. London: G. Routledge & Sons.

(1951), "The Age-Set System of Pastoral Pokot." *African*21: 188 – 206, 279 – 302.

Simpson, George L., 1998, "Gerontocrats and Colonial Alliances", in Aguilar, Mario I. (Ed.), *The Politics of Age and Gerontocracy in African*: *Ethnographies of the Past & Memories of the Present*. African World Press, Inc.

Mannheim, K., 1952, "The Problem of Generation", in K. Mannheim, *Essays on the Sociology of Knowledge*. London：RKP.

吕朝贤、王德睦、王仕图，1999，《年龄、时期、人口年轮与台湾的贫穷率》，（台湾）《人口学刊》第 20 期。

张翼，1997，《中国人口出生性别比的失衡、原因与对策》，《社会学研究》第 6 期。

张翼，2005，《我国人口出生性别比的失衡及即将造成的十大问题》，http：//www.sociology.cass.net.cn/shxw/zxwz/t20041117_3459.htm，2005.4。

第四章
教育机会增长与 80 后的教育状况

80 后生长于中国教育事业快速发展时期，他们是教育机会增长的极大受益者。在他们接受教育期间，中国的初等教育充分普及；九年制义务教育逐步推行，初中教育接近普及；高级中等教育（包括高中、职业高中、中专、技校等）发展迅速，在城市地区高级中等教育接近普及；同时，在 80 后开始考大学时，政府实施了大学扩招政策，使高等教育机会迅猛增长，从而 80 后上大学的机会远远超过前几代人。然而，在受益于教育机会增长的同时，80 后也面临着前所未有的教育机会激烈竞争。教育机会供应量的增加，并未减缓中考和高考的竞争激烈程度。相反，为了争取进入重点学校，80 后及其家长们投入前所未有的资金、时间、精力于教育机会的竞争。与此同时，大学扩招后引发的大学毕业生就业难，导致不同社会阶层家长对子女教育投资的分化态度。一部分农村家长及其子女放弃高等教育机会的竞争，而城市家庭，尤其是中产阶级和上层阶级家庭，为了确保子女未来更好的职业前景，进一步加大对子女的教育投入。分化的教育投资策略导致教育不平等，尤其是城乡教育不平等有所上升。

第一节 教育扩张及教育机会增长

自1949年新中国成立以来，中国的教育事业得到迅速发展，教育规模和教育机会都得到了极大提高。新中国成立前中国的教育事业非常落后，全国人口中80%以上是文盲，农村人口中文盲比重更大，全国学龄儿童入学率仅在20%左右。1947年全国高等学校在校生共15万人，1946年中等学校在校生共有179.8万人，小学在校生2285.8万人。若按当时全国4.7亿人口计算，平均每万人口中仅有高等学校学生3人，中等学校学生38人，小学生486人（陆学艺、李培林，1991；210）。然而，经过半个多世纪的发展，中国人的受教育机会极大提高。国家统计局公布的第六次人口普查数据显示，2010年全国每万人中大学文化程度的有873人，高中文化程度的有3721人，初中文化程度的有3792人，小学文化程度的有2618人。

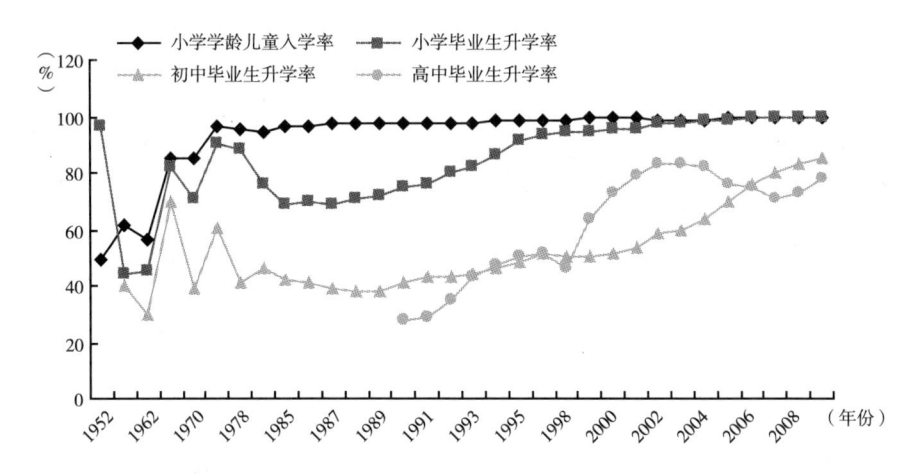

图4-1 1952~2009年各阶段升学率

图4-1列出了1952年以来的各阶段升学率。虽然总体受教育机会一直保持增长，但由于政府政策的影响，在不同时期，中国的受教育机会增长有所波动。新中国成立最初20年（19世纪50和60年代）基础教育和初级中等教育发展很快。1952年小学学龄儿童入学率为49.2%，即仅有大约半数的小学学龄儿童能进入学校读书，到1965年小学学龄儿童入学率猛增至84.7%，到1975年小学教育已经基本普及（小学学龄儿童入学率达到

96.8%）。1957年小学毕业生升入初中的比例为44.2%，至1965年小学毕业生升入初中的比例猛增至82.5%，1975年初中教育接近普及（小学毕业生升入初中的比例达到90%）。高级中等教育和高等教育在50和60年代虽然也获得了发展，但原有基础较差，能够上高中和大学的人仍为少数。1966～1976年的"文化大革命"对高级中等教育和高等教育冲击很大。这期间，政府推行了一系列的教育改革和整顿，导致教育系统出现混乱，教育发展出现停滞。初中毕业生升学率波动剧烈。1962年初中毕业生升入高中的比例仅为30%，而短短三年之后，1965年初中毕业生升入高中的比例猛增至70%。五年之后，1970年初中毕业生升入高中的比例又猛跌至38.6%，1975年又回升到60.4%，1978年又跌至40.9%。高等教育的状况也极为混乱，"文化大革命"的十年间，全国砍掉106所普通高等学校，教师队伍受到前所未有的破坏，大批校舍被占，教学仪器、设备、图书资料被严重毁坏，教学质量严重下降。

1976年"文化大革命"结束，政府的教育政策出现了重大改变。1977年，全国高等学校恢复了停顿十年之久的统一招生考试制度。高考制度的恢复标志着中国教育改革和教育发展理念的转变，由此开始，中国的教育体制越来越围绕一套系统的考试制度而运转，整个教育系统逐步演变为一种严格的、逐级升学的考试体系，学校教育实际上成为精英人才的选拔机器。通过逐级升学考试制度的层层筛选，成功通过筛选的人因拥有较高学历文凭而获得较高的社会经济地位，而在筛选过程中被淘汰的人则较少有机会进入社会的中上层。随着经济改革的推进、劳动力市场化水平的提高、文凭主义倾向的增长，教育促进社会公平的功能逐步弱化，而教育的社会分层功能越来越强化。

经济改革以来，中国教育事业的发展进入了一个新的时期，政府不断增加对教育的投入，教育设施不断改进，教育质量明显提高。不过，教育机会的增长还是有所波动。经济改革的最初十年，中学阶段教育机会持续下滑。1975年，小学毕业生升入初中的比例已达到90.6%，而1978年则下降到87.7%，1980年下降到75.9%，1986年进一步下降到68.4%。初中毕业生升学率也显示出相同的下滑趋势，1975年初中毕业生升入高中的比例为60.4%，1978年猛然降至40.9%，1980年略有回升为45.9%，但之后继续下降，1985年为41.7%，1986年为40.6%，1987年为39.1%，1988年为

38%，1989年为38.3%。导致中等受教育机会下滑的主要原因是教育系统的市场化（学费及相关费用上涨）、社会控制系统的放松（户口制度松动，农村人外出打工）以及经济领域的市场化（个体私营经济及其雇工出现），这些因素导致许多农村贫困家庭的子女放弃中等教育机会而外出打工挣钱，这一时期也出现了大量的童工。

1990年以后，由于政府实施的一些措施，尤其是"希望工程"对贫困失学儿童的救助，以及劳动力市场的一些变化（如大批青壮年农民工进城打工而对童工需求下降）等，中学阶段的辍学现象得到部分控制，中等受教育机会有所回升（参见图4-1）。新一轮受教育机会增长是从1990年开始的，到1994年前后，小学升初中、初中升高中的升学率开始恢复到1978年的水平。从总体趋势看，1990年代以来，基础教育、中等教育机会供给的增长速度明显加快，而80后一代正是在这一时期接受初等和中等教育，他们的升学率都明显提高。到2000年，全国基本上完成了九年义务教育的普及工作，基本扫除青壮年文盲，初中毕业升学率超过50%，高中毕业升学率达到73.2%。高等教育机会在90年代增长缓慢，直到90年代末期政府推行大学扩招政策，高等教育机会才出现迅猛增长。

正当80后开始考大学之时，1999年中国政府采取了大学扩招政策，高等教育规模急速扩张，高等教育机会迅速增长（参见图4-2），80后们充分享受到高等教育机会增长的益处。在随后的5年里（大学扩招政策实施

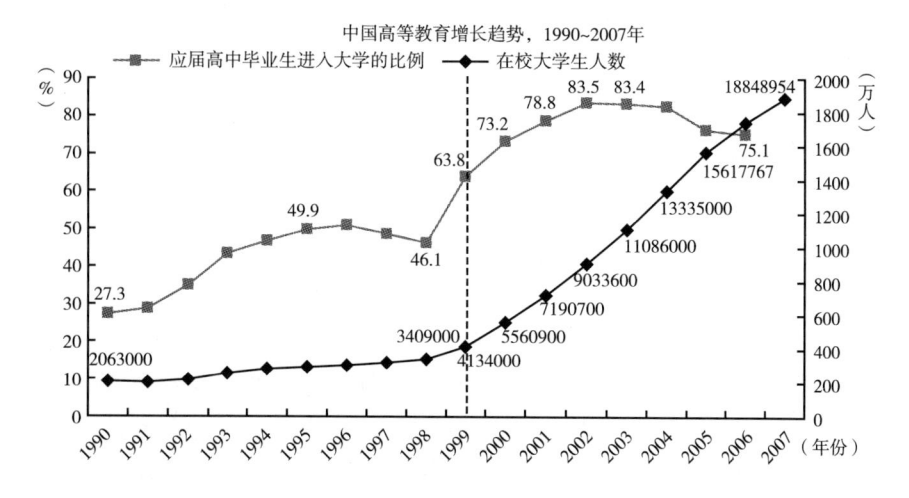

图4-2 高等教育机会增长

期间），中国高校招生人数以年均20%的幅度增长。高中毕业生进入大学的比例从1998年的46.1%猛增至2003年的83.4%。2005年（扩招政策的顶点），全国普通高校招生人数是1998年的4.7倍，高校毛入学率达21%，在校生人数是1998年的4.6倍。2006年以来，由于大学毕业生就业问题突出，高校扩招幅度放缓，但仍维持约5%的增长幅度。

第二节 升学机会的代际比较

教育发展水平的年代差异以及政府教育政策的变化，使不同出生年代的人拥有不同的受教育机会，每一代人的升学机率和升学路径也有所不同。中国社会科学院社会学研究所2006、2008、2011年全国社会综合状况调查在全国范围抽取了19705个1940~1989年出生的人，调查他们的受教育状况。图4-3和表4-1显示了他们在各个教育阶段的升学率情况，并做了代际的比较。在接受调查的19705个1940~1989年出生的人中，大约9/10的人（89.6%）进入了学校教育系统接受正式教育，而其余的1/10则被排斥于正式教育之外。进入正规学校教育系统的17655人中，接近1/3的人（29.5%）只接受了小学教育即离开了学校，其余2/3的人（70.5%）继续升学。升入初中的12441人当中，又有60.5%的人在初中阶段或初中毕业后离开学校，只剩39.5%人继续升入高中。在升入高中的4914人当中，又有接近2/3（61.3%）的人在高中阶段或高中毕业后（包括中专和职业学校）离开学校，最终只有38.7%的继续升学进入大学。如果按照19705人的总体计算，仅有9.7%的人（1903人）通过了各阶段的升学关卡，最终争取到了受高等教育的机会，而其余90.3%的人则在层层筛选过程中被逐步淘汰，失去了接受高等教育的机会。

不同年代出生的人，由于在不同的社会经济环境中接受教育并经历了不同的历史事件，他们的升学路径和升学机会也有很大的不同（参见表4-1）。20世纪40年代出生的人是在新中国成立初期接受小学教育，在50和60年代接受中等教育，在"文化大革命"即将开始及"文化大革命"初期接受高等教育。新中国成立以后，政府大力发展基础教育，40年代出生人群接受正规学校教育的机会大大高于30年代和20年代的人（他们是在新中国成立前度过应该读小学时期），但是40年代的人接受中等教育和高等教育的

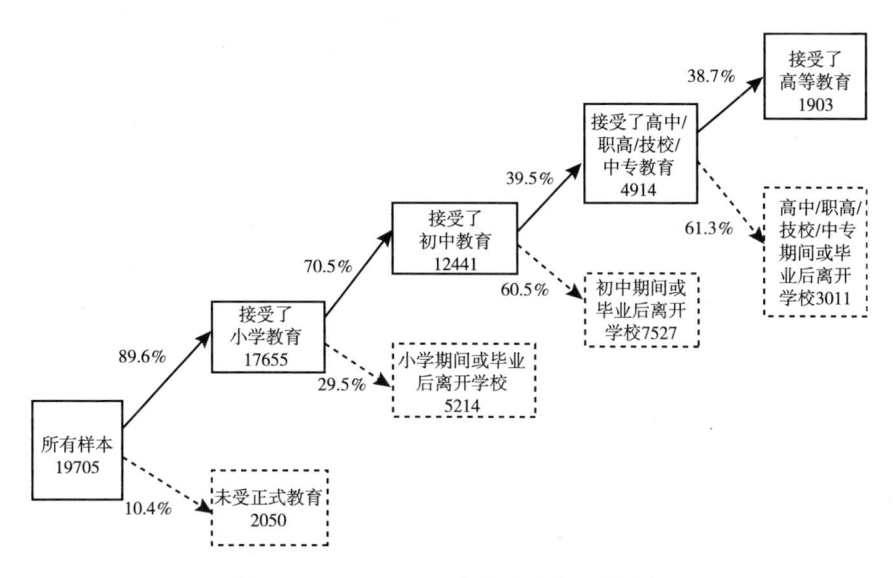

第四章 教育机会增长与80后的教育状况

图 4-3 1940~1989 年出生者的升学路径

表 4-1 不同年龄组各阶段升学比例

单位：%

年龄组	进入小学	小学升初中	初中升高级中等教育	高级中等教育升大学	大学毛入学率
1940~1949	78.1	48.3	33.4	31.3	3.9
1950~1959	82.3	64.4	35.4	22.5	4.2
1960~1969	92.3	70.0	34.2	30.6	6.8
1970~1979	95.0	75.2	39.6	46.7	13.2
1980~1989	98.2	88.9	53.6	50.8	23.8
总体	89.6	70.5	39.5	38.7	9.7

注：高级中等教育包括普通高中和中等职业教育（职高/技校/中专等）；大学包括大本和大专。

机会并不多，当时中国的中等教育和高等教育发展水平还比较低。在接受调查的 2691 个 40 年代出生的人当中，有 78.1% 的人接受了正规的学校教育，另外 21.9% 的人没有接受正规学校教育；进入正规学校教育系统（小学教育）的人当中，大约有一半人（51.7%）在达到小学教育水平以后就离开学校，另外接近半数的人（48.3%）升入初中继续求学；进入初中的人当中，绝大部分人（70%）在初中阶段或初中毕业后离开学校，只有 33.4% 的人继续升入高中、中专或职业中学；升入高中、中专或职业中学的人当

51

中，又有68.7%的人在高中阶段或高中毕业离开学校，仅剩31.3%的人进入高等教育。在20世纪60年代（40年代出生人群应该上大学的时期），中国高等教育的毛入学率仅有3.9%。

50年代出生的人在其成长期经历了一个重要的历史事件——"文化大革命"，"文化大革命"对他们这一代的教育经历产生了严重的影响。50年代出生的人是在50年代末和60年代接受小学教育，1966年"文化大革命"开始的时候正是他们接受初中教育以及由初中升入高中之时，"文化大革命"期间的各种社会运动（如红卫兵运动和知识青年上山下乡运动等）严重影响了他们接受高级中等教育的机会，他们中的许多人放弃了上高中的机会而参与各种社会运动，并且大部分人失去了上大学的机会。"文化大革命"期间的教育改革政策对高等教育产生了破坏性的冲击，高等教育机会增长停滞，导致50年代出生的人高中升大学的比例比40年代出生的人减少约9个百分点（参见表4-1），而同时50年代出生的人初中升高中的比例则仅比40年代出生的人高出2个百分点。50年代出生的人小学升初中的比例虽然比40年代的人高很多，但由于"文化大革命"的影响，他们所接受的初中教育的质量很低。在接受调查的4307人当中，82.3%的人都有机会接受正规的学校教育，另外17.7%的人没有接受正规的学校教育；进入学校教育系统的人当中，略超过1/3人（35.6%）只接受了小学教育就离开了学校，其余接近2/3的人（64.4%）升入初中；在升入初中的人当中，接近2/3的人（64.6%）在初中阶段或初中毕业后离开学校，略超过1/3的人（35.4%）继续升入高中、中专或职业中学；升入高中、中专或职业中学的人当中，绝大部分人（77.5%）在高中阶段或高中毕业后离开学校，仅有22.5%的人进入大学学习。70年代（50年代出生的人应该上大学的时期）的大学毛入学率为4.2%。

60年代出生的人是在"文化大革命"期间接受小学教育，"文化大革命"后期及改革开放的初期接受中等教育，在高考制度恢复以后接受高等教育。改革开放以及相应的教育制度改革对他们的教育经历产生了极大影响，一方面，高考制度恢复使一部分60后有了上大学的机会，但另一方面，改革初期的市场化浪潮导致另一部分60后（尤其是农村家庭子女）在中等教育阶段辍学而走向社会。因此，虽然60后上大学的机会明显多于50后，但初中升高中的比例却比50后略低（参见表4-1）。在接受调查的5539个60后当中，92.3%的人都有机会接受正规的学校教育，只有7.7%的人没有接受正规的学校教育,未接受正规教育的人的比例比50后低10个百分点;进入学校教育系统的人当中,接近2/3的人(70%)都升入了初中,剩下的不到1/3的人(30%)只接受了小学教育就离开了学校;在升入初中的人当中,接近2/3的人(65.8%)在初中阶段或初中毕业后离开学校,略超过1/3的人(34.2%)继续升入高中、中专或职业中学;升入高中、中专或职业中学的人当中,绝大部分人(69.4%)在高级中等教育阶段或毕业后离开学校,仅有30.6%的人进入大学学习。80年代(60年代出生的人应该上大学的时期)的大学毛入学率约为6.8%,这一时期的大学毛入学率比70年代略有提高,反映出改革开放初期政府采取的恢复高等教育的政策增加了年轻人上大学的机会。

绝大多数70年代出生的人是在改革开始以后开始他们的受教育经历的,他们在各阶段的升学机率都明显高于60后,特别是上大学的机会增长明显(参见表4-1)。在接受调查的4367个70后当中,95%的人都有机会接受正规的学校教育,只有5%的人没有接受正规的学校教育,未接受正规教育的人的比例进一步降低,比60后低3个百分点;进入学校教育系统的人当中,有3/4的人(75.2%)都升入了初中,剩下的1/4(24.8%)只接受了小学教育就离开了学校;在升入初中的人当中,60.4%的人在初中阶段或初中毕业后离开学校,其余39.6%继续升入高中、中专或职业中学;进入高中及其他高级中等教育的人当中,有46.7%的人进入大学学习,其余53.3%的人在高级中等教育阶段或毕业后离开学校。90年代(70年代出生的人应该上大学的时期)的大学毛入学率约为13.2%,与60后相比,70后上大学的机会几乎增长了一倍。

80年代出生的人的受教育机会与前几代人相比进一步提高,这一代人普遍享有基础教育机会,初中教育也接近普及,高级中等教育机会与70后相比有大幅度的提高。对于80后来说,最幸运的一件事,就是在他们上大学的年龄期间有了大学扩招政策,高等教育机会供应量急速增加,从而导致这一代上大学的机会远远高于前几代人,80后的大学毛入学率达到了23.8%,比70后的相应比例高了10个百分点。在接受调查的2800个80后当中,98.2%的人都有机会接受正规的学校教育,只有1.8%的人没有接受正规的学校教育;进入学校教育系统的人当中,绝大部分人(88.9%)都升入了初中,剩下约1/10的人(11.1%)只接受了小学教育就离开了学校；在升入初中的人当中略超过半数的人（53.6%）继续升入高中、中专或职业中学，另外接近半数的人（46.4%）放弃继续求学；升入高中、中专或职业中学的人当中，有50.8%的人进入大学学习，其余49.2%的人在高级中等教育阶段或毕业后离开学校。80后上大学期间，中国的大学毛入学率稳步增长，根据教育部公布的数据，90年代末期大学扩招之前中国的大学毛入学率仅为10%左右，大学扩招政策实施以后其比例迅速上升，2005年达到19%，2006年为21%，2008年为23%，2009年为24.2%，目前应达到或超过25%。

第三节 80后的基本教育状况

与前几代人相比，80后的受教育机会增加了很多，平均受教育水平明显提高。然而，即使在80后群体中，能上大学的人还是少数，仅有23.2%的80后获得了高等教育机会，其中，12%获得大专文凭，10.6%获得大学本科文凭，0.6%获得硕士或博士文凭（参见表4-2）。多数80后拥有中等

表4-2 80后教育程度及群体差异

单位：%

	平均受教育年数	从未上过学	小学	初中	高中	技校/职高/中专	大专	本科	研究生	总计
所有80后	10.15	1.8	11.0	41.2	12.0	10.8	12.0	10.6	0.6	100
男性	10.26	1.1	8.8	41.9	12.7	11.9	11.9	10.9	0.8	100
女性	10.05	2.4	13.1	40.5	11.4	9.6	12.1	10.4	0.5	100
农业户口	8.92	2.7	16.3	55.6	11.1	7.5	4.8	2.0	0.0	100
非农户口	12.11	0.3	2.4	18.1	13.3	15.7	24.4	24.3	1.5	100
出生于农村家庭	9.30	2.1	13.7	48.5	11.0	8.9	8.4	7.0	0.4	100
出生于城镇家庭	12.16	0.6	2.2	17.8	14.9	16.7	23.6	22.6	1.6	100
居住于城市	12.03	0.6	2.3	25.8	22.8	14.9	19.3	13.5	0.8	100
居住于农村	8.85	3.5	18.5	58.0	9.3	5.6	4.1	1.2	0.0	100
居住于城乡混杂区域	10.13	2.0	12.0	43.5	15.7	12.0	10.0	4.4	0.4	100
流动人口	10.77	1.1	6.4	42.7	22.6	8.5	10.2	8.5	0.0	100
居住于城市流动人口	11.52	0.7	3.9	32.6	28.8	8.5	13.1	12.4	0.0	100
非农户口流动人口	12.87	0.0	1.0	18.1	25.5	10.6	21.3	23.4	0.1	100
农业户口流动人口（农民工）	9.73	1.6	9.0	56.1	20.9	7.5	4.8	0.1	0.0	100
本地户籍城市青年	11.96	0.7	2.8	26.5	17.4	18.7	21.1	11.7	1.1	100

注："居住于城乡混杂区域"指居住于集镇、城乡交界或新近城镇化区域。

文化程度，占比例最大的是初中文化程度（41.2%）。另外，还有极少数80后是文盲（1.8%）。80后青年的平均受教育年数为10.15年。而前几代人的平均受教育年数分别是：40后为6.32年，50后为7.2年，60后为8.23年，70后为8.93年。

1. 性别差异

表4-2列出了80后受教育水平的性别差异。数据显示，80后男女青年接受高等教育的比例相当接近，男性拥有研究生和大学本科学历的比例只比女性高0.3和0.5个百分点，而女性拥有大学专科教育水平的比例比男性高0.2个百分点。同时，男性与女性的平均受教育年数也非常接近，分别为10.26年和10.05年。然而，80后女青年小学及以下文化水平的比例远高于男性，女性没有上学的比例比男性高1.3个百分点，小学文化水平的比例比男性高4.3个百分点；与此同时，80后男青年拥有中等文化水平的比例则明显高于女性，男性拥有初中文化水平的比例比女性高1.4个百分点，拥有高中文化水平的比例比女性高1.3个百分点，拥有技校/职高/中专学历的比例比女性高2.3个百分点。这说明，80后男女教育水平差异主要表现在较低层次的教育领域（初等教育和中等教育）。

虽然80后人群还存在教育水平的性别差距，但与前几代人相比，性别差距越来越小。如图4-4所示，越是年轻的一代，教育水平性别差距越小。出生于40年代的人，男性平均受教育年数比女性多1.52年；50年代出生的人，男性平均受教育年数比女性多1.52年；60年代出生的人，男性平均受教育年数比女性多0.9年；70年代出生的人，男性平均受教育年数比女性多0.69年；80年代出生的人，男性平均受教育年数比女性只多0.21年。在80后之后的90后人群中，男女平均教育水平则非常接近，并且女性上大学的比例高于男性。

在我国，教育水平的性别差异与城乡差异是交错在一起的。图4-5显示了这一现象。在未上学和小学教育阶段，性别和城乡教育差距显示出梯度形状，农村出生女性未上学和小学文化程度比例最高，其次是农村出生男性，再次是城市出生女性，最低的是城市出生的男性。但是中等教育和高等教育阶段的性别和城乡差距则不是梯度形态，农村人拥有初中文化水平的比例远远高于城市人，而且男性比例高于女性。拥有高中学历的性别和城乡比例差异都相对较小（小于初等教育水平和高等教育水平），其中城市出生女

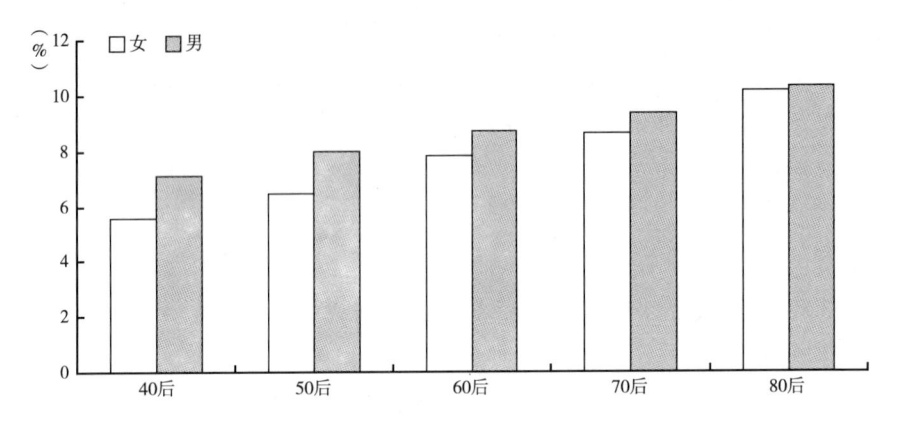

图 4-4 受教育年限性别差异的年代比较

性拥有高中学历的比例最高。技校/职高/中专的情况类似，城市出生女性比例最高，而农村出生女性比例最低。在高等教育阶段，城乡差距明显，但性别差距并不大。令人吃惊的是，农村出生女性上大学的比例高于农村男性，而城市出生女性拥有大专文化的比例与城市男性接近，只是拥有大学本科学历的比例略低于城市男性。

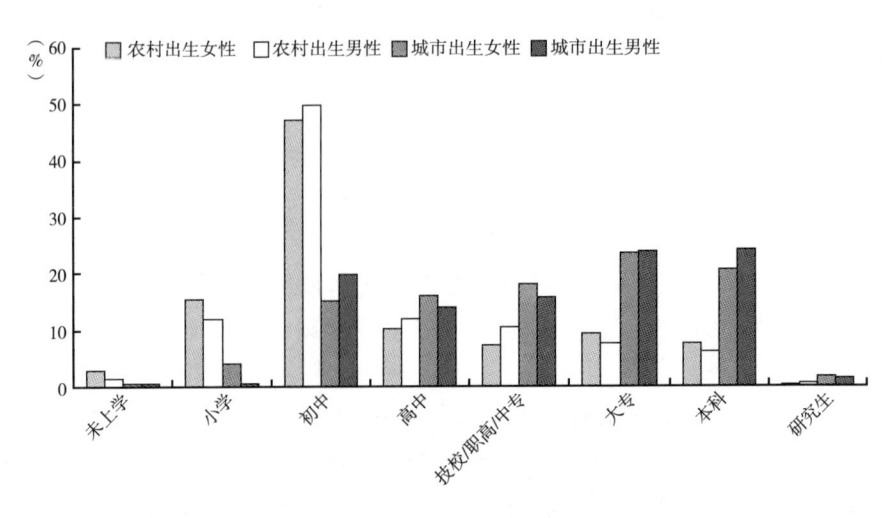

图 4-5 80后教育水平性别差异的城乡比较

2. 城乡差异

由于中国社会存在长期的城乡差异，城乡之间的教育差距十分突出，这导致80后城市青年与农村青年的教育水平差距明显。

图 4-6 显示了持有农业户口的 80 后与城市户口的 80 后的文化程度差异（同时参见表 4-2）。多数持农业户口的 80 后（55.6%）是初中文化程度，而多数非农户口的 80 后拥有大学及以上文化程度（大专/本科/研究生 50.2%）。与此同时，接近 80% 的非农户口青年都接受了高中及以上教育，而约 75% 的农业户口 80 后是初中及以下文化水平。图 4-7 显示了出生于农村家庭 80 后与出生于城市家庭 80 后的文化程度差异。接近半数的农村家庭出生 80 后是初中文化程度（48.5%），接近半数的城市家庭出生 80 后是大学及以上文化程度（大专/本科/研究生 47.8%）。这充分反映出，家庭出生的城乡背景和户籍身份导致了 80 后群体的城乡教育鸿沟。

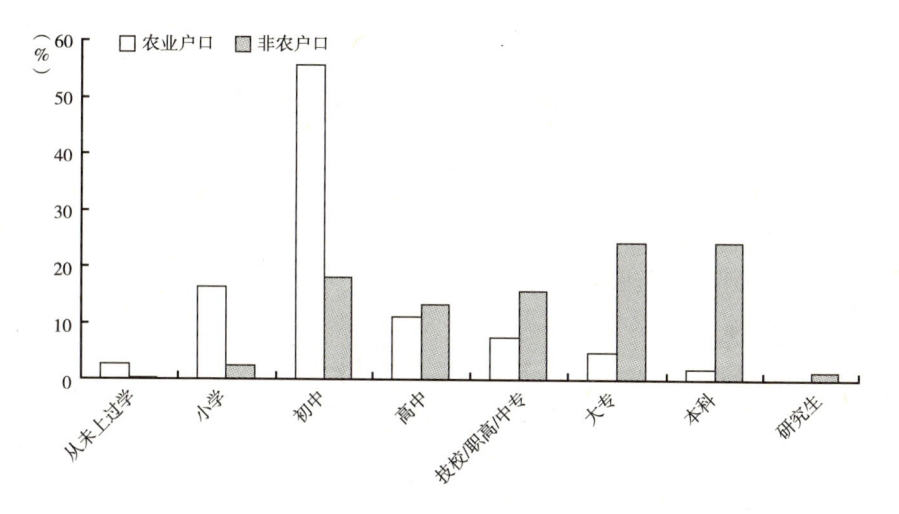

图 4-6 农业户口 80 后与非农户口 80 后的文化程度比较

3. 城镇化区域差距

对于当今的 80 后人群，恐怕很难严格区分城市青年与农村青年，因为传统意义上的农村青年（出生于农村家庭并且持有农业户口），现今已有很多人就业和居住于城市地区，还有一部分居住于城乡结合区域。同时，一些大城市中心地带高昂的房价，迫使部分城市青年也居住于城乡结合区域。另外，一些发达地区的乡村也出现了工业化区域，一些城市青年在此就业和居住。大学生村官政策推行，也吸引了一些大学毕业生在乡村社区工作。这些人才流动和劳动力流动模糊了城市青年与农村青年的分割界线，但是长期存在的城乡壁垒仍导致了就业于不同城镇化水平区域的 80 后青年劳动力的文

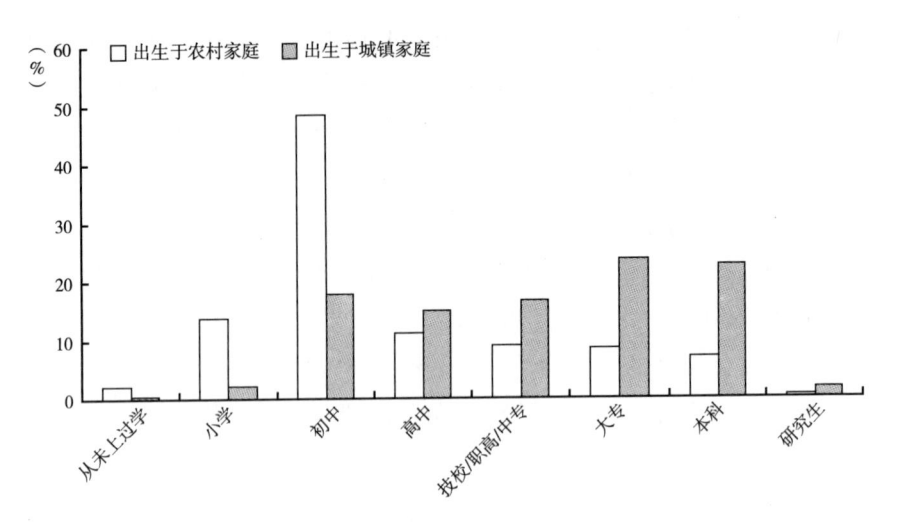

图 4-7 出生农村家庭 80 后与出生城市家庭 80 后的文化程度比较

化程度差异。图 4-8 显示了不同城镇化区域 80 后青年的文化水平差异。城镇化水平越低的区域,初中及以下文化水平的比例越高,居住于农村地区的 80 后,有 58% 是初中文化程度,18.5% 是小学文化,3.5% 未上学;居住于城乡混杂区域(集镇、城乡交界或新近城镇化区域)的 80 后,有 43.5% 是初中文化程度,12% 是小学文化,2% 未上学;居住于城市的 80 后,只有 25.8% 是初中文化程度,2.3% 是小学文化,0.6% 未上学。与此同时,城镇

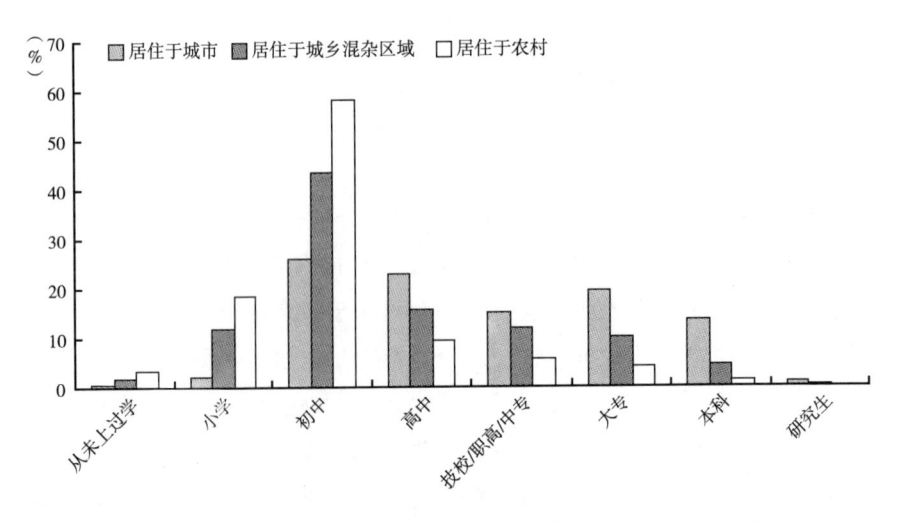

图 4-8 居住于城市、农村和城乡混合区域的 80 后文化程度差异

化水平越高的区域，高中及以上文化水平的比例越高。居住于城市的80后，高中、技校/职高/中专、大专、本科、研究生的比例分别为22.8%、14.9%、19.3%、13.5%和0.8%；居住于城乡混杂区域的80后，高中、技校/职高/中专、大专、本科、研究生的比例分别为15.7%、12%、10%、4.4%和0.4%；居住于农村的80后，高中、技校/职高/中专、大专、本科、研究生的比例分别为9.3%、5.6%、4.1%、1.2%和0.0%。

4. 流动人口差异

目前，56.7%的80后青年居住于城市，他们构成了80后的一个主要群体。这些居住于城市的80后，按其流动状态可以分为非本地户籍的80后（可称之为"城市里的流动80后"）和本地户籍的80后（可称之为"本地城市80后"）。城市里的流动80后又可以根据户籍身份进一步区分为非农户口流动80后（可以称之为"城市流动80后"）和农业户口流动80后（可以称之为"80后农民工"）。如此，城市里的80后青年就由三个群体构成：本地城市80后、城市流动80后和80后农民工。这三大群体的文化水平构成也有明显差异。

图4-9比较了上述三个80后群体的文化程度差异（也参见表4-2）。80后农民工的初中、小学和从未上过学的比例是最高的，超过半数的80后农民是初中文化水平（56.1%），农民工拥有大学文凭的比例不到5%，平均受教育年数为9.73年。在三个群体中，平均受教育年数最高的是城市流

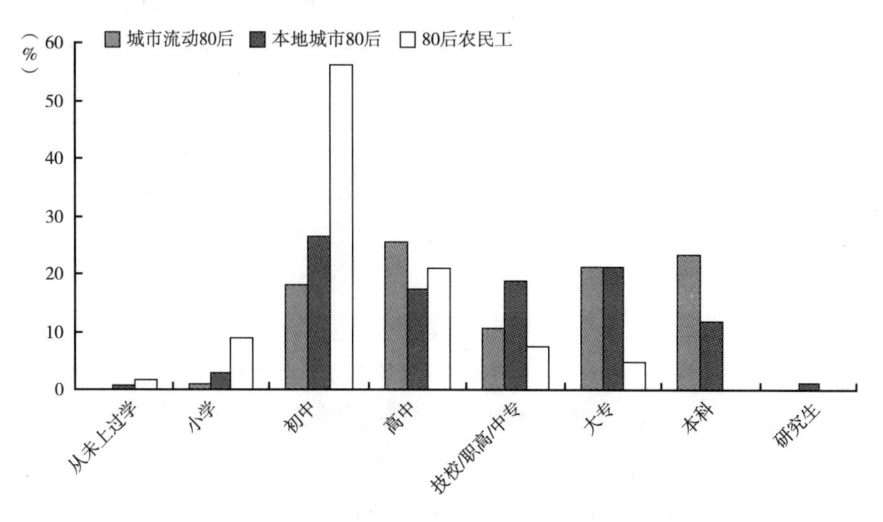

图4-9 不同身份80后的文化程度差异

动 80 后（12.87 年），他们拥有大学文凭的比例（44.8%）不仅远高于 80 后农民工，而且也高于本地城市 80 后。同时，他们拥有高中文化水平的比例也是最高的，大约 1/4 的城市流动 80 后是高中文化（25.5%）。本地城市 80 后的平均受教育年数为 11.96 年，略低于城市流动 80 后，但他们拥有研究生文凭的比例最高。另外，他们上技校/职高/中专的比例（18.7%）远高于其他两个群体。

第四节 城乡教育机会不平等增长趋势

尽管教育机会快速增长使 80 后青年接受教育的机会越来越多，教育水平不断上升，然而，教育机会迅速增长并没有带来教育机会公平的提升，不同阶层家庭子女教育机会差距持续存在，而且，城乡教育机会差距明显有所扩大。这导致 80 后人群内部的教育不平等，以及随之而来的社会经济地位的差异。其中，城乡之间的教育不平等问题最受关注。

1. 农村子弟上大学难，高等教育机会城乡差距拉大

2009 年 1 月 4 日，当时的国务院总理温家宝注意到了一个现象：大学里农村学生比例明显下降。温总理感到困惑："这是我常想的一件事情。本来经济社会发展了，农民收入逐步提高了，农村孩子上学的机会多了，但是他们上高职、上大学的比重却下降了。"有些人认为，这是由于农村人口在总人口中的比重下降导致的。但是，中国社会科学院社会学研究所 2006、2008、2010 年中国社会状况综合调查数据显示，排除城乡人口变动因素的影响，农村人上大学的机会与城市人相比的确下降了。尽管高等教育机会的城乡差距长期存在，但是，在最近十几年高等教育机会迅速增长的情况下，高等教育机会的城乡差距却持续拉大。图 4-10 是采用升学模型（conditional Logistic Model）估计的不同出生年龄组人群各阶段升学机会的城乡差距。在性别、民族、父亲职业和父亲文化水平相同的条件下，20 世纪 90 年代城市人上大学的机会是农村人的 3 倍，21 世纪以来这一差距扩大到 4.9 倍。这说明，大学扩招政策带来大量增长的高等教育机会，主要被城市人所获取，农村人所分享的较少，这导致了高等教育机会城乡差距的拉大。

2. 高中阶段教育分流是城乡教育不平等扩大的关键点

农村子弟上大学机会比例下降现象，引发媒体对大学招生和高考制度的

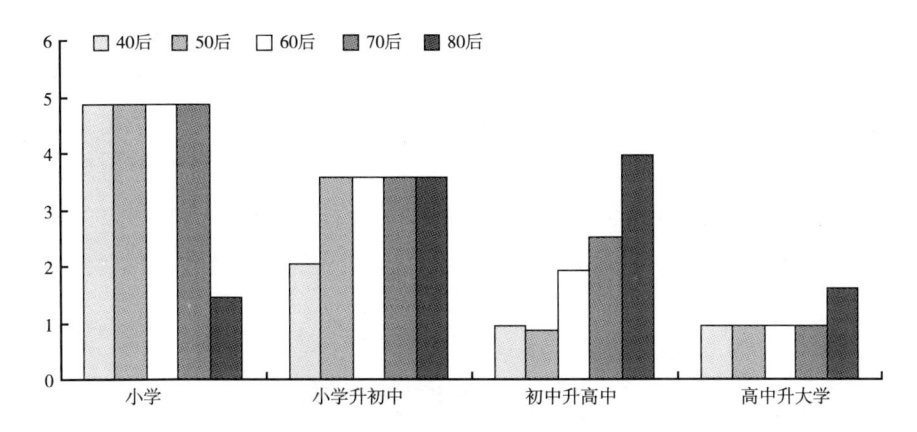

图 4-10 各阶段教育机会城乡差异的年龄组比较

激烈批评。然而，农村人上大学难并非完全是由于大学入学这一关口把农村人排挤出去，实际上，许多农村子弟在考大学之前的几个升学阶段就被逐步淘汰出局。其中，初中升高中阶段是最重要的筛选关口。相当数量的农村家长及其子女在这个阶段决定放弃升入高中进而考入大学的机会，或者选择进入职业高中、中专等职业教育，或者干脆离开学校外出打工。而这一阶段的城乡教育机会的不平等则增长得更加明显。图 4-10 显示自 20 世纪 80 年代以来，初中升高中阶段的城乡升学机会差距持续拉大，排除城乡人口变动因素的影响，并且在性别、父亲职业和父亲文化水平相同的条件下，50 后初中升高中（大约"文化大革命"时期初中升高中）的城乡差距不明显，60 后（大约 20 世纪 80 年代初中升高中）城市人由初中升入高级中等教育（包括高中、技校、职高和中专等）的机会是农村人的 1.9 倍；70 后（20 世纪 90 年代初中升高中）这一差距上升到 2.5 倍，80 后（21 世纪以来由初中升入高级中等教育阶段）进一步上升到 3.9 倍。初中升入高级中等教育阶段的城乡差距持续扩大，使许多农村青少年失去了上大学的机会，从而导致城乡教育机会不平等增强。

3. 80 后人群的城乡教育机会差距尤为突出

80 后是目前我国青年劳动力的主体，他们生长于教育机会快速增长的环境里，但这一青年人群的教育状况受到城乡教育机会不平等的影响。80 后上学阶段，我国已经实现了小学教育普及，初中教育接近普及，绝大多数 80 后青年完成了这两个阶段的教育。但是，仍有少量的 80 后没有上小学和初中，其多数是农村青年。表4-3列出了在各升学阶段未能升学者与升学者的家庭背景比较。在那些未进入学校接受教育的80后当中，90.6%来自农村，89.1%出身农民家庭。这些青年更可能落入贫困状态，他们大多数居住在农村（71.9%）；70%务农或处于无业状态，有工作的人平均月收入950元，约半数人没有稳定收入；96.9%的人没有失业保险，71.9%的人没有任何医疗保障。他们目前处于社会的底层而且基本上没有什么机会向上社会流动。

表4-3 80后升学与未升学者家庭背景比较

单位：%

	是否进入小学		是否由小学升入初中		是否由初中升入高级中等教育		是否由高级中等教育升入大学		80后总体	升入大学者比例与总体比例之比
	未进入	进入	未升	升学	未升	升学	未升	升学		
16岁时父亲职业										
管理人员	0.0	3.1	0.0	3.3	0.9	5.6	1.4	8.4	3.0	2.8
专业人员	0.0	3.4	0.0	3.8	0.8	6.3	1.7	8.8	3.3	2.7
办事人员	0.0	8.7	3.4	9.3	3.9	14.1	6.6	15.4	8.6	1.8
个体/自雇	0.0	7.5	3.7	7.9	5.4	9.7	6.5	10.3	7.4	1.4
工 人	10.9	24.0	11.1	25.6	19.1	29.5	22.5	28.0	23.8	1.2
农 民	89.1	53.3	81.7	50.1	68.8	34.8	61.3	29.1	53.9	0.5
合 计	100	100	100	100	100	100	100	100	100	—
16岁时父亲户口										
农业户口	90.6	69.9	94.4	66.8	86.7	46.8	77.6	32.9	70.3	0.5
非农户口	9.4	30.1	7.6	33.2	13.3	53.2	22.4	67.1	29.7	2.3
合 计	100	100	100	100	100	100	100	100	100	—

注：高级中等教育包括普通高中和中等职业教育（职高、技校、中专等）；大学包括大学本科和大学专科。

未能升入初中的80后情况类似，94.4%来自农村，81.7%出生于农民家庭；74.1%居住在农村；55.7%务农或无业；有工作的人平均月收入1100元；98%没有失业保险；57%没有任何医疗保障。这批人与未接受教育的人相似，也很可能长期停留于社会底层，因缺乏教育而难以改善自己的生存状态。

第四章 教育机会增长与80后的教育状况

结　语

　　从教育方面来说，80后是幸运的一代，他们是教育机会快速增长的极大受益者。除了极少数人以外，80后青年都获得了教育机会，98%能上学读书，接近90%的人能进入初中，不过，能上大学的人还是少数，不到25%。但是他们上大学的比例还是远远高于前几代人，总体而言，80后一代的文化水平比前几代人高出很多。80后受教育阶段出现的一个突出问题是城乡教育机会不平等扩大。

　　城乡教育机会差距扩大是由多种因素导致的，但近几十年教育的精英化、效率化和市场化是一个主要原因。自1977年恢复高考制度以来，中国教育改革的一个重点是建立和完善一套制度体系——日益严格化的逐级考试制度和学校（重点和非重点）等级分类系统，这一制度选拔和培养了大批精英人才，但同时也带来了一些不平等后果。严格的考试制度虽然提供了一种机会公平竞争的途径——"分数面前人人平等"，但实际上竞争的过程并非是绝对公平的。拥有较多资源的优势群体会通过各种方式为其子女争取更多教育机会，帮助他们在激烈的竞争中获得成功，而弱势群体，特别是农民子弟则在教育机会竞争中处于劣势地位，他们更可能在层层考试选拔过程中被淘汰。2001年大规模实行的农村中小学"撤点并校"，确实提高了教育的效率（集中优势教育资源培养精英人才），但也使大部分农村子弟沦落为精英学生的陪衬品，在升学考试竞争中成为失败者。另外，大学毕业生就业难、找工作需要"拼爹"、大学学费和生活成本上升、高考竞争日益激烈等因素，也降低了部分农村父母及其子女的教育投资欲望。

　　持续的城乡教育机会差距导致了社会经济不平等在代际传递，即父母是贫困和低文化水平的农民，其子女就可能因缺乏教育而继承父辈的社会经济地位，难以获得上升社会流动机会而长期处于社会底层。这种教育不平等会进一步扩大和固化原有的城乡不平等，使城乡人口的就业不平等、收入不平等、生活机会不平等代代相传，从而形成了社会阶层地位的固定化、社会结构的凝固化。为了避免这样的后果，政府及其教育部门应该采取相应对策，在严格竞争考试制度的同时，也需要采取某些手段，扶助教育机会竞争中的弱势群体，降低他们的教育成本和失败风险，提高他们的教育回报率，激发他们的教育进取心，从而控制和弱化考试竞争所导致的城乡和阶层教育机会差异，使教育发挥促进社会公平的功能。

参考文献

陆学艺、李培林，1991，《中国社会发展报告》，辽宁人民出版社。

第五章
80后青年话语的建构与表达

80后这个称谓从一开始出现,就具有两个特征:首先它是一个青年概念,其次它是特定时代的表征,因此本质上说它也是一个代际概念。自从21世纪80后的提法诞生以来,主流话语对它的描述经历了从全面声讨到部分肯定的过程,而80后自身的姿态也经历了由集体抗拒到集体认同的过程。因此,有关80后青年话语的建构与表达,代表了主流社会与青年群体之间权力关系的变迁形态,不仅可以用来更好地了解和理解80后这个独特的世代,而且可以依此分析它们所处的时代的独特性。本章通过对80后青年话语的建构传统以及自我表达方式的考察,着重分析市场转型时代中国主流社会对于80后青年的建构与80后青年自身的话语表达之间的一个关系变迁逻辑,并探讨代际视野中的80后认同。

第一节 青年话语的建构传统

青年是个有争议的概念。虽然在不同国家、不同文化和不同时代中都有不同的青年定义,但基本上都与生命历程中特定的年龄阶段相关。而学界逐步取得共识的是，青年说到底是社会文化建构的产物，它是主流社会与青年自身共同参与建构的一个社会过程，因此具有相对性、动态性和多样性（JohannaWyn & Rob White，2008）。青年概念在这个意义上是一种社会符号，用布迪厄的说法，"青年仅仅是一个词而已"（Bourdieu，1993：94-95），它可以用来观察主流社会与青年之间、不同代之间，以及青年内部不同群体之间的权力关系。

要了解80后这个独特的世代，就必须考察80后青年话语的建构过程。青年话语包含两层含义：一是主流话语中对于青年的建构和定位，二是青年自身的话语表达，二者之间此消彼长的关系影响了青年与社会之间的相互认同。在主流社会对青年的描述和界定与青年的自我叙述和定位之间，素来存在着差异甚至冲突，这样就构成了两种青年话语形式。其中，前一种话语形式往往由于其权力作用而掩盖或压抑了后一种话语形式的存在，而后者在特定的文化情境下能够逐渐扩展自己的生存空间并向前者渗透。

主流话语中对于80后青年的建构主要来自两大传统：一个就是具有政治和意识形态意涵的"接班人"话语，另一个就是代际关系视野中的80后话语。

一 作为政治和意识形态意涵的"接班人"话语

陈映芳在考察青年与中国社会变迁的关系时指出，青年概念和角色在中国的不同时代都具有不可回避的政治和意识形态色彩，它与"除旧布新"的社会变革的使命感和角色期待联系在一起，因此具有特殊的社会意义。从"五四"时期的"激进青年"，到1949年之后的"革命青年"，虽然在角色的基本构成和意义结构方面发生了变化，但其意识形态特性和以社会历史使命为核心的角色期待并没有改变。青年在社会中被赋予很高的地位，确立了"五四"青年节，成立了共青团组织，被视为共产主义事业的"接班人"。最著名的是毛泽东关于青年的那个经典语录："世界是你们的，也是我们的。但是归根结底是你们的。你们青年人，朝气蓬勃，正在兴旺时期，好像早晨八九点钟的太阳，希望寄托在你们身上。"（转引自陈映芳，2007：167）

这一时期青年的角色担当者由过去的学生和青年知识分子，转换成了青年工农兵；青年的角色使命也由原先的救亡和改造，变成了社会主义革命和建设。雷锋被塑造为革命青年的完美典型，体现了社会对青年的角色规范要求：以国家和集体利益为先，提倡服从、忠诚和献身（陈映芳，2007：169~175）。然而改革开放后，中国社会整体上呈现一种"非青年化"的趋势①，也就是出现了所谓"青年的解体"（陈映芳，2007：219~233）。陈映芳将这种"以意识形态性为主要性格"的青年的解体，归因于四个主要方面：首先是社会整体非意识形态化的结果；同时也跟改革开放以来中国社会价值规范的意义空间的演变有关："一方面全能主义、权威主义趋于衰退，另一方面个人主义、自由主义逐渐获得正当性"（陈映芳，2007：240~241）；另外还跟80年代有关青年问题的各种新思想、新理论的引入有关；最后，80年代末青年参与的政治实践的结果，给年轻人、青年角色和社会三方的关系带来了冲击，从而加速了青年的解体（陈映芳，2007：234~244）。

可以看出，陈映芳关于青年在中国社会不同时期作为一种角色类别的梳理和分析，其实揭示的就是主流话语中建构青年的一大传统：从毛泽东时代的"革命青年"到改革开放后的"现代青年"。这种传统都沿袭了青年作为革命事业"接班人"的话语，只不过这个事业由过去的社会主义建设变成了后来的实现现代化，但其核心特征并没有变：就是都以国家民族利益为重，具有深刻的意识形态色彩；同时强调个人服从组织、献身集体的"接班人"品质。这种"接班人"话语通过对青年的教育、培养和控制等手段来体现。例如作为青年先进组织的共青团，自始至终都在传播这样一种青年话语。在共青团的章程中，明确提出其基本任务就是"以经济建设为中心，坚持四项基本原则，坚持改革开放，用社会主义核心价值体系教育青年，在建设中国特色社会主义的伟大实践中，造就有理想、有道德、有文化、有纪律的接班人"。同时，章程还强调要"坚持对青年的教育和引导"，其中包括"爱国主义、集体主义和社会主义思想教育"，"增强青年的民族自尊、自信和自强精神，树立正确的理想、信念和世界观、人生观、价值观"等，

---

① 陈映芳以崔健、王朔等所谓"大拒绝"为特征的青年文化的流行，以及青年人离开正式单位和辞职现象的增多这两件事，来说明这种"非青年化"的趋势。因此这种"非青年化"其实是对已有青年角色规范和期待的背离和否定，可以理解为是一种"非青年角色规范化"。在这个意义上，青年的解体可以理解为传统青年角色类别的解体。

"带领青年在经济建设中发挥生力军和突击队作用"①。

对于80后来说，这种"接班人"话语的养成，还通过对青年尤其是青年大学生的思想政治教育的新手段体现出来。除了共青团这个系统的倡导、媒体的宣传以及榜样的塑造之外，在高校实施公共政治课程方面的改革，强化大学生的"德育"课程，通过政治和道德教化手段来达到控制青年的目的，这是近几十年来主流话语建构青年的一种至关重要并且传统的方式。

1998年，中宣部、教育部出台了《关于普通高等学校"两课"课程设置的规定及其实施工作的意见》，明确指示要将"两课"② 作为"对大学生系统进行思想政治教育的主管道和主阵地"。新方案明确规定了"两课"的课程内容和教学要求，马列课除了马克思主义哲学和政治经济学原理之外，还包括毛泽东思想和邓小平理论③；德育课程明确规定为《大学生思想道德修养》《法律基础》和《形势与政策》。这个被学生称为"思修"课的课程，从大学新生入学的那年就开始进行，内容主要是"以为人民服务为核心、以集体主义为原则的社会主义道德教育，以及优秀的中国传统道德和革命传统教育，培养学生高尚的理想情操和良好的道德品质，树立体现中华民族特色和时代精神的社会主义价值标准和道德规范"，而且规定教材要由教育部统一推荐制定（中宣部、教育部，1998）。

2004年，中共中央、国务院又颁发了《关于进一步加强和改进大学生思想政治教育的意见》，强调"加强和改进大学生思想政治教育，提高他们的思想政治素质，把他们培养成中国特色社会主义事业的建设者和接班人，对于全面实施科教兴国和人才强国战略，确保我国在激烈的国际竞争中始终立于不败之地，确保实现全面建设小康社会、加快推进社会主义现代化的宏伟目标，确保中国特色社会主义事业兴旺发达、后继有人，具有重大而深远的战略意义"，同时指出"国际敌对势力与我争夺下一代的斗争更加尖锐复

---

① 参见中国共青团网站中《共青团章程》的"总则"部分，http://www.gqt.org.cn/ccylmaterial/regulation/200612/t20061224_12147.htm。

② "两课"指高校开设的公共政治课中的两大类，一类是马克思主义理论课，另一类是思想政治教育即德育课。

③ 当时的一个口号是，要让邓小平理论"进教材，进课堂，进头脑"。后来陆续纳入其中的还有"三个代表""科学发展观"等内容。

杂，大学生面临着大量西方文化思潮和价值观念的冲击，某些腐朽没落的生活方式对大学生的影响不可低估"，因此加强和改进大学生思想政治教育，就必须"以理想信念教育为核心，以爱国主义教育为重点，以思想道德建设为基础，以大学生全面发展为目标，解放思想、实事求是、与时俱进，坚持以人为本，贴近实际、贴近生活、贴近学生，努力提高思想政治教育的针对性、实效性和吸引力、感染力，培养德智体美全面发展的社会主义合格建设者和可靠接班人"（中共中央、国务院，2004）。此后，中宣部和教育部发文，将《思想道德修养和法律基础》规定为一门必修课，并在课程教材中加入了马克思主义人生观、价值观、道德观、法律观的教育，以及"八荣八耻"的社会主义荣辱观教育等内容。

然而这种以教育和控制青年为目的、培养他们做听话的乖孩子和可靠的接班人的话语传统，在改革开放30年的实践中收效甚微。随着20世纪80年代西方文化思潮的传入，以及传统教化模式的失效，主流社会在青年问题上的危机感日益加重。青年由最初那个充满迷茫和困惑的问题群体，转变为开放后接受西方思想和文化冲击而日益反叛和不安分的群体。这帮强调反权威、独立人格和实现个人价值的年轻人，如今能否尽在主流社会的掌控之中，成为他们设想的可靠接班人，已经成为最令他们忧心的问题。

尤其是在20世纪90年代之后，中国整个社会的焦点和导向发生转移。伴随着市场经济和全球化的浪潮，陈映芳所说的作为意识形态和政治化角色的青年走向衰落，物质化、世俗化和消费主义的青年正在崛起。主流话语呈现一个明显的分离特点，就是在政治、意识形态方面的收紧和在经济、社会和文化方面的放宽，这使得以青年为主体的亚文化在新时期的氛围中得到了空前的发展。有学者认为，随着主流文化的宽容度日益提高，再加上主流社会的非政治化引导，20世纪90年代以后，青年文化与主流文化的对抗性减弱。"青年文化基本上从与主流相对抗为主导，或以某种政治理念或社会想象为主导，而转变为以个体或群体的情感的宣泄为主导"，并且日益显现无法化约的差异化和多元化特点（陆玉林，2002）。这实际上使得主流社会与青年之间的对峙，也从80年代的意识形态和思想观念的对峙，转变成90年代以后成人社会与青年之间的代际冲突。这在80后一代身上有突出的表现。

二 代际视野中的 80 后话语

主流社会建构 80 后话语的另一个传统就是代际关系的视野。最早从代际角度论述青年的是 20 世纪 80 年代末那本轰动一时的著作《第四代人》[①]，书中将 80 年代的青年划为"第四代人"，以"肯定自我、张扬自我"作为自己的核心价值观（张永杰、程远忠，1988）。后来的学者将 90 年代的青年（主要为 70 后）称为"第五代人"，这一代人由于生长于改革开放环境，没有受到太多传统观念的束缚，同时他们当中很大一部分人属于独生子女，因而在生活方式、道德标准、价值观念、审美趣味等方面都与前几代人有明显的不同，具有突出的享乐主义和物质主义倾向（杨雄，1999），常常被媒体称为"新人类"而遭到批判。也有学者认为，这个概念很大程度上是媒体炒作的结果，"新人类"现象其实是中国社会"超前性的过度世俗化"的畸形表现，无非是年轻人通过消费来彰显他们的个性与自我价值（沈杰，2001）。更有人直接撰文说"不和 70 年代生的人交朋友"，因为他们喜欢玩"酷"、玩"炫"，但没什么文化、没法沟通；他们追星、赶时髦，其主流生活是"自以为是的怪胎"；他们冷漠、不合群、对个人利益斤斤计较，因此"跟 70 年代生的人交朋友，你不是虐待狂就是受虐狂"（李天时，2000）。

到了 21 世纪以后，对 70 年代生人和"新人类"的刻板印象与批评争议还没落定，对新一代的 80 后年轻人的集体声讨已经势不可挡了。与 90 年代的青年一样，这一代青年在主流社会和成人世界那里也遭遇到更多负面的评价和种种的争议，被称为"垮掉的一代""网络一代""飘一代""新新人类"等等，并且常常与对"独生子女一代"的批评联系在一起。他们被视为家庭中从小被宠坏了的"小皇帝""小公主"，以自我为中心、自私虚荣、贪图享受、缺乏责任心、对社会普遍不适应，并且常常表现出令成年人或者主流社会惊诧万分和难以理解的言行等。尽管有学者呼吁"业已形成

[①] 此书以政治意识形态和价值观念为标准将中国的社会人群划分为四代人：作为共和国的缔造者、从政治时代经历过来的第一代人，他们以"革命性"为最高原则；新中国成立后 17 年中成长起来的第二代人，他们以"组织性"为最高原则；"文化大革命"中进入青春期的红卫兵一代为第三代人，他们是矛盾的混合体；还有 20 世纪 60 年代之后出生、在改革开放时进入青春期的第四代人，肯定自我、张扬自我是他们的核心价值观（张永杰、程远忠，1988）。

的对独生子女的负面刻板印象需要改变",并提醒要将独生子女现象和问题放在"不断变动的中国社会结构中去分析",理解这一代人与变革中的中国社会之间的关系,认清他们是如何被中国社会塑造成今天这个样子的(风笑天,2006),但是对独生子女和80后的批判依然不绝于耳,"迷失的一代""没有责任心的一代""毁掉的一代"等标签接踵而至。在一篇题名为《80后:请别走入道德虚无与价值失范的迷途》的文章[①]中,80后被描述为"是精神缺钙的一代,是灵魂没有归宿的一代,也是缺乏自我内省和对世界担当的一代"(张亚山,2006)。

80后在主流话语中的这种负面形象直到2008年通过四川汶川的大地震以及奥运会志愿者的表现才得到了部分矫正和挽回,被媒体赞誉为"鸟巢一代"。有关80后的讨论成为近五年来媒体最热衷的话题,几乎所有主流一线平面媒体、电视和网络都曾组织过以80后为专题的栏目或讨论,而通过这些讨论也可以看出,主流社会关于80后青年的种种指责或赞赏,一直充满矛盾和争议,以至于一篇在网上广为流传、被称为"80后宣言"的文章这样总结到:

> 有人说我们是迷惘的一代、焦灼的一代,主流的价值观和信仰一个个瓦解,我们的情感生活、婚姻生活找不到依托,我们的人生缺乏方向。
> 有人说我们是网络一代,沉溺于虚拟世界中,对现实问题缺乏关注。
> 有人说我们是负担最重的一代,大学毕业即失业,蜗居,房奴,蚁族,现在又出现了孩奴的恐怖说法。
> 有人说我们是失意的一代,脆弱的一代,自杀已经成为80后青年非正常死亡的首要因素。

[①] 这篇文章曾经起到引线的作用,点燃了2006年7月《北京青年报》上持续两周的有关80后的讨论,这场以"80后:迷失的一代还是阳光的一代"为主题的讨论,结果出现了向此文作者张亚山的反对方一边倒的情景。而北青报YNET网站上与此同步的讨论,更有众多网友和80后青年超乎热情的参与。在网站设立的投票环节中,支持"80后是阳光的一代"的"正方",与支持"80后是迷失的一代"的"反方"之间的票数之比,在经过第一天的势均力敌之后,迅速拉大到20多万票对1万票左右,并基本维持到讨论结束。参见张天蔚的博客文章《80后:尚未完结的讨论》。

有人说我们是奋起抗争的一代,在反对藏独、疆独的海外游行中,在保卫奥运圣火的游行中,在汶川地震中,处处可见我们80后志愿者的身影。

有人说,我们生在蜜罐里,长在鸟笼中,活在战场上。童年是蜜罐,动画片、零食、游戏和童话;学校是鸟笼,鸟应该在天空和自然飞翔,而我们却被关在笼子里面;毕业后进入社会则是战场,尔虞我诈,勾心斗角。

有人说,我们不是小皇帝、小公主的一代,我们不是垮掉的一代,我们来自边远的山区,来自广大的农村,我们是被媒体忽视的一代,媒体制造的一代并不能代表我们。我们以前没有享受过,现在也没有享受,我们在南方、北方的工厂里面不停地劳作。我们的青春被机器和大工厂榨干了、磨平了。我们为生活所迫,在各个城市间飘来飘去,却无法扎下根。我们是被资本盘剥的一代。

我们到底是谁?在历史上还能找到比我们更有矛盾性的一代中国人吗?(牧川,2010)

上述罗列的说法基本上概括了现阶段主流话语中关于80后青年的各种不同的评价和认定,展示了80后这一代复杂、矛盾、多元的一面。如同一位学者在关于80后的谈话中所指出的:"其实,我们对于'80后'这一代并不真正了解。时下社会评价中'80后一代'形象,大多是成人社会按照自己一代的人生经验'建构'出来的。"(杨雄等,2008)因此从这个意义上说,在中国社会走向市场化、全球化之后,主流社会有关青年话语的建构,已经从改革开放初期明显强调意识形态和青年使命的政治取向,转变为市场经济时代更加强调代际视野下文化和价值冲突的社会取向。

第二节 青年自身的话语表达方式

青年自身是青年话语最重要的建构者之一。"青年话语不仅展现了青年在语言符号上的发明创造,而且展示了青年是如何理解自身和社会现象并赋予其意义的。青年制造自己的话语,就是在创造具有自身特色的文化。"(陆玉林,2009:109)从这个意义上说,青年文化就是青年自己的话语方式,是"青年人发出的不同于主流文化或官方的声音",它在出现之时"就带有一定的反叛即与主流文化对抗的色彩"(陆玉林,2002)。因此青年文化在自身的发展过程中必然会受到主流文化的压制,使得这种青年话语形式成为主流话语中被掩埋的、看不见的或者不合法的东西。从改革开放 30 年来青年文化的发展,可以看出 80 后青年自身在话语表达方式上的沿革、承继与独立创新之处。

一 80 后之前的青年文化——从精英到通俗的反抗

如果以 80 后为界来划分改革开放 30 年来青年文化的发展,那么可以看到 80 后之前的青年文化经历了从精英到大众的通俗化过程,表现出与主流青年话语之间的对抗和对峙;而市场转型时代孕育出来的 80 后青年文化,则更突出了娱乐性,并体现了网络时代草根文化的独特表达方式。

20 世纪 80 年代的青年文化被陈映芳概括为以所谓"大拒绝"为特征,就是年轻人"从生活方式到精神世界的全面拒绝",它通过体验一种与众不同的生活方式,或者创造一种离经叛道的新文学和新音乐等方式来实现(陈映芳,2007:224)。因此后来差点被当成"精神污染"加以清除的年轻人留长发、穿大喇叭裤、戴蛤蟆镜、跳迪斯科、听邓丽君歌曲等时尚,曾经成为 80 年代初中期青年文化的重要部分。在那个一切都意识形态化的年代,文学与音乐率先成为青年文化最初突破主流思想禁忌和藩篱的载体。例如 70 年代末 80 年代初出现的"朦胧诗"①,就是在改革开放后的所谓"新时期"饱含政治隐喻和批判激情、很有代表性的一种青年文化。作为"朦胧诗"第一人的北岛在 20 多年后接受查建英的访谈时指出,其实"朦胧诗"与其说是艺术流派,不如说是松散的文学团体。"如果说有什么共同倾向的话,那就是对一统天下的主流话语的反抗,摆脱意识形态的限制,恢复诗歌

---

① 由北岛、芒克等人于 1978 年 12 月创办并刊印的民间刊物《今天》,是"朦胧诗"最早亮相的地方。当时这个杂志在诗歌界已经影响很大,曾在玉渊潭公园举办过两次诗歌朗诵会,有外国记者和警察围观。但在当时之所以被称为"朦胧诗",是因这些诗歌被视为晦涩难懂的古怪诗,包含隐约朦胧、含混歧义的诗意氛围,实际上是一种贬义的称谓,因此围绕"朦胧诗"展开的论战也相当激烈。北岛在多年后回忆说,"朦胧诗"只是官方给这些诗歌贴的标签,而他们自己当年根本无权申辩。参见《八十年代访谈录》中的"北岛"部分(查建英,2006:74)。

的尊严"（查建英，2006：74）。

除此之外，80年代风靡一时的"文化热"中那些以翻译和介绍西学为主的著名丛书，比如"走向未来丛书"（四川人民出版社）、"现代西方学术文库"（北京三联书店）、"二十世纪西方哲学译丛"（上海译文出版社）、"二十世纪外国文学丛书"（上海译文和外国文学出版社）等等，也向当时中国的思想文化界和年轻人打开了一个全新的世界，"尼采热""萨特热""弗洛伊德热"等在大学校园中接踵而至。"文化：中国与世界"丛书编委会①主编甘阳在回忆当时知识界的氛围时说，80年代有几个特征：一个是经济改革不是当时知识界的 discourse，不是他们讨论的议题；二是以人文科学为主；三是西学为主，绝对是西学（查建英，2006：196）。因此80年代的"文化热"实际上是一种"西方文化热"。即便如此，甘阳在后来接受《南都周刊》访谈时还是认为，"八十年代文化热实际并不像许多人通常以为的那样就是一面倒的反传统和全盘西化"，比如他们编委会"虽然也有强烈反传统的一面，但更多地则集中在力图理解西方现代性本身的问题上"。但是很多年轻人还是认为，中国之所以没有现代化，是因为"中国文化传统"有问题，所以"用西方文化作对照来批判中国文化传统，成为八十年代中期'文化热'的主流"（甘阳，2006）。

到了80年代后期的反资产阶级自由化运动之后，这种思想界、理论界的青年精英文化逐渐没有了生存的空间，曾经热闹的西学热、文化热也归于沉寂，被逐渐升温的出国热所替代。与此同时，那些带有强烈的反主流意识形态色彩的青年文化开始以更加通俗和大众的形式出现，其中最典型的代表就是崔健的摇滚乐和王朔的小说。陈映芳从这类青年文化中概括出两个共同特征：一是他们身份认同中的非"青年"特性，就是把自己当成主流社会正统话

---

① "文化：中国与世界"丛书编委会成立于1985年，编委会成员是以当时的北京大学外国哲学所以及中国社会科学院哲学所为主，并聚拢了不同人文学科最强组合的一帮年轻人。除了主编甘阳之外，还包括陈嘉映、刘小枫、赵越胜、徐友渔、周国平、苏国勋、王庆节、王炜、陈来、陈平原、胡平、何光沪、梁治平、刘东、王焱等响亮的名字，堪称中国思想和学术界崛起的新生代。编委会先后出品了翻译的《现代西方学术文库》和《新知文库》，用甘阳的话说，是直接进入西学，学术起点很高。由于编委会当时秉承的理念是反对"回归传统"，认为"发扬传统的最强劲手段就是反传统"，因此被视为"全盘西化"。他们推动并参与了80年代中期中国的整个"文化热"，并引领了大学校园中的西学热。编委会于1989年解散。

语中不认可的"俗人",这类青年"在拒绝正统的角色身份的同时,也坚决拒绝来自官方和正统社会的问题标签";二是"对意识形态性社会角色及其使命感的否定",就是摒弃所谓崇高和理想,回归人性(陈映芳,2007:224~229)。

1989年崔健的专辑《新长征路上的摇滚》发行,唱出了当时那种压抑的社会气氛下一种独立行走和抗争的心情。在维基百科中,中国摇滚乐被描述为"一种反传统的工具:一种非主流文化、反抗主流意识形态、商业建制以及文化霸权的音乐"①,而这正好契合了80年代青年文化的主色调,即对主流文化和官方意识形态的对抗情绪。与此不同,王朔的小说以另一种非正面的、调侃和反讽的方式呈现对主流话语和正统意识形态的反叛。他一反过去那种所谓歌颂真善美、揭示假丑恶的文学传统,动辄拿主流文化中的官方话语、正统说教和传统道德寻开心,极尽讽刺挖苦、调侃戏谑之能事。其作品用带着痞气的市井人物的市井语言,嬉皮笑脸地戏仿宏大话语,亵渎崇高与神圣,看了让人有痛快淋漓之感,在80年代后期中国单一沉闷的文化市场上如同激起了千层浪,迅速成为最受欢迎的"另类"文学作品,同时也引来主流文坛的争议和批判②,被称为"流氓作家"和"痞子文学"。而对80年代末的青年来说,王朔的意义还在于他恰好迎合了那代人对于青年角色和责任逐步显现的厌倦情绪,以及希望从国家、社会这类公共话语走向更加世俗化的个人生活体验的转向,因此它在某种程度上成为引领青年文化先期过渡到市场社会的一条美丽通道。

崔健的摇滚乐和王朔的小说在80年代末90年代初的中国都到达了鼎盛时期,这意味着青年文化从精英文化向大众文化的转折。但是也正由于他们作品中内含的叛逆性和对抗性,在90年代市场经济和消费主义的文化环境下,反而突然失去了对抗和较量的目标,受众群体也不再是当初那群"愤怒而彷徨的青年",因此在90年代中期前夕都走向了衰落。90年代的青年文化从跟主流文化对抗,转变成了与市场文化联姻,日益走向通俗化和大众

---

① 参见维基百科中的"中国摇滚乐"词条,http://zh.wikipedia.org/wiki/%E4%B8%AD%E5%9B%BD%E6%91%87%E6%BB%9A%E4%B9%90。
② 争议中最著名的辩护来自作家王蒙在1993年写的《躲避崇高》一文。文章指出,王朔的小说"拼命躲避庄严、神圣、伟大,也躲避他认为的酸溜溜的爱呀伤感呀什么的",他的作品"与文学的崇高性实在不搭界。与主旋律不搭界,与任何一篇社论不搭界"。这种"玩文学","恰恰是对横眉立目、高踞人上的救世文学的一种反动",因为"他撕破了一些伪崇高的假面"(王蒙,1993)。

化。这一时期青年文化的一个显著特点是，从文学、影视、流行音乐到服装服饰等等，都被港台流行文化占领了至高地。而由香港影星周星驰主演的电影《大话西游》的走红而延伸的"大话文化"热，甚至开创了内地青年话语中的一个新的分支——无厘头文化[①]的流行，并在90年代末借助互联网的传播得到了更加迅速的升温，出现了无数的青年"大话迷"。

"大话"热之所以在青年学生中延续数年，一个经常被提及的理由是影片本身的解构魅力。《大话西游》是对经典名著《西游记》的改编，对其中的一些经典人物也进行了彻底改造，孙悟空（影片中的至尊宝）变成了一个"好色、狡猾、不守规矩、难以驯服"的凡人，而唐僧被塑造成"一个永不退场的规训者，他喋喋不休、不厌其烦地劝说孙悟空归顺，直至达到目的为止"，因而成为片中最具喜剧色彩的人物，他的对白也常为"大话迷"们所引用，其规训者的形象是众多"大话迷"们讽刺的物件（周宗伟，2002）。《大话西游》还被视为一部具有后现代色彩的作品，片中包含了大量对传统价值观念的解构，"众多束缚个体行为的事物都被无情地解构，如正统文化、语言规范、时空结构、婚姻契约等等"（周宗伟，2002）。此外，影片中的对白风格独特，常常中英文夹杂、古今穿越，许多大话式语言已经成了日常流行语，比如"I服了U""给我个理由先"等。总之，"大话"文化经由后来的网络不断扩展和传播，成为新一代年轻人所认同的解构主流话语和传统价值观、表达自我的一种特有方式，也表明了青年人在面对转型社会的压力时不想长大、希望像《大话西游》中至尊宝那样过自由自在、无拘无束的生活。

90年代的青年文化在追求港台流行文化和明星的同时，也在市场化和消费主义浪潮的冲击下滋生了具有主流社会所诟病的价值观和生活方式的所谓"新人类"[②]。这种新的价值观和生活方式被主流文化简化为一种自我为

[①] 无厘头是广东方言，本是"无来头"的意思，指一个人说话没头没尾、莫名其妙。后指在喜剧表演中将毫无关联的词进行组合，以达到搞笑的目的。香港演员周星驰被认为是无厘头表演的大师。无厘头文化属于后现代文化，指的是用讽刺、调侃、自嘲的方式来达到解构正统、破坏秩序的目的。

[②] 70年代生人当中很少有人愿意接受这样的标签。然而由于话语权掌握在主流社会和媒体手中，他们被剥夺了发言的空间，因此只能通过流行歌曲、校园民谣、"大话式"语言的日常运用等方式来发出自己的声音，这也是在90年代偶像明星能够替代传统的榜样英雄，赢得广大青少年疯狂追逐的原因之一。

中心的物质主义和享乐主义,一种典型的被宠坏了的独生子女的自私和骄横。有关独生子女、"新人类"以及"代沟"等问题成为当时从媒体到学界都在讨论的一个热门话题。面对"不和 70 年代生的人交朋友"这样充满敌意的说法,70 后的年轻人一直到了 21 世纪初互联网在中国普及之后才有机会挺身进行反击。比如有人列出了 70 年代生人的所谓"生不逢时"的"九大尴尬"为这一代人辩护,其中包括"好不容易考上大学,却发现不仅国家不包分配,而且连本科文凭都不值钱了""千辛万苦进了党政机关企事业单位,正赶上人家下岗,新人又怎么了!""97 年全国取消福利分房,那个时候 70 年代出生的人刚刚参加工作"等。而"出生在一个讲理想的年代,却不得不生活在一个重现实的年代",被认为"是这一代人最大的尴尬"(70 小生畅谈,2004)。

二 80 后的青年文化——网络时代的娱乐化与草根化表达

如果说 90 年代的青年话语还受到主流文化和媒体的操控,只能寄托于港台流行歌曲的共鸣和"大话"文化式的日常戏仿来表达对成人社会的叛逆的话,那么 21 世纪的青年已经通过互联网上的各种论坛、网站、博客、微博等手段找到了属于自己的表达空间和方式。因此以 80 后为主体的青年文化表现出了不同于前 20 年的崭新特点,除了延续 90 年代青年文化的通俗化和大众化特点之外,它表现出明显的娱乐化和草根化、平民化特色。

如果 90 年代是追星的时代,那么 21 世纪就是自己造星的时代。造星的方式最典型的就是两种:一种是参加由电视台组织的选秀节目,最著名的是湖南卫视的《超级女声》和《快乐男生》[①]。2005 年第二届"超女"总决赛在湖南卫视播出之后,获得了超乎寻常的成功。那种人人平等的主体参与感,那种残忍而严酷的面对面 PK 和竞争,那种"想唱就唱"[②] 的自由理念,以及成功的欣喜和失败的落寞的个体体验,都是吸引年轻人的地方。由"超女"

---

① 类似的选秀节目还有上海东方卫视的《我型我秀》、央视的《梦想中国》等,都是面向怀有明星梦想、喜欢唱歌的年轻人,不过人气都不敌湖南台的《超级女声》。
② 《想唱就唱》是《超级女声》节目的主题歌,歌词在励志中展现年轻人追求个性、表现自我的一面,曲调琅琅上口,因此深受年轻人喜欢。尤其是最后副歌中的几句:"想唱就唱要唱的响亮/就算没有人为我鼓掌/至少我还能够勇敢的自我欣赏/想唱就唱要唱的漂亮/就算这舞台多空旷/总有一天能看到挥舞的荧光棒",歌曲已经成为"超级女声"以及粉丝们聚会的符号性标志。

引发的震荡更是全方位的：首先是"超女"的成功激励了无数怀揣明星梦的年轻人；其次是选秀过程中类似于民主参与和草根选举的独特方式，唤起了年轻人的主体意识和认同感；再次，"超女"选秀还挑战了主流文化的审美趣味，冠军李宇春的阳光、帅气、清新的中性形象打破了商业化时代传统的男女刻板印象；最后，《超级女声》以快乐为宗旨，恰恰体现了娱乐精神的首选，也颠覆了主流文化中所谓"寓教于乐"、强调以教化为主的传统腔调。

对"超女"的评论也形成了相反的两大阵营：支持者不仅从节目贴近民众、贴近年轻人喜好的观赏视角大加赞赏，而且还有人从中发掘出了更深的社会政治意涵。比如《南方都市报》的一篇社论将"超女"的成功描述为一场"庶民的胜利"，指出《超级女声》给普通民众"提供了一个'平等而且自由'参与的平台"，"广泛民众的投票、参与和观看，在造就'超女'的同时，也造就了自己的'平等而且自由'"（社论，2005）。反对者不仅指责节目"低俗""残酷"，一味追求收视率而忽略了对未成年人的负面影响，而且还有人将其上升到可能不利于青少年健康成长的高度。例如中国青少年研究中心的一个课题组在关于"超级女声"热潮的系列分析报告中指出："超女"的负功能体现在它有可能"使青少年的价值取向出现错位"，因为它"助长了青少年的浮躁风气，使他们梦想着一蹴而就、一举成名、一鸣惊人"（中国青少年研究中心"青少年文化现象与热点问题监测研究"课题组，2005）[①]。

有学者将有关"超女"的种种争论归纳为"娱乐说""民主说""集体癫狂说"和"权力幻觉说"，并认为四者之间表面上冲突，实则归于一体，任何一种观点都可以从中找到自己的理由，因而对"超女"不应该"过度阐释"（王晓渔，2005）。时隔多年，普通民众对于类似《超级女声》的选秀节目已经没有当初那么大的热情，评判方面也摆脱了"理想化"或者"妖魔化"的两个极端。但是这种草根化、平民化的造星方式，已经成为80

---

① 最严厉的批评来自文化部原部长、政协常委兼文教卫委员会主任刘忠德，他认为"超女""超男"是对艺术的玷污，它宣扬一夜暴富、一夜成名的思想。这种低俗的东西会毒害青少年，政府有关部门应该出面干预，不允许"超女"这类东西存在。2006年之后在广电总局的压力下，湖南卫视被迫停了两年《超级女声》，2009年获准以《快乐女声》的形式重出江湖，强调传播快乐与梦想的宗旨。不过在播出时间、歌曲类型、舆论导向等方面都受到许多制约，人气已大不如从前。主题歌也改成了《唱得响亮》，副歌如下："快乐是我的能量/点亮自己的光芒/想唱就唱，唱得响亮/不怕风雨的阻挡/快乐是我的能量/点亮自己的光芒/每一个期待的目光/都在见证我成长。"

后青年追求梦想以及表达自我的有效途径之一。

另一个被越来越频繁使用的平民造星手段就是通过网络的表演或者炒作来实现。通常又分为两种方式：一种是网民将自己或者他人的文字、录音或影像等作品发到网络上，在短时间内获得网民的关注或追捧而一举成名；另一种方式就是靠身体或者言行的出位来博取网民的关注度而成为网络名人，俗称"炒作"。后者典型的代表有"木子美"和"芙蓉姐姐"等。木子美自2003年起在网上公开自己的性爱日记，取名《遗情书》，并在其中公开当事者的真实姓名，大胆直白地记录性爱过程的大量细节，从而一夜成名，成为用下半身写作的网络作家。她以大胆的描写、另类的生活、独立的个性以及接受媒体采访时的语出惊人而成为21世纪初网络刚刚普及时一个最具争议的名字。2005年，另一个网络红人"芙蓉姐姐"的名字很快盖过了木子美。她以自己经典的S造型照片以及夸张自恋的文字火爆清华北大的BBS校园论坛。最初网友们只是出于好奇、起哄甚至从"审丑"的角度来点击和转发包含她的经典照片和文字的帖子，但是随着转帖和点击量的猛增，"芙蓉姐姐"迅速在网上蹿红。在"芙蓉姐姐"自言"冰清玉洁的气质和妖媚性感的身材"以及"不畏人言，勇敢做自己"的个性推动下，这种红火状态从网络一直烧到了传统平面媒体，所引起的争议也不亚于木子美。

如果说，木子美现象触碰的是主流社会的传统道德底线，那么"芙蓉姐姐"现象展示的就是一个边缘小人物的真实命运。在这个价值多元化的时代，他们每个人都有作秀的权利，而网络正好提供了这样一个舞台（仲达，2005）。无论被视为大学枯燥压抑生活的调味剂，还是社会"鄙俗文化"的符号代表，抑或是小人物虚幻世界的自我催眠，"芙蓉姐姐"都以另类的个性张扬的方式，娱乐了自己，也娱乐了别人。因此有人称之为"当代中国反智主义的先驱"，以普罗大众的身份对抗精英控制的话语权，建立自娱自乐的游戏规则（李方，2005）；也有人称她为"明星草根化"的一个典范，是互联网进入"个人时代"的一个偶然个案却是必然的现象（方兴东，2005）①。

不难看出，80后青年文化承继了这种娱乐化的特点并把它最大限度地

---

① 在2009年12月接受媒体采访时，"芙蓉姐姐"自称是"个性解放、勇于表达和追求的代表"，是"当之无愧的草根文化的领导人"。她说，"我缔造了草根文化的奇迹，树立了草根文化的榜样，让和我一样有才华有梦想无后台无背景的人，不再畏惧世俗的指指点点，是是非非，勇敢地用实力和命运拼搏，开拓自己的成功之路"（芙蓉姐姐，2009）。

发扬光大，因为现代社会高密度的竞争压力和紧张生活对娱乐放松产生了巨大需求，同时在主流文化的非政治取向以及市场化趋势加剧的背景下，互联网本身又给娱乐化提供了更大的发展空间和技术。除了那些无厘头的纯娱乐作品之外，近些年来网上还出现了越来越多带有反讽和隐喻性质的文字、音乐和视频作品，用来影射某种社会时弊、新闻事件、权威经典或者大众心理等等，通常都出自青年人之手，以原创或者模仿、翻唱或翻录某个流行或经典文本的形式，娱乐性很强而又颇具讽刺或调侃的意义，引人思考而令人叫绝，在网民间迅速传播并不断翻新更替，称为"网络恶搞"。比较著名的原创者有以恶搞短片高手著称的年轻人胡戈，他在2005年12月用一个20分钟的搞笑视频短片《一个馒头引发的血案》来嘲弄当时正在热映的电影大片《无极》，2006年初短片在网上被迅速传播，他的名字也一下红遍全国，差点惹来原片导演陈凯歌的诉讼官司，同时短片还带动了网络上的恶搞风潮。2008年12月，胡戈又制作了一个7分多钟长的恶搞新片《××小区××号群租房整点新闻》，模仿央视权威栏目《新闻联播》，以同样的片头音乐、同样的语言模式以及一本正经的演播风格，播出让人捧腹的"笑闻"，并由他本人歪系着一根领带坐在镜头前亲自担任主持人，被网友们大赞"太有才了"。

随着政府网络管制和言论控制的加剧，网络恶搞成了现阶段中国网民和青年人最常用的一种抨击时弊和现行体制、自由表达思想和宣泄情绪的方式，也是大众消费文化尤其是80后青年文化的一种新时尚。它的形式多种多样，从文字、图片、歌曲、动画再到影视片，应有尽有；从内容上看，它标新立异、出奇制胜，往往站在草根的立场，自觉与精英文化决裂，以滑稽、讽刺、调侃、游戏的心态来颠覆所谓的传统、正统和权威，因此既追求作品的娱乐性，又强调其原创性的智慧，以达到一种全民狂欢的效果①。但是也有学者指出，"作为网络时代激情反叛的表征，恶搞文化所代表的不过

---

① 这方面最大的制作手笔就是电视剧《武林外传》，编剧宁财神本身就是一个70后的网络作家，他用一年的时间打造出了剧本。80集电视连续剧《武林外传》是用玩笑的口吻、喜剧的姿态、反讽的方式拍摄的一部另类武侠喜剧，在2006年央视八套首播时引发了收视狂潮和网络热议，此后又一次次地回放，成为古装搞笑类电视剧的经典。该剧着眼于将侠还原为有七情六欲的普通小人物，戳破关于大侠的神话，以及有关江湖和武林的陈词滥调和骗局，颠覆传统的武侠传说，让年轻人从他们身上看见自己。剧情中穿插经典武侠小说中的人物或段子，用年轻人熟悉的无厘头、流行文化元素、英语、现代广告以及热门话题等烩成一锅美味时尚好玩的现代料理，因而深受年轻人喜欢。

只是一种狂欢的仪式，它既可能消失在主流意识形态的打压下，更可能淹没在商业利益的收编中。这一切消解了它原有的颠覆意义，余下的只不过是一种宣泄的仪式、一种虚无的抵抗和一种时尚的商品"（蔡骐，2007）。

80后青年文化除了具备草根化、娱乐化特点之外，还特别注重主体的原创性。即使是戏仿或者拼贴，也不是简单的复制和模仿，而是在其中加入了自己全新的演绎和批判。也就是说，这种原创性不仅仅是形式上的，而且也是思想上的，是发自创作者内心和个人体验的，这样才能达到所谓娱乐与反抗、喜剧性与批判性的完美结合。比如网民们在不同时期和情境下创造了无数的网络流行语，有的是用来宣泄年轻人对现代社会以及自身生活状态的某种情绪，诸如"鄙视你""羡慕嫉妒恨""神马都是浮云""不要迷恋哥，哥只是个传说""杯具""贾君鹏，你妈妈叫你回家"等等；另一些则出自当下发生的某些社会事件或者新闻，主要用来表达对某些社会不公现象的抨击和批判以及对政府公信力的质疑和嘲讽，比如"河蟹""打酱油""做俯卧撑""躲猫猫""很黄很暴力""我爸是李刚""至于你信不信，反正我信了"等。

此外，从网络文学，到作为网络日志的博客和可以随时随地分享信息的微博的兴起，都给年轻人提供了很好的原创性平台。网络文学造就了70后、80后为主的一大批网络作家，也培养了成千上万的青年读者粉丝，改变了当代年轻人的写作和阅读方式。博客则给所有人提供了平等的机会，让无名者也可以有一块属于自己的天地，这实际上等于给了青年人在网络上发表自由言论的一定空间和话语权。像韩寒这样的80后青年佼佼者，已经通过自己在博客中对公共事务说三道四、充满智慧和批判性而又不乏娱乐的文章，成为青年群体中名副其实的"意见领袖"，并完成了由文学青年向公民或者公共知识分子的转变。微博虽不具有博客的深度记录功能，但是它所具有的超强大的实时性信息传播功能，等于给这种自主空间瞬间插上了翅膀。草根也可以随时入驻微博，只要注了册，一个人说话就可能会有无数人在听、转发、跟帖讨论，然后形成一种互动和群聚效应，这种自主的、群体认同的、一呼百应的交流方式使青年文化呈现更加开放的、多元化的状态[①]。通过微

[①] 微博可能成为手机与互联网的无缝连接方式，这种信息传播的实时性、快捷性和广泛性，也给主流社会带来了种种不安和威慑感。近年来政府对于互联网的管制更加严厉，许多含有可能被归入官方所谓"不良信息"黑名单的敏感词的博客或者微博，都会遭遇删除信息甚至封杀的命运。

博的方式，许多青年人自觉不自觉地参与到公众话题的讨论中，确立了自己作为公民的个体意识①。

第三节　代际视野中的 80 后认同

如前所述，主流话语中关于 80 后青年的建构和定位，与 80 后青年自身的话语表达之间，始终处于一种疏离甚至一开始是对峙和对抗的状态。随着 20 世纪 90 年代市场化的推进、消费主义的盛行以及精英文化的衰落，加上主流话语的非政治化导向，或者说政治与文化的分离取向也给大众文化保留了足够的生存空间。在这种背景下，两种青年话语之间的对峙，就更多的表现为青年人与成人社会之间的代际冲突，这在 80 后这代人身上有充分的体现。

出生于 80 年代的 80 后群体，正是从 90 年代中期以后陆续进入青春期的。除了作为独生子女一代在家庭中获得向下倾斜的特权之外，他们从升学到就业都遭遇了市场转型时期特有的残酷竞争和压力，并在生活方式、价值观念等方面深受现代媒体和消费主义理念的影响。同时他们是名副其实的"网络一代"，从小生活在媒体和互联网的喧嚣中，直接浸润于 90 年代以后的追星时尚、无厘头和恶搞文化之中，成为 21 世纪之后以平民造星和网络表达为特点的 80 后青年文化最庞大的原创者和参与主体，在娱乐和搞怪中将互联网时代的草根性、反叛性和主体性带给了主流社会。因此，随着青年文化在大众流行文化中越来越明显的主导地位，80 后青年话语对主流话语的渗透和反哺也成为一种常态，而这种变迁很大程度上影响了代际视野中的 80 后认同。

一　80 后与成人社会的代际冲突

80 后出生并成长于市场转型社会，作为独生子女一代，形成了自己特

---

① 被媒体称为"微博女王"、粉丝超千万的姚晨 2011 年 8 月在接受央视记者柴静的专访时说，自己的角色首先是一个公民，"公民就是指在公共土地上工作的人们，然后你也是其中的一份子，你享有权利，同时你又承担着义务，然后更多时候，我会把自己看作是一个公民。这个可能是我在微博上更重要的，应该排在明星前面的一个身份"。参见豆瓣网的《姚晨：一个温暖的卤蛋》（采访稿），2011 年 8 月 8 日，http：//www.douban.com/group/topic/21591610/。

有的个体体验和集体记忆，使之区别于他们的父母以及掌控着主流话语的成人社会，形成了两代人之间在社会境遇、价值观念和利益诉求等方面的差异和断裂，这为他们之间普遍存在的代际冲突奠定了基础。如果说，20世纪90年代这种代际冲突更多的表现为一种文化和价值观念的冲突，那么21世纪以来的代际冲突则更突出的表现为两代人之间的利益和话语权之争。

美国人类学家玛格丽特·米德在关于代沟问题的研究中，将文化的历史传承区分为三种类型：后塑文化（Postfigurative）、同塑文化（Cofigurative）和前塑文化（Prefigurative）（米德，1988）[①]。米德所描述的三种文化类型恰好展示了三种代际关系形式：控制、疏离和对话（吴小英，2006）。按照这种理解，在以老一辈为绝对权威的后塑文化中，年轻人的生活方式都是既定的、不可改变的，这种原始的、与世隔绝的文化只能在整体性和复制性的系统中靠长者对后者的权威控制的形式延续下去，因此这种关系类型的主要特点是控制。改革开放前中国社会的代际关系就呈现为这样一种状态，可以归纳为一种听话的乖孩子类型，而且在改革开放后30年的历程中，主流社会关于青年的话语建构基本上仍延续了这样一种乖孩子加接班人的控制模式，并成为建构80后的主要传统之一。

在同塑文化中，年青一代与他们的父母和老师的经验表现出明显的差异和冲突，老一辈不再是年轻人行为的典范或者守护人，同代人之间的学习交流成为主要的行为模式，因此代与代之间的断裂与疏离成为这种关系类型的主要特点。80年代中国社会的代际关系就呈现为这样一种状态，可以归纳为一种不安分的反叛者类型，两代人之间呈现一种疏离和较量的姿态，青年话语对于主流话语的对抗和拒绝非常明显。

在前塑文化中，代表着过去的老一辈彻底丧失了权威，因为他们从年轻人史无前例的经验里再也找不到自己重复的经验土壤，年轻人通过对过去的反叛建立了属于自己未来的新的权威标准。中国社会90年代进入市

[①] 关于这三种文化类型，国内的翻译很混乱。广为流传的是周晓虹、周怡译的《文化与承诺》（1987）一书中的译法，分别被译为前喻文化、并喻文化和后喻文化；而在曾胡译的《代沟》（1988）一书中，则被译为后象征文化、互象征文化和前象征文化，从字面顺序上看正好相反，但说的都是一个意思。本文采纳台湾学者的译法，将其翻译为后塑文化、同塑文化和前塑文化，认为这样更接近于原文。

场化和全球化以后的代际关系就呈现为这样一种状态,可以归纳为一种独立的先行者类型。80后青年话语虽然总体上依然处在主流话语的笼罩之下,但是却以自己在互联网上的优势以及流行文化的主导者身份,创造出了草根化、平民化、娱乐化而不乏叛逆精神和批判力量的青年文化,并在主流大众文化中逐渐赢得自己的话语权。因此按照米德的说法,这一阶段最理想的代际关系就是对话和交流。尤其需要主流社会的成人们放下权威者的架子,将年轻人从"异类"的偏见中解放出来,视为值得学习与效仿的先行者。

但是放下对立的较量者姿态、跨越代沟进行平等交流和对话,并不是件易事。21世纪以来几个引起全国轰动的著名网络事件,比如前面提到的无名小青年胡戈自制恶搞短片《一个馒头引发的血案》,对大导演陈凯歌的大片《无极》极尽调侃之能事而引发的纠纷和议论,还有80后新生代作家韩寒以《文坛算个屁!》一文对文学评论家白烨发起反击,进而引发二者之间的笔战①等等,都显示了青年与成人社会之间代际隔阂的无法消弭。这两个事件都发生在2006年,都是在两代人之间展开,并且以新生代对主流权威代表的挑战为特点,但结果都是以后者的失败或溃逃而告终②。其中有两点特别值得关注:一是众多网民的加入以及对于新生代的强烈支持,二是在讨论过程中权威者往往避而不谈挑战的内容,而将注意力放在挑战的态度与方式上。这至少反映了两种可能性:其一,由于话语体系的不同,当事者双方在内容上无法沟通,所以他们之间的冲突更多的着眼于挑战的态度或方式;其二,在两代人的交锋之中,新生代已经树立了自己的新权威,并在争夺话

---

① 史称"韩白大战"或"韩白之争"。起因是白烨写了一篇评论80后作家和作品的博文,以居高临下的口吻指出"'80后'作者和他们的作品,进入了市场,尚未进入文坛"。韩寒于是在博客上以轻佻蔑视的口吻和粗话响应,反感那种"假装以引导教育的口吻,指引年轻作者"的做法,指出"其实,每个写博客的人,都算进入了文坛。别搞得多高深似的,每个作者都是独特的,每部小说都是艺术的,文坛算个屁,茅盾文学奖算个屁,纯文学期刊算个屁……",从而引发双方的论战,后续还有另一些文学界或者艺术界的人士陆续加入批韩队伍,最后均以关闭博客而告终。参见《南方周末》2006年4月6日的专题报导《傲慢与偏见——清点"韩白之争"》。
② 在第一个案例中,陈凯歌痛斥胡戈"人不能无耻到这个地步"而被网友嘲弄成为流行语,欲状告其侵权,后被网友指责"缺乏娱乐精神"和宽容态度,官司之说无疾而终;在后一个案例中,白烨在跟韩寒笔战几个回合之后,终不敌韩寒的反击和粉丝的围攻而被迫彻底关闭了博客。

语权的斗争中获得了更广泛的大众支持。这表明至少在流行文化领域，年轻人作为独立先行者的青年话语模式已经得到很大程度的认可，但在具有权威地位的老一辈那里，却还没有做好充分的准备，因此只把他们视为不安的反叛者和不怀好意的捣乱者。

另一个代际隔阂与冲突最为激烈的场合就是家庭。2008年1月，豆瓣网上出现了一个取名为"父母皆祸害"（英文名为Anti-Parents，"反父母"之意）的网络讨论小组，一帮"小白菜"（即倾诉、反思父母造成的情感、肉体伤害的组员）聚集在一起，控诉在父母那里受到的戕害和挫折，探讨处理代际关系的技巧，在与同辈人的交流中共同取暖，获取现实中得不到的自信和满足。创建者在宣言中说："反对不是目的，而是一种积极手段，为的是个人向社会化进一步发展，达到自身素质的完善。我们不是不尽孝道，我们只想生活得更好。在孝敬的前提下，抵御腐朽、无知、无理取闹父母的束缚和戕害。这一点需要技巧，我们共同探讨。"① 小组的话题在不断更新，不过紧紧围绕着如何跟父母相处的问题。小组中一直置顶的几篇具有指导意义的帖子，被称为"入组必读"，包括《如何更高效地anti-parents生活》《父母对子女的伤害归类》《没有父母不爱自己的孩子，这是这个世界上无数谎言中的No.1》《你是否在重复父母的错误》等等。

"父母皆祸害"小组经媒体报导后引起巨大轰动，组员迅速扩大了好几倍。有趣的是，对于这个以"惊悚"名字出现的网络小组的评价，却呈现了明显的差异性和多样性。小组的管理员张坤认为，这不过是年青一代争取话语权的一种方式。《南方周末》以"代沟"来解释这种冲突："代沟是一种传染每一代人的病毒。也许30年后，沉醉于'父母皆祸害'小组的成员们的孩子们像80后现在一般大时，看到这篇文章，将会嘲笑他们的父母居然只会说家乡话、普通话和英语；居然还在看纸质书，听CD；喜欢带副蠢笨的大眼镜，欢天喜地地看一种叫3D的过时电影……"② 腾讯网则将目光聚焦在50后和80后截然不同的成长背景，"把这个话题置于更为宏大的历

---

① 参见豆瓣网"Anti-Parents 父母皆祸害"小组的网页，http：//www.douban.com/group/Anti-Parents/。

② 参见《父母皆祸害?》，《南方周末》2010年7月7日，http：//www.infzm.com/content/47303。

史时空来考虑",发现这其实是"两个时代,甚至是两个社会的冲突与矛盾"。他们列举了80后子女对50后父母的三大指控:"他们很专制""他们很虚伪""他们很主旋律",发现"每一种指控背后都能找到时代的症结":50后经历的是一个"封闭、专制而残酷的社会",而80后成长于一个更为"开放、自由的'新社会'",因此50后与80后的冲突,"是两个时代的冲突,更可以说是两个社会的对峙"①。

可以看出,无论持赞同、理解还是批判态度,讨论者在一点上是共同的,就是都承认并看到了两代人之间存在的代沟和冲突。同时也可以看到,这种代沟和冲突,恰恰反映了两种青年话语之间的对峙。但是不同代人对于这种对峙的评估和应对态度是有差异的②。事实上,许多80后为尽量避免与父母辈发生不愉快或正面冲突,对于两代人之间沟通的话题和方式都很有讲究③。一个明显的趋势是,两代人之间的话语权越来越掌握在年轻人身上,而且双方之间沟通的欲望是不对等的。80后无论在流行文化、网络话语、家庭还是社会生活中不断提高的话语地位,都使得他们在与成人社会的代际冲突中日益显示出对主流话语的渗透和反哺。

---

① 参见《是什么炼就了"父母皆祸害"?》,《腾讯评论》2010年8月7日,http://view.news.qq.com/zt2010/fmjhh/index.htm。

② 比如在我的访谈对象中,碰巧有一位已经研究生毕业走向工作岗位的80后女孩小z,她毫不掩饰自己曾经是这个被媒体或家长们视为洪水猛兽的"父母皆祸害"小组的成员。当我问起她加入这个小组的目的时,她只是轻描淡写地说"好奇呗";问到对这个小组的看法时,她回答说"我觉得挺正常的,中国至少有30%的家庭都属于这种状态",而建立这样一个网络小组的平台,"用我们流行的话说,就是吐吐槽嘛,还是有点好处的是吧"(zhuzhu访谈记录,2011-9-14)。但小z认为情况并没有外界想象的那么严重,实际上对大部分人来说,改变自己以及改变与父母的关系,都是比较难的,因为两代人之间观念的差异太大。所以她也表示她绝不会将加入过这个网络小组的事情告诉她的父母。

③ 在一次以大学毕业生和在校研究生为主的80后的焦点组访谈中,问到与父母的沟通方式时,虽然具体形式上千差万别,但在场的人都提到一点,就是在自己的个人事情上有选择地、有限地沟通,尽量不讨论长辈们关心的所谓"实质性问题"(如个人情感问题),保持自我空间,与父母保持一定距离和界限,他们将之解释为"很多时候不跟他们说,是为了保护他们",是"不愿意让他陷入一种迷惑的状态,或者不了解"(80后焦点组访谈记录,2008-10-11)。而就家长方面来说,从我们对以知识分子为主的一次80后家长的焦点组访谈中也得到证实,家长们因意识到了代沟和冲突的不可避免性,在实际生活中对自己的孩子采取了相对开明的态度,就是尽量尊重他们自身的选择,不将自己的意志和观念强加于他们。但在沟通方面许多家长依然表现出一份明显的焦虑和无奈,因为沟通的主动权显然大都在孩子一方,"一开始主动权是我们给她塑造的环境,后来慢慢主动权就成她的了"(80后家长焦点组访谈记录,2008-11-7)。

二 80后精英①：从集体抗拒到集体认同

80后作为一个特殊世代的认同，正是在主流话语与青年自身话语的对峙和渗透中逐步建构起来的。随着互联网的普及、网络文化在大众流行文化中的主流化，青年话语对主流话语的渗透和反哺作用越来越明显。21世纪以来，越来越多由青年人发明和创建的网络用语，已经扩展成为人们日常生活用语中的一部分。例如，哈日、哈韩、美眉、帅哥、酷、很man、粉丝、达人、顶、腐败、雷人、out、很high、很in、很宅、杯具、悲催、山寨、偷菜、织围脖、给力、hold住等等，往往简洁明快、形象生动，有时中英文夹杂，有时用的是英语或汉语拼音的谐音字，可以用来表达强烈的情绪或者深刻的寓意，因此流传很广，更新也很快。这种本来主要在青年的同辈人特别是网民中间流行的语言，渐渐也成为主流社会和大众文化中日常语言流变的引领者。与此同时，市场也竭力揣摩和迎合年轻人的心态和喜好，包括这些年许多名牌消费品的广告词，比如"我的地盘我作主""我就喜欢""一切皆有可能""你值得拥有""Just Do It"（想做就做）"Ask for More"（渴望无限）等等，都是符合青年口味和语言习惯的成功广告语。虽然流行语以及背后所蕴含的价值观和知识结构的差异，依然是构成不同代人之间代沟和冲突的重要来源之一，不过年青一代的网络文化对成人社会的渗透，正在潜移默化之中改变着主流文化的面貌。

在两种青年话语之间从对峙到渗透的变迁过程中，作为青年自身话语表达主体的80后精英的自我认同，也经历了一个从集体抗拒到集体认同的转变过程。这里的认同包含两个层面的含义：一是对80后这个称呼②的认同，二是对80后这个群体或者世代的认同。在全球化和消费主义环境中日渐

---

① 80后虽然是个代际概念，但其代内的分层和差异有时甚至比代际的更大。而被媒体和主流话语所追逐，并对大众流行文化和青年话语起引领作用的，通常是那些以城市白领和大学生为主体的80后精英。2010年，台湾富士康集团深圳园区先后发生14起员工跳楼事件，有关80后农民工的生存状态进入媒体和公众的关注视野。然而对于这个特殊的80后群体来说，首先的身份是农民工，然后才是80后。

② 80后的称呼在21世纪初刚刚出现时，仅仅用来指称像韩寒、春树、郭敬明等一批文坛新出现的生于80年代的青春写手，用来特指他们桀骜不驯、冲破教育体制和传统写作模式禁锢的风格。后被2004年美国《时代》周刊的报道描述为中国的新激进分子和"另类"，引起国内媒体的极大关注。此后这一概念渐渐被推广运用到对一般的都市80后人群以及80后大学生的描述和评判。

显现的80后一代，由于所秉持的截然不同的消费和生活理念、张扬的个性和独特的自我表达方式，对主流社会造成了很大的困扰和冲击，成为媒体在过去数年中乐此不疲讨论的焦点话题。然而在媒体和主流话语以负面的指责和声讨为基调的讨论中，80后精英对此呈现了一种集体抗拒的姿态。

在2008年我们课题组针对80后精英的一次焦点组访谈中，许多被访者表示，80后作为一个出生的时间段原本是中性的词，但在社会舆论中却往往成为负面的、贬义的符号，"是别人强加给我们的"，因而对这个称呼表示出了反感和抵触的情绪。为了逃避主流社会对80后的负面评价和攻击，他们中间很多人拒绝80后的标签甚至否认自己是80后。但实际上他们也承认这一代人是存在共同点的，只是社会对他们有太多的误解和偏见，常常把一些消极的东西无限放大。而在他们看来，并不存在所谓典型的80后，因为在80后这代人中间，"它本身各式各样的人都有"，首先85前和85后的人就存在很大差别，其次不同地域、家庭、教育背景和阶层出身的人也各不相同。而80后之所以特别受关注，只是因为他们亮相太多，被推到风口浪尖上。比如说，他们认为2008年地震和奥运会中80后志愿者的工作，本来是很自然、很正常的一件事，却非要被主流社会大惊小怪地解释成这样那样的。因此也有被访者表示，90后一旦成长起来了，公众的焦点将很快会从80后身上转移开①。

有趣的是，在过去的几年中，80后不但没有从公众的视野中消失，反而越来越成为媒体关注的热点话题之一，而对于80后整体的评价基调也出现了戏剧性的转换：从过去的声讨和痛心疾首，到现在的理解、同情甚至赞许有加。原因之一除了80后陆续走出大学校园，并逐渐在工作岗位中显现出他们的责任心和重要性，甚至在一些行业成为中流砥柱之外，还因为活跃于各大媒体、网络、流行文化等第一线的工作者，基本上都是清一色的80后年轻人，他们多多少少有了一些实质意义上的话语权，他们的关注点、思想理念、工作方式和生活品位等等，很容易在自己的作品中呈现出来并通过传播在同龄人中获得共鸣。2010年，各种媒体和网络都以"80后集体奔三"为标题做足了文章，或阐释80后的现实迷茫和工作生活压力，或回忆

---

① 80后焦点组访谈记录，2008-10-11。

童年的美好时光，或探讨未来的艰辛路程，引发了80后的集体怀旧风潮①。这些基本由80后自身参与并制作完成的各类作品和节目，如同80后群体的一次集体发声和亮相，从中可以听见他们澎湃的心声背后那一股越来越凝聚的一代人之间的认同和力量。

另一个重要的原因是，由全球化背景下的社会结构转型以及大学扩招所引起的越来越严峻的就业形势、职场上充满风险和压力的严酷竞争、物价飞涨尤其是房价飙升给成家立业带来的无望前景等等，都成了刚刚走出大学校园的80后精英们必须面对的难题。原先被主流话语说成是被宠坏了的、永远长不大的80后，似乎一夜之间突然长大，然而已经或即将"30而立"的他们却"30难立"②，被迫沦为各种房奴、车奴、孩奴等等，不得不在梦想和现实之间矛盾挣扎。2009年，一本由80后自己调研和记录的关于北漂80后大学毕业生低收入聚居群体的著作出版（廉思主编，2009），那些受过高等教育、怀揣美丽梦想在他乡都市奋力打拼、像蚂蚁一样弱小而坚强的大学生们第一次进入主流社会的关注视野，他们因找不到稳定工作或者只能从事低收入职业，无法支付城市的高房价、高租金和高消费而不得不聚居于城乡结合部或者郊区，过着极其惨淡的、被作者称为"生存之上、生活之下"的生活，被视为继农民、农民工和下岗工人之后的"第四大弱势群体"。随着"蚁族"一词迅速在媒体、学者和网民中广泛传播和使用，这些漂在大都市的80后大学生成为被同情、关怀和激励的对象，80后在这个意义上也

---

① 一部以《80后集体奔三》（伏建全主编，2010）为题的书，成了各大网站图书连载中的热门读物。以80后为关键词搜索卓越－亚马逊网站的图书，可以迅速找出几十本以80后童年和青春记忆为主题的怀旧著作，作者基本上都来自80后这个群体。此外，由"筷子兄弟"制作、导演并演出的网络电影短片《老男孩》，讲述了两个漂在北京的普通大学生小人物的理想与现实的伤感故事，在网上引发点击狂潮，迅速勾起了70后、80后们的集体怀旧情绪。尤其是片尾的主题歌《老男孩》，在一遍一遍地吟唱"青春如同奔流的江河／一去不回来不及道别／只剩下麻木的我／没有了当年的热血／看那满天飘零的花朵／在最美的时刻凋谢／有谁会记得这世界他曾经来过"的过程中成为2010年最红的网络歌曲。

② 一则据说近年网上流传甚广的帖子《80后出师表》，以戏谑和自嘲的口吻，简明而生动地描绘了80后面临的现实困境，以及他们奋斗的艰苦和辛酸：夫80后者，初从文，未及义务教育之免费，不见高学校之分配，适值扩招，过五关，斩六将，本硕相继，寒窗数载，二十六乃成，负债十万。苦觅生计，背井离乡，东渡苏浙，南下湖广，西走蒙疆，北漂京都，披星戴月，尝遍各种劳作，十年无休，积蓄十万。时楼市暴涨，无栖处，购房金不足首付，遂投股市，翌年缩至万余，抑郁成疾，入院一周，倾其所有，病无果，因欠费被逐出院。寻医保，不合大病之规，拒付，无奈带病还乡。友怜之，送三鹿奶粉一包，饮之，卒（转引自伏建全主编，2010）。

第一次以弱者的身份成为相互认同和取暖的符号。

在 2010 年我们课题组针对全国 6 所 985 高校的在校生与毕业生进行的网络调查中，问及有关 80 后、90 后的称呼，被访者已经表现出一种集体认同和无所谓的态度①。在笔者 2011 年访谈的几个 80 后毕业生中，对于 80 后这个称呼以及这一代人，他们也表现出更多的主观认同，表示对于这个称呼"没有特别的看法""只是一个称呼""一个标签"，是"对一个时代的统称"等等；而对于周围和身边的 80 后，则认为"有认同""感觉是一代人""距离近些""比较容易沟通"等等。他们同时强调 80 后内部的多样性，比如既有以自我为中心、啃老的，也有靠自己奋斗、还帮着照顾家人和朋友的。总之，随着 80 后的集体"奔三"，80 后这个标签一方面获得了更大认同，另一方面也更不为 80 后自己所关心，似乎已经越来越远离当年标签刚刚出现时的意义。

结　语

本章主要探讨 80 后青年话语的建构与表达。其中主流话语对 80 后的建构包含了两大传统：一个是作为政治和意识形态意涵的"接班人"话语，另一个是基于代际关系视野的 80 后话语；而 80 后自身的话语表达除了沿革和承继其前辈青年文化的反抗性特点之外，还以更加俗世化和娱乐化的方式创造了自己独特的草根文化。改革开放 30 年来，国家操控下的主流青年话语建构传统日渐走向衰微或被解构，而新的网络技术和平台造就了崭新的丰富多彩的青年话语表达方式，形成两种青年话语之间从控制、对峙与反抗，走向疏离、渗透与反哺的姿态。而 80 后作为网络时代平民化、草根化、娱乐化并充满反叛色彩的青年话语的主体和原创者，正是在与主流话语的博弈中渐次赢得并扩大自己的话语权，在与成人社会的代际冲突和渗透反哺中建构起自己的认同。这一过程本身经历了对 80 后这个称呼的集体抗拒到集体认同和无所谓，显示了以 80 后精英为主导的城市 80 后一代正在从被溺爱和安排、误解和指责的一代，走向被尊重和关怀、成熟而有担当的多元化的一代。

---

① 在 4221 个在校大学生样本和 5715 个大学毕业生样本中，分别有 87.4% 和 85.77% 的被访者表示"无所谓，只是个称呼"，7.89% 和 8.14% 的被访者表示"很认可"，只有 4.71% 和 6.09% 的被访者表示"很反感"。

参考文献

Bourdieu, Pierre. 1993, "Youth is Just a Word", in Pierre Bourdieu, *Sociology in Question*, Sage.

JohannaWyn & Rob White, 2008, 《青年的概念》, 纪秋发编译, 《中国青年研究》第6期。

蔡骐, 2007, 《对网络恶搞文化的反思》, 《国际新闻界》第1期。

陈映芳, 2007, 《"青年"与中国的社会变迁》, 社会科学文献出版社。

方兴东, 2005, 《芙蓉姐姐是网络个人时代的章子怡》, 新浪网 (http://tech.sina.com.cn/i/2005-07-05/1012653820.shtml)。

风笑天, 2006, 《从"小皇帝"到新公民——在南京财经大学的演讲》, 《解放日报》3月28日。

伏建全主编, 2010, 《80后集体奔三——80后生存文化和生活现状写实》, 中国言实出版社。

芙蓉姐姐, 2009, 《芙蓉姐姐自述: 芙蓉文化的内涵与外延》, 人人网 (http://page.renren.com/600002762/note/433250300)。

甘阳, 2006, 《八十年代的现代性批判与九十年代转型——甘阳访谈》, 中国学术论坛网 (http://www.frchina.net/data/detail.php?id=12713)。

李方, 2005, 《芙蓉姐姐是反智主义先驱》, 新浪网 (http://eladies.sina.com.cn/nx/2005/0630/1030170743.html)。

李天时, 2000, 《不和70年代生的人交朋友》, 《中国青年报》11月8日。

廉思主编, 2009, 《蚁族——大学毕业生聚居村实录》, 广西师范大学出版社。

陆玉林, 2002, 《当代中国青年文化的回顾与反思》, 《中国青年政治学院学报》第4期。

陆玉林, 2009, 《当代中国青年文化研究》, 人民出版社。

米德, 1988, 《代沟》, 曾胡译, 光明日报出版社。

牧川, 2010, 《写给我们80后这一代》, 毛泽东旗帜网 (http://www.maoflag.net/?action-viewthread-tid-1468427)。

70小生畅谈, 2004, 《怎么就生的那么不逢时: 七十年代出生的九大尴尬》, 网易新闻中心 (http://news.163.com/2004w01/12447/2004w01_1075433016647.html)。

沈杰, 2001, 《"新人类": 一种社会学的解读》, 《中国青年研究》第2期。

《南方都市报》社论, 2005, 《超女大事件庶民的胜利》。

王蒙, 1993, 《躲避崇高》, 《读书》第1期。

王晓渔, 2005, 《娱乐的催泪弹、民主的催眠剂——关于"超级女声"的评论的评论》, 《东方早报》。

吴小英, 2006, 《代际冲突与青年话语的变迁》, 《青年研究》第8期。

杨雄, 1999, 《第五代青年价值观特点和变化趋势》, 《青年研究》第12期。

杨雄等, 2008, 《一代新人80后——80后群体特征的社会学思考》, 《北京日报》6月30日。

查建英,2006,《八十年代访谈录》,三联书店。

张天蔚,2006,《80后:尚未完结的讨论》,张天蔚的博客(http://zhangtianwei.blshe.com/post/55/1270)。

张亚山,2006,《80后:请别走入道德虚无与价值失范的迷途》,《北京青年报》7月24日。

张永杰、程远忠,1988,《第四代人》,东方出版社。

中共中央、国务院,2004,《关于进一步加强和改进大学生思想政治教育的意见》,《思想教育研究》第10期。

中国青少年研究中心"青少年文化现象与热点问题监测研究"课题组,2005,《关于"超级女声"热潮的分析报告》,人民网(http://theory.people.com.cn/GB/40557/53891/53899/index.html)。

中宣部、教育部,1998,《关于普通高等学校"两课"课程设置的规定及其实施工作的意见》,《教育部政报》Z2期。

仲达,2005,《"芙蓉姐姐"现象:差序时代的个体狂欢》,天涯小区网(http://www.tianya.cn/publicforum/Content/no01/1/166300.shtml)。

周宗伟,2002,《隐忍与释放——青少年中"大话西游"现象与成因分析》,《青年研究》第10期。

第六章
80后职业群体的比较研究

关于中国社会结构和社会阶级阶层的研究，在计划经济时代用以阶级为代表的总体性划分方法是非常有效的。计划经济通过对组织资源和经济资本的统筹调配，按照社会主义标注的两大阶级一个阶层的总体性设计，借助身份、户籍等制度将人们划分为工人、农民两大阶级和知识分子这一从属于工人阶级的社会阶层，人们的身份和地位是相对固定和不流动的。计划经济时一切生产行为都是按照计划指令行事，既没有参与到全球化的产业分工体系之中，也没有形成自由的劳动力市场。改革开放之后，特别是社会主义市场经济体制基本形成之后，经济体制和劳动力市场发生变化，依赖于组织资源和经济资本的计划调配体制所形成的身份和地位传承体系被打破，人们在社会中的位置不再从属于两大阶级一个阶层的总体性框架设计。中国逐步加入到全球化的产业分工体系之中，自由的劳动力市场也在逐渐形成，以劳动力密集型产业为代表的沿海经济带和以农民工为代表的劳动力流动，打破了传统计划经济时代封闭的产业分工和禁锢的劳动力市场，引发了整个中国经济格局的巨大变化，转而不断冲击着计划经济体制下的公有制经济体系，产品供给制度和劳动力分配制度最终被打破，确立了以市场调节为基础的社会主义市场经济体制，人们的身份和职业不再禁锢，中国社会已经进入了一个相对开放的工业社会。

而与中国社会的日渐开放相比，近年来在中国的主流媒体对80后青年人群的报道中，"二代"成为一个出镜率颇高的流行语，比如"官二代""富二代""名二代""红二代""穷二代"等等。顾名思义，"二代"这个词是指子辈与父辈之间的联系，这种联系是建立在父辈的某种特殊背景基础之上的，从"官二代""富二代""名二代""红二代"这些名称中也可以看出，他们分别是基于权力、财富、声望和出身的代名词。比如，"官二代"主要是基于个体职业的传承，指父母是干部，子女也接续父母的职业成为公务员，甚至是被破格提拔的青年干部；"富二代"则主要是基于家庭财富继承，青年人继承了父母积累下的巨额财富。"富二代""名二代"和"红二代"都是指子辈借助父辈的特殊背景，来维持代际特权和优势的传承，只有"穷二代"是因为子辈难以摆脱父辈的困境，是指贫困的循环和传递。为什么媒体在报道这些80后青年的时候刻意地给他们带上"二代"的帽子，突出家庭背景特征？其实，媒体恰恰突出的是家庭所占有的、不平等的组织资源和经济资本直接影响到青年人群在社会结构中的位置差异以及在人生发展过程中的机会不平等，强调80后青年子继父业，他们的身份、地位在一个封闭的体系中循环，缺乏足够的社会流动，这正是一个封闭性社会的特征。

如此看来，在正处于从一个封闭性社会向开放性社会过渡的中国，80后青年反而被视为带有封闭性社会特征的人群，这显然不是一个正常的现象，这不由得让人感到困惑：当前的80后所处的中国社会究竟是开放性的，还是封闭性的？如果在一个开放性社会中，以职业为核心的工业社会分层体系能否在80后青年身上体现出适用性和一致性？这是本章所需要解决的两个主要问题。

第一节　劳动力市场变迁、教育和职业

在80后青年中流行着一条这样的短信："读小学时，大学不要钱；读大学时，小学不要钱；还没工作时，工作是分配的；可以工作时，得自谋职业。"短信的内容很简单，却深刻地反映出80后青年在其成长过程中，劳动力市场、教育和职业的变化。判断一个社会结构是开放性的，还是封

闭性的，先要考虑影响和决定社会成员获得自身经济社会地位的主要因素。如果在社会中一个人的经济社会地位主要被先赋因素所决定，比如，家庭背景和个人出身可以赋予一个人各种各样的特权，或者可以决定一个人的经济社会地位，那么通常可以认为其属于封闭性社会。所谓的"富二代""官二代""红二代""名二代"等可以被视为由家庭出身等先赋因素决定的特殊阶层家庭子女。反之，如果在社会中，一个人的经济社会地位主要被自致因素所决定，比如职业、文凭、技能等通过自身努力获得的身份和资格等，那么通常可以认为其属于开放性社会。西方社会从封闭性社会过渡到开放性社会是伴随着工业化进程实现的，中国则不太一样，改革开放前的工业化进程本身就是建立在封闭性两大社会阶级的总体性框架设计之上，而不是建立在工业化社会的自由劳动力市场基础之上。故此，对80后青年的分析不能简单地将工业化与社会开放性挂钩，必须要对80后青年所处的劳动力市场加以分析，并探讨社会制度与劳动力市场之间的联系。

从理论上说，自由流动的劳动力市场形成是确立社会分工体系的前提，也是现代社会中职业体系形成的条件之一，更是工业化社会分层逻辑的重要基础。关于中国是否形成了自由流动的劳动力市场，至今还有争论，其根源在于中国的劳动力市场分割或者职业区隔与西方国家不同。西方国家职业区隔主要依靠文凭、培训和市场准入制度等来形成（MacDonald，1985；Weeden，2002），而中国劳动力市场分割则是依靠赤裸裸的社会制度因素，即身份制度和户籍制度。认为中国没有自由流动的劳动力市场的观点包括：①在计划经济时代形成的用人体制在政府机关、事业单位和公有制企业内尚有残留；②不同身份的劳动力在社会保障等方面的待遇差异显著；③城乡二元分割的户籍制度的整体影响尚未完全消除（边燕杰、张文宏，2001；蔡昉、都阳、王美艳，2001；李建民，2002）。因此，中国劳动力市场分割的状况并没有得到根本的改变，尚不能称之为自由流动的劳动力市场。支持中国劳动力市场已经形成的证据主要来自两个方面：一是在全国范围内，有超过2亿的农村劳动力向城市流动和在工商业企业中就业，显然是劳动力市场化作用的结果；二是非公有制单位在使用劳动力时，不是在延续计划经济时代的用人体系，而是采用更为灵活的市场化雇佣制度（钟笑寒，2006；李实、丁赛，2003）。此外，还有一个间接的证据，就是教育回报率的升高，远比计划经济时期接近市场经济国家的教育回报率，劳动力价格与人力资本关系更为密切，说明劳动力市场化程度已经显著提高（李实、丁赛，2003）。Szelenyi 和 Kostello（1996）通过对中国、苏联等社会主义国家不同的市场化转型的比较研究，得出结论认为：中国在 1977～1985 年处于地方市场发展的阶段，1986 年步入混合经济阶段，1996 年后由于全国性劳动力市场和资本市场的出现，与其他转型经济一起同步走向资本主义导向的市场经济。其中，标志性的事件之一，就是大批国有企业职工下岗再就业，意味着计划经济"铁饭碗"的用人制度被打破，劳动力市场化进程的开始。本文倾向于认同 Szelenyi 的观点，即虽然户口等制度性障碍依然存在，但其影响已不再起决定性作用，自由劳动力市场基本形成，或者可以认为是带有较弱社会制度束缚的自由劳动力市场。这一点可以从 80 后青年就业的户口性质、企业类型和企业内部层级的差异中有所体现。

按照法律规定，80 后青年需要接受完九年制义务教育，进入成年之后才能进入劳动力市场，也就是说他们在 18 岁之后达到国家法律规定的劳动年龄，应该是在 1998 年之后才进入劳动力市场。按照 Szelenyi 的观点，这时的劳动力市场已经与他们父辈和前辈所处的劳动力市场完全不同，以户籍制度为代表的社会制度对劳动力市场的分割依然存在，却在很大程度上对劳动力就业不再是绝对的限制，这两点在表 6-1 中有比较明显的体现。一方面是户籍制度对劳动市场的分割，从事农业家庭经营的 100% 都具有农业户口，在党政机关、国有企业和国有控股企业、国有/集体事业单位就业的 80 后青年中，拥有非农户口的比例也具有压倒性优势，比如，在国有/集体事业单位中拥有非农户口的比例为 89.66%。另一方面是在劳动力就业上，拥有农业户口的 80 后青年也有较多选择，在传统的非农户口劳动力就业部门也有小部分 80 后青年属于农业户口，更多的在非公有制企业单位，比如在集体企业、私营企业和三资企业中就业的 80 后青年大部分都是农业户口。这说明户籍制度在劳动力市场中对 80 后人群的区隔是通过在不同性质的单位就业来实现的，户籍制度和企业性质的混合作用才能实现劳动力市场的区隔，这说明社会制度的作用在减弱。同时，这也暗示着在非公有制企业中，80 后就业所处的自由流动的劳动力市场基本成型。

表6-1 不同单位类型就业的80后人群的不同户籍性质的比例

单位：%

单位类型	非农户口	农业户口
农村家庭经营	0.00	100.00
党政机关、人民团体、军队	80.00	20.00
国有企业及国有控股企业	77.78	22.22
国有/集体事业单位	89.66	10.34
集体企业	42.86	57.14
私营企业	34.62	65.38
三资企业	42.42	57.58
个体工商户	45.31	54.69
民办非企业单位	0.00	100.00
社区居委会、村委会等自治组织	66.67	33.33
其他	66.67	33.33
没有单位	10.00	90.00
不清楚	100.00	0.00

传统制度的存在还体现在80后青年在企业内部的层级上。从表6-2可以看到，在非公有制单位中，即便是拥有农业户口的80后青年也有机会成为中高层管理者；在公有制单位内，80后青年成为中高层管理者的可能性几乎没有。这也说明在公有制单位中仍然受传统论资排辈习惯的严格约束，劳动力与岗位的匹配不是按照能力的大小和水平的高低，而是按照年资和辈分。反观非公有制单位内80后青年获得了更多晋升机会，说明非公有制单位劳动力配置是以市场原则为基础实现的，职位的高低与能力的大小相关，与年龄关系较小。由此可见，即便80后是在中国自由的劳动力市场开始形成之后才就业，企业制度对他们就业和职业的影响和作用仍然是不能忽视的。

表6-2 分工作单位和户口性质的80后青年在组织内部层级状况

单位：%

组织内部层级	合计		公有制单位		非公有制单位	
	非农户口	农业户口	非农户口	农业户口	非农户口	农业户口
高层管理者	3.80	2.82	0.00	0.00	6.12	3.11
中层管理者	6.33	4.52	3.33	0.00	8.16	4.97
低层管理者	13.29	6.78	11.67	6.25	14.29	6.83
普通职工	76.58	85.88	85.00	93.75	71.43	85.09

实际上，除了社会制度对80后青年职业产生影响之外，改变80后就业和职业的另一个重要因素是经济发展和产业结构升级的结构性变化，这种变化在社会流动的经验研究中被称为结构性流动，即经济社会发展过程中，由于经济社会的结构性变迁，导致掌握某些特殊技能的人群能够出现普遍的流动趋势，比如从农业社会向工业社会的过渡，以及计算机出现对职业分类的影响。这同样意味着改变了整个社会的阶级或者阶层在生产过程，即支配人们获得经济收入和社会地位的机制和途径发生了变化，典型的就是产业结构、高等教育和职业岗位之间的相互影响和变化。

从发达国家的经验来看，最近几十年劳动力市场最为显著的变化就是随着从工业社会向后工业社会发展，制造业向发展中国家转移之后，就业岗位从工业向服务业转移的趋势非常明显。就业岗位的转移很大程度上又改变了就业格局，甚至增加了收入的不平等状况。其原因在于原先收入较低人群更多的在工业部门就业，而新兴的服务业就业岗位多依赖新的技术知识，需要较高的教育水平和文化素质，这些往往是收入较低人群所不具备的，故而，产业结构升级和转型对部分人群来说形成了新的就业区隔。

从现实情况来看，中国未来发展想要跳出依赖发展路径和中等收入的陷阱，必须要对劳动密集型和外向出口型的产业结构进行升级调整，也会遇到与发达国家一样的低端劳动力遭遇职业区隔，低文化素质人口就业难度增大，导致贫富差距扩大的现象。要解决低端劳动力就业和收入的问题，显然需要加强对国民的教育，提升他们的文化程度和技术水平。而中国的现实情况更为复杂，因为中国人口就业结构变化所经历的是同步进行的两个结构性变化进程，即从农业社会向工业社会发展和从工业社会向后工业社会发展。一方面是长期的城乡二元分割破裂后，农村社会人口就业从农业向工业、制造业和低端服务业转移；另一方面是城市人口就业从工业、制造业向现代服务业转移。从农业户口和非农户口人口的工作技能来看，非农户口的文化程度和技能水平显然都要强于农业户口的80后青年，这暗示在产业升级和职业结构变化过程中，结构性社会流动更有利于非农户口的青年，农业户口青年的劣势可能会越来越明显，其背后的原因在于教育重视程度的变化。

表 6-3 不同户口性质 80 后青年的工作技能自评

单位：%

工作技能自评	非农户口	农业户口
技　术	72.25	32.45
半技术半体力	22.54	26.49
体　力	5.20	41.06

长期以来，高等教育扮演的更多的是与户籍制度一样的区隔社会的角色。在计划经济时期，接受高等教育，包括大学、大专和中专，都会伴随着相应的身份和户籍的改变，尤其是对农业户口的青年而言，考上大学、大专和中专，不仅仅意味着获得接受教育的机会，同时还意味着身份从农民转变为国家干部，户籍从农业户口转变为非农户口。只有在实现身份和户籍上的转变之后，一个农业户口青年才有可能在城镇地区实现就业。高等教育制度进行社会区隔的方法就是通过上学这一门槛，将优秀的农村青年转化为城市青年，从而在不断吸纳农村优秀青年的同时，保持对其他农业户口人口的区隔，将农业户口青年转化为一个"育苗区"，保持了对农业户口的压倒性优势，阻碍社会合理流动。

随着中国市场化的进程，高等教育改革也走上了市场化的进程，在市场化进程中，高等教育对农业户口人口的区隔作用不再单纯以制度化方式体现，而是以市场化与制度化相结合的形式出现。一方面，通过高等教育实现身份和户籍改变的制度依然存在，但这种身份和户籍改变对就业的影响程度已经大大减少，尤其是非公有制单位往往不太重视身份和户籍的差异。此外，制度性变革还增加了人们选择的权利，因为农村户口带来的潜在利益，考上大学的农业户口青年可以选择不改变户口性质。另一方面，市场化在快速普及高等教育的同时，市场竞争机制也淘汰了一些本来有机会接受高等教育却无力支付学费的收入较低人口，而高等教育不再与职业和就业挂钩，也使得教育回报的稳定性减弱，接受高等教育却没有良好社会关系和社会资源的青年也不容易找到一份良好回报的职业。李春玲和杨舸、王广州的研究都证明，尽管高等教育在普及，但教育机会不平等的现象更为明显，尤其是在城乡年轻人之间，非农户口人口获得了更多的高等教育机会（李春玲，2010；杨舸、王广州，2011）。所以在市场化的高等教育之下，不仅仅减少了农村户口80后青年人群接受高等教育的机会，而且降低了他们的期望或者说改变了他们的生活方式和努力方向，他们不再带着鲤鱼跳龙门的梦想寒窗苦读，而是尽早地进入职业发展领域，或者说，尽早地成为农民工。尽管中国社会文化中历来有重视教育的传统，"万般皆下品，唯有读书高"的古训依然响彻在耳边，但非农户口人群和农业户口人群对教育重视程度的差异实实在在地被拉大了，从而使不再重视教育的农业户口人群在经济社会结构性转变过程中，再一次沦为劣势群体。

本章从劳动力市场变化所带来的结构性社会流动视角出发，结合社会制度、高等教育、就业产业结构方面的因素分析发现：中国社会结构的开放性确实在不断增长，但社会制度形成的就业区隔在公有制单位和企业内一定程度上依然存在，户籍制度和单位性质综合作用的结果就是在公有制单位和公有制企业中，农业户口的80后青年受到明显的排挤。而在非公有制单位中就业则更多地按照市场规则运行，呈现一种自由竞争和优化配置的关系。此外，产业结构升级的结构性影响也是不能忽视的，伴随着产业结构升级，高等教育对80后青年职业的影响是非常明显的，较高收入的职业必须以较高水平的教育为基础。而农业户口和非农业户口的80后青年在接受高等教育的机会和取向上出现了显著的结构性差异，高等教育的普及非但没有让城乡80后青年获得同等的教育机会，反而使他们之间出现结构性的机会差异越来越明显，这也起到了以市场化手段来形成职业区隔的作用。所以，考虑到社会开放性的发展趋势，80后青年社会分层应该类似于西方社会工业化和后工业化进程中以职业为核心的分层逻辑，但必须要考虑到社会制度影响。

第二节　80后青年的职业群体划分

社会分层从根本上说指的是在一个社会体系中人与人之间资源分配的不平等，比如财富、地位、声望、权利等（Erikson & Goldthorpe, 1992），其理论主要来自马克思和韦伯两位社会学大师。社会分层本身并不是马克思研究的核心内容，却在他的著作中占据了相当重要的位置，他把历史上所有类型的社会都按照生产关系区分为两个对立阶级：统治阶级和被统治阶级，并将两个对立阶级之间的斗争视为推动历史向前发展的直接动力。在马克思那里，人们所从属的阶级完全是由个体在生产关系中所处的位置决定的，且不会因为环境变化而发生根本性转变。阶级意识与阶级一样，也是生产关系所决定的派生物。由生产力决定生产关系，由生产关系决定阶级属性，这一总体性的分析框架和逻辑是中国改革开放之前整个社会构架的缩写。

在改革开放之后，随着生产关系的变化，单纯依靠生产关系来确定阶级属性的总体性分析框架的适用性不断遭到质疑，韦伯提出的多维社会分层指标更能够适应社会多样性的需求。韦伯将决定社会成员在社会结构中位置的主要因素分为财富、声望和权利，一个人在社会结构中所处的位置不单单是财富所决定的，阶级划分只能体现出谁掌握了生产资料，而除了生产关系之外，人们的社会地位还受到声望的影响，由此，韦伯在马克思提出的客观的生产关系之外给出了主观性的测量指标。围绕主观的声望指标，Blau 和 Duncan（1967）以职业声望为基础，形成了一套测量个人社会地位的方法，随后演绎出多种以职业为核心的社会分层方法。以职业为核心的社会分层方法实际上是将职业、收入、教育等诸多相关性很强的指标关联在一起。由于职业与收入、职业与教育、教育与收入之间的相关性，职业、收入、教育往往被纳入到相关的或者统一的指标体系中。在现代社会中，由于很难深入地了解每一个个体的情况，声望很多时候成为一个总体性的群体性概念，成为与职业、收入和教育相关联的附属品。

20 世纪 90 年代中后期以来，中国劳动力市场变化主要受到三方面因素的影响：社会制度弱化、高等教育市场化、职业结构性变化（城镇人口就业结构的后工业化和农村人口就业结构的工业化），这些影响的综合作用造成不同人群在劳动力市场内就业机会和职业区隔的不平等，所以分析 80 后青年人群需要考虑他们不同的起点条件和机会际遇，特别是在产业升级的背景下，教育市场化和劳动力市场化都影响到不同 80 后群体的利益分配，甚至存在着明显的强化 80 后群体制度性差异的作用，导致"官二代""富二代""名二代""红二代""穷二代"等说法层出不穷。Blau 和 Duncan 认为，尽管社会出身确实有某种影响，但教育背景和培训以及早期的工作经历对成功机遇的影响更加深刻。事实上，这些"二代"在 80 后群体中只占有很小的份额，并不可能成为左右社会分层的关键人群。故此，本研究所延续的仍然是社会制度弱化、高等教育市场化和就业结构产业化三重影响的综合作用下，以职业为基础的社会分层思路。

首先，将 80 后群体分化的基础分为三个层面：①基于个体职业；②基于家庭资源；③基于社会制度。其中第一个因素——职业是整个80后群体分析的核心。以第二个要素——家庭资源划分的"富二代""官二代""红二代""名二代"，由于在定量分析中，就"富二代""官二代""红二代""名二代"数量而言仍然是极少数，在常规的社会调查中很难大面积地捕获到足够的分析样本，很难将其纳入进来。在本章分析过程中，将这部分青年与在组织上占有优势的管理者和在知识技术上占有优势的专业技术人员合并，视为在劳动力市场上在资源上占有优势的青年职业群体。第三个要素实际上在职业划分的过程中也有所体现，户籍制度和企业性质的区隔效应较为显著。

根据以职业为核心的分析思路，本章将国家干部、企业主、管理者、专业技术人员视为第一类职业群体，因为他们的职业声望和经济收入相对较高，且在组织资源、经济资本和文化技术资本上占有较为明显的优势；第二类是办事人员，他们虽然不具有组织资源、经济资本和文化技术资本，但多从事非体力或者非一线生产性工作；第三类是个体工商户或者自营劳动者，他们在劳动力市场上处于较为模糊的就业位置；第四类是城市工人，他们从事的是一线生产劳动或者服务，户籍为非农户口；第五类是与城市工人一样从事一线生产劳动或者服务的农民工，区别在于他们是农业户口；第六类是农民，是从事农业生产活动，且为农业户口的劳动者。从分类结果的规模来看，农民工、农民和城市工人是人数最多的职业群体，考虑到调查虽然在设计时按照分层随机抽样的原则，但在各个子群体的分析中，其样本的权重和代表性可能存有一定问题，所以，调查样本中各个职业群体分布和现实社会中各个职业群体的分布不能等同而论。因此，本章对80后的职业群体划分考虑了社会制度弱化、高等教育市场化和就业结构产业化三重影响，但需要对相关的特殊人群进行调整。从分类结果的层级来看，可以笼统地将第一类、第二类、第三类和第四类归为中等阶层；而第五类和第六类归为下等阶层。

根据调整后的结果，表6-4还比较了不同职业群体中农业户口、公有制单位所占的比例和受教育年限。从比较结果来看，在包括国家干部、企业主、管理者、专业技术人员在内的第一层级中，农业户口的比例仅为29.4%，公有制单位的比例也是29.4%，而平均受教育年限是14.8年。这一层级中并没有将户口性质作为一个控制变量，农业户口的80后青年处于明显的劣势。在办事人员层级中，有40.6%的是农业户口，在公有制单位内就业的比例为26.6%，平均受教育年限为13.6年。同样没有控制户口性质，办事人员中农业户口的比例却有较大提升，但公有制单位的比例却在下降，恰好反映出农业户口的80后青年可以在非公有制单位中获得与非农户口80后青年更为相近的工作机会。第三个阶层是个体工商户阶层，由于是以他们的单位性质来区分，所以其在公有制单位就业的比例为0，而农业户口的80后青年占较大比例。城市工人是限定了户口性质的80后职业群体，他们在公有制单位内就业的比例为41.3%，同样，农民工在公有制单位就业的比例仅为8.4%，两者的受教育年限存在着显著差异，这说明公有制单位在招录过程中存在着户籍歧视，但这些歧视也可能被受教育程度的差异所加剧。农民阶层是一个相对绝对化的阶层，他们在户口性质上都属于农业户口，在就业属性上由于土地的集体所有制都将其视为属于公有制单位。

表6-4 80后职业群体的分布状况和基本特征

	频次	农业户口比例（%）	公有制单位比例（%）	受教育年限均值（年）	受教育年限中位数（年）
第一类	51	29.4	29.4	14.8	15
第二类	64	40.6	26.6	13.6	15
第三类	50	63.3	0.0	10.4	9
第四类	80	0.00	41.3	12.4	12
第五类	286	100.0	8.4	10.2	9
第六类	102	100.0	99.0	7.8	9

从不同职业群体的技术能力来看，以国家干部、企业主、管理者、专业技术人员组合起来的80后第一类职业群体在技术能力上也具有足够的优势，有84.31%的人认为自己的工作需要技术能力，80后办事人员群体中的比例为75%，80后个体工商户中的比例为48%，80后城市工人中的比例为63.75%，而在农民工和农民群体中认为自己工作需要技术的分别为41.22%和3.03%。这一分析结果，证明前文的分析思路具有一定的合理性，从本章划分的80后青年人群的阶层来看，户籍制度、企业性质、教育和技术能力在不同职业群体中的分布差异显著，因此，可以认为这种以职业为核心的80后青年划分方式有较好的区分度和代表性。

表 6-5 分职业的技术水平状况

技术水平	第一类	第二类	第三类	第四类	第五类	第六类
技术	84.31	75.00	48.00	63.75	41.22	3.03
半技术半体力	13.73	20.31	28.00	28.75	34.35	17.17
体力	1.96	4.69	24.00	7.50	24.43	79.80

尽管以职业为核心的80后人群的分类方式能够从户口性质、教育水平和技术能力等方面区分出80后群体之间的差别,但这只能证明在工业化社会和开放性社会的假设之下,80后青年职业群体分类之间存在着较为明显的分割,至于分割形成的原因究竟是体现在中国从封闭性社会到开放性社会转变过程中,社会制度弱化、高等教育市场化、就业结构产业化的影响,还是由于社会封闭性会对80后群体产生明显的职业区隔,还需要进一步的验证。故而,本章还需要从社会流动的教育来验证80后青年究竟处于一个流动性很强的开放性的社会,还是"二代"现象所暗示的相对禁锢的社会分层体系。下面将从家庭背景和代际流动的角度来分析和解答这一问题。

第三节 家庭背景与代际流动

高社会流动率的证据可以被用来论证所研究的社会具有成就取向而非先富取向的特征,个人根据他们的个人素质来收获他们的报偿,而不是以诸如继承的财富或者私人关系这样的"不公平"优势为基础获得报偿。社会流动包括代内流动和代际流动,测量代内流动需要关注一个人多个时期的社会地位变化,80后青年刚刚参加工作不久,其代内流动所能够测度和体现出的变化有限,故而,代际流动更容易体现出80后青年的社会流动状况。代际流动多指父辈(上一代)与子辈(下一代)之间的社会地位变化,其背后隐含的意义是不同社会阶层家庭背景对代际流动的影响,其中最为常用的是职业地位变化。在父辈的指标选择问题上,一般有几种不同的趋向,一是选择父亲作为衡量家庭背景的指标;二是选择父亲和母亲中地位较高的一方作为衡量家庭背景的指标;三是选择父亲和母亲的均值作为衡量家庭背景的指标。三种选择方案各有利弊,本章选择以父亲作为衡量家庭背景的指标,虽然两者之间的职业划分并非是一一对应的,但可以满足观察流动结果的要求。

从表 6-6 中可以看到,80 后青年与父辈相比,职业流动的显著特点包括以下几点:一是流动规模大。从 80 后子辈与父辈职业流动情况来看,两者大概一致的在第一类中只有不到 1/4;在第二类中只有 11.7%;在第三类中来源比较复杂,但严格意义上说,也只有 1/5;第四类比较多,超过 55%;第五类也不到 1/4;第六类最多,有 85%。

二是以向上流动为主。可以看到现在处于较高的第一类职业的 80 后中,父辈大部分是传统的工人阶级和农民阶级。第二类职业的 80 后中,父辈也是大部分来自工人阶级和农民阶级,故此,从流动方向上来看,以向上流动为主。

三是结构性流动是主要动因。从流动形成的原因来看,可以断定其主要原因是社会结构性的变迁,因为大部分 80 后其父辈都是传统的工人阶级或者农民阶级,显然这与从计划经济时代到市场经济时代,社会中人口就业和职业岗位的结构性的变化有关。

四是职业流动具有一定的传递性。即便是在机会均等和市场化配置的条件下,父辈职业与子辈职业之间也是带有一定的传递性的,从调查结果来看,能够明显体现传递性的是第四类、第六类职业,即与计划经济时代的工人阶级和农民阶级相对应的职业,由此来看,代际的传递性还主要体现在较低且较传统的职业阶层中。

表 6-6 代际职业流动

父亲职业	子女职业					
	第一类	第二类	第三类	第四类	第五类	第六类
国家机关、党群组织、企业、事业单位负责人	12.8	3.3	6.0	2.7	0.5	0.0
专业技术人员	10.6	6.7	2.0	2.7	0.0	2.1
办事人员和有关人员	0.0	11.7	4.0	8.1	2.5	1.1
商业工作人员	14.9	6.7	20.0	9.5	5.4	2.1
服务业工作人员	0.0	3.3	0.0	10.8	2.5	0.0
农、林、牧、渔、水利业生产人员	29.8	28.3	46.0	21.6	66.2	85.3
生产、运输设备操作人员及有关人员	14.9	26.7	14.0	35.1	15.2	7.4
警察及军人	0.0	1.7	0.0	1.4	0.0	0.0
不便分类人员	17.0	11.7	8.0	8.1	7.8	2.1

职业地位变化是基于工业化社会中教育、收入和职业声望三位一体的假设,即认为职业的变化包括了教育、收入和声望等诸多决定个人社会地位的

影响因素。在以劳动力市场化为基础的工业化社会中,这种假设具有其合理性,但在中国特殊国情下,单一从职业地位变化来考察中国的代际流动,可能会遇到一些问题,所以要有其他方面的考虑和检验。本章除对80后青年与其父辈之间在职业分类流动上的考察之外,还考察了户口性质、文化程度、就业单位性质层级等方面的流动。

计划经济时代城乡二元分割就是依托户籍为中心的一系列社会制度实现的,在那个时代,人们能够从农业户口转为非农业户口就能够彻底改变一个人的生活状况,属于向上的社会流动过程。现阶段,户籍制度依然存在,尽管重要性已经有了明显的下降,但其仍然代表着一定程度的向上流动。分析户口性质的变化也能够看到中国社会最为明显的两个社会结构板块变化。从数据分析结果看,毫无疑问,从农业户口向非农业户口是主要的流动方向,与前文结构性流动和向上流动为主的当前代际流动的主要特征这一分析结果一致。

表6-7 代际户口性质的流动

单位:人

自己的户口性质	父亲的户口性质	
	农业户口	非农业户口
农业户口	1,699	70
非农业户口	322	1,126

从文化程度的变化来看,父亲的文化程度是大专及以上的子女的文化程度是大专及以上的占60.6%,父亲的文化程度是高中/中专/职高的子女的文化程度是高中/中专/职高的占33.8%,父亲的文化程度是初中及以下的子女的文化程度是初中及以下的占67.3%。从流动方向看,总体上是向上流动的,父亲文化程度居中的子女变化幅度更大一些,居于两端的流动性相对较弱一些,从这个意义上说,在中国社会结构的剧烈变动下,受高等教育的人更容易让自己的子女保持较高的教育程度,而低端文化程度人群改变自己的教育程度的难度还是比较大的。所以,教育可能成为中国社会流动的双刃剑,一方面可以跨越式流动,而不是阶梯式流动;另一方面教育确确实实成为一个隐形的障碍,阻碍社会流动。当然,还有一种可能是与之前分析的高等教育市场化有关,初中以下人口收入较低,他们接受高等教育的机会也相对较少。

表 6-8 代际文化程度的流动

单位：%

本人文化程度	父亲文化程度		
	初中及以下	高中/中专/职高	大专及以上
初中及以下	67.3	24.8	7.9
高中/中专/职高	21.4	33.8	31.5
大专及以上	11.3	41.4	60.6

从单位性质来看，计划经济时代绝大部分就业人口都在公有制单位，即便是农民也属于集体所有制的人民公社，而调查中是问被调查80后青年14岁时父亲的工作信息，根据80后的年龄推算，当时正处于计划经济向市场经济过渡的阶段，因而其变化更为丰富。在分析中发现农民由于其特殊性会干扰到分析的结果，故排除了第六类职业的80后群体，从下表中可见，目前在公有制单位就业的80后中有超过一半的父亲在相应的公有制单位工作，而目前在非公有制单位就业的80后青年的父亲在公有制单位就业的不足1/4。这说明在城镇或者非农就业的80后中，企业性质也存在着明显的继承性。

表 6-9 代际工作单位的流动

单位：%

父亲的就业单位	子女就业单位			
	包括农民		不包括农民	
	公有制单位	非公有制单位	公有制单位	非公有制单位
农村家庭经营	58.8	41.6	21.2	28.1
人民公社	0.0	1.1	0.0	1.2
党政机关、人民团体	1.2	0.7	0.9	0.6
国有及国有控股企业	10.0	5.2	25.8	9.0
国有/集体事业单位	6.5	6.3	15.2	10.2
集体企业	3.5	1.4	9.1	1.8
私营企业	7.1	11.2	9.1	12.6
个体工商户	4.1	14.3	6.1	16.2
民办非企业单位	0.0	0.4	0.0	0.6
社区居委会、村委会等	0.6	1.1	0.9	1.2
其他	0.0	1.4	0.0	2.4
没有单位	1.8	5.6	1.5	4.8
不适用	6.5	8.0	9.1	9.0
不清楚	0.0	1.8	0.0	2.4

上述分析结果无疑证明，80后青年的社会流动规模和幅度较大，代际流动以向上流动为主，户籍制度、教育水平和单位性质在80后青年的代际流动过程中带有一定的传承性，这一发现与前文对劳动力市场、教育和职业的分析结论是一致的，也进一步佐证了中国从封闭性社会向开放性社会变化过程中，在社会制度弱化、高等教育市场化、就业结构产业化等因素作用下，以职业为基础的分类体系是科学且有效的社会分层方法。下面需要进一步分析的是这种职业分类体系在测量80后青年其他社会地位指标上是否具有一定的聚合性，即从社会分层的其他指标来验证与职业分类的一致性。只有验证职业分类与其他社会分层指标之间的一致性，才能确认80后的职业分类是一种可靠的社会分层方法。其指标主要包括两个方面，第一个方面是较为客观的收入、消费和生活方式；第二个方面是阶层认同和社会态度等主观的社会分层指标。

第四节 收入、消费和生活方式

在市场的调节和运作下，工业社会中劳动力可以自由地在劳动力市场上流动，与企业组织或者单位双向选择，从而实现最优化的市场配置，即按照各自文化程度和技术水平的高低从事不同职业岗位，不同职业岗位由于其在企业组织或者单位中的重要性或者关键作用不同，又被赋予不同的工资水平。通常而言，具有较高文化程度和特定技术水平的劳动力被劳动力市场分配到较高等级和特殊需求的职业岗位上，而较高等级和特殊需求的职业岗位的收入要比一般职业岗位的收入高。这就是在工业化背景下，通过市场化的运作方法，将带有不同文化程度和技术水平特质的劳动力与相应的工作岗位匹配，从而通过工作岗位的重要程度的区别，来实现人与人之间收入的合理差别。

在80后的各个职业群体中，从前文分析也可以看到，不仅仅有个人文化程度和技术水平的差异，而且还存在着社会制度的差异，所以，从不同职业群体之间的收入差异来看，既存在着不同职业群体之间的收入差异，比如管理者与工人，也存在着相似职业群体之间的收入差异，比如城市工人和农民工。具体来看，80后青年中第一类的优势阶层，他们平均年收入超过24000元，收入中位数为20000元，从收入的平均值来看，还要略低于第三类个体工商户的平均收入，但是从收入中位数来看是高于个体工商户的，说明80后青年第一类职业群体的收入分布是相对集中的，而个体工商户的收入由于个别偏倚的工商户的收入奇高,导致其均值失真,从其收入的标准差远远大于收入均值相似的第一类职业群体就可看出。第二类办事人员和第四类城市工人的平均年收入较为接近,这两个人群与西方国家界定的中低层(Low Middle Class)和工人阶级(Working Class)的中产阶级较为接近。第五类农民工和第六类农民阶层处于这个收入结构的最低层,农民工平均年收入仅为6919元,而农民平均年收入仅为4058元,明显低于其他的80后职业群体。关于收入的测量一直是社会调查研究中的难点问题,从本次调查分析的结果来看,调查所获得的收入显然要低于人们在日常生活中的认知,但收入在80后各个职业群体之间的差异与人们日常认知是基本一致的。

表6-10 分职业的收入状况

单位:元

职业	收入均值	收入中位数	收入标准差
第一类	24282.12	20000	18154
第二类	17690.77	16903.5	9897
第三类	24850.34	12503.5	46249
第四类	16352.15	13150	11945
第五类	6918.56	3000	9438
第六类	4057.89	2410.5	5301

除了收入之外,消费也是反映个人社会经济地位的重要指标。社会学通过消费来研究人们的经济社会地位主要有三个方面的指标:一是消费水平,即消费的绝对数额,一般将消费水平视为收入水平的函数,即被收入水平所决定;二是消费结构,即消费品的构成,一般使用恩格尔系数作为测量指标,将消费结构划分为温饱型、发展型等等;三是生活方式,即消费者的品位,一般认为生活方式和品位受到特定群体的消费文化影响。本章也从这三个方面来分析80后职业群体的消费特征。

从消费水平来看,前四类80后青年职业群体的消费年平均值都是非常接近的,其原因在于每个职业群体中都有一些超高消费的奇异值出现,上述每组人群的消费的标准差也是非常大的。因此,与平均值相比,消费的中位数更能代表实际的消费水平。从消费的中位数来看,人们的消费水平差异体现就比较明显,第一类职业群体的消费中位数超过35000元,办事人员为30000元,个体工商户为25600元,城市工人与个体工商户水平基本相当,农民工的消费中位数略低一些，为 22900 元，农民群体消费水平最低，消费中位数仅为 11280 元。80 后消费水平分布的一个显著特点是消费均值普遍高于消费中位数，其超出的程度也高于收入的差异。从统计学角度来看，其原因是有部分奇异值导致的偏倚；从社会现实状况来看，是有一些 80 后存在超常消费的状况。比如 80 后群体买房、买车和结婚的重要消费品购买以及重大人生事件上的消费数额是非常大的，远远超出了 80 后自身的收入水平和承受能力，所以需要父母给予经济上的支持。加之，80 后群体中相当部分是独生子女，父母对子女的支持力度会更大一些。

还可以看到，在消费均值较为接近的情况下，消费均值与消费中位数之间的差异在层次越高的群体中越小，其原因在于 80 后的消费水准具有较强的趋同性，比如买房、买车等消费较为普遍，超常消费的情况也普遍存在，而层次越高的 80 后群体收入水平较高，消费中位数更能代表实际消费能力。消费均值与消费中位数之间的差异实际上代表了在相似的消费需求与实际消费能力之间的差异，而弥补这一差异更多的可能是通过"啃老"的方式。

此外，从测量消费结构的恩格尔系数来看，办事人员的恩格尔系数是最高的，为 0.36；农民的恩格尔系数是最低的，为 0.28。这一结果与一般规律不同，在 80 后群体中可能合理的解释是办事人员处于相应的中下阶层，在收入水平与中上阶层有一定差异的情况下，消费上在追随或者追赶中上阶层的生活水准，同样的基础消费品的支出占办事人员群体总收入的比重显然要大于在中上职业群体中的比重。在西方国家的研究中也有发现中下阶层过度消费的重要原因是他们追随更高收入人群的生活方式。故此，在一个变化较为激烈的社会经济发展过程中，恩格尔系数可能无法代表人们消费背后的含义，这点在 80 后群体中体现得较为明显。

表 6-11　分职业的消费状况

单位：元

职业	消费均值	消费中位数	消费标准差	恩格尔系数
第一类	45620	35300	44564	0.31
第二类	44595	30000	46997	0.36
第三类	42179	25600	65783	0.33
第四类	50370	26250	79647	0.34
第五类	30034	22900	26696	0.31
第六类	16765	11280	23148	0.28

通过80后青年职业群体的消费水平和消费结构可以看到，消费均值所代表的共性和恩格尔系数失真的情况，此外，社会学家在研究消费时还经常使用的一个指标就是消费背后的生活方式。本章根据调查问卷设计，选择80后青年在吃、穿、行三个方面的消费行为作为评价80后职业群体之间的生活方式差异的指标。

从数据分析的结果来看，80后职业群体中第一类和第二类在购买衣物的选择上较为接近，两者在品牌服装专卖店、大商场等较为高级场所购买衣物的比例较大，这两者作为中产阶级的中坚力量，在教育和工作上有诸多相似之处，所以，在生活方式上也较为接近。个体工商户和城市工人可能属于中产阶级中下层的两个职业群体其消费较为接近，从收入和消费的差异来看，个体工商户的收入略高于城市工人，消费却略低于城市工人，这可能由于个体工商户中农业户口人口占据相当比例，他们的生活方式虽然也接近于城市人口，但是还存有一定的差距。农民工的生活方式与农民的差异较大，反而更加接近城市工人，比如，在品牌服装专卖店购买衣物的比例为14.7%，城市工人在品牌服装专卖店购买衣物的比例为26.3%，农民在品牌服装专卖店购买衣物的比例仅为2.0%。因而，可以认为80后农民工在购买衣物的生活方式上更接近于城市工人，而非80后农民，说明在对生活方式的影响上，职业性质比户口性质发挥了更大的影响力。

表6-12 不同职业群体的购买衣物选择差异

单位：%

	第一类	第二类	第三类	第四类	第五类	第六类
品牌服装专卖店	33.3	37.5	24.0	26.3	14.7	2.0
大商场	45.1	45.3	22.0	31.3	20.6	8.8
普通服装商店	41.2	46.9	60.0	51.3	56.6	47.1
超市	15.7	18.8	12.0	11.3	11.9	8.8
街边摊点	7.8	4.7	18.0	12.5	15.0	25.5
批发市场	11.8	15.6	12.0	23.8	12.6	11.8
乡村集市	3.9	6.3	4.0	5.0	16.4	37.3
网上购物	7.8	0.0	4.0	2.5	1.4	0.0
其他地方	0.0	0.0	2.0	0.0	0.7	0.0
自家做的	0.0	0.0	0.0	0.0	0.3	0.0

从外出吃饭的情况来看，80 后第一类职业群体中在中高档饭店吃饭的比例比较高，其他群体在中高档饭店吃饭的比例都相对较低。此外，在外出吃饭的频率和饭店水平的高低选择上，其排序基本与收入的排序一致。这里，80 后农民工在外出吃饭的选择上与 80 后农民更为接近，很少外出吃饭的比例都在 40% 以上，即便外出吃饭，选择最多的还是小吃店和小饭馆。其实外出吃饭并非是一个非常理想的测度指标，因为外出吃饭并非意味着自己出钱消费，可以想象，在 80 后第一类职业群体外出吃饭的选择上，只有一部分是他们自己花钱。

表 6-13　不同职业群体的外出吃饭选择差异

单位：%

	第一类	第二类	第三类	第四类	第五类	第六类
高档饭店	5.9	0.0	2.0	1.3	0.0	0.0
中档饭店	31.4	15.6	16.0	12.5	4.2	2.0
大众餐馆	19.6	23.4	26.0	20.0	7.7	5.9
快餐店	23.5	29.7	10.0	12.5	15.0	14.7
小饭馆	17.6	23.4	18.0	22.5	20.3	17.6
大排档	23.5	25.0	14.0	23.8	10.1	1.0
小吃店	13.7	34.4	26.0	25.0	27.3	29.4
其他地方	0.0	0.0	0.0	1.3	0.7	2.0
很少外出吃饭	19.6	12.5	28.0	25.0	41.3	47.1

如果说外出吃饭的选择还凸显不出来第一类职业群体未必是自己花钱消费的话，那么在外出方式的选择上就非常明显了。第一类职业群体选择外出开/坐公家汽车的比例为 11.8%，非常显著地高于其他职业群体。选择外出开/坐私家车的比例最高的是 80 后个体工商户群体，他们由于职业需要更依赖交通工具的帮助，可以看到他们使用自行车、摩托车、三轮车的比例也是最高的。办事人员群体是最依赖公共交通的人群，他们一般在城市中心区域就业，使用公共交通工具较为方便，且尚未达到享用公家汽车的标准，他们选择出租车的比例也是最高的。10% 的城市工人外出经常使用的工具是出租车。农民工和农民外出的交通方式最为接近，多选择走路、公共交通工具和骑自行车、摩托车、三轮车这三项，而其他出行方式的比例都比较低。

表 6-14 不同职业群体出行方式的差异

单位：%

	第一类	第二类	第三类	第四类	第五类	第六类
走　路	41.2	51.6	44.0	32.5	42.7	41.2
乘公共交通工具	62.7	75.0	50.0	57.5	51.7	43.1
乘出租汽车	7.8	10.9	6.0	10.0	2.8	2.0
开/坐公家汽车	11.8	3.1	0.0	0.0	1.7	0.0
开/坐私家车	2.0	4.7	12.0	2.5	2.1	1.0
骑自行车、摩托车、三轮车	27.5	25.0	54.0	48.8	45.1	44.1

从收入和消费的总体情况来看，80后职业群体之间已经出现了显著的差距，在各个群体内部表现出较强的聚合性，其层次分布与本章设定的职业层级的次序也基本一致。80后第一类职业群体在收入上具有一定优势，且这种优势完全反映在消费水平、生活方式上，无论是购买衣物，还是外出吃饭和出行方式上都优于其他职业群体。办事人员是最接近第一类职业群体的80后职业群体，但无论是收入，还是消费，他们与第一类职业群体的差异都比较明显，唯一比较接近的是购买衣物的选择，说明尽管存在着收入差异，他们还是尽可能地去模仿更高阶层的生活方式，尤其是能够在外表上体现出来的购买衣物上。同样，80后农民工可能也存在着对城市工人的模仿，因为他们购买衣物的选择与80后农民的差异是非常明显的，反而更加接近80后城市工人。

但这些模仿只能体现在外在衣着的购买选择上，真正需要花钱的外出吃饭和外出出行方式，80后农民工对80后办事人员的模仿是不成功的。比如，到中高档饭店吃饭和外出使用公家汽车，这些生活方式既是建立在收入等经济资源的基础之上，也是建立其自身所占有的组织资源、文化资源和社会网络资源的基础上，这点是很难被模仿的，所以从此视角来看，可以将第一类职业群体所占有的资源视为结构性的条件，其生活方式是主体将这些资源优势内化为"惯习"的结果。这可以用来解释为什么80后群体中会出现"官二代""富二代""红二代"等称谓，因为他们的行为是很难被其他群体所模仿的。

第五节 阶层认同和社会态度

80后职业群体收入、消费和生活方式上的差异较为明显，可以视为客观上的分化结果，而主观上的分化结果主要是两个方面的测度：主观的阶层认同和社会态度。主观阶层认同一般被认为是个体对自己在社会结构或者社会层级中所占据的位置的感知和认同。在马克思的阶级理论中，阶层认同等同于阶级认同，是由生产关系所决定的，也就是由个人在生产关系中所处的位置来决定的。而且，阶级认同的产生是阶级得以形成的必要条件，也就是说，没有阶级认同就没有阶级的存在。马克斯·韦伯的观点则不同，他在阶级概念之外，寻找到另外一个标注个体在社会中位置的指标——地位。一个人的地位与声望相联系，地位群体通常是由人们的共同生活方式决定的，相同收入或者相同经济地位的人可能相互之间并不认同，故此，他的由生产关系或者经济地位决定阶层认同的观点过于简单了，只有共同的生活方式下形成的共同价值准则才是阶层共同意识形成的基础。从经验研究的角度来看，一方面阶层意识作为社会分层这一社会事实的反映，是与社会结构和社会分层状况相关的；另一方面，阶层意识又是一个相对独立的心理存在，不同文化背景和社会构成下的阶层意识可能大相径庭。本章则主要是在前文对80后职业群体收入、消费和生活方式差异分析的基础上分析他们阶层认同的差异，检查其是否具有聚合性和一致性。

从80后职业群体的经济社会地位自评来看，第一类职业群体认为自己是上和中上阶层的比例最高，两者合计为17.7%，他们很少认为自己属于社会的下层，只有3.9%的人这样认为，而其他群体中认为自己处于下层的比例都在10%以上，最高的是城市工人，有23.8%认为自己属于下层，这一比例甚至高于80后农民。现实中，工人群体，尤其是城市工人群体，是在改革开放过程中受到劳动力市场化冲击最为严重的职业群体，他们的铁饭碗被打破，再就业难度较大。但令人意外的是很大比例的80后城市工人，他们在本身并没有经历过下岗失业冲击的情况下也认为自己属于下层，这可能是因为他们的参照群体多属于第一类职业群体或者办事人员。同理，80后农民工认为自己属于社会下层的比例并不高，可能与他们的参照群体是比他们更低的农民群体有关,他们认为自己属于社会中层及以上的比例也远远高于80后的城市工人。

办事人员和个体工商户是两个分歧比较大的职业群体,一边是他们认为自己属于中上的比例较高,另一边是他们认为自己属于下层的比例也不低。在工业国家的社会分层体系中,办事人员和个体工商户群体比较接近中低阶层和自营劳动者阶层,他们本身就是属于定位相对模糊的阶层群体,他们一方面工作性质更为接近中上阶层,也很有可能通过努力工作或者成功经营晋升为中上阶层;另一方面由于缺乏组织、资本和文化上的优势,他们自身地位也处于朝不保夕的境地,也可能沦落到社会的下层。80后办事人员和个体工商户的情况也较为近似,他们既有上升的台阶,也有往下沉沦的可能。

表6-15　80后职业群体的经济社会地位自评

单位:%

经济社会地位自评	第一类	第二类	第三类	第四类	第五类	第六类
上	2.0	0.0	0.0	1.3	1.1	0.0
中上	15.7	12.5	14.0	7.5	5.9	7.8
中	35.3	39.1	44.0	28.8	45.5	44.1
中下	41.2	32.8	22.0	38.8	27.3	26.5
下	3.9	12.5	20.0	23.8	14.3	19.6
不好说	2.0	3.1	0.0	0.0	5.9	2.0

整体上看,80后职业群体的阶层意识与自身所处的经济社会地位是较为一致的,80后城市工人虽然没有下岗、失业等老一代城市工人的境遇,但与改革开放前工人群体的经济社会地位相比,他们的相对被剥夺感会更强烈,其参照群体更可能是专业技术人员、办事人员等白领阶层,所以他们的经济社会地位自评反而是最低的。所以,在80后职业群体的阶层意识中,既能够看到与经济收入相关的一面,也能够看到相对独立的一面。

除了阶层意识之外,80后的社会态度也是社会各界关注的热点之一。长期以来,80后被视为在温室下长大的娇生惯养的孩子们,个性张扬、强调自我、缺乏责任感等等,但在近年来,特别是80后从孩童成长为青年之后,承担了生活中的各种压力和责任,表现出很强的责任感。人们还被80后在现实和网络中所表现出来的公共关怀和批判意识所震惊,他们有强烈的社会责任感和对中国社会与现实的忧患意识。80后作为年轻的一代,他们的态度将左右中国的未来,本章对社会态度的分析主要选择社会公平态度。对公平的测量包括三道题目:①机会是否均等,如在我们这个社会,工人和农民的子女与其他人的子女一样,有同样多的机会成为有钱、有地位的人;②结果是否公平,如现在有的人挣的钱多,有的人挣的少,但这是公平的;③是否应该有一个缩小贫富差距的公平过程,如应该从有钱人那里征收更多的税来帮助穷人。

从调查结果来看,80后职业群体整体上还是倾向于认同机会均等的,毕竟中国市场化改革已经基本实现。其中,80后的城市工人最倾向于认为机会不均等,有16.3%选择"很不同意在我们这个社会,工人和农民的子女与其他人的子女一样,有同样多的机会成为有钱、有地位的人";而选择这一比例最低的是80后办事人员和80后农民工,分别有6.3%和7.0%选择很不同意。80后农民也有11.8%的选择很不同意这一观点,但选择很同意这一观点的比例也是最高的,有24.5%的人选择,明显高于其他群体。这一结果说明,80后城市工人是最为明显的被剥夺机会的人群,而80后农民虽然也被剥夺了很多机会,但也有很多新的机会产生,比如对进城经商务工限制的放松。

表6-16 对机会均等的社会态度

单位:%

机会均等的看法	第一类	第二类	第三类	第四类	第五类	第六类
很不同意	9.8	6.3	12.0	16.3	7.0	11.8
不大同意	23.5	28.1	26.0	20.0	28.0	19.6
比较同意	52.9	48.4	44.0	46.3	42.7	38.2
很 同 意	13.7	17.2	18.0	16.3	17.8	24.5
不 清 楚	0.0	0.0	0.0	1.3	4.6	5.9

西方社会把机会均等看得最为重要,如果在一个真正意义的制度上或者环节上能够实现机会均等的社会,人们之间由于其他原因所形成的经济社会地位差异则更可能被合理解释掉,比如人力资本的差异造成在劳动力市场中重要性的不同,从而形成经济社会地位的差异。但在一个机会不均等的社会中,则很难实现结果的平等。

从调查结果来看，第一类职业群体最倾向于认为中国社会是结果不公平的，分别有15.7%和33.3%选择了"很不同意"和"不大同意"；而个体工商户则是最倾向于认为中国社会是结果公平的，分别有12.0%和56.0%选择"很同意"和"比较同意"。从劳动力市场的视角分析这两者，会非常有意思，一方面第一类职业群体是在劳动力市场上占有优势的，他们最有可能在没有完全市场化的劳动力市场中就业，且他们本身是依靠自身的优势来取得更多的收入，却认为这一结果是不公平的。反过来看个体工商户，他们恰恰在完全市场化的领域内工作，却认为这一结果是公平的。

当然，我们现在没法检验这一结果与是否在市场化领域内就业有关系，唯一可能的推测就是在市场化领域内就业的80后职业群体更倾向于认同市场化竞争规则，认为劳动力市场化是人力资源优化配置的结果，而在非劳动力市场化领域内就业的人则不认同现在人们的状况是市场化资源优化配置的结果，还是存在其他不公平因素。

表6-17 对结果均等的社会态度

单位：%

结果均等的看法	第一类	第二类	第三类	第四类	第五类	第六类
很不同意	15.7	14.1	12.0	15.0	7.0	11.8
不大同意	33.3	29.7	20.0	26.3	31.5	29.4
比较同意	31.4	37.5	56.0	42.5	45.5	36.3
很同意	19.6	18.8	12.0	13.8	14.0	17.7
不清楚	0.0	0.0	0.0	2.5	2.1	4.9

在实现机会公平和结果公平的过程中，还有一个非常重要的环节，那就是如何形成一个过程，能够让所有人获得同等机会。税收在其中扮演着矫正机会公平的角色。对于"应该从有钱人那里征收更多的税来帮助穷人"，人们的看法总体上是压倒性的，每个80后职业群体中都有超过2/3的人选择"很同意"和"比较同意"。第一类职业群体、办事人员和城市工人的态度相对积极一些，分别有35.3%、34.4%和32.5%的人选择"很同意"。这可能与他们的文化程度更高有关，因为通过税收形成的社会二次分配或者三次分配机制还不是一个直接影响因素，而是相对较为复杂的系统性设计。

表 6-18　对过程公平的社会态度

单位：%

过程公平的看法	第一类	第二类	第三类	第四类	第五类	第六类
很不同意	0.0	4.7	6.0	2.5	4.6	3.9
不大同意	23.5	15.6	10.0	26.3	21.3	22.6
比较同意	39.2	45.3	56.0	38.8	42.3	33.3
很同意	35.3	34.4	24.0	32.5	28.3	33.3
不清楚	2.0	0.0	4.0	0.0	3.5	6.9

80后职业群体在阶层自我认同上表现出在较高阶层出现下偏，在较低阶层出现上偏的趋势。在公平感的社会态度方面，对机会公平的认同程度较高一些，但对结果公平的分歧较大，可能与他们自身所处的劳动力市场有关系，而普遍认为需要的是过程公平，即通过向有钱人多征税，补贴穷人，以此来纠正机会的不公平状况。总体上看，80后职业群体的阶层意识和社会态度与他们的社会地位基本上是一致的。

结　语

80后青年的成长历程与改革开放的进程基本同步，在他们的身上能够看到中国社会发生翻天覆地的历史性变革的影子。80后青年所处的是中国经济快速增长、人民生活水平迅速提高的时代，同时也是人们贫富差距逐渐拉大，经济社会地位不平等现象越来越突出的时代。在这样的时代背景下，我们既能够看到中国社会逐渐随着劳动力市场日渐成熟，旧有的社会制度控制力减弱，社会流动性逐渐增强；还能够看到"富二代""官二代"这样具有典型封闭性社会影子的称谓。本章针对80后青年人群所处的劳动力市场，就高等教育、社会制度等因素的影响，讨论了其所处社会的变化过程，认为中国社会整体上趋于开放，以职业为基础的社会分层体系适用于80后青年，并在充分考虑户籍制度、企业性质、高等教育等诸多方面的影响下，将以专业技术人员为代表的中上层合并，形成一个特殊的第一类职业群体。其他80后群体按照职业标准划分为办事人员、个体工商户、城市工人、农民工和农民等五个阶层。其中，办事人员是处于中上层的80后职业群体，个体工商户和城市工人都被视为处于社会中下层的职业群体。

在此基础上，本章进一步从代际流动的角度加以佐证中国社会的开放性，研究从80后与其父辈的比较出发，认为80后代际流动的特点包括：社会流动规模大，以向上流动为主，职业结构变化带来的结构性流动是社会流动性强的主要原因。同时，职业流动在代际也具有一定的传递性。而从教育水平、户口属性和单位性质方面的分析也证明中国带有社会流动剧烈的开放性特征。80后青年的职业划分是一个区分和衡量80后青年比较有效的指标，不同职业群体之间的收入、消费、生活方式、阶层认同和社会态度之间都存在比较明显的差异。这在一定程度上也验证了本章对中国80后群体所处的时代的假设，这一时代特征已经接近于工业化社会所需要以市场为基础的劳动分工和劳动力配给模式。当然80后青年也或多或少沿袭了一些计划经济的影子，比如在划分工人群体的时候并没有按照产业，而是按照户籍来划分，数据分析证明这些划分都能够凸显出两个群体的不同之处。

接下来讨论的是80后职业群体划分与其他社会分层指标之间的一致性，即这种划分方式能否有效地将不同职业人群在收入、消费、生活方式、阶层认同和社会态度方面区分开来。

80后青年的收入水平与职业层级基本相符，职业层级越高，其收入也越高。唯一例外的是个体工商户阶层，他们虽然职业层级低于办事人员，但是收入水平并不低，甚至收入的平均值是最高的，其原因在于有小部分的个体工商户的收入是非常高的偏倚。城市工人的收入要高于农民工，农民的收入是最低的。

从消费来看，80后青年群体既呈现差异性，又在局部体现出趋同性。总体上看，各个职业群体之间的消费水平和生活方式都存在着显著区别。从消费水平的平均数来看，各个职业群体之间又非常接近，研究对数据的进一步分析发现，在较为接近的优势人群、办事人员、个体工商户和城市工人群体中都存在着少量的大额偏倚消费。从现实生活中观察，可以看到如果在城市生活的话，每个80后青年不可避免地要经历买房、买车、结婚等，这些在每个年轻人的生活轨迹上都是相似的，这也是他们在消费均值上出现趋同性的重要原因。

从生活方式来看，80后青年的生活方式既受到收入水平的影响，也受到非经济因素的影响。比如，模仿效应，可以发现办事人员在购买衣物的消费上与第一类职业群体较为接近，而农民工同样在购买衣物上与城市工人较为接近。这里相邻职业群体之间，较低层级的职业群体对较高层级职业群体可能存在着生活方式上的模仿。但某些生活方式是无法模仿的，因为这些是建立在特殊的资源基础之上的，比如去中高档饭店吃饭、外出使用公家车辆等，这些都是针对拥有特定资源的群体。

80后青年的阶层认同在不同层级的职业群体中有不同的趋势。在较高的职业层级中，比如专业技术人员，他们倾向于低估自己的经济社会地位，农民工则倾向于高估自己的经济社会地位。从经验研究的角度来看，一方面，阶层意识作为社会分层这一社会事实的反映，是与社会结构和社会分层状况相关的；另一方面，阶层意识又是一个相对独立的心理存在。比如，80后城市工人对自己的评价是最低的，而他们的经济状况显然要好于农民工和农民。80后青年在公平感的社会态度方面，对机会公平的认同程度较高一些，但对结果公平的分歧较大，可能与他们自身所处的劳动力市场有关系，而普遍认为需要的是过程公平，即通过向有钱人多征税，补贴穷人，以此来纠正机会的不公平状况。

综上所述，尽管有学者提出中国社会已经经历了结构性变迁，但从80后人群中仍然可以看到计划经济时代一个封闭社会的影子。家庭背景对青年群体的成长影响很大，社会变迁还没有完全进入一个开放性的阶段，难怪有人开玩笑地说这是一个"拼爹"的时代。当然，我们不否认中国组织资源和经济资本越来越向少数人手里集中，掌握组织资源和经济资本的阶层才有更多的机会发挥家庭的优势来照顾下一代子女，但与其他代际或者人群相比，80后群体是第一代鲜有计划经济体制下总体性划分印记的社会人群，从他们成长的环境和过程来看，经济社会地位的决定逻辑或者是社会分层的基础越来越向工业化社会靠拢，自致因素的作用更为普遍，巨大规模的、向上的社会流动也印证了社会的开放性，以职业为基础的社会分层体系能够清楚地、可靠地验证80后青年在中国社会结构的层次性。

参考文献

K. M. MacDonald, 1985, "Social Closure and Occupational Registration." *Sociology*.
Kim A. Weeden, 2002, "Why Do Some Occupations Pay More than Others? Social Closure

and Earnings Inequality in the United States", *American Journal of Sociology*.

Ivan Szelenyi, Eric Kostello, 1996, "The Market Transition Debate: Toward a Synthesis?" *American Journal of Sociology*.

Erikson, Goldthorpe, 1992, "The CASMIN Project and the American Dream." *European Sociological Review*.

Blau, Peter M., Otis Dudley Duncan, 1967, *The American Occupational Structure*. New York: Wiley.

边燕杰、张文宏, 2001,《经济体制、社会网络与职业流动》,《中国社会科学》第1期。

蔡昉、都阳、王美艳, 2001,《户籍制度与劳动力市场保护》,《经济研究》第6期。

李建民, 2002,《中国劳动力市场多重分隔及其对劳动力供求的影响》,《中国人口科学》第2期。

钟笑寒, 2006,《劳动力流动与工资差异》,《中国社会科学》第1期。

李实、丁赛, 2003,《中国城镇教育收益率的长期变动趋势》,《中国社会科学》第6期。

李春玲, 2010,《高等教育扩张与教育机会不平等——高校扩招的平等化效应考查》,《社会学研究》第3期。

杨舸、王广州, 2011,《户内人口匹配数据的误用与改进——兼与〈高等教育扩张与教育机会平等〉一文商榷》,《社会学研究》第3期。

第七章
80后大学生的基本状况
——基于对六所985高校与五所普通高校在校生的调查

　　80后是完全伴随改革开放成长起来的一代人,其身上具有深刻的时代烙印。计划生育政策于1980年被写入国家宪法,这使得80后的出生受到国家计划生育政策的严格限制。因此,其中的很多人是家中的独生子女,成为家里的中心,受到家人的百般宠爱。在他们的幼年和青少年时代,国民经济快速发展,人民生活水平不断提高,同时西方的动画片和游戏也大量涌入,因此,大部分80后享受着丰厚的物质生活,体验着丰富多彩的精神生活。当然,从进入小学的那天起,80后就已经加入了激烈的社会竞争之中。虽然,80后非常幸运地搭上了大学扩招政策的第一班车,比前人有更多的机会考入大学接受高等教育,但是,上大学特别是上好大学的仍旧是很少一部分人,大部分人成为农民工、自主创业者或者另寻他路。农民工在城市适应和融合的各个方面遇到了各种障碍,面临着"半城市化"问题(王春光,2006)。同时,大学生也非常不幸地面临着"毕业即失业"和大学文凭贬值的就业压力。很多大学毕业生成为"蚁族",面临着房价疯涨、沦为"房奴"及裸婚等巨大的生活和人生压力。

　　社会上对80后的评价也经历了由贬到褒的过程。起初80后被认为是以自我为中心的"小皇帝"和"小公主",从小贪图享受,心理脆弱,缺乏责任心，个性叛逆，被称作"垮掉的一代"。但是，80 后凭借在 2008 年四川汶川大地震和奥运会志愿者的表现改变了社会主流观点对其的负面印象，被国内外媒体评为有担当的"鸟巢一代"[①]。

虽然社会和学术界对作为"鸟巢一代"的 80 后大学生有诸多经验讨论和专题性论述，但是，这种以经验、感觉和专题性调查的方法形成的 80 后认知，不免过于主观、笼统和片面。因此，我们需要一种大规模综合性调查以客观、全面和精确地描述 80 后大学生的基本状况，形成一幅能够客观反映 80 后大学生生存状态和行为态度的总体性图景。正是顺应这一趋势，中国社会科学院社会学所"中国大学生就业、生活及价值观调查"分别于 2010 年 8 月份和 2011 年 12 月份对全国 6 所 985 高校和 5 所普通高校的在校大学生进行了问卷调查。本章正是基于这些数据来描述 80 后大学生的基本状况。

下面简要介绍具体的问卷设计、抽样、调查实施和数据加工方法。调查问卷包括个人基本信息、家庭情况、教育经历、就业预期和就业选择、消费行为、网络行为、政治与社会态度、代际关系、恋爱婚姻和两性关系及工作价值观等 10 个调查维度。在抽样方面，首先分别从东南、华南、西南、西北、东北和中部等 6 个地区各选取 1 所 985 高校和 1 所普通高校，共 6 所 985 高校和 5 所普通高校；然后，分别对 6 所 985 高校的在校大学生和 5 所普通高校的在校大学生按照学生名单进行随机抽样。在调查问卷的发放与回收方面，采用网络调查方式，通过 e-mail 方式联系被选中的调查对象，请求其登录网上调查系统接受调查；最后，回收 6782 份 985 高校的大学生问卷和 3053 份普通高校的在校大学生问卷。本章严格按照出生年份将 80 后界定为出生于 1980～1989 年的那代人。因此，在本章的分析中，6 所 985 高校中符合 80 后界定的大学生样本是 5192 份，5 所普通高校中符合 80 后界定的大学生样本是 1305 份。

第一节 个人与家庭特征

一 个人特征

在 80 后大学生中，男性比女性多。6 所 985 高校男生的比例为 57.5%，

---

① "鸟巢一代"指那些受过高等教育、富有爱国心的中国年轻人。

女生的比例为42.5%；5所普通高校男生的比例为50.6%，女生比例为49.4%。80后大学生中读大学前户口类型属于非农户口者在五成左右，6所985高校的比例为51.9%，高于5所普通高校非农户口的比例——44.1%。虽然，80后被称为独生子女的一代，但在大学生群体中独生子女并不占多数；6所985高校大学生中独生子女的比例为42.8%，5所普通高校大学生中独生子女的比例为35.4%。与全国总人口中民族分布相一致的是，汉族学生占九成以上——6所985高校中的汉族学生比例为92.5%，5所普通高校中的汉族学生比例为95.2%。在6所985高校中，超过七成的80后大学生学习理科专业；而在5所普通高校中，只有52.0%的80后大学生学习理科专业，接近一半的人学习文科专业。80后大学生中，党员的比例较高；6所985高校大学生中党员占43.1%，5所普通高校大学生中党员比例高达51.6%。80后大学生中，人数最多的学位依次是学士、硕士、博士，但是随着社会经济发展的需要和扩招的影响，及80后自身年龄的增长，在校生中拥有学士学位者比例有所下降，而拥有硕士和博士学位者比例相应的有所上升。

二 家庭特征

（一）家庭的社会经济地位

社会经济地位是最常用的社会分层测量指标。在本章的分析中，家庭社会经济地位包括父母居住地、父亲受教育程度、父亲职业身份和父母月收入等指标。

在6所985高校和5所普通高校中，均有五成左右的80后大学生来自农村和乡镇，接近两成的人来自县城/县级市，另外三成左右的人来自城市（县级以上城市）。父亲文化程度为初中及以下水平的大学生超过四成，超过三成大学生的父亲文化程度为高中/技校/职高/中专，另外两成半的大学生的父亲文化程度在大专及以上水平。父亲职业身份属于农民的大学生约有三成左右，父亲职业身份属于工人和个体自雇的大学生比例分别超过一成，四成大学生的父亲的职业身份属于办事人员/技术人员/管理人员/私营老板。父母月收入在2000元以下的80后大学生超过四成，父母月收入在2000~4000元的大学生约占三成，父母月收入在4000元以上的大学生接近三成。

（二）家庭的资助

七成左右的学生读大学期间的费用主要是由父母供给的。在6所985高校中，67.3%的大学生的学费主要由父母供给；在5所普通高校中，74.6%的大学生的学费主要由父母供给。

第二节 学业表现与就业

一 学业表现

80后大学生中学生干部比例很高。在6所985高校和5所普通高校中，担任学生干部的大学生比例均超过四成。超过四成的学生不仅在班级和学生会等传统部门中担任干部，还积极加入一些学生社团，担任社团干部。这说明学生社团的发展不仅为大学生日常生活和学习提供了各种便利服务，也为那些有志于领导工作的大学生们提供了大量增长领导和管理经验的机会。

从平均每天学习时间的长度来看，80后大学生平时学习勤奋程度分化较大。在6所985高校的大学生中，平均每天学习时间少于3个小时者占22.6%，平均每天学习时间为4~6个小时者占38.8%，平均每天学习7个小时以上者比例为38.6%；5所普通高校大学生的学习勤奋程度也大致如此，平均每天学习时间少于3个小时者占25.8%，平均每天学习时间为4~6个小时者占42.8%，平均每天学习7个小时以上者比例为26.8%。

大部分80后大学生倾向于高估自己的学习成绩。在6所985高校大学生中，认为自己目前专业课成绩与同年级学生相比较差者比例为6.6%，一般者比例为35.1%，而较好者比例达58.2%；在5所普通高校大学生中，认为自己目前专业课成绩与同年级学生相比较差者比例为4.3%，一般者比例为30.0%，而较好者比例达65.7%。在6所985高校大学生的英语成绩自我报告中，认为自己的英语水平较差者比例为5.7%，一般者比例为28.2%，较好者比例为66.1%；在5所普通高校大学生的英语成绩自我报告中，认为自己的英语水平较差者比例为7.7%，一般者比例为30.2%，较好者比例为62.1%。

在学习期望和计划方面，80后大学生对自己的受教育水平有很高的期望。只有超过一成的在校生满足于获得学士学位，接近五成的学生期望获得硕士研究生学位，接近四成的学生期望获得博士研究生学位。而我国2010年在本科、硕士和博士招生中，博士招生比例只有1.6%，硕士招生比例为11.7%。虽然，一些学生会选择出国读研究生，但是，这仍旧暗示着未来考研和考博竞争的激烈程度。

二 就业预期

在6所985高校大学生在毕业时找工作顺利程度的预期方面，有四成的学生认为可以很顺利找到工作，超过五成的学生认为能找到工作但并不顺利，约有5%的学生认为找不到工作；而5所普通高校大学生对毕业时找工作顺利程度的预期显得比较悲观，只有29.0%的学生认为可以很顺利找到工作，超过六成的学生认为能找到工作但并不顺利，约有9.4%的学生认为找不到工作。

6所985高校和5所普通高校的大学生均报告称其在找工作时最看重的是事业发展空间、收入与福利、是否符合个人兴趣、工作稳定程度和地域，这说明大学生在找工作时很务实，毕业后最想去的单位类型依次是国有企业、科研事业单位、外资/独资企业和政府机构，只有很少比例的人想去民营企业和中外合资企业工作。

6所985高校大学生期望首份工作平均月薪为3728元，高于5所普通高校大学生期望首份工作的平均月薪——3496.06元。

第三节 消费与网络行为

一 消费情况

6所985高校大学生的经济条件和消费水平稍微高于5所普通高校学生的状况。6所985高校大学生每月平均可支配金额为1043元，每月平均支出为887元，每月生活费仍然有剩余；5所普通高校大学生每月平均可支配金额为919元，每月平均支出为829元，每月生活费也有剩余。

日常饮食占6所985高校大学生每月支出的50%，为443元；日常饮食占5所普通高校大学生每月支出的比重稍微超过50%，为447元。娱乐交往和其他活动也是较大的两项，6所985高校大学生在这两项上的每月支出分别为 171 元和 130 元，5 所普通高校大学生在这两项上的每月支出稍微低些，分别为 140 元和 122 元。6 所 985 高校大学生每月交通花费为 78 元，5 所普通高校大学生每月交通花费为 59 元。6 所 985 高校大学生每月电话费和网络费用为 65 元，5 所普通高校大学生每月电话费和网络费用为 62 元。另外，6 所 985 高校大学生每年需要支付 3715 元学费和 1131 元住宿费，每年用于参加培训和考证的费用平均为 835 元；5 所普通高校大学生每年需要支付 4139 元学费和 1206 元住宿费，每年用于参加培训和考证的费用平均为 795 元。

80 后大学生是电子产品一族。在 6 所 985 高校大学生中，接近七成的学生不再使用台式电脑而使用笔记本电脑，甚至 2.2% 的人拥有两台以上笔记本电脑；在 5 所普通高校大学生中，接近七成的学生不再使用台式电脑，76.4% 的人使用笔记本电脑，甚至 2.3% 的人拥有两台以上笔记本电脑。在 6 所 985 高校大学生和 5 所普通高校的大学生中，分别均有超过六成的学生拥有 mp3，超过三成的学生拥有数码相机，4.0% 左右的学生拥有数码摄像机和 PSP。

二 网络行为

80 后是名副其实的网络一代。询问 6 所 985 高校大学生调查期间最近一周平均每天的上网时间，只有 2.9% 的学生报告称没有上过网，34.7% 的学生上网时间在 3 个小时以内，28.6% 的学生上网时间在 3~5 个小时，上网时间超过 5 个小时的学生比例为 33.8%；在 5 所普通高校的学生中，只有 1.5% 的学生报告称没有上过网，29.5% 的学生上网时间在 3 个小时以内，27.5% 的学生上网时间在 3~5 个小时，上网时间超过 5 个小时的学生比例为 41.5%。

80 后大学生比较关注网络上经常出现的有关社会问题或群体事件的报道和讨论。在 6 所 985 高校大学生中，只有 4.1% 的人平时不关注这方面的信息和讨论，五成学生有时会浏览这类信息，超过四成的人经常浏览有关信息，另外极小比例的人不仅浏览这类信息，还经常通过发帖方式参与讨论；在 5 所普通高校大学生中，只有 3.3% 的人平时不关注这方面的信息和讨论，接近五成的学生有时会浏览这类信息，同样有超过四成的人经常浏览有关信息，另外 5.0% 的人不仅浏览这类信息，还经常通过发帖方式参与讨论。

不论所属学校是 985 高校还是普通高校，大部分 80 后大学生上网最经常做的事情是浏览新闻和看博文，查看有关工作、就业或学习方面的信息，以及聊天等。看/上传各类视频、下片看片、泡论坛和高校 bbs、上交友网站（例如，开心网和校内网）也是一部分大学生在网上喜欢做的事情。超过八成的人从不写博客和打网络游戏，经常写博客或打网络游戏的学生比例在 10.0% 以内。

不论所属学校是 985 高校还是普通高校，大部分 80 后学生都认为网络可以扩大其交往范围，但不会疏远身边的人群；然而，网络无法替代人们之间面对面的交往，无法实现人与人之间的深入交往，并产生深刻的友谊。超过七成大学生认为网络使其接触到很多以前并不关心的事情，扩大其交往范围，开阔其视野；接近七成的大学生认为网络并没有使其和身边即使没有共同语言的人日益疏远。不过，大部分的人认为网络的局限是网络只是一种结交方式，网友之间很难进行深入沟通，要成为真正朋友，离不开现实中的交往。

第四节 观念与态度

一 婚恋观

985 高校和普通高校的 80 后大学生谈过恋爱的比例都超过六成。超过七成的大学生谈恋爱的原因是出于喜欢，其余人谈恋爱的原因有寂寞、炫耀、跟风、实用，还有超过一成的人说不清自己谈恋爱的原因。

80 后大学生在婚恋观上具有一定程度的开放性，但是总体上还是比较传统的。对于以结婚为目的的婚前同居，6 所 985 高校的大学生中 46.1% 的人表示能够接受，10.9% 的人表示不能接受，其余四成的大学生持中立态度；5 所普通高校的大学生中 47.0% 的人表示能够接受，11.7% 的人表示不能接受，同样其余四成的大学生持中立态度。对于"您认为与恋爱对象（还没结婚之前，也还没订婚之前）之间可以达到哪些程度的接触"，五成左右的大学生认为可以牵手、拥抱和接吻，但大部分人不认可抚摸身体和发生性行为；26.1% 的 6 所 985 高校大学生和 21.1% 的 5 所普通高校大学生认为可以发生性行为。在婚后要不要孩子、一夜情、性伴侣数量和夫妻间经济分担等方面，大部分80后大学生的观点比较传统。八成的80后大学生认为人的一生需要养育后代，婚后不要孩子是终生遗憾的事。六成的人反对即使在两厢情愿的条件下发生一夜情。八成的人反对"一个人若只有一个性伴侣，太受限制了"这一观点。超过六成的人认为夫妻之间实行AA制不具有可行性。

二 工作价值观

大部分80后大学生并不将工作视为人生中最重要或最有意义的事情。反对"一个人的生活目标应该以工作为重"这一观点的80后大学生比例比赞同这一观点的人的比例高。只有四成的人认为其快乐大多从工作中获得。八成左右的人感到离不开工作，认为自己即使不需要钱了，还会继续工作。事实上，80后大学生认为家庭幸福是其生命中最重要的事情。超过八成的人认为家庭幸福比个人事业重要，超过六成的大学生表示愿意为了照顾家中长辈而牺牲个人的发展，超过五成的大学生表示愿意为了照顾孩子或者配合夫妻感情牺牲个人事业。

三 80后的自身评价

不论所属学校是985高校还是普通高校，对于别人称呼自己为80后，八成左右的大学生表示无所谓，认为那只是个称呼，只有极少比例的人表示很认可或很反感。

大部分80后大学生并不认可社会对其的负面评价。七成左右的人认为社会对80后是在蜜罐中长大的一代、娇惯和吃不起苦的评价与现实并不符合，只有三成左右的人赞同这一看法。超过七成人不赞同80后缺乏责任感这一评价，不到三成的人对这一看法表示认可。各有五成左右的人对"自我为中心"这一社会评价表示支持和反对。

同时，大部分80后大学生对社会有关自身最体现时代特征的个性的评价较为认可。八成左右的大学生比较认可"非常强调自主性和个人空间、竞争和权利意识超强"等社会评价，超过六成的人赞同"乐于显示自己另类的一面"和"最多元化的一代"等说法。

虽然从改革开放中获益极大，但是大部分80后大学生认为80后也为改革承担了极大的社会成本和社会压力。超过五成的人认可"'80后'是倒霉的一代,总赶不上趟"这一观点。超过八成的人认为80后承受着前所未有的社会压力。

四 社会政治态度

在社会态度方面,除了对知识界的知识素质和道德素养有较好评价外,大部分80后大学生对政府行政作为、党政官员的知识素质、党政官员的道德素养、社会道德风气、社会公正状况、企业的社会责任、富商阶层的知识素质和富商阶层的道德素养等方面持消极的评价态度。

80后大学生在政治理念上表现出一定程度的西化。超过五成的大学生认同"美国的社会制度体现了民主与人权"这一说法。虽然分别有五成左右的在校生和毕业生反对中国的政治体制未来采用多党制,但是超过三成的大学生认为中国的政治体制未来应该采用多党制,另外两成的人持中立态度。

80后大学生对国家的历史、成就和前途持有较高水平的认同。超过七成的大学生对毛泽东时代持正面评价态度,对改革开放总体持肯定态度的比例更是高达九成。在问及"您对未来中国社会前途是否有信心"时,6所985高校大学生中82.2%的人表示有信心,5所普通高校中75.7%的人表示有信心。

结　　语

在80后大学生中,男性比女性多。6所985高校大学生中读大学前户口类型属于非农户口者占多数,5所普通高校大学生中读大学前户口类型属于非农户口者比例也超过四成。无论是在985高校还是在普通高校,汉族学生都占九成以上。6所985高校的大学生中超过七成的人学习理科专业,高于5所普通高校中学习理科专业学生的比例。80后大学生中党员的比例较高,达五成左右。虽然,80后被称为独生子女的一代,但在80后大学生群体中独生子女并不占多数。80后大学生的家庭背景相对于同龄人的平均水平要好。五成的大学生来自县城/县级市和城市(县级以上城市),超过五成大学生的父亲文化程度为高中/技校/职高/中专及以上水平,四成大学生的父亲的职业身份属于办事人员/技术人员/管理人员/私营老板,超过五成的大学生的父母月收入在2000元以上。

大学生中学生干部比例较高，在6所985高校和5所普通高校中担任学生干部的在校大学生比例均超过四成。80后大学生平时学习勤奋程度分化较大，一部分人几乎将所有时间都用在学习上，而一部分人很少学习。大部分学生认为自己的大学专业成绩与同年级学生相比较好。80后大学生对自己的受教育水平有很高的期望，接近五成的学生期望获得硕士研究生学位，接近四成的学生期望获得博士研究生学位。

不论所属学校是985高校还是普通高校，80后大学生最想就业的单位类型依次是国有企业、科研事业单位、外资/独资企业和政府机构。6所985高校大学生期望首份工作平均月薪为3728元，高于5所普通高校大学生期望首份工作的平均月薪——3496.06元。大部分80后大学生预期毕业后可以找到工作，但是5所普通高校大学生比6所985高校大学生更悲观，较高比例的学生预期找工作比较曲折甚至找不到工作。80后大学生在找工作时很务实，6所985高校和5所普通高校的大学生均报告称其在找工作时最看重的是事业发展空间、收入与福利、是否符合个人兴趣、工作稳定程度和地域。

80后大学生每月平均可支配金额在1000元左右，平均消费支出为800元多一点，每月生活费有剩余；6所985高校大学生的经济条件和消费水平稍微高于5所普通高校学生的状况。日常饮食占80后大学生每月消费支出的一半，每年用于培训和考证的费用平均接近1000元；5所普通高校的大学生每年的学费与住宿费支出均稍稍高于6所985高校大学生的相应支出。80后大学生是电子产品一族，几乎人手一台电脑。

80后是名副其实的网络一代，几乎所有的大学生平均每天都会上网。大部分80后大学生上网最经常做的事情是浏览新闻和博文，查看有关工作、就业或学习方面的信息，以及聊天。其中，大部分人比较关注网络上经常出现的有关社会问题或群体事件的报道和讨论，有一小部分人还经常发帖参与讨论。经常写博客或打网络游戏只是一小部分人的习惯。80后大学生认为网络可以扩大其交往范围，但不会疏远身边的人群；然而，网络并不能替代人们之间面对面的交往，无法实现人与人之间的深入交往，并产生深刻的友谊。

80后大学生在婚恋观上具有一定程度的开放性，但是总体上还是比较传统。五成左右的人能够接受以结婚为目的的婚前同居。五成左右的大学生认为谈恋爱时可以牵手、拥抱和接吻，但大部分人不认可抚摸身体和发生性行为。在婚后要不要孩子、一夜情、性伴侣数量和夫妻间经济分担等方面，大部分80后大学生的观点比较传统。80后大学生并不将工作视为人生中最重要的事情。事实上，大部分80后大学生认为家庭幸福是其生命中最重要的事情，愿意为了家庭牺牲个人事业。

大部分80后大学生不介意别人称呼自己为80后，觉得无所谓，认为那只是个称呼。80后大学生并不认可社会对其有关在蜜罐中长大、娇惯和缺乏责任感等的负面评价，大部分人对社会有关自身最体现时代特征的个性的评价较为认可。虽然从改革开放中受益极大，但是，大部分80后大学生认为80后也为改革承担了极大的社会成本和社会压力。

在社会政治态度方面，大部分人对社会的多个方面持否定态度。在政治理念上表现出一定程度的西化，相当一部分人认可美国的社会制度体现人权和民主，三成的人认为中国的政治体制未来应该采用多党制，另外两成的人持中立态度。但是，80后大学生对国家的历史、成就和前途持有较高水平的认同。

参考文献

王春光，2006，《农村流动人口的"半城市化"问题研究》，《社会学研究》第5期。
廉思，2009，《蚁族》，广西师范大学出版社。
教育部，《各级各类学历教育学生情况》，教育部网站（http://www.moe.cn/publicfiles/business/htmlfiles/moe/s6200/201201/129518.html），检索时间：2012年10月10日。

第八章
80后农民工研究

肇始于20世纪70年代末期的改革开放，不仅仅吹响了中国经济改革的号角，还改变了以往相对僵化的社会结构，塑造出一代不同于传统的中国年轻人。现在的学者们喜欢用80后这个称谓来标识出生、成长于改革开放初期的一代人。这里所蕴含的"代"的概念在社会学中与阶层、职业、种族、性别一样，也是一个重要的社会人群划分方法和重要的社会分析概念（米德，1988；周怡，1994；武俊平，1998），主要是研究社会重大事件对一代人的生活历程、行为方式、价值观念等的影响，比较具有代表性的有埃尔德的《大萧条的孩子们》（埃尔德，2002）和周雪光等人的《文革的孩子们——当代中国的国家与生命历程》（周雪光、侯立仁，2003）。80后农民工作为这一代人中较为特殊的一个社会群体，近年来是社会学研究的一个重要议题。社会学特别关注社会变迁过程中产生的新社会群体，80后农民工是中国工业化和城市化过程中具有代表性的新社会群体，也是中国社会转型时期亟须重点研究的社会群体。

在改革开放之初，产业工人中99%具有城镇户籍，而在中国现阶段，农民工已经成为现代产业工人队伍的主体。正因为如此，80后农民工目前已经受到中国政府的高度关注。2010年中央一号文件《中共中央、国务院关于加大统筹城乡发展力度进一步夯实农业农村发展基础的若干意见》，第一次在中央正式文件中使用了以80后农民工为主的"新生代农民工"的概念。2010年2月1日，国务院新闻办公室举行新闻发布会，中央财经领导小组办公室副主任唐仁健在会上表示："'新生代农民工'主要是指的'80后''90后'，这批人目前在农民工外出打工的1.5亿人里面占到60%，大约1个亿。一方面，他们出生以后就上学，上完学以后就进城打工，相对来讲，对农业、农村、土地、农民等等不是那么熟悉。另一方面，他们又渴望进入、融入城市社会，享受现代城市的文明，而我们又总体上或者在很多方面也还没有完全做好接纳他们的准备。"（唐仁健，2010）

由此可见，农民工群体在经历了20多年的演化之后，出现了多样性、个性化的变化，不再是同质化的群体，多数80后农民工不同于老一代农民工，他们并没有真正的务农经历，在他们身上除了农村户籍外，很难找到农民的痕迹，这意味着他们不可能像老一代农民工一样，经历多年务工经商生涯后，落叶归根重回农村务农。相反，他们融入城市社会的愿望更为强烈，追求与"城里人"同等待遇的要求更为迫切。用民间流行的话说，拉着拉杆箱进城的80后农民工已经不是当年扛着蛇皮袋进城的农民工。

第一节 80后农民工的概念界定

80后农民工泛指的是20世纪80年代出生，具有农业户口，却在从事非农工作的社会群体。从这个界定上来看，80后农民工有三个维度的含义：一是年龄，也就是代的概念；二是身份，强调的是户籍属性；三是职业，要从事非农职业。只有满足这三个条件，才能界定为80后的农民工。

从界定80后农民工的三个维度来看，年龄维度或者代的维度是与生俱来、不可更改的，故此，80后农民工首先是一个以年龄为界限的社会群体。严格来讲，80后是指1980年1月1日到1989年12月31日期间出生的人口，是一个非常严格的人口学概念。而一些社会学研究者也将一些70年代末期或者90年代初期出生的人口涵盖在80后一代人之中，更为强调这一批社会群体有着共同的经历。在本章节的研究中，也更多使用社会学中"代"的概念，但在80后农民工的年龄界定上，还是依照较为严格的人口学概念来界定，即1980年之后到1990年之前出生的农民工。

80后一代之所以特殊,并不是因为他们出生在80年代,而是在80年代前后发生的一系列重大社会事件直接或者间接影响到了他们的生活环境,改变了他们的生命历程。80后一代人最为特殊之处就在于他们伴随着中国改革开放的进程成长起来,在时间点上与改革开放是重叠的,这样就造成了"80后一代"的生活经历与父辈完全不同。比如说,他们在自身成长过程中经历了中国在打开国门之后经济的快速发展,物质条件的改善,生活的舒适程度的提高;与此同时,在全球化背景下,年轻人更能利用中国打开国门、拥抱世界的契机,使用互联网等科技手段,深入了解海外社会的丰富多彩;在80后身上还能够感受到西方文化的渗入和熏陶,他们也乐于接受与传统不同的外来新鲜事物,他们喜欢西式的食物和西方社会的生活方式;还需要提及的是,计划生育政策在70年代的全面施行,催生出大量城市独生子女,他们在家庭中的角色和位置与传统家庭也不尽相同。林林总总的社会变迁,导致80后一代从出生到成长都处于一个与父辈完全不同的社会环境中,这种生活环境的差异是80后成为特殊一代人的关键原因。

众所周知,农民工群体是在中国户籍制度和市场经济体制下,从农村迁移到城市的,从农业转移到工业和服务业的劳动力的统称。老一代农民工外出务工使用的是"糊口策略"的底线逻辑(刘成斌,2008),即"中国农民在自己所处的特定资源与规则条件下,为寻求整个家庭的生存而首先选择比较而言并非最次的行为方式",他们"不断地反观和省视自己的活动,并不断地改变和调试自己,并因此不断地改变着自己的生存环境,不断地打破旧有的结构性资源—规则格局"(黄平,2007)。80后农民工与他们的父辈不同,他们不再满足老一代农民工"生存型"的生活方式,他们外出务工的目的不仅仅是养家糊口,还有更高的生活目标和追求,从生存理性向发展理性转变。80后农民工几乎没有农耕经验,不再愿意在农村生活一辈子,但难以改变农民身份,难以融入城市社会,难以忍受没有尊严的生活。

新生代农民工特征的形成,是因为他们出生和成长的环境与老一代农民工有比较大的差异,在受教育程度和思想观念上存在较大区别。丁志宏使用2000年人口普查数据,对新生代农民工的特征进行实证分析,发现新生代农民工受教育程度明显高于老一代农民工,跨省流动比例较高。更为重要的是,在中国从传统社会向现代社会转型,人口从农业向工业转移,从农村向城市流动,从农民向工人转变的过程中,与老一代农民工相比,新生代农民工在外出动机、身份认同和职业发展等方面都发生了根本性变化（丁志宏，2009）。

从身份认同和社会融入来看，新生代农民工更渴望融入城市，希望能够实现从农民身份向城市市民身份的转变。王春光从社会心理、日常生活行动和制度等三个层面，将新生代农民工的城市融合状况概括为"半城市化"状态，认为中外城市化过程中都要经历一代人左右的"半城市化"，一旦化解不好，可能出现另一个结构性问题——"城市贫民窟"（王春光，2006）。

从职业发展来看，新生代农民工从单一地关注工资待遇，转向更多的关注自身职业前途和发展潜力，不再一味追求赚钱多的苦、脏、累、危、重的工作，而是更希望获得"体面工作"的机会。王正中（2006）认为，正是新生代农民工改变了老一代农民工"有工就打"的择业路径，对职业发展和就业岗位进行"理性"选择，改变了中国劳动力"无限供给"的状况，也是东南沿海地区出现民工荒的重要原因。

从另外一个角度来看，80后农民工与老一代农民工之间的差异实际上折射出农民工群体在经历20多年的演化之后，已经出现了明显的代际分化，80后农民工与老一代农民工相比，可以称为新生代的农民工，这本身即是以80后农民工为代表的新生代农民工与老一代农民工分化的结果（王春光，2001）。"新生代农民工"不同于"第二代农民工"。"第二代农民工"类似于跨国移民研究中经常使用的"第二代移民"，是指其父辈也是或者曾经是农民工的农民工群体。而"80后农民工"是与老一代完全不同的新生代，是一个职业群体+年龄群体的概念，他们与老一代农民工并不必然具有血缘关系，但他们从父辈那里承继了农民的户籍身份。王春光（2001）在其研究中曾对"新生代农民工"与"第二代农民工"的区别进行了具体界定，认为"新生代农民工"有两个特征：一是年龄特征，即他们是当时年龄在25岁以下的农村外出务工经商的流动人口，他们与老一代农民工在社会阅历上存在着明显的差别；二是代际关系上的特征，他们与第二代农民工不同的是，他们并非在外出务工经商的社会环境中成长起来，而是介于老一代和下一代之间的过渡性农村流动人口。80后农民工的身份和职业赋予了其特殊性。从身份上来看，农民工群体从产生至今，经历了近30年的社会演变，其身份问题始终没有得到根本性改变，与父辈之间境遇的差异虽然改变了80后农民工的生活态度和生存逻辑，却没有改变他们固有的身份特征，80后农民工仍然受制于户籍等身份制度的限制，无法真正融入城市社会，而作为一个职业群体，他们从事工商等非农产业工作，但主要是工业工作。

本章使用的数据来自中国社会科学院社会学研究所2008年5～9月进行的"中国社会状况综合调查"，此次调查覆盖全国28个省市区130个县（市、区）、260个乡（镇、街道）、520个村/居委会，访问住户7100余户，获得有效问卷7139份，调查误差小于2%，符合统计推断的科学要求。调查问卷内容既包括年龄、性别、收入、职业等基本信息，还包括生活方式和社会态度等相关附加信息。

依据上文对80后农民工的界定，本章节在调查样本中选取在2008年调查时出生在1980年1月1日之后，在身份上属于农业户口，流动到城镇地区，从事非农职业的社会群体。与80后农民工相对应的是本章节将使用的另外一个概念——老一代农民工。这里"老一代农民工"是指1980年以前出生的，具有农业户籍，流动到城镇地区，从事非农职业的社会群体。这里之所以将80后农民工和老一代农民工区分开进行比较主要考虑的还是代际差异，正如前文所述，尽管80后农民工仍然面对着与老一代农民工一样的种种社会制度障碍，但他们在观念上、职业选择上都发生了巨大的变化，只有通过两个不同代际的农民工之间的相互比较才能显现80后农民工的特点。

第二节　80后农民工的主要特征

出生于20世纪80年代的80后农民工群体与老一代农民工相比，在年龄上明显要小，根据调查时点和出生时点来推算，80后农民工的年龄应该处于19岁到28岁之间，即便是按照均匀分布，80后农民工平均年龄也要小于23.5岁。如果再考虑到迁移过程中农民工群体中可能存在的退出和沉淀机制，假定每一年龄组外出务工的农民工数量上是相等的，但在务工过程中，年龄越大的越有可能退出外出务工的农民工队列，回到家乡或者转化为定居在城镇的居民，那么显然80后农民工的平均年龄要低于23.5岁。从调查数据分析结果来看，2008年社会综合状况调查所调查到的80后农民工的平均年龄是22.9岁，也验证了在80后农民工中确实存在着退出和沉淀的机制。

从西方社会对人口迁移规律的研究来看，在教育水平、技能素质方面占有优势的迁移者更可能在迁入地定居下来。这一规律在中国的人口迁移过程中并不完全适用,原因在于西方社会中的人口迁移是一个近乎市场化和理性化的行为,而中国的人口迁移是受着强硬制度约束的非市场化行为,农民工群体的迁移也没有遵照西方国家人口迁移的经济理性原则,而是沿袭所谓的生存理性原则。故而,从老一代农民工的迁移、退出和沉淀过程来看,其背井离乡、外出务工的最直接目的是赚钱养家,而不是自身职业发展和自我价值的实现。在他们迁移的过程中,社会制度的约束是难以打破的,这也使得他们难以有通过打破社会制度的约束,在迁入地成为永久居民的想法,他们外出务工、迁移的目的就是不再外出务工,退出迁移、回到老家,带着一家人过上相对富裕的生活。

造成80后农民工与老一代农民工之间在价值观上如此不同的原因,除了他们生活的经济条件和社会环境不一致外,还主要体现在80后农民工具有较高的文化素质和单一的职业经历上。老一代农民工大部分常年从事农业耕作和体力劳动,本身的文化程度不高;80后农民工的文化程度较老一代农民工明显要高,平均受教育年限达到了9.9年。应当说,80后农民工文化程度有明显提高一方面是中国政府积极推进和普及9年制义务教育的成果,另外一方面也体现出在80后的职业发展过程中,即便是农民工人群,也需要一定的社会技能,否则无法在当代社会竞争中立足。调研中也发现,老一代农民工那种纯粹的体力劳动已经不再受到80后农民工的认同,他们转向需要一定知识和技能的工作,这样能够提高他们的工资收入,也能够改善工作环境和劳动强度,实现体面工作的愿望。

80后农民工形成不同价值观的另外一个原因是他们职业生涯的起点就是从进城务工开始的,根据调查数据分析,80后农民工平均务工年限达到7年,这对平均年龄只有23.5岁的80后农民工而言,平均在大约16.5岁时就已经外出务工。再加上他们平均9.9年的受教育年限,基本可以判断出,80后农民工的职业道路没有像老一代农民工那样,或多或少有一定的务农经历,然后再进城务工的曲线式发展,而是从学校到工厂,从农村到城市的直线式发展。这意味着80后农民工与老一代农民工之间最大的区别是缺少农业生产的经验和对农村生活的认同,由此来看,也就很容易理解为什么80后农民工不会把落叶归根、回到农村视为理所当然。

表 8-1　80 后农民工的基本特征及比较

	新生代农民工
平均年龄(岁)	22.9
平均受教育年限(年)	9.9
平均工作年限(年)	7.0
换工作频率(年/次)	3.2

此外，80 后农民工在就业方面还有一个显著的特点是，他们频繁地更换工作。从调查数据分析来看，80 后农民工平均每 3.2 年更换一次工作，原因在于 80 后农民工对工作的要求更为挑剔。他们不再像老一代农民工那样逆来顺受，无论工作多么苦、多么累，只要能赚钱，就能够坚持下来。80 后农民工要求更好的工作环境、更高的工作待遇，他们在遇到较差的工作环境和较低的工作待遇时，离开原有工作岗位，寻找理想工作的可能性更大。就此而言，他们不再是吃苦耐劳的简单体力工作者，而是有着一定理想和追求、具备一定技能的新生代农民工。

第三节　80 后农民工的就业与经济地位

以职业为主要指标来看，在劳动力市场化条件下形成的社会分工体系与社会分层体系很大程度上是相互关联的，单个个体的社会经济地位一定程度上与其在社会分工体系中所处的位置，也就是他的就业状况和职业相关。农民工作为中国独有的社会现象，其背后的原因是非常复杂的，要准确剖析 80 后农民工的就业职业，以及与之相关的经济社会地位，必须从根源上来解读为什么会出现农民工从老一代到 80 后一代的发展和接续。

首先，80 后农民工仍然是中国计划经济体制下，以户籍制度为代表的城乡二元分割的劳动力市场的产物。在计划经济体制下，为了解决城镇人口就业和管理问题，户籍制度将社会人口划分为城镇和农村两个相互不流动的劳动力市场。在城镇劳动力市场就业意味着从事非农职业，当然在服务业并不发达的计划经济时代，城镇劳动力就业主要集中在以工业企业为代表的第二产业相关职业；在农村劳动力市场就业则几乎全部从事第三产业的农业相关职业。农民工在两个劳动力市场之间的流动在历史上受到多重的制度障碍，即便是在农民工流动司空见惯的今天，在以户籍制度分割为代表的二元劳动力市场体制下，80后农民工仍然摆脱不了劳动力市场分割的束缚，所以说，80后农民工从就业和职业上来看，仍然是计划经济体制的历史遗产。

其次，80后农民工与老一代农民工的接续和存在依然是区域间经济发展水平差异现实状况的真实写照。从社会分工的产生来看，商品市场化和劳动力自由流动是必不可少的条件，但在劳动力不能够完全自由流动的中国，为什么不仅会存在大规模的农民工群体，而且出现了80后农民工与老一代农民工之间的接续？要回答这个问题，更大程度上需要用区域间经济社会发展水平条件下，就业结构上的差异来解释。中国中西部的大部分地区，第一产业和第二产业尚不发达，能够提供的就业岗位有限，且大部分被城镇户籍人口所占据，大量有在非农产业就业意愿的农村户籍人口不得不通过迁移的方式，辗转来到东部服务业和工业较为发达的地区来实现非农就业。80后农民工的接续就是在事实上证明了中国区域之间经济发展水平的差异并没有明显缩小，发达地区提供的非农就业岗位是吸引农村人口外出的主要拉动力，故此，80后农民工仍在继续走老一代农民工的道路。

上述两点简单来说，就是政府和社会对待农民工的态度是：利用户籍制度等手段将农民工排斥在城镇劳动力市场之外，利用劳动力市场调配方法将农民工吸纳到城镇劳动力市场之中。故此，在看到80后农民工制度等因素对他们就业工作不利影响的同时，也要看到与老一代农民工相比，80后农民工在文化程度上具有一些优势，他们的职业发展道路和就业选择倾向也与老一代农民工不同，注定了他们与老一代农民工不可能走同样的道路，他们在就业工作和经济地位上与老一代农民工相比有了一定程度的改善和提高。

80后农民工在就业、职业和工作方面的提高主要体现在劳动技能水平、企业内部职位的高低、劳动合同签订率、平均年收入等方面。

一般而言，劳动技能是指一个人在工作或者劳动过程中所使用的技术能力水平，是否具有较高的劳动技能是能否在工作或者劳动过程中使用较高技术能力水平的先决条件。80后农民工与老一代农民工相比，一个非常重要的改善是他们具有更高的文化知识水平，甚至有相当部分的80后农民工接受过专业的技能培训，毕业于职业学校或者技术学校，他们从学校走向工作岗位，从事技术劳动的比例要远远高于老一代农民工。根据调查数据分析，

80后农民工中有42.45%认为自己从事的工作属于技术劳动，老一代农民工中只有22.01%认为自己从事的工作属于技术劳动；相应而言，只有24.46%的80后农民工认为自己从事的是体力劳动，而老一代农民工认为自己从事的是体力劳动的比例为46.17%。比较而言，80后农民工从事体力劳动的比例更低，工作技术含量显然要高于老一代农民工。

较高的劳动技能能够帮助80后农民工在企业中获得更高的职位，甚至是管理岗位。从在企业内部从事管理工作的比例来看，80后农民工中有6.15%已经成为企业中的低层管理者，这一比例也要高于老一代农民工。按照在企业中的晋升规则，年资越老的员工获得晋升的可能性越大，所以，虽然有6.15%的80后农民工已经晋升为企业内部的低层管理者，成为中层管理者和高层管理者的比例均为零，而老一代农民工尚有很小比例成为企业内部的高层管理者和中层管理者。这即说明80后农民工在工作中的表现是比较优异的，也印证了企业内部的晋升规则与年资有关，尽管80后农民工有较大的可能性成为企业中的低层管理者，但是向上晋升的准备还不足够。

除了年资以外，还有一个影响农民工向上晋升的重要原因——企业主和企业高层管理者对农民工能力的怀疑。我们曾经在浙江民营企业调研时发现，企业主和企业高层管理者更倾向于使用工作中表现出色的农民工作为低层管理者，在使用农民工作为中层或者高层管理者时，却表现出拒绝的态度。其原因一方面是低层管理者往往还需要在工厂车间工作，其工作环境并没有得到明显的改善，城镇人口往往不愿意干类似的工作；另一方面原因是中层管理者对管理能力的要求要高于对工作技能的要求，农民工在工作技能上并没有什么劣势，但在管理能力上存在着明显的不足，尤其是农民工往往是依赖故乡的社会关系网络进入工厂，在成为中层管理者之后，社会关系网络反而成为管理者按照科层制的要求来管理员工的障碍，在管理过程中有偏向。综合上述多个方面的原因，农民工在企业内部晋升的过程存在瓶颈，这可能也是老一代农民工中并没有出现金字塔似的阶梯形的管理者队伍，而80后农民工中存有较高比例的低层管理者，却没有中层或者高层管理者的重要原因。

长期以来，企业主和企业管理者对农民工工作条件和工作待遇的忽视是被社会诟病的主要方面。其背后既与企业主和企业管理者对农民工劳动成果的压榨，通过延长劳动时间，增加劳动强度等手段过度剥削农民工，使之成为血汗工厂的劳动工具有关；另一方面也与农民工自身缺少相关法律知识，维权意识不强有关。其中一个突出的表现就是农民工与企业或者用人单位签订劳动合同的比例是非常低的，而这一现象在80后农民工中有了较大的改善。根据数据分析结果来看，80后农民工中劳动合同签订率达到53.85%，远远高于老一代农民工30.19%的劳动合同签订率。劳动合同签订率的提高至少有三个方面的因素比较重要：首先是国家法律规定的严格落实。随着新劳动合同法的颁布实行，中国整体的劳动合同签订率有了较大的提高。其次是80后农民工维权意识的提高。因为80后农民工不再将进城务工视为农村生活的一小份，而是倾向于把目前工作当作职业生涯的重要部分，他们把职业作为安身立命的保障，因而对劳动合同更加重视。

表8-2　80后农民工的就业工作与经济地位

劳动技能	80后农民工	老一代农民工
技术劳动(%)	42.45	22.01
半技术半体力劳动(%)	33.09	31.82
体力劳动(%)	24.46	46.17
企业内部职位(%)		
高层管理者	0	0.96
中层管理者	0	0.64
低层管理者	6.15	1.29
普通职工	93.85	97.11
单位类型(%)		
公有制单位	8.22	13.82
非公有制单位	91.78	86.18
劳动合同签订率	53.85	30.19
平均每周工作时间(小时)	57.3	54.5
平均年收入(元)	13067.5	11486.6
平均换工作次数(次)	2.2	2.2

80后农民工在劳动技能、企业内部职位和劳动合同签订率上均要优于老一代农民工，因此，他们在收入上也是要高于老一代农民工的。根据调查

数据分析，80后农民工平均年收入为13067.5元，老一代农民工平均年收入为11486.6元。但80后农民工平均年收入高于老一代农民工不仅仅是因为他们的劳动技能和企业内部职位高，还有一部分原因是他们比老一代农民工平均每周工作的时间长，80后农民工平均每周工作57.3个小时，而老一代农民工平均每周工作时间为54.5个小时。这说明80后农民工的实际小时收入比老一代农民工高得并不多。

还可以看到80后农民工的就业并不稳定，一方面他们不断对现有的工作环境、工资待遇和职业发展不满，会更加频繁地更换工作。这一点比较突出地表现在：80后农民工平均年龄只有22.9岁，平均工作年限只有7.0年，而他们平均更换工作的次数为2.2次，其更换工作次数与老一代农民工更换工作的次数基本一致。这里又体现出来80后农民工就业的一个逻辑，他们会不断地更换工作，却不会回到农村，而是从一个地区搬到另外一个地区，从这一家工厂换到那一家工厂。另一方面，80后农民工的职业变换更像是在城镇劳动力市场内流动，而不像老一代农民工是在城镇和农村两个不同的劳动力市场中来回穿行。80后农民工在劳动力市场上的行动逻辑决定了他们不会像老一代农民工那样愿意选择在收入不高，存在明显户籍歧视，却更加稳定的公有制单位工作，而是愿意选择在更加自由的非公有制单位工作。80后农民工在就业工作、职业选择上的行动逻辑一定程度上也体现了劳动力市场化和户籍制度分割并存的合理结果。

通过对80后农民工基本信息、工作就业、经济收入等方面的分析，不难看出，80后农民工一方面仍然受制于户籍等社会制度，另一方面他们的技术能力和就业取向已经与老一代农民工截然不同，与老一代农民工相比，他们更像是在夹缝中生存。但是他们在职业发展路径上更接近于城镇，而且缺少叶落归根的想法。这点从80后农民工与老一代农民工在经济社会地位的自我评价及比较中可以看出来，尽管80后农民工在收入上与老一代农民工相比优势并不明显，但是他们在经济社会地位自我评价上明显要优于老一代农民工。只有15.16%的80后农民工认为自己属于社会下层，而老一代农民工的比例为25.62%；认为自己属于社会中层的80后农民工比例为44.84%，要高于老一代农民工的36.85%。同时，还要看到，80后农民工的迷茫和彷徨也要比老一代农民工更加严重，有5.48%的80后农民工认为自己的社会地位不好说，很难评价；而在老一代农民工中只有1.81%认为自己的地位不好说，这也说明80后农民工在夹缝中生存，对自身的定位存在比较大的疑惑。

表8-3　80后农民工经济社会地位自评及比较

单位：%

经济社会地位自评	新生代农民工	老一代农民工
上	0.97	0.57
中上	5.48	5.22
中	44.84	36.85
中下	28.06	29.93
下	15.16	25.62
不好说	5.48	1.81

第四节　80后农民工的消费特征

前文分析发现，80后农民工的收入要略高于老一代农民工，一般而言，将消费视为收入的函数，意味着收入越高，其消费水平越高。事实上影响消费的除了收入之外还有很多其他因素，不同类型的消费者其消费能力与消费行为之间的联系往往会出现一定变化，个人的消费行为并不一定与他的收入水平或消费水平成正比，其背后的关键原因就是消费观念和生活方式的差异。80后农民工与老一代农民工在收入上的差异并不是很大，但是在消费行为上的差异却是巨大的。其主要原因还是老一代农民工仍然本着叶落归根的想法，希望能够节约下来钱回到农村，获得较为安稳的生活，他们抱有省吃俭用的消费观念；而80后农民工来自农村，他们没有务农的经历，对农村生活也没有认同感，难以产生叶落归根、回到农村生活的想法，所以他们的消费方式更接近于城市生活的消费方式。

80后农民工的收入高于老一代农民工，消费作为收入的函数决定了80后农民工的家庭消费水平也要高于老一代农民工。从调查数据分析的结果来看，80后农民工家庭的消费水平确实要高一些，平均年消费额达到28873.7元，而老一代农民工为24355.1元，两者之间存在着显著的差异。从分项的消费支出来看，80后农民工在吃穿等基本生活消费支出方面要明显高于老一代农民工：80后农民工在房贷和房租开支上平均每年支出1973.2元，比老一代农民工的1072.1元高出近一倍；80后农民工在饮食方面平均每年为9751.5元，比老一代农民工的7395.2元高出2300多元；80后农民工在衣着方面平均每年支出2144.6元，比老一代农民工的1103.6元高出近一倍。而老一代农民工由于年龄较大，上有老，下有小，所以在医疗保健和教育方面的支出要高于80后农民工。

除了存有一定的消费差异外，80后农民工和老一代农民工在消费结构上还有很强的共性。第一，无论是80后农民工还是老一代农民工，其基本生活支出都占据了消费总额的较大比例，比如80后农民工收入的1/3都用在了饮食上，老一代农民工饮食支出占总支出的比例也超过了30%；第二，以文化、娱乐、旅游为代表的消遣休闲型支出比例很低，80后农民工文化、娱乐、旅游支出占总支出的比例为1.0%，老一代农民工仅为0.7%；第三，水电等日常生活支出和人情往来支出比例不低。80后农民工和老一代农民工的水电等日常生活支出和人情往来支出之和均占总支出的10%左右，说明这些不起眼的花费对农民工而言也是一个较为沉重的负担。

表8-4　80后农民工的支出及比较

	80后农民工		老一代农民工	
	数额(元)	比例(%)	数额(元)	比例(%)
总　支　出	28873.7	100.0	24355.1	100.0
房贷或房租	1973.2	6.8	1072.1	4.4
饮　　食	9751.5	33.8	7395.2	30.4
衣　　着	2144.6	7.4	1103.6	4.5
医疗保健	1298.8	4.5	2266.3	9.3
交　　通	1331.4	4.6	1032.4	4.2
通　　讯	1673.4	5.8	1142.0	4.7
教　　育	1665.0	5.8	2723.6	11.2
文娱、旅游	282.0	1.0	162.8	0.7
水　电　费	1334.1	4.6	1351.1	5.5
大件购置	720.7	2.5	518.9	2.1
日用品	527.7	1.8	336.1	1.4
人情往来	1486.8	5.1	1350.7	5.5
其　　他	2976.0	10.3	1910.2	7.8

受到收入水平的限制，农民工群体在消费上很难有较大的分歧，总体上，80后农民工与老一代农民工在消费水平和消费结构上共性较多，也存有不可忽视的差异性，尤其是在消费结构方面，而他们两代农民工在消费上最显著的差异还是体现在消费行为和消费方式上。本章节依照调查问卷的设计，主要使用被调查者的购买衣物、外出吃饭、手机和上网的使用情况等作为消费行为和消费方式的测量指标，以此来分析80后农民工和老一代农民工之间的差异。

俗话说，人在衣裳马在鞍，一个人的衣着打扮会直接影响到别人的看法，以往人们对农村人和农民工的印象往往是穿着比较土，没有摆脱农村生活的影子，但80后农民工在这方面有所改观。从购买衣物的情况来看，80后农民工和老一代农民工选择最多的都是普通的服装商店，这说明就农民工群体的消费能力而言，普通服装商店是最实惠的购买衣物的地方。80后农民工和老一代农民工之间显著不同的是，80后农民工在品牌服装店、大商场购买衣物的比例明显要更高，而老一代在路边摊点、乡村集市购买衣物的比例更多。这里明显凸现出80后农民工和老一代农民工的差异，即老一代农民工购买衣物的方式还带有较为强烈的农村生活的痕迹，而80后农民工则非常接近于城镇人口的生活方式。比较有意思的是，80后农民工在超市购买衣物的比例也是比较高的，可能是由于城镇地区超市衣物的价格相对较低，又能基本满足80后农民工穿衣的消费需求，而尽管一些农村地区也有超市，但超市里很少卖衣服，因为集市衣服的价格已经非常低廉。还有1.4%的80后农民工使用网络购物，这说明他们对新生事物也是可以掌握和使用的，不像老一代农民工那样不太了解新生事物。

从外出吃饭的情况来看，超过一半的老一代农民工很少外出吃饭，而80后农民工中选择很少外出吃饭的比例为43.2%，比老一代农民工少13.5个百分点。80后农民工与老一代农民工外出吃饭的选择比较相似，如选择最多的都是小吃店，两者的比例分别为26.6%和20.8%；选择第二多的都是小饭馆，两者的比例分别是23.0%和13.7%；选择第三多的都是快餐店，两者的比例分别是16.5%和9.5%；且都没有人选择去高档饭店吃饭。在收入有限的情况下，农民工群体外出吃饭的选择次序是相似的，差异体现在外出吃饭的频率和比例上，80后农民工比老一代农民工更多的选择外出吃饭，这也是更加接近城里人的生活方式。

表 8-5 80 后农民工购买服装和外出吃饭的选择及比较

单位：%

	80 后农民工	老一代农民工
购买衣物		
品牌服装专卖店	17.3	3.1
大商场	23.7	10.2
普通服装商店	52.5	47.0
超市	22.3	8.7
街边摊点	12.9	24.6
批发市场（小商品市场）	13.7	16.5
乡村集市	11.5	30.0
网上购物	1.4	0.0
其他地方	0.0	1.9
外出吃饭		
小吃店	26.6	20.8
大排档	10.8	7.8
小饭馆	23.0	13.7
快餐店	16.5	9.5
大众餐馆	6.5	4.7
中档饭店	5.0	2.8
高档饭店	0.0	0.0
其他地方	0.0	1.2
很少外出吃饭	43.2	56.7

手机和网络是现在年轻人生活中不可或缺的两个重要事物，从使用手机发短信和上网频率来看，80 后农民工和老一代农民工存在非常显著的差异。首先看使用手机发短信的情况：只有 15.83% 的 80 后农民工从来不使用手机发短信，而老一代农民工中从来不使用手机发短信的比例高达 60.99%。即便是老一代农民工会使用手机发短信，他们使用手机发短信的频率也远远低于 80 后农民工。从调查结果来看，几乎每天使用手机发短信的 80 后农民工比例达到了 43.88%，老一代农民工仅为 10.87%；一周多次使用手机发短信的 80 后农民工比例为 20.14%，老一代农民工仅为 11.58%。农民工群

体有相当比例都是在厂区内居住，或者是居住在不太方便的城中村，其接触和使用网络的机会与城镇其他人口相比是比较少的，但两代农民工之间使用网络的差异更为明显，有 90.07% 的老一代农民工从来不上网，80 后农民工从来不上网的比例也是比较高的，达到了 43.88%，也有 10.79% 的 80 后农民工选择每天都上网，还有 17.99% 和 13.67% 的 80 后农民工选择一周多次或者每周至少一次的上网频率，这说明在使用网络方面存在着两极，一极是从来不上网，另外一极是较为频繁地使用网络。

表 8-6　80 后农民工手机和网络的使用频率及比较

单位：%

	80 后农民工	老一代农民工
用手机发短信		
从不	15.83	60.99
一年几次	1.44	1.65
一月至少一次	4.32	4.96
一周至少一次	14.39	9.93
一周多次	20.14	11.58
几乎每天	43.88	10.87
上网频率		
从不	43.88	90.07
一年几次	6.47	0.95
一月至少一次	7.19	2.13
一周至少一次	13.67	2.36
一周多次	17.99	1.65
几乎每天	10.79	2.84

第五节　80 后农民工的生活压力与社会态度

有学者称现在的农民工为"双重边缘人"，即除了城市"边缘人"外，80 后农民工对农村和农业的依恋在减退，不愿或无法回归农村社会，只能在农村和城市之间做"候鸟型"的循环流动，呈现一种"钟摆"状态（唐斌，2002）。80 后农民工"半市民化"和"双重边缘化"的处境，以及他们在城市和农村夹缝之间生存的处境，是否使得 80 后农民工遇到更多的社会问题,从而导致他们经历更多的社会冲突和矛盾,是研究80后农民工难以回避的话题。

一 80后农民工的生活压力

一般认为,农民工群体面临着制度上的困境,也没有很高的经济收入,属于制度上被排斥,经济上受剥削,80后农民工比老一代农民工更想融入城市社会,因而他们更有可能感觉到在城市生活的艰辛和不易。但令我们感到意外的是,调查数据分析出现与前面假设截然相反的结果,发现80后农民工所遇到的生活压力明显小于老一代农民工。

从调查结果来看,一个非常突出的特点就是80后农民工所遇到的生活压力或者社会问题的比例不仅明显低于老一代农民工,而且除了"社会治安不好,常常担惊受怕"一项是80后农民工略高于老一代农民工之外,其他普遍在每一个项目上都要更低。这说明从总体上看,80后农民工对生活压力和社会问题的感知是相对较低的,他们并没有被制度上的排斥和经济上的剥削所击垮。

在所有可能遇到的13个生活压力问题中,80后农民工只有一项比例高于老一代农民工,这说明80后农民工有可能是因为代际的因素,他们更加年轻,没有把很多的生活压力和生活中遇到的社会问题当作过不去的一道坎,因为他们对自身的期望和对未来生活的期盼能够帮助他们克服眼前的困难,这从他们对未来生活的判断也可以看得出。除了代际的原因之外,可能有一个方面需要考虑,就是他们还没有融入城市生活,对待生活压力问题的态度与城里人完全不同,比如住房、稳定就业等问题。

但是,农民工不稳定的家庭生活,使80后农民工在一些社会问题上,压力也比较明显,比如排在第一的物价问题,排在第二的家庭收入问题,排在第三的就业和工作问题,以及排在第四的住房问题等等。从80后农民工选择比较多、排名比较靠前的社会问题来看,80后农民工遇到的还是一些较为普遍的城市问题,与老一代农民工遇到的问题也是很相似的。区别在于老一代农民工遇到子女教育问题的可能性更大一些。比如有36.75%的老一代农民工遇到了"子女教育费用高,难以承受",而80后农民工选择这一问题的比例仅为8.33%。

表8-7 80后农民工所遇到的生活压力及其比较

所遇到的社会问题带来的生活压力	80后农民工(%)	排序	老一代农民工(%)	排序
住房条件差,建/买不起房	37.88	4	50.84	3
子女教育费用高,难以承受	8.33	12	36.75	5
子女管教困难,十分累心	7.58	13	23.39	11
医疗支出大,难以承受	20.45	7	36.75	5
物价上涨,影响生活水平	75.00	1	84.25	1
家庭收入低,日常生活困难	39.39	2	58.47	2
家人无业、失业或工作不稳定	38.64	3	46.78	4
赡养老人负担过重	15.15	10	22.43	12
工作负担过重,吃不消	25.76	6	31.50	7
人情支出大,难以承受	19.70	9	28.64	9
家庭成员有矛盾,烦心得很	10.61	11	12.89	13
社会风气不好,担心被欺骗和家人学坏	21.97	8	30.31	8
社会治安不好,常常担惊受怕	28.03	5	26.01	10

二 80后农民工的社会冲突感知

关于我国新阶段最容易产生的矛盾和冲突,80后农民工认为是在管理者和被管理者之间,老一代农民工认为是在干部和群众之间。两代农民工给出的选择完全不一样,也折射出他们看待社会矛盾和冲突的角度不同:80后农民工关注点集中在企业内部组织结构中,因为他们处于企业最底层;老一代农民工从计划经济体制一路走来,他们把干群关系视为最基本的社会关系,也把各种期望更多的寄托在政府身上。

前文已有分析发现,80后农民工比老一代农民工更倾向于认为自己属于社会的中上层,甚至其社会经济地位自我评价要高于新生代城市工人。李培林等人的研究结果表明,越是将自己认同为上层阶层的人,就越认为现在和将来阶级阶层之间的冲突较小;反之则认为冲突会严重(李培林等,2005)。这一点,在下面分析中也有体现。虽然,与老一代农民工相比,80后农民工认为现阶段社会存在严重冲突的比例较高,为5.76%,但是他们认为有较大冲突的比例是较低的,为12.95%。

对冲突激化的可能性判断分析,80后农民工认为"绝对会激化"的比例，为 5.76%，略高于老一代农民工的 4.96%，差异不大；但 80 后农民工中认为"可能会激化"的比例较高，为 46.04%，比老一代农民工高出近 12 个百分点。

表 8-8　80 后农民工对社会冲突的评价及其比较

单位：%

	80 后农民工	老一代农民工
最容易出现矛盾和冲突的社会群体		
穷人与富人之间	17.27	20.33
干部与群众之间	21.58	25.30
城里人与乡下人之间	5.04	4.26
雇主与雇员之间	17.99	16.78
管理者与被管理者之间	23.74	15.60
高学历者与低学历者之间	3.60	3.31
体力劳动者与脑力劳动者之间	4.32	4.02
说不清	6.47	10.40
现阶段社会冲突的严重程度		
有严重冲突	5.76	3.78
有较大冲突	12.95	13.48
有一点冲突	54.68	49.41
没有冲突	12.95	16.55
说不清	13.67	16.78
冲突激化的可能性		
绝对会激化	5.76	4.96
可能会激化	46.04	34.28
不太可能激化	19.42	25.53
绝对不会激化	10.79	9.93
说不清	17.99	25.30
与五年前相比,生活水平变化		
上升很多	15.11	11.82
略有上升	58.27	57.92
没变化	15.11	19.39
略有下降	7.19	8.27
下降很多	2.16	2.36
不好说	2.16	0.24
未来的五年中,您的生活水平预期		
上升很多	25.90	9.22
略有上升	45.32	45.39
没变化	13.67	18.20
略有下降	2.16	6.86
下降很多	1.44	1.42
不好说	11.51	18.91

三 80后农民工的生活变化和预期

我们在过去的研究中发现,对未来的生活预期对农民工的社会态度有很大的影响。这次分析发现,80后农民工认为自己在过去五年中,生活水平"上升很多"的比例要高于老一代农民工,达到15.11%,这说明80后农民工的生活水平确实得到较大改善。

生活水平的提高,给80后农民工带来更好的生活预期,在被问及未来五年生活水平预期变化时,有25.9%的80后农民工表示会"上升很多",这一比例远远高于老一代农民工的9.22%。可以看到,80后农民工与老一代农民工的差距是非常大的,这可能有两点原因:第一,80后农民工并没有遭遇过多社会问题,他们对自己的生活处境充满信心;第二,80后农民工对自己的生活有更高的预期,他们更加渴望通过自身的努力来实现梦想。

四 80后农民工的安全感

一个人能否产生安全感,来自多方面和多层次的因素,本章按照问卷设计的思路,将安全感区分为个人和家庭财产安全、人身安全、交通安全、医疗安全、食品安全、劳动安全和个人信息、隐私安全等七个层面。从调查结果分析来看,80后农民工对劳动安全最为忧虑,选择"很不安全"和"不大安全"的比例较高,达到32.38%。这一项也是与老一代农民工差异最大的。

表8-9 80后农民工的安全感及其比较

单位:%

	80后农民工	老一代农民工
个人和家庭财产安全	22.30	15.37
人身安全	19.43	14.66
交通安全	38.85	35.46
医疗安全	26.62	25.29
食品安全	37.41	34.75
劳动安全	32.38	21.28
个人信息、隐私安全	17.27	10.64

总体而言，80后农民工的安全感要明显低于老一代农民工，包括个人信息、隐私安全，说明他们比老一代农民工具有更多文化知识，更能够意识到个人信息、隐私安全所带来的危害。令人惊讶的是，老一代农民工是安全感最高的人群，可能与他们对安全的要求较低和对危害认识较少有关。

五 80后农民工的公平感

在社会变革过程中，原有利益格局被打破，新利益格局尚未形成，还存在一些不公平的社会制度和社会事实，2008年调查从收入差距、工作与就业机会等12个方面测量了被调查者对社会公平的感知。分析发现，在社会公平感方面，收入差距是80后农民工和老一代农民工公认为最不公平的；不同地区之间的发展差距和不同行业之间的发展差距也是被认为不公平比例较高的。如果结合农民工自身的经历来看，显然他们最容易感受到的就是不同地区之间的发展差距、不同行业之间的发展差距，以及农民工与其他城镇人口之间的收入差距。此外，80后农民工认为不公平问题较为突出的比例超过50％的还有工作与就业机会。

表8-10 80后农民工的公平感及其比较

单位：%

	80后农民工	老一代农民工
收入差距	66.19	69.98
工作与就业机会	52.52	49.88
高考制度	12.95	12.53
选拔党政干部	37.41	40.43
公共医疗	29.50	28.13
义务教育	7.91	10.87
公民实际享有的政治权利	26.62	24.35
司法与执法	33.09	30.97
不同地区之间的发展差距	56.12	52.25
不同行业之间的待遇差距	61.87	55.56
城乡居民之间享有的权利、待遇的差距	56.83	54.85
养老等社会保障待遇	35.97	41.37

六 80后农民工对劳动纠纷的看法

前文分析中也发现，80后农民工比老一代农民工更强调个人的权利，而老一代农民工更倾向于认同政府权力，正因为如此，80后农民工在发生劳动纠纷时，处理方法的选择上比老一代农民工更为激进，手段也更加多元化。首先，80后农民工面对劳动纠纷时，选择"无可奈何，只好忍了"和"没有采用任何办法"的比例为11.54%和19.23%，明显低于老一代农民工34.78%和28.26%的比例，这说明80后农民工没有像老一代农民工那样消极应对劳动纠纷。其次，80后农民工采用了老一代农民工没有使用的处理劳动纠纷的方法，比如暴力反抗和找媒体帮助，虽然比例很小，却明确反映出80后农民工处理劳动纠纷的方法更加多样化。最后，80后农民工更善于借用政府的力量来捍卫自己的权利。在发生劳动纠纷时，选择上访或者向政府有关部门反映的比例为30.77%，远远高于老一代农民工8.7%的比例。可能，80后农民工还有一种具有悲剧色彩的处理方法，就是选择终结自己宝贵的生命，以此来与企业抗争。无论如何，从2010年富士康跳楼自杀事件和集中发生的罢工潮来看，80后农民工对不合理的处理方法已经不再是老一代农民工的忍耐和无奈，而是更加多样，更加激进。

表8-11 80后农民工和老一代农民工在发生劳动纠纷时的处理方法比较

单位：%

发生劳动纠纷时的处理方法	80后农民工	老一代农民工
打官司	7.69	10.87
与对方当事人/单位协商	34.62	39.13
上访/向政府有关部门反映	30.77	8.70
找关系疏通	7.69	8.70
暴力反抗	3.85	0.00
找媒体帮助	3.85	0.00
罢工/静坐/示威	7.69	6.52
无可奈何,只好忍了	11.54	34.78
没有采用任何办法	19.23	28.26

注：因为是多选题，故百分比累计超过100%。

结　　语

80后农民工作为当前中国社会变迁中快速形成的一个庞大社会群体，

是中国社会转型过程中破除城乡二元结构，加快推动城镇化和工业化进程的关键人群。通过本章的分析可以看到，80后农民工虽然在文化程度、工作技能等方面比老一代农民工有较大提高，却仍然处于整个社会结构的底层，游离于城市制度之外。

本章的分析从80后农民工在工作收入、消费方式、生活压力、社会态度等方面的特征入手，分析80后农民工和老一代农民工之间的共性与差异，发现80后农民工在工作收入、生活方式、社会态度等特征上，与老一代农民工存在较大差异。在社会态度的冲突感方面，80后农民工表现出对管理者和被管理者之间冲突的强烈感知，这与老一代农民工有明显的差异；在生活水平变化判断上，80后农民工选择生活水平在过去5年和未来5年"上升很多"的比例都是最高的，说明他们带着美好的生活预期；在公平感方面，虽然80后农民工总体上并没有表现出比其他社会阶层更高的不公平感，但在工作和就业机会以及城乡居民之间享有的权利和待遇两个方面，则明显表现出比老一代农民工更高的不公平感；在安全感方面，80后农民工最突出的特点，就是比老一代农民工表现出更大的对劳动安全的忧虑。

除了像城市人一样对房价、就业等问题的高度关注，80后农民工也表现出与老一代农民工一致的对城乡差距和农民工待遇的不满。80后农民工在工作收入、生活方式和社会态度的"半城市化"状态只是表征，80后农民工与其他人群相比，一方面他们带有美好的生活预期，另一方面他们暂时没有遭遇到更为显著的生活压力，这使得80后农民工实际上处于一种乐观的"青春期"状态。但是，随着年龄和阶层地位的变化，如果生活压力不断增大，而美好生活预期破灭，那么80后农民工社会态度变化的激烈和显著程度将比其他社会阶层更大。分析还发现，80后农民工比老一代农民工的民主意识更强，强调对个人权利的认同，因此，他们在遇到劳动纠纷时的处理方法更加多样，甚至不惜采用暴力手段。

从我们以上的研究发现可以引申出以下几点政策建议。

第一，加强对80后农民工的权益保护。80后农民工较老一代农民工，具有更高的教育水平，他们的消费方式与老一代农民工有了很大差别，更多地使用手机和互联网等现代媒体获得信息，也具有更高的维权意识。

第二，加快消除80后农民工转变成市民的制度化障碍。80后农民工对未来发展前景的预期，与他们对生活压力的感知密切相关，他们几乎没有农耕经验，也不再可能像老一代农民工那样，在打工之后回家务农，但留在城市，面对种种制度化障碍和生活压力，似乎看不到生活出路。要把 80 后农民工转变成市民作为城市化战略的重要选择，加快制定各种相应政策。

第三，改进农民工的劳动关系。从我们的分析结果来看，80 后农民工与老一代农民工以及其他社会阶层的一个显著差异，就是他们对管理者和被管理者的冲突具有非常强烈的感知。大幅加薪只能看做缓解问题的间接手段，更为直接的方法是彻底改进劳动关系，包括完善劳动保障、控制加班时间、健全工会组织、丰富业余生活、关心精神需求、关切未来发展等等。

参考文献

埃尔德，2002，《大萧条的孩子们》，田禾、马春华译，译林出版社。
丁志宏，2009，《我国新生代农民工的特征分析》，《兰州学刊》第 7 期。
黄平，2007，《当代中国农民寻求外出——迁移的潮流》，中国社会学网（http://www.sociology.cass.cn/shxw/nmgyj/t20030829_0984.htm）［检索时间：2011.12］。
李培林等，2005，《社会冲突与阶级意识：当代中国社会矛盾问题研究》，社会科学文献出版社。
刘成斌，2008，《生存理性及其更替——两代农民工进城心态的转变》，《福建论坛》第 7 期。
米德，1988，《代沟》，曾胡译，光明日报出版社。
唐斌，2002，《"双重边缘人"：城市农民工自我认同的形成及社会影响》，《中南民族大学学报》第 S1 期。
唐仁健，2010，《新生代农民工数量约一个亿》，http://www.dzwww.com/rollnews/finance/201002/t20100201_5569823.htm［检索时间：2011.12］。
王春光，2001，《新生代农村流动人口的社会认同与城乡融合的关系》，《社会学研究》第 3 期。
——，2006，《农村流动人口的"半城市化"问题研究》，《社会学研究》第 5 期
王正中，2006，《"民工荒"现象与新生代农民工的理性选择》，《理论学刊》第 9 期。
武俊平，1998，《第五代人》，教育出版社。
周雪光、侯立仁，2003，《文革的孩子们——当代中国的国家与生命历程》，载《中国社会学》第 2 卷，人民出版社。
周怡，1994，《代沟现象的社会学研究》，《社会学研究》第 4 期。

第九章
80后独生子女的生命历程

中国80后一代是独生子女政策影响下出现的一代人。1980年中共中央发布了《关于控制我国人口增长问题致全体共产党员、共青团员的公开信》（下简称《公开信》）①，在全国范围内提出"一对夫妇只生一个孩子"，这一口号及随后实施的独生子女政策直接导致全球最大规模的独生子女家庭和独生子女世代的诞生。本章在讨论开始之前，先从独生子女的总体规模、80一代占比，及本章对80一代独生子女问题的切入点做一个简单的分析。

一 关于独生子女的总体规模

虽然《中国人口与就业年鉴2010》中公布的独生子女领证人数仅为6188.30万，但由于独生子女领证率偏低（22.93%），且部分领取独生子女证的父母仍有生育二胎的可能，领证人数只能作为判断独生子女总量及其变动趋势的一种参考。而国际知名投行巴黎百富勤2005年11月的测算认为，

---

① 摘自1980年《中共中央关于控制我国人口增长问题致全体共产党员、共青团员的公开信》。

中国独生子女人数已经超过4亿，其中1980年以后出生的超过3.2亿。由于独生子女人口结构数据一直没有纳入人口普查统计口径，因此目前还缺乏对独生子女总量的精确估算，但来自不同研究的数据都一致认为，目前中国独生子女总量已经超过1亿，农村独生子女也超过3000万，即便是最保守的估计，也至少占到了全国人口的7%以上。

二 关于80一代独生子女的比例

根据2005年1%抽样数据，出生在1980~1989年的独生子女达533340人，占该年龄段人口总数的24.29%左右。这10年正好是独生子女政策出台并得到坚决执行的10年，独生子女占同年龄段人口的比例骤然从15.3%提升了近10个百分点，并维持至今。独生子女也因此成为80后一代最明显的特征。据统计，全国80后总人口为219611563人，平均每五名中就有一名是独生子女，城镇户口占七成以上。

和独生子女上亿的人口总量相比，占比1/5并非令人吃惊的数据。目前，德国、西班牙等发达国家新生人口中独生子女占比均超过50%。但考虑到中国巨大的人口基数以及超过2/3的农村人口，独生子女规模并不小，特别是在北京、上海这些较早实施独生子女政策的城市，1980~1989年，独生子女占当年新出生人口比例高达90%以上。

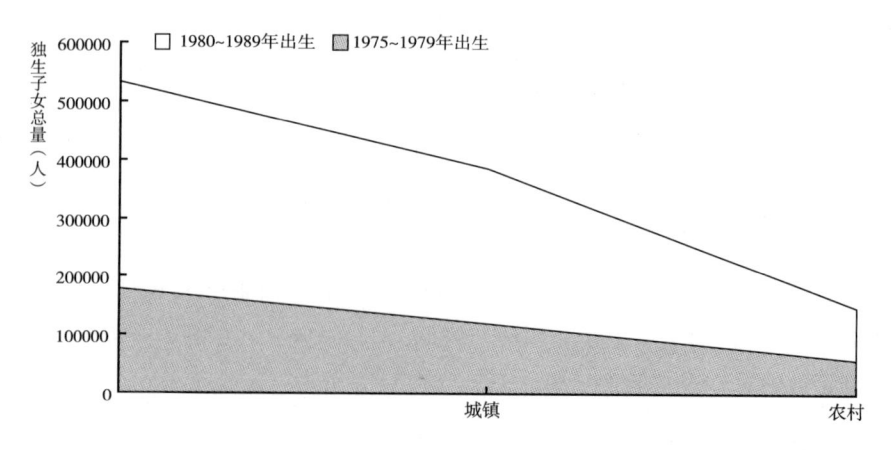

图9-1 不同出生组的独生子女总量及其城乡分布

数据来源：《人口和计划生育常用数据手册（2010）》，国家人口计生委规划司、中国人口和发展研究中心。

三 本章的切入点

本章对 80 后独生子女一代的分析将借鉴生命历程的分析范式，而不仅仅局限于代际分析。因为某种意义上，独生子女也是一种跨世代的现象，不仅 80 一代，90 一代甚至千年一代，独生子女也是其共同的代名词；另一方面，80 一代独生子女是政策的产物，将其发展嵌入重大社会事件背景中进行分析，有着特别的意义。因为其成长轨迹不仅代表着国家行为影响下的一种公共生命历程，也代表着千万个普通家庭为改革开放顺利进行做出的制度化选择。

第一节 制度塑造的公共生命历程

近 10 年来，不少国内学者尝试运用生命历程范式（Life Course）研究我国改革开放历程中的各个重大社会事件，如教育改革、下岗失业、三峡移民、社保改革（李强等，1999；董藩、邓建伟，2001；郭于华、常爱书，2005；徐静、徐永德，2009），讨论这些政策变化或社会重大事件对特定人群、特定生活领域的影响，但这些文献的兴趣更多集中在分层、流动等传统社会学概念上，鲜有对国家行为影响机制的研究。

德国马普研究所 K. U. Mayer 等学者较早将生命历程范式应用到"国家—个人"关系研究上。他们开创性地提出，"国家"在生命历程中具有重要作用（K. U. Mayer & Walter Muller，1986；K. U. Mayer & Urs Schoepflin，1989），认为福利国家正是借助各类社会制度及其机制，在工业化社会中，生产出一套制度化的生命历程，比如婚恋、生育、教育、就业、升职、退休等等，都有一整套的标准和规则。这套制度化的生命历程，不仅削弱了传统社会中原本由家庭和私领域决定的权力，还促使不同个体按照统一的模式安排自己的生命历程。

而且，这套制度化的生命历程还具有全球化的特征。随着信息共享的可能性不断增加，为减少风险社会的不确定性，国家与国家之间政策借鉴性加强，这些借鉴也使得世界范围内的个人生命历程开始表现出越来越多的顺序共性和速度共性。有学者（Mayer Karl Ulrich，1989）用"公共生命历程"一词来称呼这些相同的社会路线："社会机构扮演了一种分类者的角色，将个体的转折点标准化，把个人的生命阶段变为独断式的公共事件，成为一种

'公共生命历程'。"

21世纪以来,计划生育成为各国人口战略的一种重要手段,同时从个体层面来说,也成为影响私领域生育决策最重要的一种制度方式。中国家庭历来以重视子嗣传承和多子多福而闻名。1980年,以《公开信》发布为标志的独生子女政策,在实施过程中遇到不同程度的抵制和反抗(梁中堂,2009),但总体上来说,以控制人口为目的的国家意志最终得到了贯彻,这一结果有其历史必然性。

首先,独生子女政策执行30余年来,对政策的绩效评估显示,该政策的确控制了人口,30年间中国少出生上亿人口,节约了大量的社会资源,有效推动了国家政治经济文化发展,同时也提高了家庭的生活水平(王金营,2006)。

但另一方面,随着政策实施时间的不断延长,质疑声音也开始出现。如一些研究(包蕾萍,2009;2005;高元祥,1992)显示,通过对不同政策阶段的人口控制效果比较,"晚、稀、少"广义计划生育阶段(1968~1979年)的人口控制效果要优于独生子女政策阶段(1980年以后),同时从实施上来说也更尊重家庭的生育选择权,而且在城市和农村地区都取得成功。一些研究提出(冯立天等,1999;吴小英,2010;陈友华等,2011),独生子女政策特别不利于农村家庭生产。因为农村经济体制改革,弱化了集体经济生产和分配职能,强化了家庭经济生产和分配职能,而国家在宏观人口控制和微观生育政策上的"步步抽紧",使得农村家庭无法解决家庭化经济生产模式与国家规定生育行为之间的矛盾,从而带来新的贫困问题,导致国家与家庭之间矛盾尖锐化。但由于跨城乡研究的缺乏,目前这些观点都还缺乏有力的量化研究数据的支持。

事实上,《公开信》发布之际,政策制定者已经预见到了实施独生子女政策可能面临的老龄化和男女性别比失调问题,并列举了一系列数据[①]证明"晚、稀、少"政策的人口控制效果。

既然明了了独生子女政策可能产生不利后果,而且也充分意识到了"晚、稀、少"政策的有效性,那是什么因素使得政府克服阻力,决心用更为严格的独生子女政策取代"晚、稀、少"政策,并最终使其成为一种国家行为呢?

---

① 除前文提到的,《公开信》中列举的数据还有,"1979年以来,几百万对青年夫妇响应党的号召,自愿只生育一个孩子。单是1979年一年,就比1970年少生1000万人"。

《公开信》中反复提及"在短时间内改变贫穷落后的面貌""省下钱来发展经济和文化教育事业""直接影响现代化建设所需的资金的积累",从这些字句中可以看出,最触动政策制定者的是,他们认为,独生子女政策的实施能够为改革开放打下坚实的基础。

因为当时所处的社会发展阶段决定,只有追求"效率",尽快放下中国人口包袱,才能创造最优条件,为经济发展松绑。这一判断促使决策者决定从已经生效的宽松式人口调控政策转向更为严厉的生育控制政策。此外,刚性的只准一胎规定和柔性的提倡一胎政策相比,能够跳过"家庭"等中间组织的干扰,通过制度直接改变个人生育行为,迅速放下人口包袱。而成千上万的家庭在宣传动员下,放弃一胎以上的生育权利(Right),也正源于对改革开放、国富民强这一公共善好(Good)的支持和期盼。

因此,本章想做的尝试是,借鉴生命历程分析范式,讨论中国本土文化环境下,国家生育政策对个体生命历程的影响方式,并结合家庭、城乡等变量,分析这一过程中国家与个人发生互动的模式。因此,本章后面几节将着重解决以下三个问题。

第一,评估独生子女政策对家庭和个人的长期影响。分析遵守国家政策与否,对家庭和个体发展的影响:独生子女家庭和独生子女本人是否发展得更好?这种影响又是否存在城乡差异?

第二,分析中国成年独生子女的公共生命历程。独生子女群体中是否存在理论学者们假设的公共生命历程?如果存在,这种公共生命历程的特点是什么?

第三,研究国家行为对个体发展产生影响的机制。中国文化环境下,国家政策对生育选择产生影响的机制是什么?Mayer等人的"三种模式"假设(年龄线、资格线、碎片化政策线)是否成立?家庭变量在其中是否仍然发生作用?

本章的数据基于2010年中国大学生就业、生活及价值观调查的数据和2011年在上海高校学生中进行的访谈。问卷内容包括个案是否独生子女、文化程度、婚姻状况、生育子女、工作、收入、特定生活事件发生的时间,以及家庭相关背景信息。样本中包括了70一代、80一代和少量90一代大学生。因为本研究主要对那些在改革开放前后出生的独生子女生命历程感兴趣,所以在分析中,只包括了那些在70一代和80一代的被访者,删除了90一代和缺省项目严重的个案,共有5599个个案,其中2295个个案是独生子女,占比41.0%。样本基本情况如下。

表 9-1　中国大学生就业、生活及价值观调查（2010）样本的基本结构

		人数	百分比
是否独生子女	独生子女	2295	41.0
	非独生子女	3304	59.0
性别	男	3701	66.1
	女	1897	33.9
世代	70一代出生	597	10.6
	80~84年出生	2172	38.8
	85~89年出生	2832	50.6
户籍（生源）	城镇	3155	56.3
	农村	2444	43.7

访谈个案集中针对80后一代开展，共计访问11位，主要在上海各高校开展。其中独生子女3位，非独生子女8位；城镇户籍3位，农村户籍8位；被访问对象分别来自山东、河南、湖北、四川、山西和上海本地，学历均在大专以上，其中在读大学生5位（研究生4位，本科1位），参加工作6位。

第二节　选择独生子女的结果

前文提到，对独生子女政策最大的反对意见来自农村地区的实践，虽然农村普遍实行了"头胎是女童，可生育二胎"的宽松式政策，但计划生育仍旧使一部分家庭的利益受到了影响。近日，计生委的官员也公开在媒体上承认，"农村的老百姓实行计划生育要克服更多的困难"。本次访谈中，来自农村的独生子女只有一位，大部分家里都有2~3个兄弟姊妹，且反映自己身边的独生子女很少，3号访谈对象的看法比较有代表性，"父母对于计划生育较为保守，那时国家刚开始实施计划不久，他们在农村，受传统观念的影响较深（希望多几个子女），一时间和大多农村家庭一样，对他们来说，还是一个震撼"。

然而，1983年，独生子女政策实施不久，边燕杰（1986）对天津1088户城乡居民家庭开展调研，发现即便是农村地区，独生子女家庭的经济收入水平仍然比非独生子女家庭高，而且相对稳定。但边氏也提出，在当时，农村地区虽然独生子女家庭收入水平略高，但子女长大后，耕作对劳动力的客

观需求，仍然可能导致情况发生变化。

那么，选择独生子女的这些家庭，是否在利益上受损更严重？本节采用了家庭收入、职业阶层①和文化程度三种指标，将本次调研采集到的城乡两类家庭社会经济地位（SES）数据进行比较。变量说明如下。

因变量：

家庭社会政治经济地位（SES）：两类家庭（独生子女和多子女家庭）的社会政治经济地位，SES得分为家庭收入、职业阶层和文化程度三方面的得分加和。

自变量——以是否选择生育独生子女作为主要的影响因素

控制变量——民族、子女性别、地区等将作为控制变量纳入模型

民族：汉族为1，其他民族为0；

子女性别：男性为1，女性为2；

出生组：70年代出生组为1，80~84年出生组为2，85~89出生组为3；

地区：对抽样样本的预分析发现，大学生生源地遍布全国除香港、台湾外的31个省市，根据郭志刚的研究②，将上海等一类严格实施独生子女政策的地区的生源，赋值为1；将来自辽宁等12个省市的生源赋值为2，代表来自二类混合实行独生子女和独女可以生二胎的政策地区；将来自河南等7个地区的生源赋值为3，代表来自三类混合实施独女可生二胎及二胎以上政策的地区；将来自云南等地以及郭志刚未提到的西藏地区③赋值为4，代表来自四类实施二胎以上政策的地区。

---

① 社会阶层分类采用陆学艺的"十大阶层"指标。陆学艺认为，当代中国阶层分化的主要机制是劳动分工、权威等级、生产关系和体制分割，因此可以分为十大阶层。
② 郭志刚等曾对全国420个执行不同类型计生政策地区（1990年口径）的生育率情况进行了统计，认为可以将这些地区分为四类。第一类地区基本严格实施独生子女政策，这样的省份有6个（上海、江苏、北京、天津、四川、重庆），平均政策生育率在1.0~1.3；第二类地区混合实行独生子女和独女可以生二胎的政策，此类省份有12个（辽宁、黑龙江、广东、吉林、山东、江西、湖北、浙江、湖南、安徽、福建、山西），平均政策生育率为1.3~1.5；第三类地区为混合实施独女可生二胎及二胎以上政策，此类省份有7个（河南、陕西、广西、甘肃、河北、内蒙古、贵州），平均政策生育率为1.5~2.0；第四类地区实行二胎及以上的政策，省份有5个（云南、青海、宁夏、海南、新疆），平均政策生育率为2.0或以上。
③ 根据《西藏自治区关于对在藏工作的汉族干部职工计划生育的暂行规定》（1979）、《西藏自治区计划生育管理暂行办法》（2005），西藏地区实施的是严格控制三胎以上政策，对部分少数民族暂不实行生育控制。

表9-1、表9-2的数据显示如下。

(1) 选择独生子女的家庭，SES地位更高。选择独生子女，对家庭SES地位产生了积极的影响。这些家庭的阶层更高，经济状况更好，父母的文化程度也更高。表9-2显著性检验的结果显示，所有SES变量的两两比较都在.000水平上显著。表9-3回归检验也进一步支持了选择独生子女家庭的SES地位更高的假设，在控制了城乡、性别、民族、出生组等因素后，"是否生育独生子女"表现出对家庭SES地位的显著影响，从回归系数B值来看，这一变量对家庭SES地位的影响力仅次于"城乡"因素。

访谈中，来自城市的非独生子女80后个案11表示，"独生与非独生的家庭条件是不一样的，独生的感觉很富裕，吃的穿的都要比非独生的要好得多"。个案3认为，经济水平好主要因为城乡差异："城里的独生子女家庭会比农村的非独生子女家庭经济条件好一些。"个案8也提到"身边的独生子女的家境相对都比较好，都是城镇的"。

表9-2 城乡两类家庭的SES比较

项 目	农 村			城 市		
	独生子女	非独生子女	显著性检验	独生子女	非独生子女	显著性检验
SES得分[*]	19.57	15.76	10.96***	29.95	23.68	17.97***
主观家庭收入水平[a]（和同学相比）	3.03	2.97	8.47***	3.13	2.75	14.18***
家庭收入水平[b]	4.21	3.57	10.20***	6.23	4.57	14.94***
父亲职业阶层[c]	2.56	2.18	3.70***	6.50	5.49	8.87***
母亲职业阶层[c]	2.84	2.31	4.96***	5.44	3.99	14.10***
父亲文化程度[d]	3.29	3.01	4.18***	4.55	3.73	17.19***
母亲文化程度[d]	3.19	2.40	12.55***	4.20	3.18	22.72***
样本数		2444			3155	

注：a项目为5级计分，1代表很不好，2不太好，3一般，4比较好，5非常好。
b项目为14级计分，1代表月收入500元以下，按500递增，14代表月收入20000元以上。
c职业阶层分级按照陆学艺的十大阶层分类，为便于分析，计分为分级的反向计分。1代表国家与社会管理者阶层（问卷中职业赋值"1""2"），2代表经理人员阶层（"4"国企高层管理、"5"国企中层管理、"9"三资高层管理、"10"三资中层管理），3代表私营企业业主（"8"私营企业老板），4代表专业技术人员阶层（"13"科研老师、"14"文体、"15"工程技术、"16"经济司法、"17"其他专业），5代表办事人员阶层（"3""6""11"三资普通文职），6代表个体工商户阶层（"18"），7代表商业服务业员工阶层，8代表产业工人阶层（"7""12"三资），9代表农业劳动者阶层（"19"），10代表无业半失业阶层（"21""20"）。
d文化程度分级：1为未接受正规教育，2为小学，3为初中或同等学历，4为高中或同等学历，5为专科，6为本科，7为硕士，8为博士。

表9-3 选择独生子女对中国家庭SES地位影响的回归检验结果

效应	B值	标准误	T	Sig.
截距	32.63	.69	47.61	.000
是否生育独生子女	5.40	.25	21.28	.000
城乡	-8.55	.25	-34.39	.000
性别	-1.30	.23	-5.55	.000
民族	-1.12	.39	-2.84	.005
出生组	0.81	.39	4.84	.000

$R=.64$,调整后$R^2=.40$,$F=622.13***$

（2）分城乡比较发现，选择独生子女的农村家庭，SES地位明显处于较高水平。虽然城乡是影响家庭社会经济地位的最重要因素，但控制城乡差异后，是否生育独生子女，仍旧对家庭的SES地位有显著影响。数据显示，在城市和农村地区，选择独生子女的家庭与没有选择独生子女的家庭相比较，SES地位都明显更高，其中，收入方面的差异最为显著；城市独生子女家庭的经济状况明显高于非独生子女家庭，农村独生子女家庭的经济状况达到与城市非独生子女接近的水平。

访谈中，唯一一位来自农村的独生子女表示，"那时候我们家是我们村为数不多的有存款的家庭，……1995年到2003年左右，是我们家很好过的时候。在我们村，我们家会经常买肉吃"（个案7）。几位来自农村的非独生子女也结合自己的家庭经历谈到，"平时并没有感觉到独生子女条件好，但涉及婚姻问题连带的经济问题时，多数父母还是希望少养几个孩子"（个案2）。"现在的物价水平和消费，对于广大的老百姓来说，他们也是生得起养不起的。……但是从我哥哥结婚之后，……态度变了，还是赞一个孩子的比较好……感觉一个孩子家庭的压力小。"（个案8）"我家周围独生子女不多……和非独生子女家庭条件相比独生的会好一些。"（个案4）

独生子女父母职业地位和文化水平较高也在访谈中得到证实。大部分独生子女都来自公职家庭，"独生子女家庭的父母必定都是受过教育的人"（个案1）。

（3）农村独生子女家庭务农的比例明显更低。调查发现，同为农村家庭也有职业阶层差异，农村家庭并非集中在务农这一职业上。进一步的卡方分析显示，农村地区的独生子女家庭，父亲务农的比例只有41.4%，母亲占50.3%；农村地区非独生子女家庭中，父亲务农的比例占63.6%，母亲占73.0%。皮尔逊卡方检验，两类家庭的差异非常显著（父亲职业 X^2 = 91.95，$P < .000$；母亲职业 X^2 = 176.50，$P < .000$）。

为什么农村独生子女家庭务农的比例更低？分析这个问题不能离开中国城乡人口流动的大背景。农村地区独生子女家庭在面临农业生产时，固然存在下一代劳动力数量更少的不利，但从两类家庭职业阶层的显著差异，我们可以看出，抚养负担的减少，也使这些家庭的成人有更多机会外出打工，成为务工人员、个体户、办事人员以及私营企业主等，从而提高了自身的收入水平和阶层地位。家庭收入和务农之间的关系正在不断减少。

在我们的访谈中，个案2说自己身边农村独生子女"父母的职业基本不是纯粹的农民，但独生子女家庭也会种或多或少的地"。个案5反映，劳动力目前在农村已经不是一个主要问题，"农村农忙，大都是机械化操作的，再就是请人帮忙的……子女一般在家做做家务"。来自农村的独生子女个案7提到，父亲很早就在务农之外搞副业，"养过兔子，养过羊，贩卖过水果，当过农村小货郎，目前也在外地打工"，但是和童年时相比，个案7目前家庭的收入水平有所下降，原因在于他继续攻读研究生，学费生活费各方面的支出都有所增加，而父亲的打工收入有限，相反亲戚多子女家庭由于子女都工作挣钱了，抚养子女压力减轻，所以目前经济收入好于自己家。

（4）老龄化社会的到来使独生子女家庭面临养老风险。个案访谈中，80后一代反映，虽然独生子女在涉及婚育经济方面具有一定优势，但在养老问题上，却会面临很多无法克服的困难。如个案9明确提到养老问题，"如今社会保障并不完善，老年人养老大多靠子女，实施计划生育的家庭，等孩子长大成家，要承担双方四位老人的赡养义务，这就加大了计划生育政策下出生的孩子的负担"。个案2提到人手的问题："今年母亲生病，我在北京工作，但和弟弟妹妹商量了之后，决定带母亲来北京看病……把医院、费用、行程都确定了……妹妹回到家里照顾父亲和弟媳（还有小孩子）的起居。此事对母亲的影响很大，她感叹若是独生子女家庭，这样的事情可能不那么容易。"个案1提到兄弟姐妹互相照料问题："从亲情上来看，以后都有人照应，相互之间有个安慰的亲人。"

第三节 独生子女的公共生命历程

正如前文反复强调的，所谓"公共生命历程"，代表的是制度规定的社会路线。如6岁是《义务教育法》规定的入学年龄；18岁是依照《义务教育法》规定年龄完成基础教育后进入高等教育的年龄；22~25岁是结束高等教育后开始工作的年龄；男性25岁和女性24岁，是《婚姻法》和《计划生育法》规定的晚婚年龄。

生命历程范式特别关注上述关键转折事件的发生时间。因为这些事件的发生，一方面代表着个人生命轨迹（trajectory）的方向性转变，如入学代表着进入受教育阶段，毕业、就业代表着成年期的开始，结婚、生育代表着从被抚育者转变为抚育者；另一方面，这些转折的发生时间（timing），以及轨迹延续时间的变化，能够充分反映出制度对个体生命的影响程度。

一 独生子女公共生命历程的特点

本节在分析个体发展的公共生命历程时，通过比较，讨论不同身份的个体生命周期中关键事件的发生时间（年龄）是否依照相关法律政策的规定（timing）。变量主要包括以下内容。

入学年龄：按义务教育法规定在6~7岁入学，按正常教育时间表规定应该18岁左右读大学。

初恋年龄：按中国传统家庭和教育观念，将中学阶段恋爱定义为过早恋爱，工作以后初恋定义为较迟恋爱。

结婚年龄：1980年《婚姻法》规定，结婚年龄，男不得早于22周岁，女不得早于20周岁，晚婚年龄为男性25岁以上，女性24岁以上。

表9-4 独生子女与非独生子女两类青年生命历程事件发生时间的比较

事件/自变量	独生子女	非独生子女
入学年龄(岁)	6.38	6.42
提早上学(5岁及以前)	17.0%	17.4%
适时上学(6岁~7岁)	73.6%	67.8%
推迟上学(7岁以后)	9.3%	14.8%
应答者数(人)	2141	3051
平均年龄T检验:t = -3.03;p<.002**		
对年龄结构的皮尔逊卡方检验:χ^2 = 36.50;d.f. = 2;p<.000***		
初恋平均年龄(岁)	19.73	20.68
早恋(17岁及以前)	18.8%	10.1%
适时恋爱(18岁~21岁)	52.3%	47.1%
延迟恋爱(22岁及以后)	28.9%	42.8%
应答者数	1417	2037
平均年龄T检验:t = -10.68;p<.000***		
对年龄结构的皮尔逊卡方检验:χ^2 = 95.47;d.f. = 2;p<.000***		
结婚平均年龄(岁)	26.09	25.10
早婚(男性21岁及以前,女性19岁及以前)	1.4%	16.8%
婚龄(男性22~24岁,女性20~23岁)	9.8%	14.4%
晚婚(男性25岁及以上,女性24岁及以上)	88.8%	68.9%
被访者数	420	793
平均年龄T检验:t = 7.34;p = .000***		
对年龄结构的皮尔逊卡方检验:χ^2 = 75.42;d.f. = 2;p<.000***		

注:* p<.05 ** p<.01 *** p<.001（双尾检验）。表9-4中斜体代表制度规定的公共生命历程:入学年龄:义务教育法规定的入学年龄为6岁;婚龄:1980年《婚姻法》规定,结婚年龄,男不得早于22周岁,女不得早于20周岁;《计划生育法》规定,男25周岁,女23周岁以上结婚为晚婚。

表9-4的数据为我们勾勒出当代中国社会青年一代大学生的"公共生命历程":6~7岁入学,18~19岁开始读大学,进大学后(18~22岁)开始恋爱,大学毕业以后(22~25岁)参加工作,大部分人选择晚婚(男性25岁及以上,女性24岁及以上)。

研究发现,独生子女在沿着这条"公共生命历程"前行的过程中,表现出一种比非独生子女更高的匹配性,这一特点在教育和婚恋方面表现得尤其突出。

（1）教育路线：73.6%的独生子女依照国家义务制教育规定的时间（6~7岁）入学，非独生子女按规定入学的只有67.8%；延迟入学的独生子女比例只有9.3%，非独生子女占到14.8%。对于唯一的孩子——独生子女的教育，家庭普遍更为重视，在80后一代中，独生子女很少出现延迟读书或者中间辍学的情况。

（2）恋爱路线：独生子女恋爱更早，恋爱时间更长，晚婚比例更高。与早期研究发现一致（包蕾萍，2005），独生子女平均比非独生子女早一岁堕入爱河，早恋和适时恋爱的比例较高，延迟恋爱的比例明显更低。

（3）婚姻路线：88.8%的独生子女选择晚婚，晚婚的非独生子女比例只占68.9%。对两类群体年龄结构的皮尔逊卡方检验和平均年龄的T检验均达到了显著差异水平。

二 步入社会以后：优势削减的独生子女

本节对政治面貌、独生子女收入变化以及初职类型、文化程度进行了比较。

独生子女本人收入：为了评估青年一代的经济状况，我们使用了"总收入"（基本收入、奖金及兼职收入）的评价指标。为了对收入进行分析，我们选择了两个时间点，刚毕业时的收入和目前的收入。

就业时初职的类型：在中国，工作机构与国家间的所有权关系标志着其在社会主义再分配体制中的地位（Bian，1994；Lin & Bian，1991；Walder，1992转引自周雪光、侯立仁，2003）。我们区分了：①没有单位；②体制外单位，包括个体、民营企业、独资或外资企业、集体企业、非政府部门几个类型；③体制内单位，包括政府机构、国有企业、科研事业单位。

文化程度：由于本次调研面向的是大学毕业生，因此受调查对象的学历均在大专以上，比较的是截止调查时间点所获得的最高学历，包括：高职或大专、本科、硕士、博士及博士后。

数据显示，刚进入社会的独生子女在各方面都表现出非独生子女不具备的优势：他们的初职收入更高，平均达3549元，比非独生子女每个月高出近700元；拥有私车的比例更高，占11.2%，比非独生子女高近2个百分点。初职类型上，独生子女与非独生子女并无差异。访谈中，很多大学生提到，独生子女在求职过程中得到更多的父母支持。如个案11提到"独生子女在找工作及养育孩子上当然是尽全力帮助他们，毕竟就一个孩子"。"在工作方面，独生子女的父母更容易全力以赴。我所知道的几个独生子女父母，会为了孩子竭尽所能，托关系、走门路、送礼请客都会使用，且往往集中在公务员、事业单位及大型企业方面。在婚姻方面，独生子女的父母同样会竭尽所能，为孩子买车买房等。"（个案2）显然，独生子女初职的获得，和父母帮助有很大关系。

但值得忧虑的是，随着进入社会的时间增加，独生子女的优势逐渐消失。在当前收入的比较中，独生子女的优势已不再明显。33.3%的独生子女承认目前还接受父母的经济资助，而非独生子女的相应比例要低10.2个百分点，差异非常显著（$\chi^2=65.41$；d.f.=1；$P<.000^{***}$）。

表9-5 两类大学生步入社会后 SES 地位的比较

变量	独生子女	非独生子女
政治面貌		
党员	45.1%	50.0%
团员	43.3%	35.1%
民主党派	0.3%	0.6%
群众	11.4%	14.3%
受访者数	2295	3304
皮尔逊卡方检验：$\chi^2=42.90$; d.f.=2; $P<.000^{***}$		
收入		
初职收入	3549.13	2892.58
受访者数	1435	2077
目前收入	6413.71	6252.44
受访者数	361	655
初职 t 检验 t=-6.74, $P<.000^{***}$；目前收入 t 检验 t=-.31, $P=.76$		
产权住房		
无	76.0%	77.9%
有	24.0%	22.1%
受访者数	1891	2621
皮尔逊卡方检验：$\chi^2=2.29$; d.f.=1; $P=.13$		

续表

变量	独生子女	非独生子女
私车		
无	88.8%	91.0%
有	11.2%	9.0%
受访者数	1891	2621
皮尔逊卡方检验:$\chi^2 = 5.50; d.f. = 1; P < .05*$		
职位晋升		
否	74.0%	75.2%
是	26.0%	24.8%
受访者数	1016	1392
皮尔逊卡方检验:$\chi^2 = .45; d.f. = 1; P = .534$		
初职类型		
无单位	0.3%	0.6%
体制外	61.0%	61.2%
体制内	38.7%	38.2%
受访者数	354	629
皮尔逊卡方检验:$\chi^2 = .58; d.f. = 2; p = .75$		
学历		
大专	1.2%	1.3%
本科	64.7%	62.4%
硕士	30.4%	30.6%
博士及以上	3.7%	5.7%
受访者数	2286	3280
皮尔逊卡方检验:$\chi^2 = 12.07; d.f. = 3; P < .01$		

* $p < .05$ ** $p < .01$ *** $p < .001$（双尾检验）。

第四节 国家政策对家庭生育决策影响

年龄线、身份线和碎片化政策线三种机制，是否在家庭生育决策中发挥了作用呢？本节在分析政策的影响机制时将着重考虑以下自变量：

因变量：主要指家庭生育选择（独生子女与非独生子女）。

自变量：

年龄线——按照前文的分析，独生子女政策的实施起点是1980年（改革开放和独生子女政策实施的起点），1980年前家庭还具有一定的生育选择权，1980年以后，家庭的选择权相对消失，只能按照城乡身份和不同政策地区，来决定是否选择独生子女。1985年以后，由于部分地区计划生育政策有所放松，政策执行方式和80年代初相比略开小口（梁颖，2006）。根据政策的不同阶段，可将受访对象分为三个相邻出生组，分别是广义计划生育阶段（1979年以前）出生、改革开放早期（1980~1984年）出生、改革开放中期（1985~1990年）出生。对独生子女政策的研究表明，1979年前以"晚、稀、少"为特点的生育政策相对宽松，改革开放早期，独生子女政策的执行最为严格，而1984年以后，由于各种批评意见开始出现，独生子女政策也开始以"开小口"的方式更人性化地执行（梁颖，2008；侯亚非，2004）。因此，在赋值时，我们根据政策宽松度，将改革开放早期赋值为1，改革开放中期赋值为2，广义计划生育阶段赋值为3。

资格线——分析城乡身份对生育决策的影响。

碎片化政策线——分析不同政策地区对生育决策的影响。

表9-6报告了对独生子女概率的最大似然估计（以对数发生比的形式表示）。除民族、性别、SES控制变量外，模型A中包括了国家行为层面的出生组、城乡和政策地区三种自变量，数据显示，三种机制都对生育选择产生了显著的影响，其中城乡的影响最大，其次为碎片化的政策线，出生组的影响居第三位。

模型B则将家庭层面的收入、父母文化程度及民族身份作为主要影响因素，将子女性别作为控制变量，从数据中可以看出，家庭层面的因素虽然与独生子女生育选择存在相关，但与模型A相比，模型B的解释力度明显更小。这也从一个侧面说明，独生子女生育选择受国家政策层面因素的影响程度要远远大于家庭层面因素。

表 9-6　国家政策对家庭生育决策影响力的 Logistic 回归

影响因素	模型 A	模型 B[a]
出生组(年龄线)	.48*** (.06)	—
城乡(资格线)	-1.40*** (.09)	—
四类政策地区(碎片化政策线)	-.61*** (.05)	—
民族	.40*** (.15)	.88*** (.14)
性别	.09(.08)	.04(.07)
SES	-.09*** (.08)	—
家庭收入	—	.16*** (.02)
父亲文化程度	—	.15*** (.04)
母亲文化程度	—	.72*** (.04)
常量	-.80** (.31)	4.86*** (.20)
χ^2	1656.04***	1477.25***
-2LogLikehood	4404.97	5051.07
R^2	.42	.36

注：* $p<.05$，** $p<.01$ ***，$p<.001$。
a. 模型 B 只能作为参考，因为是目前的家庭情况，并非生育时的家庭情况。

结　　语

本章摒弃了独生子女研究中传统的"个体差异"范式，从家国关系视角出发，采用生命历程范式对中国成年独生子女生命历程进行分析，重要原因之一在于中国独生子女的特殊性。

首先他们的诞生是政策的产物，不是自发的一种生育选择；其次，他们的成长背景是改革开放，大背景是处于推崇多子多福生育文化的东方中国，而不是在追求个人价值、生育意愿不断下降的西方工业化国家。最后，独生子女的成长过程离不开国家和家庭的互动。

因此，中国独生子女世代，是具有政策依托性和文化特殊性的一个独特现象。和 1945~1960 年二战后美国出生的"婴儿潮"一代（Baby Boomers）类似，中国的"独生子女"一代，也是特定历史时期的一代人。对这一代人的分析如果脱离其特殊的时代背景，进行单纯家庭结构或教养方面的讨论，以及简单的优劣判断，这样的研究结论势必是相当单薄脆弱的。

基于前文大量的实证分析，本研究认为在独生子女生命历程的分析中，以下几方面的结论和问题值得学者及未来政策制定者进一步关注。

第一，家国同构模式促进了80后独生子女一代家庭现阶段的发展。

本章提到的家国同构和传统社会中的家国同构并不是一种概念，并不是指国家和家庭在组织结构方面的共同性，而是指国家"将婚姻家庭作为新中国建设的重要的组成部分"（蒋永萍，2012），家庭也将国家发展作为家庭自身发展的前提。

研究发现，选择独生子女的家庭在严格遵守国家政策的同时，也具有更优势的社会经济地位。无论是城市家庭还是农村家庭，无论是改革开放前还是改革开放之后，独生子女家庭的SES水平都更高。在农村地区，虽然独生子女家庭结构导致劳动力下降，但改革开放也给中国农村的传统生产方式带来巨大影响，原来以小农经济为主的谋生方式，逐渐被流动迁移到城市地区打工的方式替代。

因此，就本调查所涉及的80一代大学生群体来看，独生子女政策在个体和家庭层面产生了不少积极效应，确实为家庭和个体本身的发展带来了益处。《公开信》要求家庭为国家发展经济文化教育事业做贡献，而从结果来看，选择独生子女的家庭在抚育阶段确实节省了成本，对孩子的教育投入更大，在响应国家号召的同时，自身也拥有了更高的社会经济地位。而且这种优势在农村家庭中同样也有所体现。

第二，"公共生命历程"为涉世之初的80一代独生子女提供了优势地位，但另一方面"优势地位递减"趋势也为其未来发展带来了更多的挑战。

沿着社会规定的"公共生命历程"成长，能够得到更好的发展。事实上，80一代独生子女由于受到父母的高度关注，更严格遵循社会规定的路线成长。他们适时入学、读书、受教育、恋爱、工作。而父母的支持，使得独生子女生命历程中的关键事件大多适时发生，并在独生子女初入社会时，为他们提供了更优势的职业地位，第一份工作收入更高，拥有了更优势的发展机会。

另一方面，本研究也显示，虽然独生子女在初入社会时具有其他家庭结构的子女所不具备的优势，但随着进入社会的时间增加，其优势逐渐丧失。这一特点，和笔者2005年有关独生子女婚育的研究发现一致，由于更容易得到长辈支持，独生子女家庭在抚育第三代初期具有优势。

但独生子女发展过程中表现出一种明显的"优势递减效应"。当独生子女进入成年后期,养老和抚育的双重压力有可能会给独生子女发展带来风险与压力。

"六普"数据显示,中国0~14岁少年儿童比例下降到16.6%,60岁以上老龄人口比例上升到8.5%,生育率出现过低趋势。按有关专家的分析,我国独生子女数量已经达到1亿之巨,其中90%以上都在城市地区,农村独生子女比例约占10%。当大批独生子女按照公共生命历程路线的规定,集体进入赡养阶段,城市社保资源将面临前所未有的挑战,而对于农村独生子女家庭来说,非常有限的生育补贴,有可能使他们面临比城市独生子女家庭更严重的困境。

边燕杰早期对家庭子女养育成本的研究,指出独生子女家庭社会经济地位的挑战更多在于子女成年后;桂世勋(1992;2003)等学者也提出,"四二一"或"四二二"的家庭结构将使未来中国社会面临养老问题的挑战。结合本研究提到的优势递减现象,国家应该从政策层面进一步考虑其家庭可能面临的问题,如何让这些当初积极支持国家发展的家庭,能够进一步享受到改革开放的成果,值得认真研究。

第三,国家—社会互动过程中,作为中间组织的家庭如果缺乏必要支撑,国家行为的运作机制将会受到制约。

就现行生育政策的实施来看,其逻辑起点是,家庭利益只有服从国家利益,才能最大化。就生育选择而言,家庭作为介于国家和个人中间的组织,其私权从属于公权,因此其作用可以被忽略。如果此逻辑成立,那么,国家自然也应该无条件帮助家庭规避其可能面临的风险。

对于这种忽略,有学者(王家范,2011)曾做出正面的解释,认为跳过中间组织的"国家—个人"治理模式,类似西方工业社会的现代社会结构模式,作为一种政治术,可能更具效率和谋略,因为新模式充分释放了个人发展的自由空间,使家族或单位的影响力逐渐减小,国家与个人的关系也因此变得越来越密切。

但中国文化环境下,家庭支持对于国家稳定与和谐具有重要的基础性作用。目前,子女照料、教育、养老等公共生命历程的很多环节,光靠国家不能得到充分的支持,家庭甚至起到了主要作用。完全跳过家庭中间组织的国家—个人关系,对国家或个人来说都是具有风险的。

对于国家来说，在面临危机或者机遇时，如果直接处理很多不应由国家出面的问题时会遇到各种尴尬局面，无路可退。比如动拆迁过程中，很多家庭内部的矛盾都被归因于上山下乡政策，或者独生子女政策，统一要求国家买单。

从家庭层面来说，独生子女政策执行固然降低了家庭的抚育成本，家庭能够为独生子女发展创造更丰裕的物质条件，孩子因此能够得到更优发展；从另一方面来说，由于对子嗣的重视，唯一的一个子女抚养成本却大幅上升，原本该由社会承担的教育、养老责任被硬性嫁接到家庭身上，而家庭在权利被剥夺的同时，又缺乏必要的支持，家庭能力实际上是受损而不是获益。

本章想强调的一点是，在调整未来政策中涉及生育内容的同时，也应当考虑为为国家发展做出贡献的家庭留出一席之地，积极打通提高家庭能力建设的政策渠道。特别是随着人口发展的结构性变化到来，独生子女政策在未来也势必面临转型和调整，80一代独生子女在未来的生命历程中可能遇到更高的风险，相关政策应该提前考虑如何支持这些家庭克服养老的困难，以及独生子女大批进入成熟期后可能面临的社会保障压力，尽早提出针对性的调整和操作方案。

参考文献

埃尔德，2002，《大萧条的孩子们》，译林出版社。
包蕾萍，2009，《中国计划生育政策50年评估及未来方向》，《社会科学》第6期。
包蕾萍、陈建强，2005，《中国"独生父母"婚育模式初探：以上海为例》，《人口研究》第1期。
边燕杰，1986，《试析我国独生子女家庭生活方式的基本特征》，《中国社会科学》第1期。
陈友华、沈晖，2011，《独生子女政策与脱贫致富》，《江苏行政学院学报》第1期。
陈映芳，2010，《国家与家庭、个人——城市中国的家庭制度（1949~1979）》，上海交通大学出版社。
董藩、邓建伟，2001，《生命历程理论视野中的三峡移民问题》，《株洲师范高等专科学校学报》第1期。
范丹妮主编，1996，《中国独生子女研究》，华东师范大学出版社。
冯立天、马瀛通、冷眸，1999，《50年来中国生育政策演变之历史轨迹》，《人口与经济》第 2 期。

高元祥，1992，《我国七十、八十年代计划生育政策控制效果的比较与评估》，《人口与经济》第 5 期。

郭于华、常爱书，2005，《生命周期与社会保障：一项对下岗失业工人生命历程的社会学探索》，《中国社会科学》第 5 期。

郭志刚、刘金塘、宋健，2002，《我国现行生育政策与"四二一"家庭》，《中国人口科学》第 1 期。

桂世勋，1992，《银色浪潮中的一个重大社会问题——关于独生子女父母年老后生活照顾问题的对策与建议》，《社会科学》第 2 期。

桂世勋，2005，《上海市少子老龄化与可持续发展》，《市场与人口分析》第 5 期。

蒋永萍，《"家国同构"与妇女性别角色的双重建构》，《山东女子学院学报》2012 年第 1 期。

梁颖，2008，《中国计划生育政策的发展变迁要览》，《当代中国人口》第 1 期。

梁中堂，2009，《"一胎化"生育政策产生的背景研究》，香港中文大学《二十一世纪》第 2 期。

李强等，1999，《生命的历程：重大社会事件与中国人的生命轨迹》，浙江人民出版社。

陆学艺主编，2004，《当代中国社会流动》，社会科学文献出版社。

吴小英，2010，《2010 年社会学年会家庭论坛综述》，中国社会学网（http://www.sociology.cass.cn）。

王家范，2011，《"国家"驾驭"社会"的政治术》，《东方早报》4 月 17 日。

王金营，2006，《中国计划生育政策人口控制效果评估》，《中国人口科学》第 6 期。

夏桂根，2001，《第一代独生子女婚育状况：以江苏吴江市为例》，《人口与计划生育》第 3 期。

徐静、徐永德，2009，《生命历程理论视域下的老年贫困》，《社会学研究》第 5 期。

袁建华、何林，1991，《不同孩子数家庭生命历程研究》，《中国人口科学》第 4 期。

周雪光、侯立仁，2003，《文革的孩子们——当代中国的国家与生命历程》，上海人民出版社。

Anderson, S. A. 1984, "The Family Environment Scales (FES): A Review and Critique." *American Journal of Family Therapy*.

Denise F. Polit, Ronald L. Nuttalll, & Ena V. 1980, "Nuttall, The Only Child Grows Up: A Look at Some Characteristics of Adult Only Children." *Family Relations* 29.

Mayer, Karl Ulrich & Walter Muller. 1986, "The State and the Life Course." In A. Sørensen, F. E. Weinert, L. R. Sherrod. Hilisdale, *Human Development and the Life Course: Multidisciplinary Perspectives*.

Mayer Karl Ulrich, Urs Schoepflin. 1989, "The State and the Life Course." *Annual Review of Sociology*, Vol. 15.

中国经济论坛：《独生子女引领第 3 次消费浪潮?》，http://finance.people.com.cn/GB/1045/3964145.html。

风笑天、宋健，2005，《中国的独生子女与独生子女户》，《人口研究》第 2 期。

王广州，2009，《中国独生子女总量结构及未来发展趋势估计》，《人口研究》第 1

期。

包蕾萍,2007,《独生子女比例及其育儿模式的年龄模型》,《中国青年研究》第 1 期。

于学军,2007,《国家不能让实行计划生育的人吃亏》,http://politics.people.com.cn/GB/1027/5970363.html,人民网,7 月 10 日。

第十章
80后知识精英的多元分化机制

80后是一个独特的中国概念,最初出现在文坛,指在《萌芽》杂志主办的"新概念"作文比赛中崭露头角,具有与上一代完全不同的写作风格,并逐渐构成文坛新生代力量的年轻作家;后被推及至全国出生于1980~1989年的一代人①。据统计,中国在这10年间出生的人口共有219611563人。自1979年始的改革开放和与之同时的独生子女政策作为中国现代化和全球化进程中两个最独特的社会历史进程,构成80后生命历程中最关键的社会历史条件,也使80后们注定自一出生便备受争议。如果说80后的父母们是"新中国的一代",他们的生活史就是新中国国家建构(state-making)史;那么,80后们则是不折不扣的"转型的一代"。

伴随着转型历程成长的80后呈现显著的代内分化特征。中国社会的固有城乡二元结构,结合来自家庭背景的阶层差异,经由教育机会和教育资源为中介,将这个群体内在划分为很多个子群体,使他们的生活状态迥然相

---

① 以10年来计算世代只是习惯使然,临界点之间的差异,实则模糊不清。从某种程度上来说,以重大社会事件来界定世代更能体现生命历程研究的社会结构视角。因此,如果从改革开放和独生子女政策实施的意义上来说,80后的界定应始于1978、1979年。

异且相互隔绝，最典型的如大学生80后群体和农民工80后群体，他们生活在同一时点，却仿若置身于两个世界，并存于社会巨变带来的混杂图景中。这种多元在个体身上体现为各种机会的不平等，如教育、就业以及发声；而若放置于转型的视角之下去理解，社会结构和制度格局对人口的年龄层和知识层的分割，又内在地成为市场化过程中资本最大化逐利的工具。正如陈映芳所指出的，这一根本逻辑源于"人"被"人力"化，不同年龄层的劳动力和消费能力，正被各种力量精心地计算并实现其利益最大化（陈映芳，2010）。

在以媒体话语为引领的公共话语中，80后的诸多标签多由这样一部分群体所代言：他们多为独生子女，有着高等教育经历，至少从进入大学起开始在城市生活，毕业以后从事白领工作，被电子产品和消费主义包裹，熟悉新兴事物。在社会剧变所带来的混杂图景中，他们与同龄的农民工80后，在空间上可能只有一墙之隔，但显然有截然不同的生活体验和人生机会，他们的分化是从何而始的？在当前中国的社会条件下，个人命运在多大程度上可以由获致性因素所改变，或者被先赋性因素所限定？从这个问题出发，本章将职业群体对80后分化的探讨更向前追溯一步，着力探究户籍身份和由家庭经济、文化、社会资本组成的阶层因素如何经由教育的中介，在80后代内分化中发挥作用。

第一节 知识精英的界定

80后知识精英泛指出生于20世纪80年代，接受过较好的高等教育的群体。因此，这一界定有两个内涵：一是以出生为边界的"代"的特征；二是以受教育经历为区分的知识能力特征。

80后作为代际群体的特殊性在于他们的出生与中国改革开放的时点重合，他们的成长与中国的现代化密不可分。吉登斯把现代性看成是一种风险文化，是一种充满了不确定性和多样选择的后传统秩序，它带给人类最严重的后果就是不安全感和自我焦虑的磨难（吉登斯，1998）。而年轻人则是对这种变迁最为敏感的群体，法国学者拉葛雷认为，这一代人的重要标志是"邂逅后现代性"，他们在后现代社会的背景下成长起来，后现代社会出现并随之带来了个体化、个人的自由和责任、选择和机会的开放性、传统纽带的崩溃等概念，对未来的不确定性和风险的承担成为当今青年生活的一部分（拉葛雷，2007）。

在中国，当前的转型是现代化中包含着工业化、城市化、全球化，构成对中国80后讨论的基本语境。改革开放和独生子女政策，为这一代人设定了成长的初始环境，他们在国家经济高速增长中长大，经历了国家从相对困难落后到今天的物质富裕，他们在求学阶段经历大学扩招，在消费和发展话语的主导下，见证了城市化带动的增长，并承受着由此而来的房价问题。他们伴随着科技的进步而成长，是最早接触和进入互联网的主要群体。他们现在临近毕业、就业、成家，面临着人生的转型、独生子女政策导致的特殊的家庭抚育和赡养结构。

其中，知识青年是对现代性转型最敏感的群体。知识构成现代化进程中的一个重要方面，也由此成为现代社会的一个重要的权力维度，高等教育在其中扮演了必不可缺的角色：一方面，大学是各学科领域前沿知识传授和生产的场所，是连结基础教育与向上流动的非体力劳动力市场的重要环节；另一方面，大学独特的体制、环境和日常生活安排，提供了参与现代社会生活的基本技能，是培育全球化语境下的现代公民的基本场所。在中国，教育自古以来是社会分层和社会流动的基础设置，连结个人的今天与明天，也联系社会的过去与未来。因此，接受过高等教育与否，在80后群体中划分出了一条分明的分割线，在当前剧变的背景下，对个体生命历程的形塑发挥着重要作用。

但与此同时，中国高等教育的普及伴随着与西方相反的筛选制度——逐级考试制度和学校等级分层——的日益严格化（李春玲，2010），不同层级的大专院校虽同为"高等教育"，但占据资源相差甚大，对学生获致性能力的提高、现代公民理念的习得以及向上流动的作用也相距甚远。尤其是1999年高等教育扩招以来，"上大学"和"改变命运"之间的关系更显扑朔迷离。80后内部分化的加剧，不仅以是否接受过高等教育为界，而且还以是否接受了以重点大学为代表的精英化高等教育为界。

因此，较之西方研究高等教育被理解为一个获致性因素，在中国，它更是一个社会结构的问题，有更多先赋因素的痕迹。什么样的孩子能上大学，能上好大学？上了好大学以后，不同先赋背景的孩子的境遇又是否相同呢？

本章以80后中的知识精英，即上了好大学的那部分为样本，具体界定为"出生于1980～1990年的，正在就读于或者毕业于985高校①的大学生"。985高校近似于中国的"常青藤"大学，是青少年继出生背景之后，可得的又一个重要的身份性标识。谁可以获得这个标识？获得之后，又是否意味着一个相对平等的起点？

本章的数据来源于中国社科院社会学研究所2010年中国大学生就业、生活及价值观调查，样本覆盖六所985高校在调查期间的在校生6782人，2003～2010年毕业生4655人。调查对象的选取是基于各校目前在校生以及历届毕业生名单进行随机抽样，然后通过e-mail方式联系被选中的调查对象，要求调查对象登录网上调查系统接受调查，当各校毕业生调查回应率达到50%时停止调查②。

第二节　上大学与上好大学

一　谁能上大学？

根据2005年的1%人口抽样调查数据，80后总人数约为2.04亿，占总人口的15.4%。从全国人口出生统计看，80后正处于中国第三波生育高峰，如图10-1所示：1980～1990年正值一个生育高峰，前一个高峰结束于1970年，而在1990年以后，出生人口也明显下降。

生育高峰的代际人口背景使这一代人从出生便面临着严酷的竞争，尤其以教育资源的争夺为体现。以18岁为参加高考的标准年龄，1988～2008年这20年间的高考人数统计可以进一步体现这一代人对于高等教育机会的激

---

① 1998年5月4日，原国家主席江泽民在庆祝北京大学建校一百周年大会上向全世界宣告："为了实现现代化，中国要有若干所具有世界先进水平的一流大学。"由此，中国教育部决定在实施"面向21世纪教育振兴行动计划"中，重点支持国内部分高校创建世界一流大学和高水平大学，简称"985工程"。

② 对调查数据的样本分布进行初步分析后发现，男性和理工科毕业生的应答率明显高于女性和文科毕业生，其他方面则较为接近总体的实际分布。在校生中，男性占65.5%，女性占34.5%；理工科占80.0%，文科占20.0%；毕业生中，男性占68.5%，女性占31.5%；理工科学生占75.6%，人文科学和社会科学学生占24.4%。为了提高调查数据的代表性，我们根据教育部公布的综合类大学毕业生的性别比例和专业比例对性别与专业分布进行加权。

烈竞争：1998～2008 年参加高考的人数上升趋势明显，对应于出生于 1980～1990 年的适龄考生。

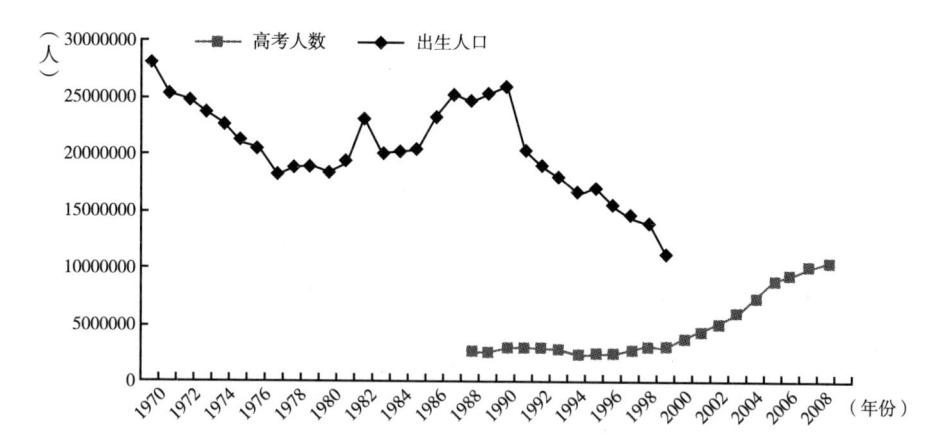

图 10-1　1970～1999 年全国出生人数及 1988～2008 年高考人数

数据来源：中国统计年鉴。

伴随着这一代人集体进入青年期，1999 年，基于"拉动内需、刺激消费、促进经济增长、缓解就业压力"① 四大目标的高校扩招启动，拉开了中国高等教育改革的大幕。1998 年，全国高校的招生人数为 180 万，1999 年扩招比例高达 47%，其后三年分别以 25%、17%、10% 的速度增长，到了 2005 年，高校招生人数已达到 530 万人。随扩招继踵而至的是毕业生人数逐年增长。2011 年高校应届毕业生人数高达 660 万，接近 1998 年（大学扩招前）高校毕业生人数的 8 倍。同时，我国高等教育毛入学率也从大学扩招前的约 10% 上升至 2009 年的 24.2%。扩招至今，我国有将近 1/4 的青年人口是接受过高等教育的大学毕业

---

① 1998 年 11 月，亚洲开发银行驻北京代表处首席经济学家汤敏，以个人名义向中央写信，提出《关于启动中国经济有效途径——扩大招生量一倍》的建议书。他陈述了五个理由支持大学扩招：其一，当时中国大学生数量远低于同等发展水平的国家；其二，1998 年国企改革，大量下岗工人进入就业市场，如果大量年轻人参与竞争，就业将面临恶性局面；其三，国家提出保持经济增长 8% 的目标，扩招前经济增长率为 7.8%，急需扩大内需，教育被认为是老百姓需求最大的；其四，当时高校有能力消化扩招，平均一个教师仅带 7 个学生；最后也是最重要的，高等教育的普及事关中华民族的整体振兴。来源：《1999 年高校扩招：大众教育代替精英教育》，http://news.qq.com/a/20090922/001597.htm。

生。在本章的样本中，88%的毕业生（N=4360）及100%的在校生都是1998年以后入学。可以说，80后中的绝大部分受到了扩招政策的影响。

因此，在80后的生命历程中，他们见证了中国的高等教育由"精英教育"转变为"大众化教育"的过程，这个过程对占据不同先赋性资源的80后个体意味着什么？从整个80后群体来看，大学门槛的降低是否真如一些新闻报道所言，削弱了先赋资源的影响力，使出生寒门的孩子更容易上大学，更接近知识改变命运的理想？

以2005年1%的抽样调查数据估计，"80后农民工群体"（或称新生代农民工）和"80后大学生群体"在80后总体中，各占44%和20%。由于流动频繁且多为非正式就业，80后农民工的具体数量没有准确的统计数据，一些学者估计，目前约1.49亿的农民工当中，约60%是新生代农民工（包括80后和90后农民工），由此比例，新生代农民工数量约为8900万。80后大学生的数量约为4100万，其中，在校大学生约1900万（46%），大学毕业生约2200万（54%）。以这两个子群体为差异最大的样本，其中各项先赋性资源百分比如表10-1所示。

从表10-1可见，对于80后，谁能上大学依旧受到城乡户籍身份的决定性影响。

在80后农民工群体中，城镇户口比例为零；在80后大学生中，城镇户口比例为67.8%；印证了户口作为一种身份标识的强大力量。户口不仅意味着在城乡二元分割社会结构格局下的身份，与之密切相关的还有各类社会资源的分配以及个体对这些资源的可得性。对于青少年而言，最直接的就是教育资源。从两大群体的"平均受教育年限"比较中可以看出：80后农民工平均受教育9.5年，这意味着他们中的大多数只完成了国家规定的义务教育，便走向劳动力市场，放弃了作为通向大学、从而改变身份的重要途径的高中阶段。看似主动选择的放弃背后是社会结构的无奈，有学者指出，大规模的改革过程包涵着体制变革和结构变迁两个过程，而这两个过程在改革开放的30年间是两个非常不同的阶段。20世纪80年代至90年代中期为改革初期，体制变革推动结构变迁，平等效应释放，彼时社会结构松动，社会流动活跃，底层成为其中的受益者；进入90年代中后期，体制

表 10-1 80 后内部群体差异：农民工与大学生

	80 后总体	80 后农民工	80 后大学生
城镇户口比例(%)	22.9	0.0	67.8
独生子女比例(%)	19.1	9.3	48.0
平均受教育年限(年)	10	9.5	15 年以上
党员比例(%)	2.5	3.1	10.3
父亲职业(%)			
管理人员	3.2	1.1	8.3
专业人员	2.9	1.1	8.3
办事人员	6.5	1.1	11.5
个体自雇	8.2	9.1	11.5
工人	23.8	15.1	29.8
农民	51.5	71.5	25.2
无业	3.9	1.1	5.5
父亲受教育年限(年)	6.7	6.3	8.3

注：①表中数据统计来自 2005 年 1% 人口抽样数据/中国社科院社会学研究所 2006 年和 2008 年全国抽样调查数据/中国社科院社会学研究所青少年与社会问题研究室的 2010 年中国大学生就业、生活及价值观调查数据。②80 后大学生和 985 高校大学生的城镇户口比例是指上大学前的户口身份。

变革中形成的社会力量先于体制定型，从而成为一种左右体制变革的强有力的力量，出现了一个"不拉空"的阶层，联盟的精英和原子化的底层两相对立，社会趋于停滞（孙立平，2011）。在这样大的社会结构变动趋势下，教育资源也随之从小城市向中心城市集中，各省市超级中学出现，卷入了最好的师资力量和最好的学生生源，垄断了进入大学，尤其是进入精英大学的机会。与此同时，伴随着中国 90 年代中后期以出口为导向的经济增长模式，劳动力资源的城乡流动带来的是农村的整体衰落，劳动力生产的拆分模式进一步瓦解了农民工子女的家庭支持（周潇，2011）。因此，城乡户籍身份背后是强大的社会力量，左右着青少年能否踏进大学门槛。

同时，阶层因素在决定 80 后进入哪一个子群体时也显现出强大的力量。在 80 后农民工与大学生的对比中，80 后农民工中父亲职业为农民的比例远高于大学生，两者差距为 46.3%。在除农民之外的其他职业中，即父亲为管理者、专业人员、办事人员、个体自雇以及工人的大学生的比例都高于农民工。说明在家庭社会地位中,户籍身份对 80 后能否成为大学生依然具有最为显著的决定性作用。同时,从以"父亲受教育年限"体现的家庭文化资本来看,大学生 80 后比农民工 80 后的父亲受教育年限多 2 年,即前者接受过一定的中学教育,后者基本上是小学文化程度。

综上,在扩招政策实行初期,对比 80 后中人数最多且相差最大的农民工和大学生两个群体,我们可以看出,先赋性资源在决定青少年接受高等教育机会的时候依旧有决定性的作用。尽管有媒体报道认为,高校扩招给了农村孩子,特别是困难群体子女更多上学机会,使他们知识改变命运的愿望得以实现。1998 年招收大学生 108 万,其中农村子弟 40 万,占 37%;2005 年招收大学生 447 万,其中农村子弟 230 万,占 51%,首次来自农村的孩子超过了来自城市的孩子(新华网,2009)。但从上述 80 后人口的整体统计来看,城乡户籍身份对于孩子能否上大学仍发挥着重大作用,与之关联的是一整套新中国成立初期建立的与户籍身份相关的资源配置及其在转型过程中的开合,使"上大学"这个在西方语境中获致性色彩强烈的命题,在中国的转型背景下,成为一个实质上受社会结构和变迁影响巨大,个体难以通过自身努力而改变的,先赋性特征明显的命题。

二 谁能上好大学?

进入 21 世纪以后,伴随着扩招的常规化,各地纷纷兴建大学城,开展高校合并,呈现一个以聚拢资源来申请更多资源的高等教育产业化的过程。产业化中的重要环节是高等教育体系内部分层的严密化和精细化。比起扩招前高考志愿只是简单分成一本、二本、三本;扩招之后,各等级内部的层级愈加繁复和精细化,以百度文库中 2011 年广东省高考志愿填报表为例,提前录取院校分 3 批 7 类共 14 个志愿,自主选拔、艺术特长和高水平运动员专列一栏 3 个志愿,之后才是第一批本科院校 2 组 6 个志愿,第二批本科校 2 类 4 组 12 个志愿,第三批专科院校 2 类 6 个志愿,最后是高职类 2 个志愿,共计 6 个批次类别,43 个学校志愿。随着高等教育的大众化、学校层级的严格化,进大学已不再能带来就业市场上的绝对优势,而进入精英大学,成为一个新的分割点。

表 10-2 同样以 2005 年 1%的抽象调查数据为依据估计 80 后总体，将其与本章所收集的 985 高校 80 后和 90 后样本做对比。在 80 后总体、80 后大学生与 80 后精英大学生的对比中，假定从大学生到精英大学生，是一个子女精英化的过程，那伴随着这个过程的先赋资源，是否也呈现精英化的趋势？我们发现，对于 80 后来说，对于谁能进入好大学这个问题，先赋性资源虽具有重大的影响，但仍然留有一定的开放空间，亦即，先赋性资源不好的 80 后还有凭借自己的获致性努力进入精英大学的可能。如城镇户口的比例，在 80 后精英大学生中比在一般大学生中少 15.9%。在以父亲职业为代表的家庭社会地位上，父亲职业为农民的，在 80 后精英大学生中比在一般大学生中多 5.1%。在父亲职业地位较高及中等的几种职业中，如管理人员、专业人员、办事人员、个体自雇，子女进入大学且进入精英大学的可能都随之增大；对于家庭文化资本也呈现相同趋势，即父亲受教育年限越长，孩子越有可能进入大学且进入精英大学。因此，对于精英大学的准入门槛，在 80 后这个社会年龄的横剖面所呈现的是先赋性因素和获致性因素的交织，先赋性因素提供了非常重要的资源，但获致性因素尚存一定的努力空间。其中的原因，一则 80 后接受大学前教育的时间集中在 90 年代，正处于社会结构转型从初期向中期变迁的时点，即资源配置的平等化和重新聚拢交接的节点；二则 985 高校多为教育部直属院校，而一般高校有一些地方性院校，两者的招生政策在生源控制（尤其是针对不同招生区域采取不同的户籍控制）上存在一些差别。

此外，若同时纳入 985 高校 90 后在校生作为对比，可以在一定程度上反映出作为社会结构的先赋因素在社会变迁的不同时期的作用模式。80 后和 90 后相差 10 年，体现出扩招初期及扩招至今的某些特点。较之 80 后，985 高校 90 后大学生来自城市的比例更大（增加 11.3%）；父亲职业地位较高的更多（管理人员增加 4.2%，专业人员增加 5.7%，办事人员增加 2.6%，个体自雇者增加 0.7%），父亲职业地位低的更少（工人减少 1.8%，农民减少 12.2%），而且是职业地位越高（管理人员和专业人员）增加越多，职业地位越低（农民）减少越多；父亲受教育年限更长（增加 1.1 年）。简言之，先赋性资源呈现更强的与子女从总体—大学生—精英大学生这一精英化过程一致的精英化趋势：城镇户籍、家庭社会地位越高、家庭文化资本越强，子女越可能进入大学乃至精英大学。这有力地印证了上述 90

年代中后期社会资源重新聚拢的趋势，从80后到90后上大学前成长的这10年中，先赋因素的分化力量在强化，这意味着，对于先赋性资源较弱的人，向上流动的渠道正在逐渐闭合。

表10-2 80后内部差异：大学生与精英大学学生

	80后总体	80后大学生	985高校80后大学生	985高校90后大学生
城镇户口比例(%)	22.9	67.8	51.9	63.2
独生子女比例(%)	19.1	48.0	42.8	52.1
平均受教育年数(年)	10	15年以上	15年以上	15年以上
党员比例(%)	2.5	10.3	43.1	7.7
父亲职业(%)				
管理人员	3.2	8.3	12.2	16.4
专业人员	2.9	8.3	13.0	18.7
办事人员	6.5	11.5	12.4	15.0
个体自雇	8.2	11.5	15.7	16.4
工人	23.8	29.8	11.1	9.3
农民	51.5	25.2	30.3	18.1
无业	3.9	5.5	5.3	6.1
父亲受教育年限(年)	6.7	8.3	9.5	10.6

注：数据来源同上表。

通过如上分析可以看见，教育作为社会分层和流动的基本设置，在中国情境下，已经在进入大学和进入精英大学之间划出了两道分界线。对于出生于改革开放初期，成长于社会剧烈变迁中期的80后而言，他们进入大学的机会在很大程度上被先赋性资源所左右，而进入精英大学的机会尚还有一定的获致性空间；亦即，对于因先赋性资源缺乏而在社会整体教育资源配置中处于弱势的极少数极为优秀的学生，他们还是可以通过自身的努力，进入精英大学，从而实现知识改变命运的梦想。那么，这来之不易的精英大学学生身份，作为一个在现代社会中重要的获致性身份，是否意味着一个全新的公平起点呢？

为了考察先赋性因素在进入精英大学这一要求严苛的门槛之后是否持续发挥作用，以及持续发挥作用的模式，我们以985高校80后在校大学生为侧重点，从经济生活条件、学业成绩、社会交往以及就业预期四方面分析先赋因素对精英大学学生在校表现的影响和分化机制。

第三节　先赋因素对经济生活的分化机制

经济生活条件是我们考察先赋因素持续发挥作用模式的一个重要层面，分为每月可支配钱数（消费能力）与每月实际花费（实际消费）。根据描述统计，对于985高校80后大学生，每月可支配钱数平均为999.5元（标准差为1167.4，样本量为5327）；每月实际消费金额平均值为797.7元（标准差为593.8，样本量为5314）。可见，普遍来说，精英大学的在校生的消费能力略高于实际消费水平，且比起实际消费，消费能力的差距更大。

本研究分别以每月可支配的钱数和每月实际花费为因变量，通过线性回归（文末附表10-3前半部分），分析先赋因素对经济生活条件的影响，在控制了性别、独生子女和年级后发现，城镇户籍身份对每月可支配的钱数有显著影响（$P=0.01$），却对每月的实际消费支出没有影响。而在阶层因素上，父亲职业对在校生的经济状况有显著影响。在每月可支配的钱数上，父亲职业从高到低对可支配钱的多少有顺次的影响。其中，父亲为管理人员的每月可支配钱数的对数比父亲是农民的多21.2%，与父亲是其他职业的差距也比较大。但在在校生每月的实际支出上，父亲为个体自雇的子女每月的实际花销与父亲为管理人员接近，皆高于其他几项，不按照父亲职业高低顺次排列。家庭经济资本对在校生的经济状况有显著影响，在家庭文化资本方面，比起父亲，母亲的受教育程度更有可能影响在校生的经济状况。

从中可以看出，先赋因素对在校生的消费能力（每月可支配的钱数）的影响，较之对其实际消费状况的影响而言决定性更强。原因可能是封闭式的大学校园所创造的是一个相对均质的共同体，在校生的消费需求及消费理念在一定程度上受较为统一的生活环境和较为一致的生活步调所形塑，从而使来自不同家庭背景的80后在校生的日常实际花销上表现出一定的趋同性。

大学校园这一特定场域对学生日常生活和消费的形塑，并不意味着先赋性资源优势的削弱，研究发现先赋性因素转而影响对在校生而言选择性更强、弹性更大的硬件学习条件，以时新的电子产品为典型。在对电子产品占有率的调查中，通过方差分析发现，城市户籍对数码相机（$P=0.001$）

及 PSP① 的占有（P = 0.058）有显著作用；父亲是管理人员对笔记本电脑（P = 0.033）、数码相机（P = 0.002）、数码摄像机（P = 0.070）、MP3（P = 0.004）以及 PSP（P = 0.038）的占有有显著作用；父母的学历对数码相机（P = 0.051/P = 0.002）及 PSP（P = 0.000/P = 0.000）的占有有显著作用；家庭经济条件对如上各种电子产品的占有都有显著作用。唯一不受先赋因素影响的是台式机的占有，可见，电脑已成为当前大学生在校正常学习生活的基本需要。但除此之外，其余的电子产品占有，都受到先赋因素的显著影响。

可见，进入精英大学之后，虽然不同先赋资源的个体在日常生活的衣食住行层面有比较趋同的轨迹，加之学校的各种助奖学金制度辅助，称得上是一个相对平等的起点，但在更间接的生活学习的硬件条件方面，尤其是在当下信息化、全球化背景下，对于青少年适应社会发展比较重要的电子产品的占有，先赋性因素仍对 80 后在校生群体有分化作用。

第四节　先赋因素对学业成绩的分化机制

考察先赋因素是否在 80 后进入精英大学后仍然持续发挥着作用的第二个重要层面是学业成绩。自古以来，学业成绩在中国都被当做一个获致性因素很高的方面，"少壮不努力，老大徒伤悲"被奉若圭臬，人尽皆知。上文对大学和精英大学的准入门槛分析已经表明，学业这个在传统观念里获致性很强的因素并不尽如人们所想，它同样在很大程度上受到以先赋性资源为表现的社会结构力量的形塑和制约，那么，在进入精英大学之后，80 后在校生的学业表现中获致性成分又占几何呢？

学业成绩主要通过专业成绩及外语成绩两方面来测量。根据描述统计，大多数被访者对自己的专业课成绩持积极评价，认为优异和良好的分别占到了 12.4% 和 35.2%，认为成绩一般的占 31%，认为成绩较差的不到 7%。不过有 15% 的被访者拒绝回答这一问题，使实际成绩较差的比例可能有所增加。对于外语水平的判断，在校生整体上比较乐观和谨慎，认为较好的占 45%，一般的占 26.2%，认为很好和不好的比例都低于 10%。

---

① PSP：Play Station Portable，是一款索尼出的掌上游戏机，在问卷设计时为年轻人中比较流行的电子产品，随后被 apple 系列的产品取代。

本研究分别以专业成绩和英语成绩为因变量,通过定序回归模型(文末附表10-3后半部分),分析先赋因素对精英大学80后在校生学业成绩的影响,在控制了性别、独生子女和年级后,有一个非常有意思的发现:先赋因素的不同方面影响学业成绩的不同层面,且影响方向(正/负)不同。城镇户籍身份以及家庭社会资本对在校生的专业成绩有负面影响:来自城市的在校生比来自农村的在校生专业成绩更差;相比父亲为农民的在校生,父亲为管理人员、专业人员、办事人员以及工人的专业成绩都更差,即父亲为农民的在校生专业成绩最好;家庭文化及经济资本对在校生的专业成绩没有影响。在英语成绩上,城乡不存在显著差异,父亲职业的影响非常微弱,但是父母受教育年限以及父母收入与其都显著正相关。综合来说,家庭社会资本越少,在校生的专业成绩越好;家庭的经济和文化资本越多,在校生的英语成绩越好。

这是一个非常耐人寻味的结果,先赋因素同时发挥的两种相互矛盾的作用应与专业成绩和英语成绩在当下劳动力就业市场中的不同意义关联来考虑。先赋资源较弱的在校生(农村户籍、父亲职业地位低)危机感更强,在学习上更努力,其专业成绩明显优于先赋资源较强的在校生(城市户籍、父亲职业地位高),这说明专业成绩是一个获致性因素发挥空间更大的领域;相形之下,外语成绩则依旧体现出对先赋性文化资本及经济资本很强的依赖性,这是一个获致性因素发挥空间较小的领域。结合当前大学教育与就业市场脱节的基本现实,专业成绩和英语成绩对学生在就业市场上的竞争力的影响是不同的,前者侧重体现学生在大学传统教育领域中所取得的成就,能说明个人资质和勤奋程度,但未必是用人单位考量的直接标准(尤其是不在个人专业领域就业的大学生),但英语水平则对毕业生在就业市场上的竞争力有直接的影响,尤其是进入收入较高的外资企业。因此,这两种不同的模式进一步体现了先赋因素在学业成绩中间接而隐晦地持续发生作用的方式。先赋资本较弱的学生可以在很大程度上通过自己的努力改善以专业成绩为代表的较为传统的能力,从而增加自身在就业市场上的竞争能力;但在英语成绩为代表的更具市场竞争力的能力上,他们则依旧受到家庭文化资本和经济资本的制约,从而难以获得最好的工作。

这与我们从毕业生数据中得出的发现相吻合。分析毕业生第一份工作的影响因素,我们发现,先赋因素对"是否有工作""是否失业"以及"是否两个月能找到工作"影响不大,即先赋因素对985高校毕业生的就业机会影响不明显，说明就业情况已经一定程度上被个体在接受大学教育过程中，通过获致性努力所能达到的个人能力提升改善；但对其第一份工作的收入影响很大，以月收入对数为因变量，线性回归模型分析表明，父母的文化水平越高（父亲受教育年限：$B = 0.039$，$P < 0.05$；母亲受教育年限：$B = 0.014$，$P < 0.05$），以及父母的月收入越高（$B = 0.000$，$P < 0.05$），毕业生第一份工作的月收入也越高，可以推测，在先赋性资源与高薪收入之间，与当前较高收入的劳动力市场（外企及较好的国企所提供的工作机会）更为接轨的英语成绩是其中一个重要的中介变量。

第五节　先赋因素对社会交往的分化机制

社会交往能力是在当前全世界迅速向一个不确定的未来转型中，青少年对社会变迁的适应能力的一个重要方面。我们从亲密交往、公共交往和虚拟交往三方面来考察先赋因素对精英大学80后在校生社会交往的影响。根据描述统计，样本中60.1%的人有过恋爱经历，平均恋爱年龄为19.1岁（标准差为2.7，样本量为3067）；44.3%的被访者表示目前担任学生干部[①]（样本量5777）。在各项社交型网络行为上，"网上聊天"较为普遍，从不聊天的仅占1.89%，偶尔和有时上网聊天的为21.7%和21.3%，经常和总是上网聊天的占28.8%和26.2%；"泡论坛和高校bbs"以及"上校内网、开心网之类的社交网站"两项呈现明显的正态分布，选择"偶尔"的比例最高，分别占30.8%和28.7%，其余几项分布较为均匀，在15%~20%。相形之下，写博客的行为现在已较少被在校80后所采用，从不和偶尔两者占86.2%，有时写写的有9.5%，总是写的只有1.29%。

本研究分别以亲密交往、公共交往和虚拟交往[②]为因变量，做 Logistic

---

① 如果考虑到曾经担任但已卸任的比例，则担任过学生干部的人数可能超过一半以上，根据经验判断，这个比例应该高于正常水平，原因可能有此次网络调查是基于通过学校提供名单获取样本的影响，因为相对来说，学生干部和学校联系更为紧密，也更容易服从学校的指令。
② 在问卷的第六部分，课题组调查了网络行为。以"从不""偶尔""有时（一周1~2次）""经常（一周至少3次）""总是（几乎每天）"为五点量表；统计了八种常见网络行为的使用状况，用mplus软件拟合出三个因子：信息因子（浏览新闻、查信息），娱乐因子（下载上传各类视频、打网络游戏）以及社交因子（写博客、聊天、泡论坛、上交友网），拟合模型各参数：Chi - square = 2806.834，df = 28，$P = 0.000$；CFI = 0.865，RMSEA = 0.065。

回归和线性回归（文末附表10-4），在控制了性别、独生子女和年级后发现：先赋性因素的不同层面都会对不同的交往类型有所影响，其中，虚拟交往是受先赋性因素影响最大的一类，换言之，虚拟交往的获致性最低。各因素的具体影响效果如下。

在城乡二元分割因素上，城市户籍对在校生亲密交往和虚拟交往有显著正向作用，即户籍为城市的80后在校生有过恋爱经历的可能比来自农村的孩子多19.2%，同时，他们在社交型网络行为上也更为活跃。在家庭社会资本影响上，父亲职业对公共交往和虚拟交往有显著正向作用，较之父亲职业为农民，父亲为个体自雇的孩子最有可能成为学生干部，比参照项多40.5%（$P<0.01$）；其次是父亲职业为管理人员的孩子，比参照项多33.2%（$P<0.05$）；排在第三位的是父亲职业为专业人员的孩子，比参照项多26.1%（$p<0.1$）。父亲为办事人员的孩子，花最多的时间在虚拟交往上（网络行为的社交因子得分$B=0.091$，$P<0.01$）；而父亲职业为工人、管理人员和个体自雇，对孩子参与虚拟交往的时间的影响较为接近。在家庭经济资本影响上，父母月收入对亲密交往和虚拟交往都有显著正向作用，而与公共交往不相关。在家庭文化资本的影响上，父亲受教育年限越长，孩子在虚拟交往上花费的时间越多；而母亲受教育年限每增加一年，孩子谈恋爱的可能降低到原先的97.3%。

相形之下，虚拟交往是三种社会交往行为中受先赋因素影响最大的一类，城乡身份，家庭的社会、文化、经济资本都对其产生了不同程度的影响。相应的，这也就意味着虚拟交往获致性较低，更难通过个人努力来改变。这一方面与我们的经验相符，虚拟交往对个体可得的硬件设备提出了更高的要求，并且，较之千百年来传统的面对面的互动，虚拟交往是近二三十年来迅猛发展起来的，并在重构整个人类生活的新的场域，对它的亲近和熟悉需要耳濡目染的小环境，这些都使先赋性资源的分化机制得以发生；另一方面，虚拟交往意味着对以未来为指向的新兴技术的熟悉程度，构成青年对全球化的适应性的重要部分，影响着他们人生赛跑中更为潜在的、长远的方面。因此，对于虚拟交往的作用，体现出先赋性资源在再生产阶级不平等中更为隐形的作用机制。

此外，在其他两个维度上，公共交往相对来说受先赋因素的影响较少，仅受父亲职业的影响，父亲职业为个体自雇的和父亲职业为管理人员的在校生更可能担任学生干部、参与公共交往，这应该与他们从小的家庭环境有关系。另外，先赋因素对亲密交往的影响体现在城乡差异、家庭的经济和文化资本上，其中文化资本有负面作用，体现出家庭依旧将在校生视为未独立的个体，经济上的支持以及管教上的约束同时存在。

第六节　先赋因素对就业预期的分化机制

正如社会网络研究在中国的发现中所强调的，在中国，就业在很大程度上受到"强关系"的影响，而作为 80 后大学生，强关系基本上是由以家庭经济社会地位为代表的先赋性资源所提供的。那么，对于精英大学的 80 后在校生而言，精英大学的文凭已经赋予了他们在就业市场上极为有利的个人人力资本，先赋性资源所带来的社会资本，是否依旧如社会网络研究中所发现的，在他们对就业预期以及实际就业情况中，发挥着决定性的作用呢？

从描述统计分析中可以发现，在校生对自己的就业前景整体上持谨慎乐观的态度，33.3% 的人认为"应该会很顺利"地找到工作，42.2% 的人认为毕业以后找工作"不会很顺利，但应该能找到工作"。在找工作最看重的要素中，选择最多的是"事业发展空间"（26.9%），然后是"收入与福利"（26%），第三是"符合个人兴趣"（10.8%）。对收入的预期主要集中在 1900~2100 元、2700~3000 元和 4000~5000 元这几个区段内。毕业后最想去的单位前三名，分别是国有企业（25.5%）、科研事业单位（18.7%）和外资/独资企业（17.9%），紧随其后的是政府部门（13.9%），去其他类型单位的意愿都比较低，均不到 10%。但大多数学生对待就业持一种灵活态度：50.3% 的人表示"如果毕业后 3 个月还找不到满意的工作"，便"只好接受不满意的工作"；反之，"继续找让自己满意的工作"占 32.7%，另 17% 的人选择"先不工作，继续求学"。

本研究分别以就业信心（定序 logistic 回归）、找不到满意工作时的对策（多项 logistic 回归）以及期望月薪（线性回归）为因变量，做回归分析（文末附表 10-5），在控制了性别、独生子女和年级后发现：户籍身份对在校生就业预期影响显著，但与一般经验不同，城市户籍与找工作的信心及期望月薪负相关,即来自农村的在校生对就业更有信心,并且期望月薪更高;在找不到理想工作时的对策中,在"先不工作,继续求学"和"继续找让自己满意的工作"这两项的比较中,城市户籍的在校生更有可能选择后者。在家庭文化资本的影响上,母亲的受教育程度对在校生就业信心有显著正相关作用;在找不到理想工作的对策中,在"接受不满意的工作"和"继续找到让自己满意的工作"两项比较中,父亲教育年限每增加一年,孩子选择后者的可能为原先的97%（$P<0.05$）,即父亲学历越高,孩子越有可能暂时向不满意的工作妥协;在"先不找工作,继续求学"和"继续找到让自己满意的工作"两项比较中,母亲受教育年限每增加一年,孩子选择后者的可能为原先的104%（$P<0.05$）,即母亲学历越高,孩子越有可能坚持找到让自己满意的工作。此外,父母的收入对就业信心及期望月薪有显著正相关作用。父亲职业对在校生就业预期影响不大,以父亲是农民为参照,仅当父亲是管理人员时,对在校生就业信心有一些正面影响（$B=0.200$,$P<0.1$）,当父亲是工人时,在校生期望月薪对数增加5.1%（$P<0.05$）。

总体来说,先赋因素的各个部分对就业预期的影响比较均匀。城市学生相比农村学生就业信心及期望月薪都较低,或许部分原因可解释为不同户籍身份的80后在校生在感知就业状况时所选取的参照群体不同。在毕业生数据中,我们发现城乡户籍对985高校的80后的就业机会现实中并没有影响（以户籍身份作为自变量,对"是否有工作""是否失业""是否2个月内找到工作"为因变量的三个回归方程的相应系数都不显著）,不过,来自城市的毕业生的收入确实微弱低于来自农村的毕业生,但显著性较低（$B=-.090$,$P<0.5$;即城镇户口毕业生初职月收入对数比农村户口毕业生少9%）。另外,从毕业生数据中,我们还得知,在实际就业中,父母的教育与父母月收入对毕业生的实际初职月薪显著正相关,对比如上在校生的就业预期,可推测,家庭经济资本对985高校80后大学生的影响,无论是预期上还是实际情况上,都是比较一致的;而家庭文化资本的影响则比较复杂一些,亦即属于先赋因素较为间接而隐晦的影响方式,可能经由上文所述的电子产品的占有、英语成绩的提高、由虚拟交往显现出来的对信息科技的掌握,或者面对不理想的就业时的应对方式,对80后知识精英发挥着作用。

结　语

布迪厄有关文化资本的理论将精英大学视为统治权力再生产的中介（布迪厄，2004），本章以985高校80后为主要样本，结合2005年1%的全国抽样调查数据所呈现的80后总体概况，讨论了先赋性资源对中国80后接受高等教育以及精英高等教育的机会的影响及其对精英大学在校生的持续分化机制。数据分析结果印证了具有不同先赋性资源的个体不仅进入大学的机会不同，而且在精英大学这一外人看来"获致性"已然极强的环境下，他们的适应能力依旧受到城乡户籍和家庭经济社会地位的隐形制约，他们的起点并不完全平等。

在经济生活条件、学业成绩、社会交往和就业预期这基本涵盖大学生生活的四个方面中，我们发现，有些层面获致性较高，另一些层面先赋性较高，而先赋性高的层面往往在当前社会全球化和现代化背景下具有更加重大的适应性的意义。比如说，在经济生活条件上，对于以新兴电子产品的占有为体现的硬件设备资源，先赋性较高而获致性较低；在学业成绩上，对于以英语成绩为体现的与高薪劳动力市场更能接轨的个人能力上，先赋性较高而获致性较低；在社会交往上，对于以虚拟交往为体现的对信息技术的熟悉上，先赋性较高而获致性较低；在就业预期上，初职收入的先赋性较高而获致性较低，并且在当找不到理想工作时的选择上，也体现了先赋性因素较强的影响。而获致性较高的层面则体现在比较传统的方面，如专业成绩以及公共交往，以及一般而言的就业状况。从中可以看出，精英大学文凭确实是在当前中国背景下一个比较重要的"获致性"身份，通过就读精英大学，先赋资源较弱的个体可以在很大程度上侧重于对自身传统能力的培养从而改变命运，但较之其他同样有精英大学文凭的同伴，先赋性资源依旧透过各种与现代化更为接轨的层面，捆绑和束缚着他们。

从如上分析中也可以看出，在当前中国背景下，先赋性和获致性因素对个人社会地位的获得有着不同的作用机制，归因为中国当前的社会结构及其变化不同于西方理论生成时稳定和开放的前提。在中国，先赋因素首先以一种直接的方式影响个体获得高等教育的机会，再以较为隐形的方式影响个体在高等教育的场域中所获得的能力以及这些能力与就业市场的进一步契合，这主要体现了先赋性因素对于个人生命历程在不同时点的影响。同时，还需要进一步指出的是，若再结合中国社会结构近30年来的演变趋势，受社会变迁的影响，先赋因素在不同的社会时点上对不同代际的作用模式或也存在差别。在讨论80后和90后知识精英时，代内和代际差异主要由教育机会体现。对比两代人，我们需要注意到，他们接受教育，尤其是接受决定其能否进入大学的基础教育时所处的社会时点不同。正如已有学者提出的，中国改革至今经历了从结构分化到结构定型两大阶段（孙立平，2009）。结合这一背景，80后接受基础教育的时点大致在20世纪90年代，还属于改革初期的平等效应释放阶段；而90后接受基础教育的时点已在21世纪初期，属于资源重新聚拢的阶段；两大不同的社会趋势对具有不同先赋性资源的个体受教育机会的影响，已在本章第一部分对985高校中80后和90后的对比中有所体现，较之80后，90后在进入精英大学的机会上受先赋因素的影响加剧，这也从侧面印证了当前社会结构趋于闭合的现状。但受样本量限制，目前90后才刚进入大学，先赋因素对其进入精英大学后的影响尚不能完全表现出来，其影响模式是否与80后相同，或以何种方式受社会变迁进程的影响，需留待后续追踪调查进一步讨论。

参考文献

陈映芳，2010，《可疑的80后政治意识》，《文化纵横》第1期。
吉登斯，1998，《现代性与自我认同：现代晚期的自我与社会》，三联书店。
拉葛雷，2007，《青年与全球化——现代性及其挑战》，社会科学文献出版社。
李春玲，2010，《高校教育扩张与教育机会不平等》，《社会学研究》第3期。
皮埃尔·布迪厄，2004，《国家精英：名牌大学与群体精神》，杨亚平译，商务印书馆。
孙立平，2009，《中国社会结构的变迁及其分析模式的转换》，《南京社会科学》第5期。
——，2011，《在改革论坛上的发言》。
周潇，2011，《农村青少年辍学现象再思考：农民流动的视角》，《青年研究》第6期。
新华网，2009，《1999年高校扩招：大众教育代替精英教育》，http://news.qq.com/a/20090922/001597.htm，检索日期：2012年10月11日。

附录：

表10-3 先赋因素对985高校80后在校生的经济生活及学业成绩的影响

自变量	先赋因素对经济生活条件的影响（Linear Regression）							先赋因素对学业成绩的影响（Ordered Logit Model）阈值：较差=1，一般=2，较好=3，优异=4（参照组）				
	每月可支配的钱（对数）			每月日常消费（对数）				专业成绩自评		英语成绩自评	
	B	S.E.	Beta	B	S.E.	Beta		B	S.E.	B	S.E.
户籍（城镇）	.051**	.020	.045	.025	.023	.020		-.142*	.074	.018	.078
父亲职业（参照组农民）											
管理人员	.212***	.029	.152	.236***	.034	.152		-.227**	.108	.119	.115
专业人员	.130***	.029	.080	.134***	.035	.075		-.351***	.109	.143	.116
办事人员	.129***	.037	.050	.139***	.044	.049		-.477***	.138	.058	.147
个体自雇	.127***	.024	.080	.207***	.028	.118		-.285***	.089	.069	.093
工人	.078***	.028	.043	.115***	.033	.057		-.253**	.105	.208*	.111
无固定职业	-.010	.033	-.004	.013	.039	.005		-.148	.124	.103	.129
父亲受教育年限	.000	.003	-.001	.007*	.003	.035		.009	.012	.030**	.013
母亲受教育年限	.007**	.003	.048	.007**	.003	.043		.001	.010	-.026**	.011
父母月收入	3.215E-5***	.000	.250	2.791E-5***	.000	.194		7.438E-6	.000	5.746E-5***	.000
性别（男性）	-.033**	.015	-.029	-.020	.017	-.016		-.294***	.055	-.434***	.058
独生子女	.069***	.017	.060	.040*	.021	.032		.083	.065	.312***	.068
年级（参照组大一）											
大二	-.013	.024	-.009	-.047	.029	-.028		.094	.091	.001	.094
大三	.002	.024	.001	-.013	.028	-.008		.260***	.089	.275***	.092
大四	.025	.027	.014	-.018	.032	-.009		.644***	.101	.635***	.106
硕士生	.182***	.022	.150	.145***	.026	.107		.837***	.081	1.064***	.086
博士生	.713***	.035	.282	.528***	.042	.186		1.209***	.130	1.392***	.140
（Constant）	6.209***	.033		6.059***	.039						
模型参数	$R^2 =$ .270			.178				-2Log Likelihood = 10721.226		9103.700	
自由度	17			17				17		17	
样本量	4892			4876				5203		5203	

*$p<0.05$，**$p<0.01$，***$p<0.001$。

第十章 80后知识精英的多元分化机制

表10-4 先赋因素对985高校80后在校生社会交往的影响

	有否谈过恋爱 (Binary Logistic Model)			是否担任学生干部 (Binary Logistic Model)			虚拟交往行为 (Linear Regression)	
	B	S.E.	Exp(B)	B	S.E.	Exp(B)	B	S.E.
户籍(城市)	.176	.089	1.192**	-.071	.081	.931	.026*	.0135
父亲职业(参照组农民)								
管理人员	.115	.131	1.122	.287	.118	1.332**	.059***	.020
专业人员	.025	.132	1.025	.232	.119	1.261*	.029	.020
办事人员	.142	.169	1.153	.111	.151	1.117	.091***	.026
个体自雇	.163	.107	1.177	.340	.097	1.405***	.053***	.016
工人	-.017	.125	.983	.142	.115	1.153	.060***	.019
无固定工作	.001	.144	1.001	.208	.135	1.231	.027	.022
父亲受教育年限	.020	.015	1.020	.016	.014	1.016	.006***	.002
母亲受教育年限	-.027	.013	.973**	.004	.011	1.004	.001	.002
父母收入	.000	.000	1.000***	.000	.000	1.000	3.71e-06***	1.30e-06
性别(男性)	-.109	.066	.896*	-.035	.060	.966	.026**	.010
独生子女	.000	.078	1.000	.100	.070	1.105	.020*	.012
年级(参照组大一)								
大二	.461	.105	1.585***	.471	.098	1.602***	.078***	.017
大三	.694	.103	2.001***	.114	.096	1.121	.178***	.017
大四	.965	.118	2.624***	-.047	.110	.954	.214***	.019
硕士	1.507	.098	4.515***	-.071	.087	.931	.279***	.015
博士	2.366	.203	10.659***	-.473	.146	.623***	.154***	.024
Constant	-.694	.148	.499**	-.632	.135	.531***	-.335***	.023
模型参数	-2 Log Likelihood = 5913.372			-2 Log Likelihood = 7050.785			R-squared = 0.1097	
自由度	17			17			17	
样本量	4506			5016			4656	

* $p < 0.05$，** $p < 0.01$，*** $p < 0.001$。

表10-5　先赋因素对985高校80后在校生就业预期的影响

自变量	找工作的自信心 (Ordered Logit Model)		如果毕业后3个月还找不到满意的工作 (Multinominal Logit Model)						期望月薪(对数) (Linear Regression)	
			接受不满意的工作=1			先不工作,继续求学=2				
	B	S.E	B	Exp(B)	S.E	B	Exp(B)	S.E	B	S.E
户籍(城市)	-.215***	.080	.141	1.151	.091	.286**	1.332**	.128	-.039**	.018
父亲受教育年限	.007	.013	-.031**	.970**	.015	.016	1.016	.022	.004	.003
母亲受教育年限	.029***	.011	-.017	.983	.013	.036**	1.037**	.018	.001	.003
父母收入	2.241E-5***	.000	.000	1.000	.000	.000	1.000	.000	1.526E-5***	.000
父亲职业(农民为参照)										
管理人员	.200*	.116	.009	1.009	.133	.183	1.201	.182	.004	.027
专业人员	.101	.118	.162	1.176	.134	.071	1.074	.187	.006	.027
办事人员	-.105	.149	.010	1.010	.169	-.050	.951	.233	-.030	.034
个体自雇	.070	.095	.056	1.058	.107	-.059	.943	.159	.020	.022
工人	.136	.113	.105	1.110	.128	.031	1.031	.185	.051**	.026
无固定职业	.179	.133	.228	1.256	.156	.302	1.352	.214	-.011	.030
性别(男性)	.619***	.059	-.296***	.744***	.067	-.055	.947	.092	.093***	.013
独生子女	.053	.069	-.113	.893	.079	-.102	.903	.108	-.031*	.016
年级(大一为参照)										
大二	.051	.098	-.041	.960	.115	-.012	.988	.140	-.088***	.022
大三	-.385***	.096	-.120	.887	.111	-.298**	.742**	.140	-.052*	.022
大四	-.953***	.109	.001	1.001	.129	.120	1.128	.155	-.026	.025
硕士	-.374***	.087	.055	1.057	.100	-.925***	.396***	.139	.264***	.020
博士	-.449***	.139	-.326**	.722**	.154	-.989***	.372***	.232	.552***	.032
定序模型 阈值: 就业信心=1	-1.488	.137								
就业信心=2	1.587	.135								
多项模型 Intercept			1.091		.153	-1.007		.214		
线性模型 (Constant)									7.861	.030
模型参数	-2 Log Likelihood =7727.32;		-2 Log Likelihood =8605.221						R²=.153;F=54.224	
自由度	17		34						17	
样本量	5116		5111						5107	

* $p<0.05$，** $p<0.01$，*** $p<0.001$。

第十一章
80后"蚁族"群体的生存现状

2003年初,我国首批扩招大学生进入社会,与下岗再就业职工和民工潮汇聚成就业洪峰,造成我国就业压力空前增大。据教育部日前公布的数据,2010年大学毕业生的人数达到630余万。而与此同时,中国社会正经历城市化、人口结构转变、劳动力市场转型、高等教育体制改革等一系列结构性因素的变化。在这些因素的综合作用下,近年来,在我国的城市,特别是大城市中,逐渐出现了一个以刚毕业大学生为主体的新群体——"高校毕业生低收入聚居群体"(别称"蚁族")。

自2007年以来,笔者带领课题组连续三年对"蚁族"进行持续跟踪调查,获得了有关这一群体的大量统计资料和第一手实证数据。2010年,课题组在北京、上海、广州、武汉、西安、重庆、南京等七个"蚁族"大规模聚居的城市开展"滚雪球"调查,共在"蚁族"聚居地发放问卷5161份,回收有效问卷4807份,回收率为93.1%,采取直接入户的方式进行,如图11-1所示,发放的5161份调查问卷分别分布在北京、上海、广州、武汉、西安、重庆、南京等地,发放问卷的比例分别为24.4%、23.1%、13.8%、11.1%、10.1%、9.2%及8.3%。[1]

---

[1] 本文数据均来源于此次调查。

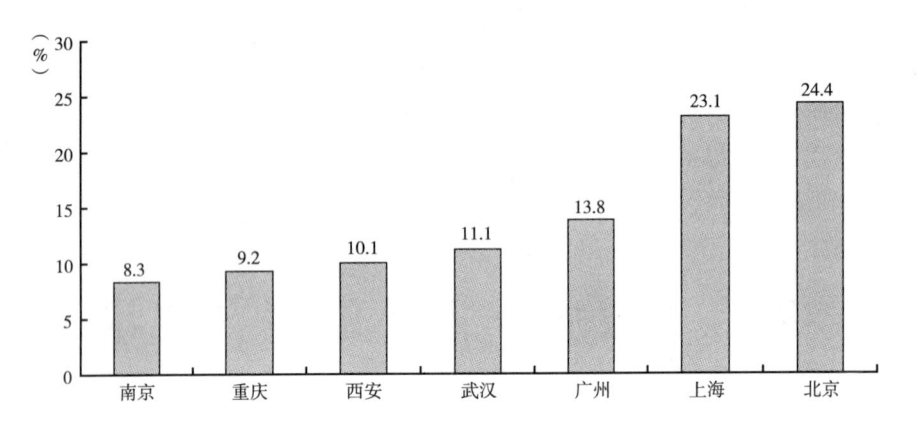

图11-1 "蚁族"调查样本分布

第一节 "蚁族"群体界定

"蚁族"群体具有三个典型特征：大学毕业、低收入、聚居的生活状态。

首先，该群体都是大学毕业生。"蚁族"年龄主要集中在22~29岁，以毕业5年内的大学生为主，80后占到调查总数的92.8%。从毕业院校看，毕业于211全国重点院校的占28.9%，毕业于非211普通高校的占52.3%，毕业于专科职业院校的占18.8%。从学历层次看，主要集中在国民教育系列本科和专科，两者之和占到了七成。从所学专业看，58.6%就读理工医等技术类专业，24%就读经济管理类专业。

其次，该群体收入较低。"蚁族"大多数从事简单的技术类和服务类工作，以保险推销、电子器材销售、广告营销、餐饮服务、教育培训等行业为主，群体中甚至有10.1%的人处于暂时失业状态。该群体月均收入为2000元左右，高于全国青年农民工平均月薪1748元。①

最后，在物理分布上，该群体经常呈现聚居的生活状态。"蚁族"主要

---

① 2011年2月20日，中华全国总工会发布《中国新生代农民工调查报告》。报告界定的新生代农民工是指出生于20世纪80年代以后，年龄16岁以上，在异地以非农就业为主的农业户籍人口，目前全国约1亿人。他们的平均月收入为1747.87元。可参见 http://news.163.com/11/0221/02/6TCO7CP600014AED.html。

聚居于人均月租金411元、人均居住面积不足10平方米的聚居村或群租房中，已经形成了一个个聚居区域。聚居村和群租房住宿条件简陋，已经形成了自给自足、自我封闭的低层级衍生经济圈。无照经营的小餐馆、小发廊、小作坊、小诊所、小网吧、小成人用品店和低档娱乐场所等各类经营门店大量集中且无序增加，入室盗窃、抢劫斗殴等治安案件频发，生活状态堪忧。

之所以将"高校毕业生低收入聚居群体"称为"蚁族"，是因为该群体和蚂蚁有很多相似的特点。

首先，蚂蚁具有较高的智商。据相关研究表明，蚂蚁是所有的昆虫中最聪明的物种。蚂蚁的高智商能用来描绘该群体所具有的"高知""受过高等教育"等特点。其次，蚂蚁属群居动物，一个蚁穴里常常有成千上万只蚂蚁，这也与该群体在物理状态下呈现聚居生活的特征相吻合。最后，蚂蚁很弱小，但若不给予其足够的重视，也会造成严重的灾害，中国古语即有"千里之堤、溃于蚁穴"之说，因此有人称蚂蚁为"弱小的强者"。蚂蚁这些特点与该群体弱势、低收入、不被人关注，易引发诸多社会问题等方面极为相似。此外，蚂蚁表现出来的兢兢业业、勤勤恳恳、永不放弃的特征也与此群体所具有的品质相吻合。

综合以上因素，我们将这个群体定名为"蚁族"，并根据该群体所处地域的不同，分别冠之以京蚁（北京）、沪蚁（上海）、江蚁（武汉）、秦蚁（西安）、穗蚁（广州）等称呼。

"蚁族"的人数到底有多少，没有确切统计数字。据课题组研究表明，仅"北上广"（北京、上海、广州）每个城市就存在13~15万左右的"蚁族"。此外，武汉、西安、重庆、太原、郑州、南京等主要省会城市"蚁族"规模在8~10万人左右。据初步分析，"蚁族"全国人数将在300万以上。

从历史可以得知，接受过高等教育的知识青年群体往往蕴含着极大的社会能量。在法、德、日和拉美诸国，都曾形成过这样一个大学毕业生低收入群体。种种反体制、反权威甚至反社会的极端情绪均发源于这个群体，或者经由这个群体向社会其他群体扩散。这其中比较著名的有法国的"五月风暴"和韩国的"光州事件"。尤其需要引起注意的是，2011年初在发展中国家爆发的中东北非骚乱，起源于低收入大学毕业生。整个骚乱事件的参与主体，也为低收入大学毕业生，即所谓突尼斯蚁族（突蚁）和埃及蚁族（埃蚁）。而在骚乱中"突蚁"和"埃蚁"提出的要求，不仅仅围绕经济领域，更多的集中在反对垄断、反对独裁、反对腐败和推进自由民主等政治体制改革方面。2011年在发达国家爆发的英国青年骚乱和美国"占领华尔街运动"，底层知识青年群体也同样构成了社会运动的先锋和主力。

从中国目前的情况看，从1999年开始，中国高等教育理念从传统精英教育向大众化教育转变，实行扩招政策。高等教育的扩招，使得以大学毕业生为代表的青年知识阶层发生了很大的分化：一少部分掌握丰富社会资源的大学毕业生被利益结构化，成为占社会主导地位的社会精英。这部分人大多家庭经济条件较好，他们进入国家机关或国有大中型企事业单位工作；而绝大部分大学毕业生被去利益结构化，成为底层知识群体，沦为"蚁族"。当前，中国底层知识青年不能融入主流社会，进而被逐步边缘化所引发的危险已初露端倪。一方面是在经济高速发展的大背景下，底层知识青年认为自己没有获得预期的收入，无法分享到改革发展的成果；另一方面，高等教育和长期在大城市工作生活又令他们产生了高期望值。这种强烈的反差既发生在经济领域，更是政治上的，政治与经济双重向上渠道受阻使他们感到前途渺茫，社会不公平感日益加重，这一现象必须引起警惕！

表11-1 "蚁族"全国主要城市分布地域

城市	蚁族	聚居地	分布特点
南京	宁蚁	玄武大道地区、城东马群的百水芊城、城北月苑小区周边、城南海福巷四方新村等。此外，还有很多租住在离市区相对远些的老小区，甚至棚户区，如江宁、马群、栖霞等地。	主要集中在城中村和一些离市区较远的棚户区
武汉	江蚁	洪山区的熊家咀、陈家湾、小何西村、纺织路、当代学生公寓等，武昌区周家大湾、东亭、岳家嘴、徐东村等，以及东湖高新区的东湖新村、曙光新村等高校周边的城中村。	以高校为中心，周围的城中村为主体
西安	秦蚁	赵家坡、杨家村、三爻村、瓦胡同、边家村等，八里村、胡家庙、鱼化寨、徐家庄、沙井村等。	高校周围的城中村以及一些城乡接合部地区
重庆	渝蚁	部分聚居在各大高校周边，以九龙坡黄桷坪、沙坪坝重庆大学附近、南岸四公里、回龙湾等地为主；另一部分"蚁族"则主要聚居在中心商圈附近的城中村或城乡接合部，以观音桥、石桥铺、高庙村等地为主。此外，住房价格相对低廉的两路、一碗水、井口地区也有部分"蚁族"聚居。	分布广泛

续表

城 市	蚁 族	聚居地	分布特点
广 州	穗 蚁	赤沙、棠下、上社等地,其中赤沙号称广州最大的"蚁族"居住地。此外,大学城的几个保留村:贝岗村、南亭村、北亭村、穗石村等也是"蚁族"聚居场所。	城中村和大学城周边
上 海	沪 蚁	徐家汇地区的一些城中村、张江集电港区域、中远两湾城、职达求职旅社、闵行区大学城周边等。	群租房、民房、求职旅社等"三位一体",分布较分散
北 京	京 蚁	小月河、六郎庄、西二旗、马连洼的土井村、肖家河、六里屯、永丰屯、大牛房、小牛房等地(唐家岭现已拆迁)。	城乡接合部或近郊农村

第二节 人口学特征

"蚁族"群体虽然还不是一个真正意义上的社会阶层,但由于年龄相仿、收入较低且普遍受过高等教育,因而有一定的同质性。本节从年龄、性别、民族、户口、政治面貌、宗教信仰、婚姻等方面来考察"蚁族"群体的基本情况。

一 年龄与性别

2009 年调查中男女比例基本持平,2010 年调查中男性占了 69.3%,女性占了 30.7%,男性数量是女性数量的 2 倍多,整体上呈现"男多女少"的状况,如图 11-2 所示。

从年龄来看,主要集中在 22~29 岁,占了全部受访者的 92.8%,"蚁族"中绝大多数为 80 后。如图 11-3 所示,22~25 岁的受访者比例达到 48.7%,即毕业 1~3 年左右的本、专科生最多;26~29 岁的受访者也占到 44.1%,表明大学毕业 3~5 年左右的人数也较多;30 岁及以上的受访者比例由 2009 年的 3.1% 上升到 5.5%,说明该群体年龄有向上延伸的趋势,这也从一个侧面反映出"蚁族"摆脱"聚居"的困境需要更长时间,从"蚁族"到"精英"的蜕变变得愈发艰难。

从年龄还可以看出,"蚁族"存在"三十而离"现象,即大学毕业后奋

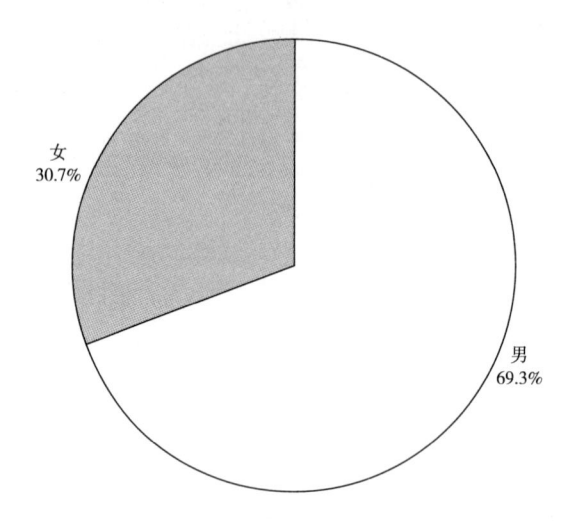

图 11-2 "蚁族"性别分布

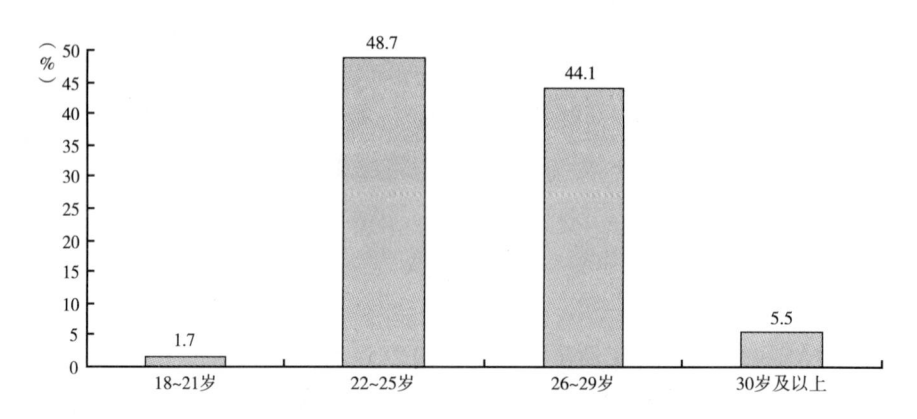

图 11-3 "蚁族"年龄分布

斗 5 年左右的时间,如果在城市没有实现梦想,大部分选择了离开。传统文化中的"三十而立"到了"蚁族"身上却是一个无奈的现实——"三十而离"。当然,也不排除少数"蚁族"因为取得成功而离开聚居村,搬到条件较好的社区或者自己买房。

进一步分析受访者的年龄结构,发现各年龄段的毕业生随着其毕业年数的增加,各届毕业生人数在持续下降,如图 11-4 所示,毕业第四年是一个"转折年",第四年以后人数下降加速,毕业四年以内的毕业生最多,这也从另一个角度反映出"蚁族"是一个"流动的"群体。2008 年和 2009 年的调研也发现了类似情况，可见，"蚁族"年龄主要集中在22~29岁，并且随着年龄的增加逐渐减少。

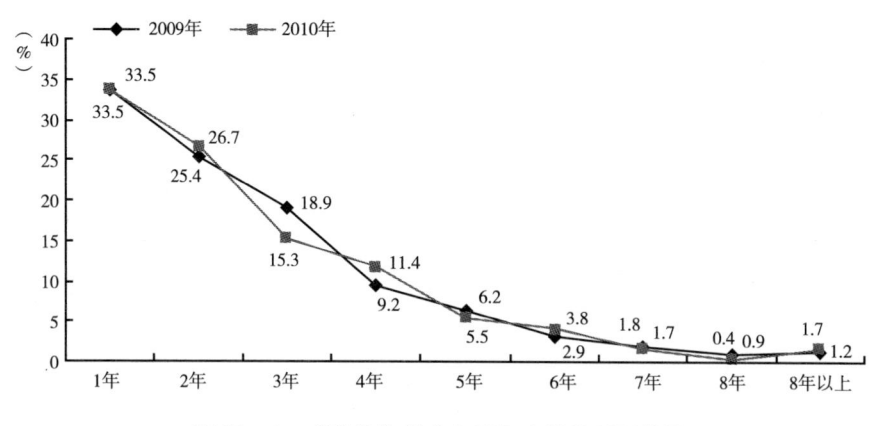

图 11-4 "蚁族"毕业年限与人数比例折线图

二 民族与户口

就民族而言，如图 11-5 所示，受访者中绝大多数都是汉族，比例高达90.3%；其他少数民族的受访者数量较少，其中满族为3.4%，回族为2.1%，蒙古族和壮族均占0.8%；受访者中仅有极少的如土家族、瑶族及苗族等其他少数民族。与2009年数据相比，比例基本一致。

就户口的性质而言，如图 11-6，有62.3%的受访者为外地农村户口，

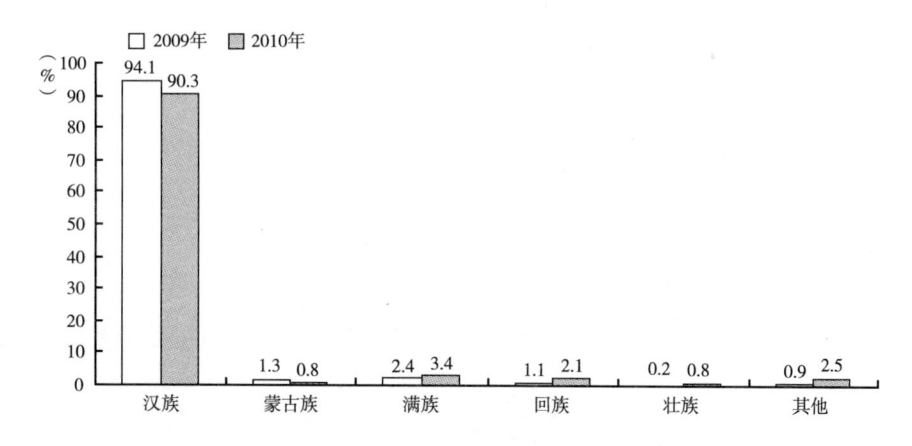

图 11-5 "蚁族"民族分布

24.2%为外地城市户口；11%是本地农村户口，2.5%是本地城镇户口。2009年的调查结果显示，八成多（85%）的受访者为外地户口，这一比例与2010年调查比例一致，比重从外地农村、外地城镇到本地农村、本地城镇依次降低，从户口角度看，"蚁族"群体呈现"农村多、城市少，外地多，本地少"的格局。

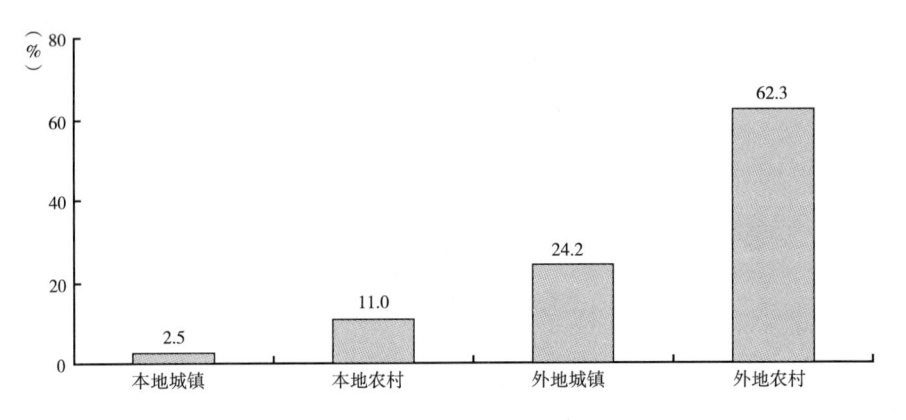

图11-6 "蚁族"户口性质

就家庭所在地性质而言，受访者中来自农村的最多，占到了42.9%；来自乡镇的次之，占20.6%；来自县级市及地级市的分别占到了15.1%和13%；来自省会或者直辖市的受访者很少，分别为5.5%及2.9%。2008年、2009年和2010年的调查均表明，"蚁族"中六成多是来自农村或乡镇。

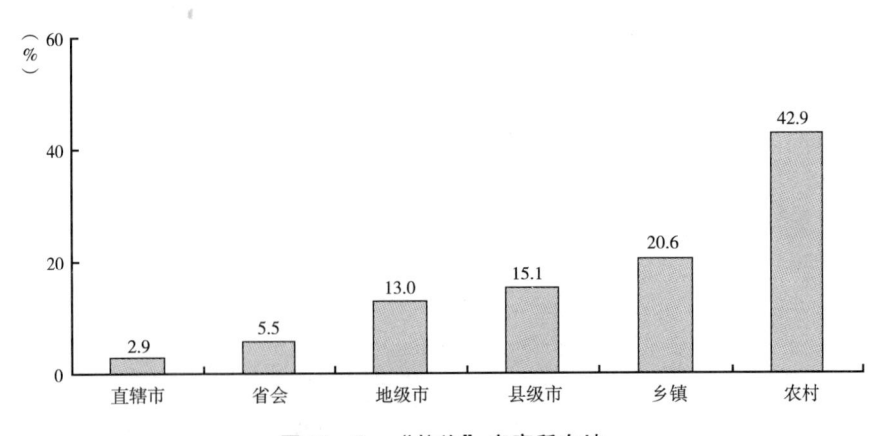

图11-7 "蚁族"家庭所在地

三 政治面貌与宗教信仰

课题组考察"蚁族"群体的政治面貌,如图11-8所示,"蚁族"以共青团员为主,占59.2%;无党派人员次之,占21.8%;中共党员占17.7%;民主党派很少,仅占1.3%。通过深访我们发现,在这个以青年人为主体的聚居区里,虽然以共青团员为主,但在现实中并不受任何团组织的管理,基本上不参加组织活动,也不缴纳团费,部分党员也存在着类似的情况,脱离党组织,没有过正常的组织生活,这与2008年和2009年的调查结果类似,呈现"团多党少组织弱"的情况,但同时也发现"蚁族"之间老乡、同学关系是主要的人际联系。

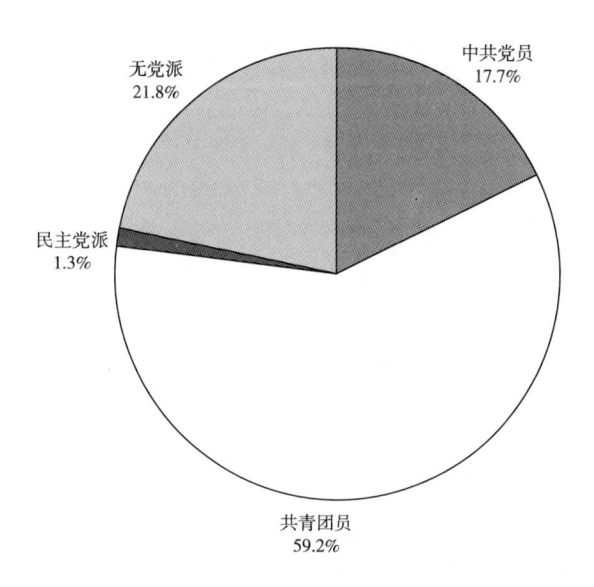

图11-8 "蚁族"政治面貌

在宗教信仰方面,如图11-9所示,无任何宗教信仰的受访者占到了78.5%。在信教的受访者中比例最高的是基督教,占到了8.3%,其次是回教,为5.6%;再次是天主教、佛教,分别为3.4%、2.8%;信徒最少的是道教,为1.4%;在宗教信仰及政治面貌构成方面,2010年的情况与2008年、2009年的调查结果相比,信教的比例在大幅度增加,特别是基督教,由2009年的1.8%增长到2010年的8.3%,增加了近5倍。对于"蚁族"教徒群体可以概括为"比例增大,外传教派多于本土教派"。

图 11-9 "蚁族"宗教信仰

四 婚姻状况

就婚姻状况而言，调查数据显示，86.9%的受访者未婚，13.1%为已婚，不存在离异和丧偶的情况。"蚁族"中未婚人数占到绝大部分，其中与异性同居的人占到总数的23.2%，如图11-10、11-11所示。

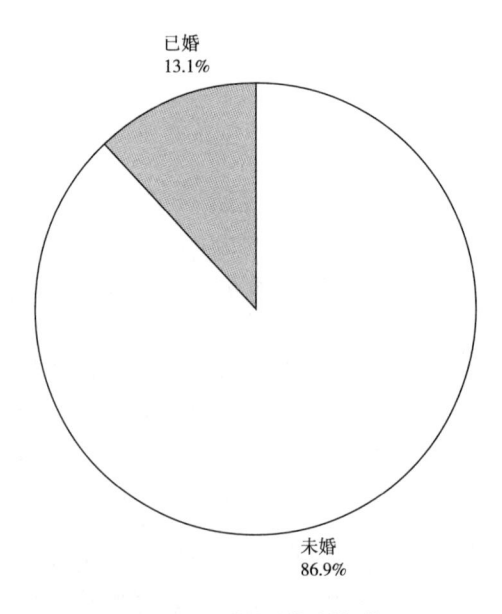

图 11-10 "蚁族"婚姻状况

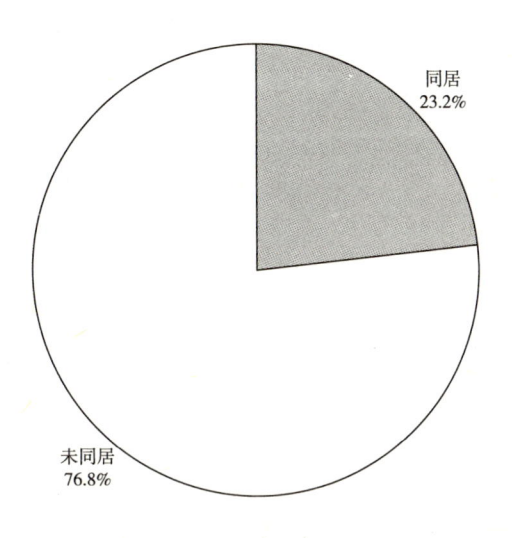

图 11-11　"蚁族"同居状况

在2009年调查中，有92.9%的受访者为未婚，仅7.1%为已婚，有23%的人处于同居状态。通过对比2009年的数据可以发现，2010年"蚁族"的婚姻状况呈现"结婚者数量增多、同居者数量未变"的情况。

第三节　就业与收入

近年来，社会对大学生需求的增长速度并没有赶上大学毕业生增加的速度，而对能够作为初级工人的高中和职专毕业生的需求却有增无减。伴随着高等教育的大众化，大量接受了大学教育而没有一技之长的大学生面临着就业难的尴尬局面。高校教育体制机制与社会需求的差异，是形成"蚁族"的潜在原因。而"蚁族"的就业，从其自身角度看来，是迈向社会的开端，是自立的开始，更是他们生命中重要的历程以及社会化中不可或缺的阶段。从社会的角度看，"蚁族"是我国经济发展过程中具有增值潜力的人力资源。如果他们不能良好就业，将可能带来人才资源、高等教育资源的浪费，并给社会带来潜在的威胁，影响我国的经济建设与和谐发展。

一　就业状况

"蚁族"以从事全职工作为主，93.7%的受访者在大学毕业后从事过全职工作,只有6.3%在毕业后没有从事过全职工作。调查时有81.1%的受访者正从事着全职工作,从事兼职工作、实习与自由职业的仅占8.8%,不足1/10。将2009年的数据与2010年的数据对比,两者最明显的区别是,全职工作的比例有所提高,失业的比例从2009年的18.6%下降到10.1%,在一定程度上反映出金融危机过后,就业率有所提高。

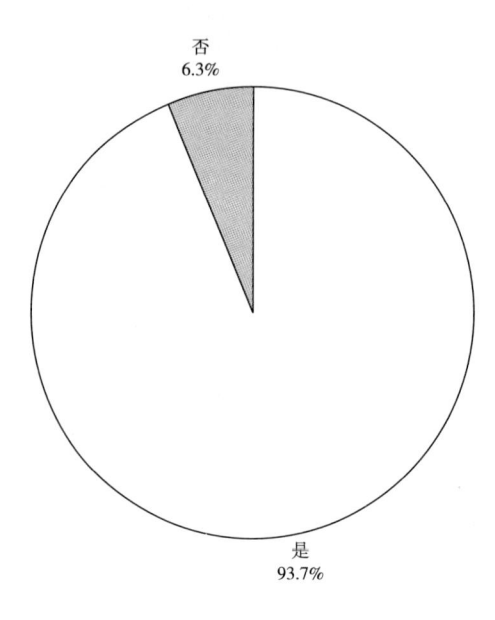

图11-12 "蚁族"全职工作

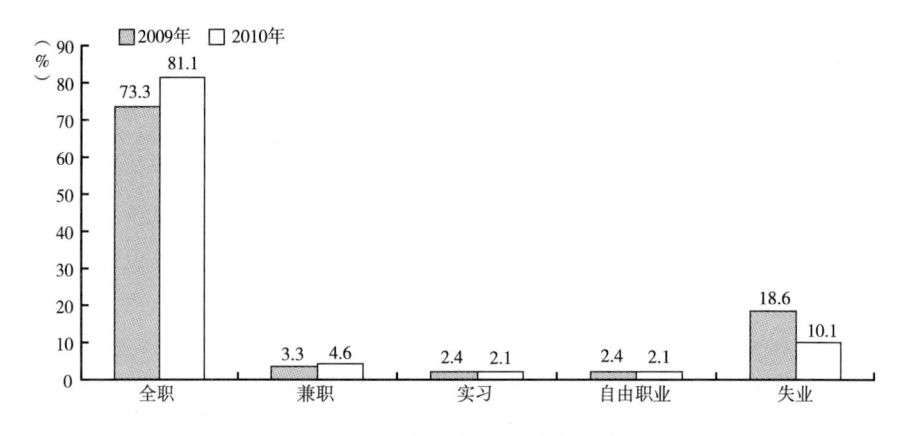

图11-13 "蚁族"工作的主要类型

受访者平均换工作的次数为 1.7 次。其中换过四次及以上工作的占 7.6%，换过三次工作的占 16.6%，换过两次工作的占 28.7%，换过一次工作的占 24.2%，没有换过工作的占 22.9%。换过两次工作的受访者所占比例最大，接近三成。绝大多数受访者的毕业年限为五年之内，可见"蚁族"换工作的频率比较高。

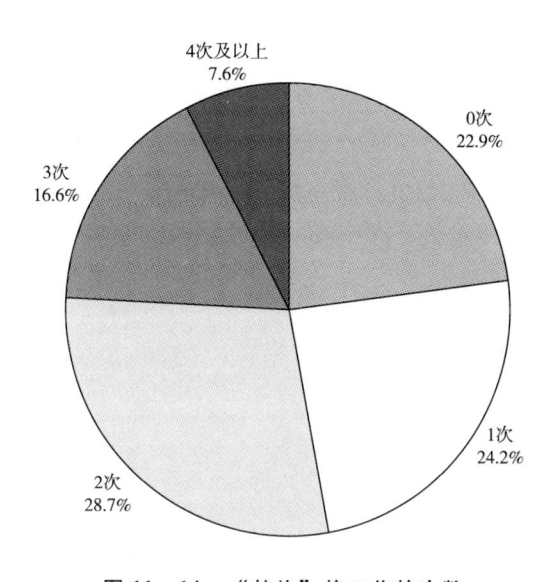

图 11-14　"蚁族"换工作的次数

如图 11-15 所示，受访者中绝大多数为专业技术人员或商业服务业人员，两者分别占 53.2% 和 30.3%，即以上两种职业的从业者占 4/5 强，其他职业从业人员不足 1/5。这与 2009 年的调查数据基本是一致的，2009 年专业技术人员与商业服务业人员所占比例分别为 46.2% 和 31.9%，共占近 4/5。可见受访者在 2010 年仍然以专业技术人员和商业服务业人员为主。

如图 11-16 所示，2010 年受访者工作单位性质以私/民营企业为主，有 63.6% 的受访者就职于此。受访者中在国有企事业单位、集体企事业单位中工作的比例分别占 9.2% 和 3.2%，即在公有制企业（包括集体和国有）中工作的受访者比例总体为 12.4%。

将 2010 年数据和 2009 年数据对比，2010 年受访者在公有制企业中任职的比例每一项都有所下降，总体上从 2009 年的 13.9% 下降到 2010 年的

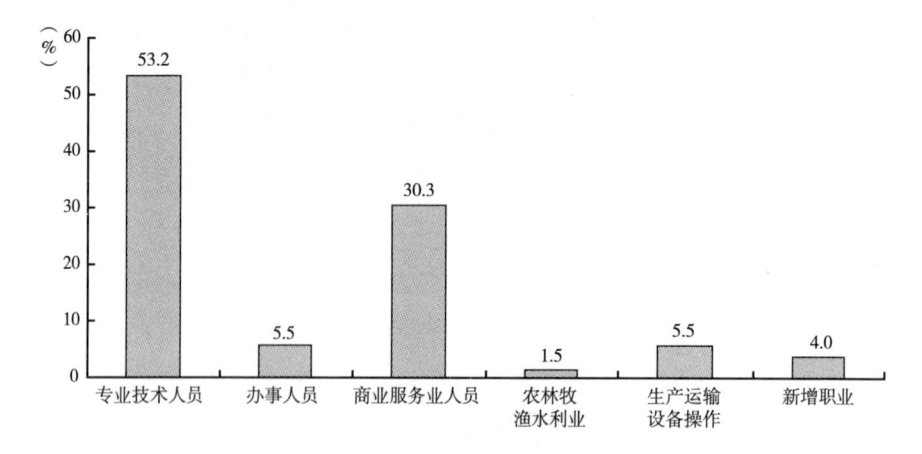

图 11-15 "蚁族"从事职业的种类

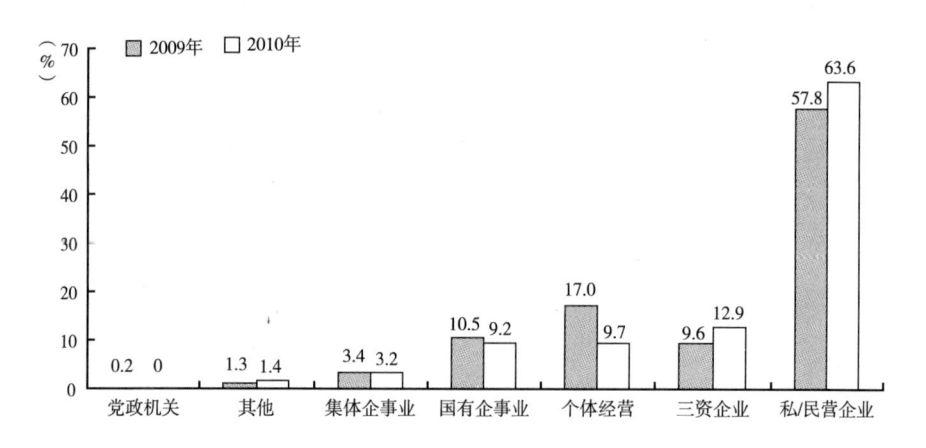

图 11-16 "蚁族"工作单位性质

12.4%。受访者在私/民营企业和三资企业的比例都有较大幅度的提升,提升幅度分别为 5.8 个和 3.3 个百分点。可见,个体经营、私/民营企业、三资企业等私有制企业仍然是吸纳大学毕业生就业的主渠道,国有企事业单位和集体企事业单位的受访者不仅比例非常小,而且都出现了下降趋势,在党政机关工作的受访者也从 2009 年的 0.2% 下降到 2010 年的 0%。

由图 11-17 可以看出,43.4% 的受访者在毕业后 3 个月内找到第一份全职工作,23.1% 的受访者在毕业前 3~6 个月找到第一份全职工作,另外有 10.9% 的受访者在毕业后 3~6 个月找到第一份全职工作,以上三项的累积百分比为 77.4%。可见毕业前后半年，尤其毕业后 3 个月内是受访者从事第一份全职工作的高峰期。

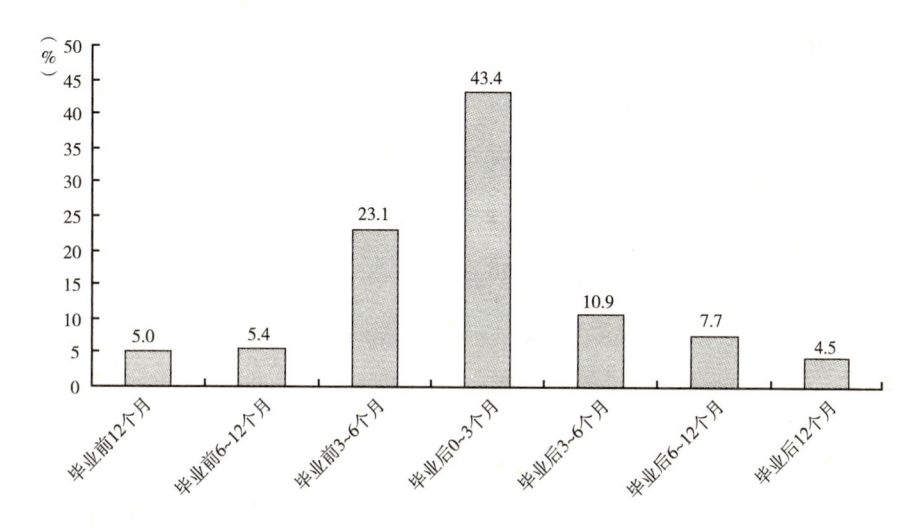

图 11-17 "蚁族"取得第一份全职工作时间（以月为单位）*

说明：此题涉及两个数据：A11a 您最高学位是在哪一年获得的；B1a 您是哪年哪月开始从事您第一份全职工作的。由于 A11a 只有年，没有月份，根据中国绝大多数高校的毕业月份，在数据处理时统一当成 7 月份。将这两个数据相减，得到新变量——第一份全职工作距离毕业的时间（以月为单位）。

二 收入状况

1. 实际收入

课题组调查显示，受访者 2010 年月平均收入为 1903.9 元。具体分布如图 11-18 所示，主要集中在 1500～2000 元收入段。收入 1000 元以下的受访者占 9.3%，1000～1500 元的占 18.2%，1500～2000 元的占 36.6%，2000～2500 元的占 11.1%，2500～3000 元的占 11.2%，3000～5000 元的占 9.5%，5000 元以上的占 4.1%。收入 2000 元以下的受访者比例为 64.1%，可见多数受访者的收入在平均水平以下，低收入受访者仍然占较大比例。

将 2008 年、2009 年、2010 年的数据进行对比分析，如图 11-19 所示。整体上呈现不规则的倒 U 形。其中，2008 年的最高点出现在 2000～2500 元收入段内，2009 年的最高点出现在 1000～1500 元收入段内，2010 年的最高点出现在 1500～2000 元收入段内。在 2500 元以上的收入段上，2010 年所占

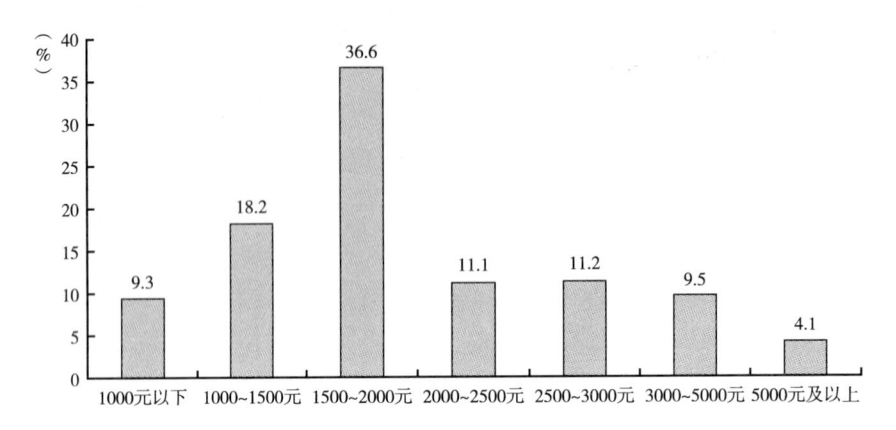

图 11-18 "蚁族"每月收入

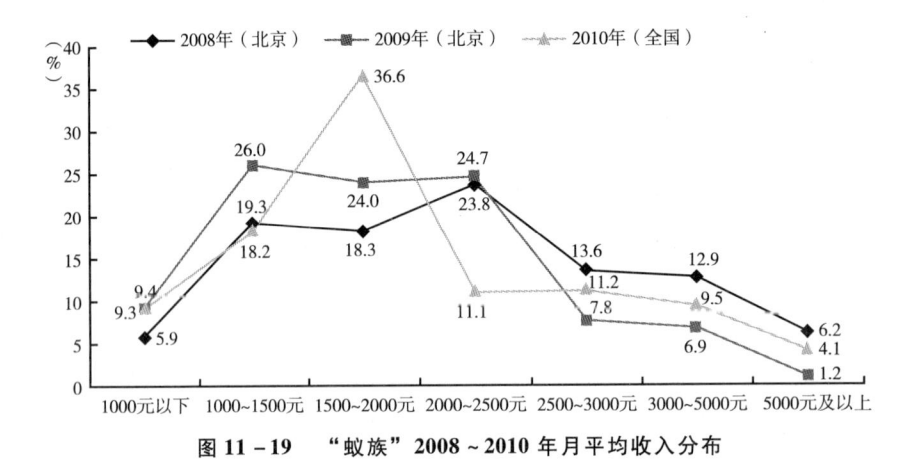

图 11-19 "蚁族"2008~2010年月平均收入分布

比重比2009年、2008年低10个百分点左右,反映出经济复苏的迹象并没有在"蚁族"身上得到明显体现。

2. 预期收入

不考虑性别的影响因素,受访者期望月收入均值为4504.5元。比2010年实际每月收入1903.9元多出2600.6元,实际收入仅达到预期收入的42.3%。有2/3的"蚁族"认为自己目前收入没有达到期望水平。

三 其他状况

如图11-20所示,"蚁族"在找工作过程中最看重的是收入待遇和个人发展,这两项在总体选择中分别占92.8%和74.9%,即绝大多数的"蚁族"对收入待遇和个人发展都非常看重。其次为学习机会和解决户口,这两项在总体选择中分别占63.9%和50.7%,即有一半多的人对学习机会和解决户口看得很重。"蚁族"在找工作过程中,最不看重的是职业声望、职位高低、工作强度和工作压力等方面,这些选项在总体选择中的比例均小于10%,表明"蚁族"愿意从事高强度、工作压力大、社会地位较低的工作,只要能够给予较高的收入待遇。

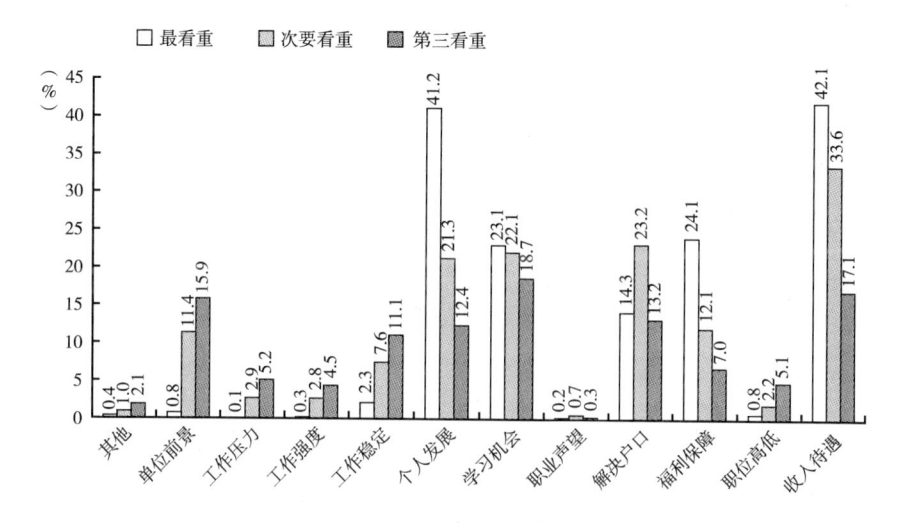

图11-20 "蚁族"在找工作过程中,最看重以上哪三个方面(多选)

如图11-21所示,"蚁族"选择留在大城市的原因主要是为了梦想和自我实现以及大城市良好的条件,这两个选项分别占48.5%和34.9%,为

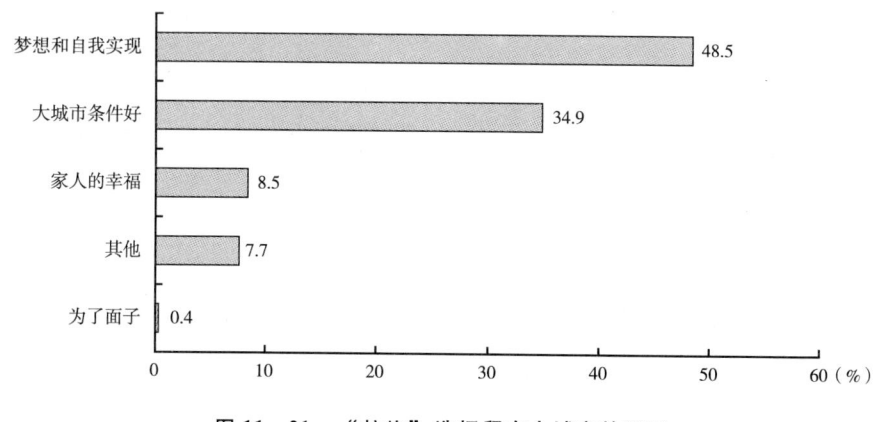

图11-21 "蚁族"选择留在大城市的原因

了家人的幸福所占比例不足10%，为了面子而留在大城市所占的比例仅为0.4%。"蚁族"留大城市的原因趋于理性和实际，不再从面子等角度来考虑，而是着眼于自我定位和未来发展。

第四节 居住与消费

随着中心城区和近郊区各项管理措施逐步到位，流动人口必然向周边环城带地区迁移。同时由于环城带地区交通便捷，生活成本低廉，可开发利用的土地相对较多，开发建设速度加快，就业、创业机会亦相对较多，加之这些地区大量合法和违法建设的出租房屋使刚刚毕业的大学生在此落脚成为可能，势必在此形成聚居，产生了"蚁族聚居村"。

一 居住情况

（一）居住面积

如图11-22所示，人均居住面积10平方米及以下的被访者占到了近六成（59.6%），与2009年的69.6%相比下降了10个百分点，尤其在5平方米及以下的居住人数比例上表现得最为突出（由2009年的38.4%下降到了2010年的20.4%）。人均租住面积在11~20平方米的占到了33.1%，而人均20平方米以上的被访者仅占7.3%。

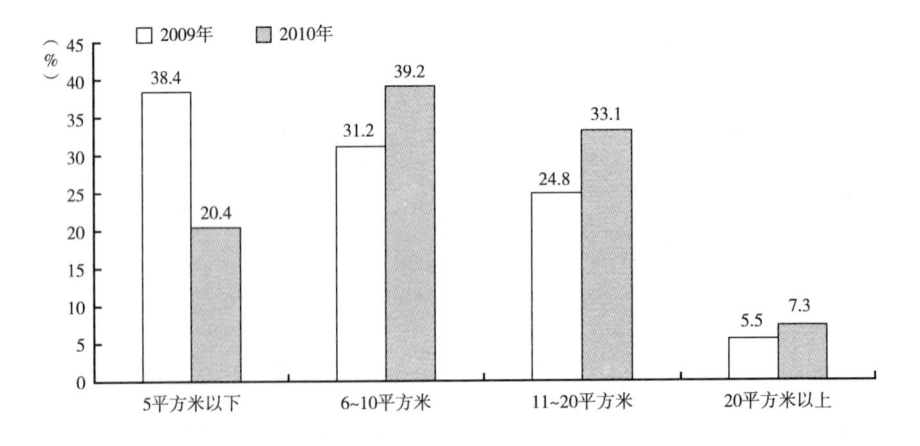

图11-22 "蚁族"2009年与2010年人均居住面积对比

(二) 长期居住

当被问及"是否会在本地长期居住"时,如图 11-23 所示,63.2% 的受访者理智地表示"不一定,要看自己的未来发展等",而有 13.4% 的受访者表示一定不会留在本地。由此可见,绝大多数受访者在居住地的选择上持较为理性的观点,不再把大城市作为自己今后发展的唯一选择,23.1% 的受访者则表现出了对于大城市的执著,表示一定会留在本地发展。

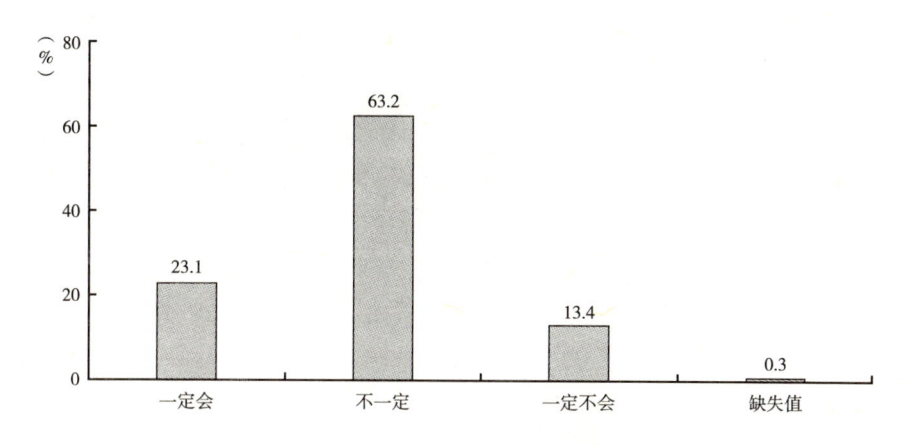

图 11-23　"蚁族"是否会在本地长期居住

(三) 购房计划

就购房打算而言,如图 11-24 所示,近六成 (57.6%) 的受访者表示"未来五年内不准备买房",而已经买房的受访者仅占 2.9%,有购房打算表示准备购买的受访者占 38.7%。这些数据可以验证上述有关 63.2% 的受访者不确定未来是否长期在本地居住的说法。

当问到未来五年内准备购房的受访者(占总体人数的 38.7%)打算在哪里买房时,如图 11-25 所示,39.2% 的受访者表示在本地即居住地购买,这一比例占到总体人数的 15.2%。26.3% 的受访者准备回家乡购买,也有 18.1% 的受访者去其他城市购买,还有 16.4% 的受访者没有想好在哪里购买,视情况而定,该比例占到了总人数的 6.6%。由此可以推算,至多有 21.8% 的受访者选择在本地买房(在本地购买和视情况而定),该数据也在一定程度上印证了"23.1% 的受访者一定会留在本地发展"的结论。

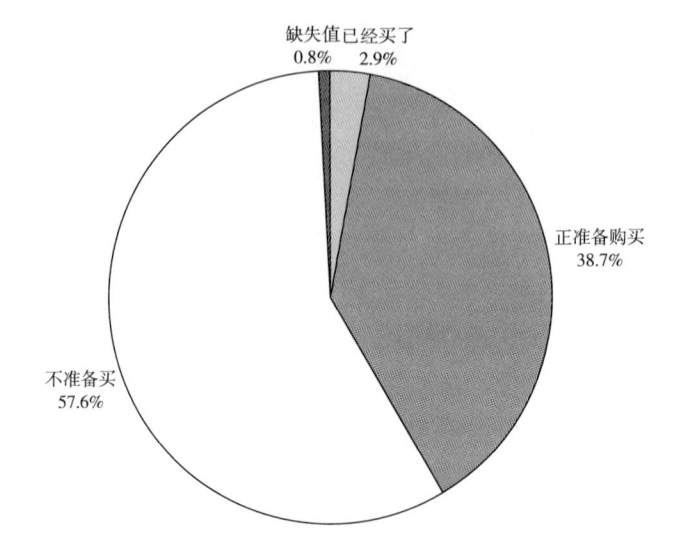

图 11-24 "蚁族"买房计划

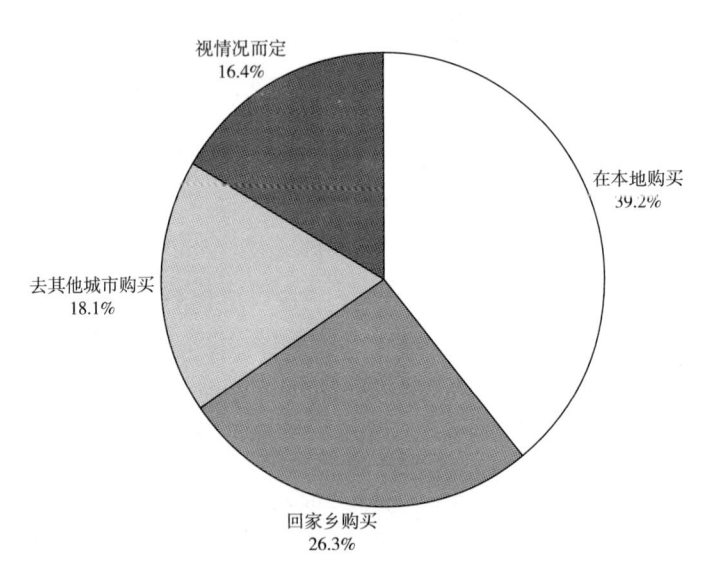

（饼图数据：缺失值 0.8%；已经买了 2.9%；正准备购买 38.7%；不准备买 57.6%）

图 11-25 "蚁族"买房地点

（饼图数据：视情况而定 16.4%；在本地购买 39.2%；回家乡购买 26.3%；去其他城市购买 18.1%）

二 消费情况

（一）月平均支出

由表 11-2 可见，受访者每月的房租平均为 411 元，每月的三餐费为

616元，每月的交通费用为107元，每月的电话、上网、娱乐社交费用以及其他花销分别是102元、53元、342元、236元，即受访者每月支出平均为1867元。同时，本次调查显示，受访者每月实际收入均值为1903.9元，可以看出，"蚁族"财务状况不容乐观。

表11-2 月均支出列表

单位：元

项　　目	金　　额
房　　租	411
三　　餐	616
交　　通	107
电　　话	102
上　　网	53
娱乐社交	342
其他主要花销	236
总　　计	1867

由表11-3数据可知，该群体在2008年和2009年的消费水平变化并不大[①]。但是2010年该群体的消费水平却有较大幅度提升，尤其表现在三餐消费和房租支出上，这既与2010年大城市房租整体提高有关[②]，也与整个社会日常消费品通货膨胀有关。

（二）亲情支出

亲情支出的调查表明，20.3%的受访者参加工作后，给过家人钱；还有79.7%的受访者没有给过家人钱。在这20.3%给过家人钱的受访者中，在上一年给家人钱的金额在"1000元以下"的占33.1%，"1000~2000元"的占25.7%，"2000~5000元"为23.1%，"5000~10000元"以及"10000元及以上"的分别占7.1%和11%。少量的结余导致了较低的亲情支出比例，支出的数量也是非常有限，八成多（81.9%）年均在5000元以下。

[①] 将娱乐社交支出计入2008年的支出统计数据后，其总支出与2009年大体相当。
[②] 例如，根据统计部门对北京15家重点房地产经纪公司调查显示，2010年3月份，北京住宅租赁成交量大幅增加，租赁均价为2865元/（套·月），环比上涨16.3%，比上年同期上涨19.3%。而我爱我家（北京某房地产经纪公司）4月份统计数据显示，4月份全市租金水平同比2009年同期已经上涨了20.38%。5月份，北京租赁市场租金价格同比涨幅达23.33%，已经突破了2008年奥运会期间的月度租金高点。

表 11 - 3　2008～2010 年月平均支出

单位：元

支出项目	2008 年	2009 年	2010 年
房　　租	349.84	377.24	411.39
三　　餐	451.94	529.13	615.94
交　　通	89.35	82.01	107.24
电　　话	109.82	95.20	101.62
上　　网	50.42	47.34	52.76
娱乐社交	—*	281.98	342.26
其他主要花销	221.67	262.70	236.45
总　　计	1273.04	1675.6	1867.66

注：2008 年调查中未统计该项目支出。

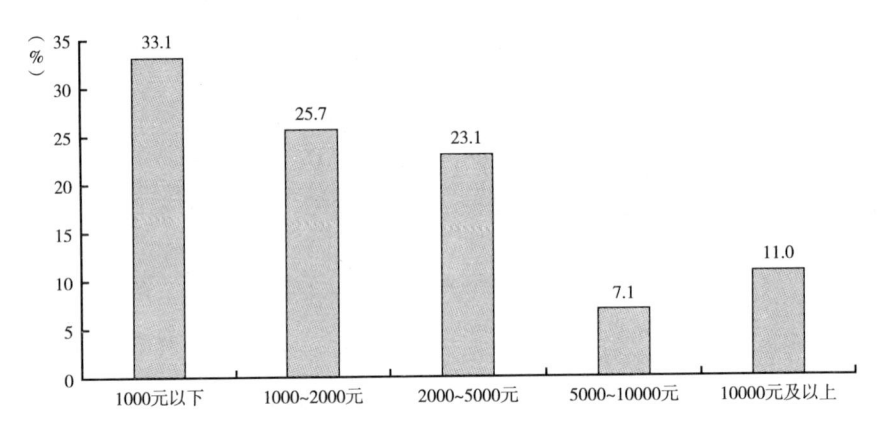

图 11 - 26　"蚁族"亲情支出状况

（三）结余状况

在每月结余状况方面，每月结余较多的受访者仅占 8.1%，略有结余的为 11.2%；而收支平衡的为 34.6%，令人深思的是，竟有 46.1% 的"蚁族"处于收不抵支的状况，没有结余的"蚁族"比例达到了 80.7%，可以说绝大多数"蚁族"是"月光族和负翁族"。这一结论也印证了上述有关受访者月均收入 1903.9 元、支出数额 1867 元的数据。通过深访我们发现，这部分没有结余的"蚁族"基本上依赖信用卡和家里接济来维持日常的生活开销。

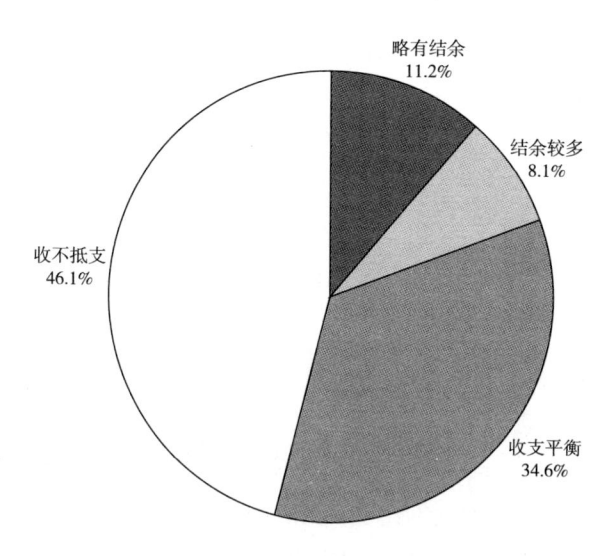

图 11-27 "蚁族"结余状况

略有结余 11.2%
结余较多 8.1%
收不抵支 46.1%
收支平衡 34.6%

三 生活状况归因

当被问及目前的生活状况与哪方面的因素有密切的关系时，57.1%的受访者认为是社会因素造成的，28.1%的受访者认为自己的境遇与家庭因素关系密切，只有14.4%的受访者把目前的生活状况归结为个人因素。通过与2009年调查数据比较可以看出，把"社会因素"作为自己生活现状归因的比例在大幅度增加，由2009年的29%提高到2010年的57.1%，而

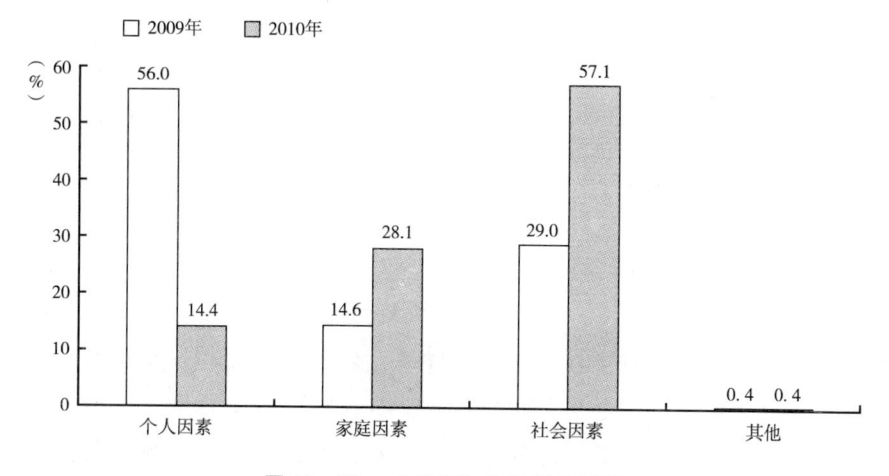

图 11-28 "蚁族"生活影响因素

因素	2009年	2010年
个人因素	56.0	14.4
家庭因素	14.6	28.1
社会因素	29.0	57.1
其他	0.4	0.4

把"个人因素"作为现状归因的比例大幅度下降，由 2009 年的 56% 减少到 2010 年的 14.4%，这表明越来越多的"蚁族"意识到自身的因素不是造成现在生活窘境的主要原因，更多的把社会因素看做造成自己现状的主要因素。

第五节　网络行为与社会参与

"蚁族"是正在进行社会化的高知青年群体，网络成为该群体进行舆论表达、参与社会行动的重要途径；两者的结合使该群体借助网络进行社会化，即以网络为载体学习和掌握知识、技能，理解和运用规范、价值观等社会文化的行为方式。长期的网络交流习惯和网络匿名的特性，加上该群体由于现状窘迫，普遍不愿意与家人说明真实境况，使得互联网成为他们与外界交流的主要途径。

一　网络使用状况

课题组对于"蚁族"网络使用的研究主要从两方面来展开：一是网络内容使用方面，二是网络功能使用方面。

如图 11-29 所示，在网络内容使用方面，排在"蚁族"使用网络主要关注点前三位的分别是"社会民生""体育娱乐"及"文化教育"，排在后三位的分别为"生活居家""网络游戏"及"其他"。通过访谈，课题组了解到"蚁族"对"社会民生"的关注主要是因为自身生活条件的不尽如人意，需要得到政策、社会保障方面的倾斜，在网络使用时比较关注此类信息。而对"体育娱乐"及"文化教育"的关注则是因为"蚁族"群体作为一个青年群体的普遍性特征。结合"生活居家""网络游戏"等网络内容的使用频次，可以发现"蚁族"群体是一个注重成长学习的群体，对教育关注度较高，对网络游戏等关注度很低。

在网络功能使用方面，主要通过网络使用偏好来进行分析。所谓网络使用偏好，是指在使用网络时，个人（群体）较多地使用同一类性质的网络内容，一般分为以下几类："网络信息使用偏好"（浏览网页、搜索引擎等）、"网络娱乐使用偏好"（网络游戏、多媒体娱乐等）、"网络社交使用偏好"（聊天室、QQ、BBS 论坛等）及"网络交易使用偏好"（网络支付、

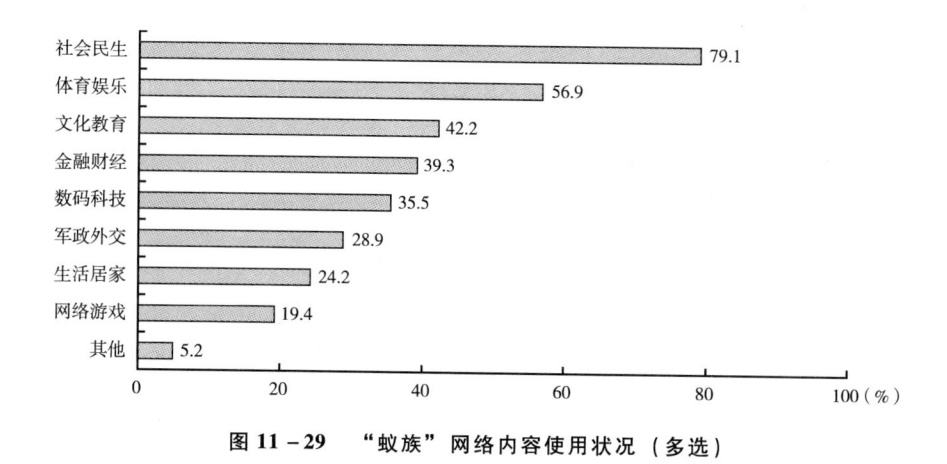

图 11-29 "蚁族"网络内容使用状况（多选）

- 社会民生 79.1
- 体育娱乐 56.9
- 文化教育 42.2
- 金融财经 39.3
- 数码科技 35.5
- 军政外交 28.9
- 生活居家 24.2
- 网络游戏 19.4
- 其他 5.2

网络购物等）。

如图 11-30 所示，"蚁族"网络功能使用主要集中在"网络信息使用偏好"上，如网络新闻（82.5%）、电子邮件（70.6%）、搜索引擎（66.8%）等（括号内为网络使用率）；其次是"网络社交使用偏好"，包括即时通讯（61.1%）、博客空间（44.5%）及 BBS（42.2%）；最后是"网络娱乐使用偏好"和"网络交易使用偏好"。网络功能的层次差异表明"蚁族"在上网时把主要的时间和精力放在网络信息上，其后是社交，最末是网络交易和网络娱乐，而后两者在中国互联网中心的第 26 次全国调查中占据着比较重要的地位。这就凸显了知识青年的积极性和理性行

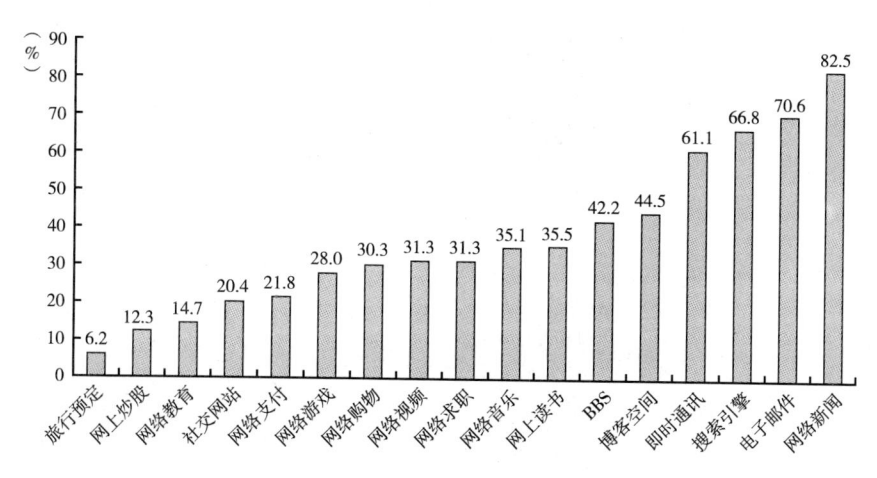

图 11-30 "蚁族"网络功能使用状况（多选）

- 旅行预定 6.2
- 网上炒股 12.3
- 网络教育 14.7
- 社交网站 20.4
- 网络支付 21.8
- 网络游戏 28.0
- 网络购物 30.3
- 网络视频 31.3
- 网络求职 31.3
- 网络音乐 35.1
- 网上读书 35.5
- BBS 42.2
- 博客空间 44.5
- 即时通讯 61.1
- 搜索引擎 66.8
- 电子邮件 70.6
- 网络新闻 82.5

为，利用网络的主要目的是学习、工作以及自身发展。与2009年调查结果相比，两次调查中"网络信息使用偏好"均是"蚁族"最重要的使用功能。

二 网络民主

网络民主是随着计算机技术和互联网技术发展而兴起的一种新型的政治参与手段和模式，主要指人们通过互联网实现价值观和政治立场的交流、集中和反映，以及政治意愿的表达等。课题组三年调查发现，"蚁族"现实生活中缺乏政治参与的途径，网络民主在一定程度上能够反映"蚁族"的政治参与状况及政治态度。一般来说，网络民主可以通过三个方面来体现：政府与民众的沟通机制、民意表达机制和民众对信息的知情权等。

对"网络投票"为代表的政府与民众沟通机制的分析表明，八成多（83.6%）的受访者赞成网络投票，六成多（63.1%）的受访者参与网络投票；1.3%不赞成但参与，4.6%既不赞成也不参与，表明在沟通机制上，赞成度高，参与度高（如图11-31所示）。

对"总理听我说"等网络平台为代表的民意表达机制分析表明，受访者中赞成者超过八成（81.9%），参与者超过四成（41.6%），不赞成但参

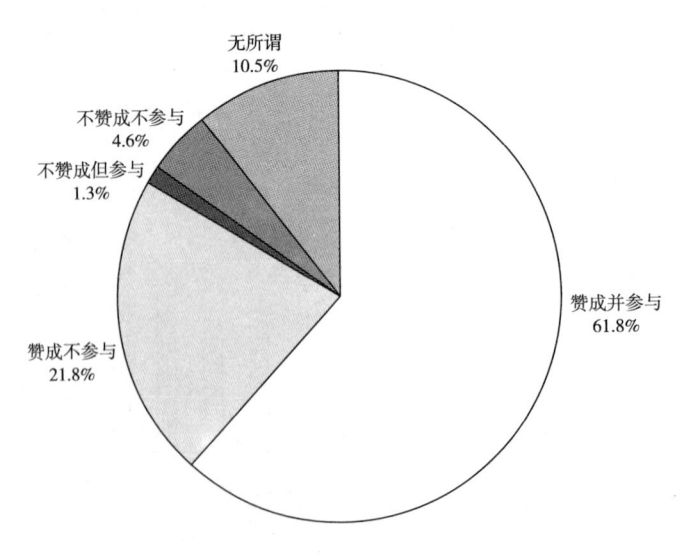

图11-31 "蚁族"网络投票

与者为 1.3%，既不赞成也不参与的为 6.7%，表明在民意表达机制上，赞成度高，参与度略低（如图 11-32 所示）。

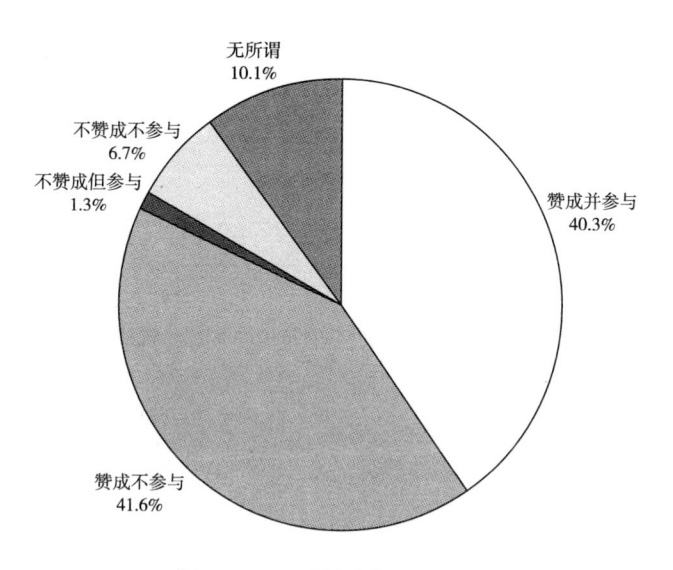

图 11-32 "蚁族"网络互动

加大政府信息网上公开力度，让民众拥有更多的知情权是网络民主的重要手段，也是民众对政府信任的基础之一。课题组调查表明，在面对突发事件时，受访者对政府的信任度不高，在民间传闻与政府信息两者之间，大多数受访者对民间传闻和政府信息都有部分相信（70%），但相比之下，更倾向于信任民间传闻（12.2% > 11.4%），可以看出，"蚁族"在面对社会事件时往往会多方搜集信息，做出自己的判断。对于"蚁族"群体来说，网络民主中的信息知情权需要进一步加强（如图 11-33 所示）。

三 网络群体性事件

在虚拟的网络世界中，经常会发生一些群体性的活动，比如人肉搜索、网络声援、签名等网络活动。在面对网络群体性事件时，"蚁族"群体的反应是相对积极的，多数的"蚁族"会以各种网络方式参与到事件中来，如转帖传播、与人讨论，其中最多的参与方式是"点击浏览"（62.7%），如图 11-34 所示；76.8% 的受访者认为大部分的社会事件与

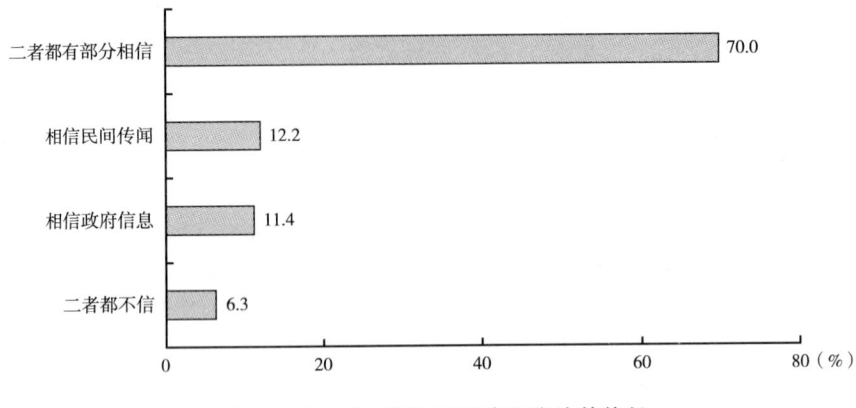

```
二者都有部分相信  ████████████████ 70.0
相信民间传闻      ███ 12.2
相信政府信息      ███ 11.4
二者都不信        ██ 6.3
              0    20    40    60    80(%)
```

图 11-33 "蚁族"对政府和舆论的信任

自身的利益没有直接关系，有 14.6% 的受访者认为这些事件会维护或增加自己的利益，仅有 3.9% 的受访者认为会损害自身的利益（如图 11-35 所示）。

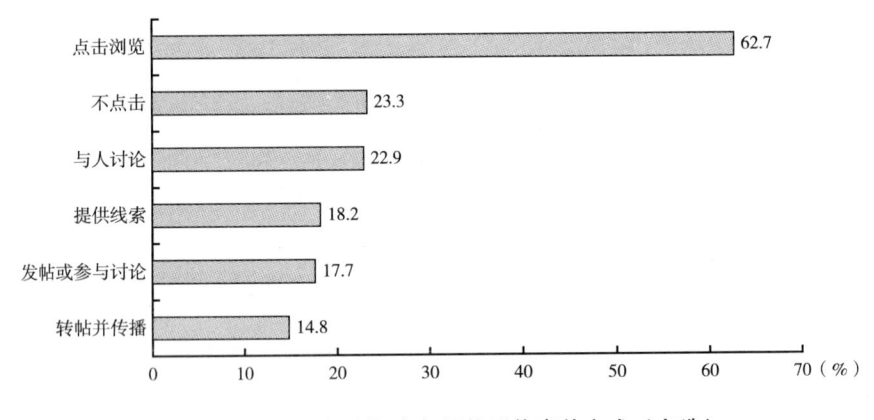

```
点击浏览        █████████████ 62.7
不点击          █████ 23.3
与人讨论        █████ 22.9
提供线索        ████ 18.2
发帖或参与讨论  ████ 17.7
转帖并传播      ███ 14.8
            0   10   20   30   40   50   60   70(%)
```

图 11-34 "蚁族"参与网络群体事件方式（多选）

进一步的分析表明，"蚁族"认为网络群体性活动主要是涉及某些人个人的行为（54%）和政府有关部门行为（47.9%），如图 11-36 所示。

绝大部分的"蚁族"在面对网络群体事件时会保持沉默，只有极少数"蚁族"（9.7%）声援过网络群体性事件（如图 11-37 所示）；但绝大多数（78.9%）的"蚁族"认为网络群体性事件会对现实生活产

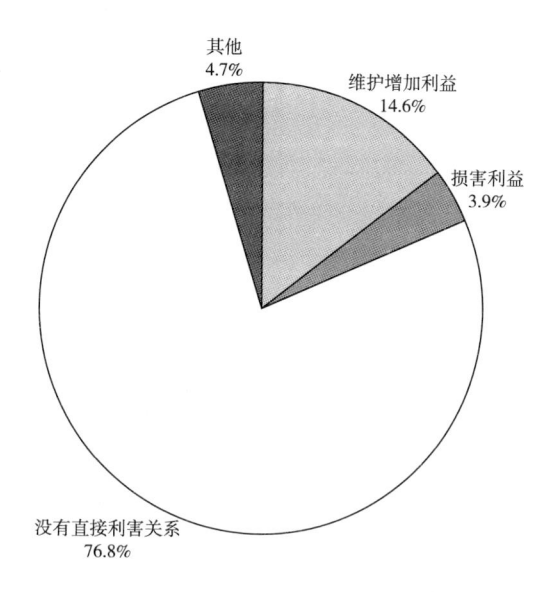

图 11-35 社会事件与"蚁族"利益关联性

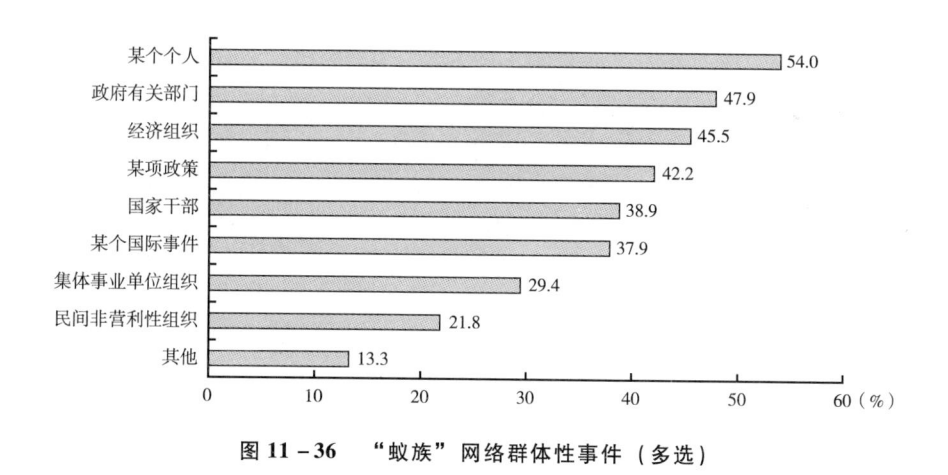

图 11-36 "蚁族"网络群体性事件（多选）

生影响（如图 11-38 所示）。总体上看，面对网络群体性事件时"蚁族"参与度低，影响性大，存在着"只看不动"的现状，旁观者居多。

四 网络经历

如图 11-39 所示，课题组调查发现，在受访者中，所发文章或帖子被

声援
9.7%

未声援
90.3%

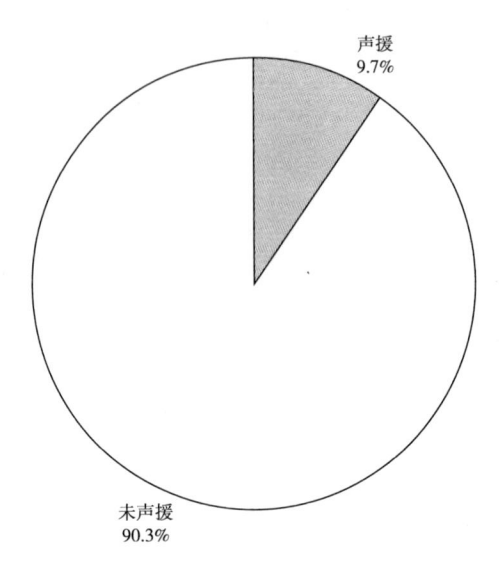

图 11-37 "蚁族"网络声援

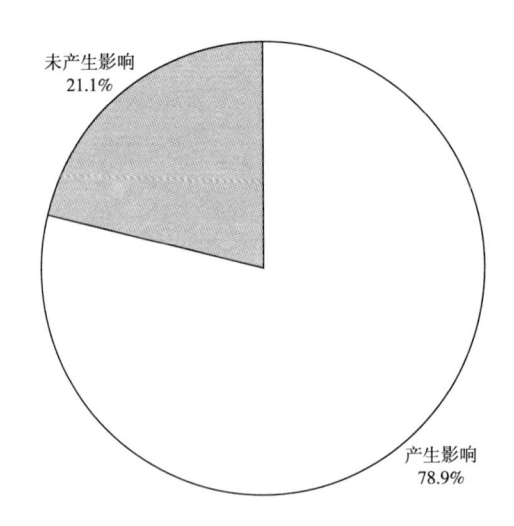

未产生影响
21.1%

产生影响
78.9%

图 11-38 "蚁族"认为网络事件对现实的影响

大量回帖和大量转载的比例分别占到 43.7% 和 27.7%，表明"蚁族"对社会事件或有关生活状况的观点得到了其他群体网民的广泛认同。同时，有 22.7% 的受访者曾在博客中评论社会现象或社会事件，吸引大量网友关注，又有 21.8% 的受访者有过版主经历，14.3% 的受访者制作的视频被大量下载或浏览（"蚁族"群体中很多人从事着 IT 相关职业），这些显示出"蚁族"中存在出现"意见领袖"或"公共知识分子"的迹象。此外,受访者中有近二成(19.7%)曾有过通过"代理服务器"登陆境外网站获取信息的经历,值得特别关注。

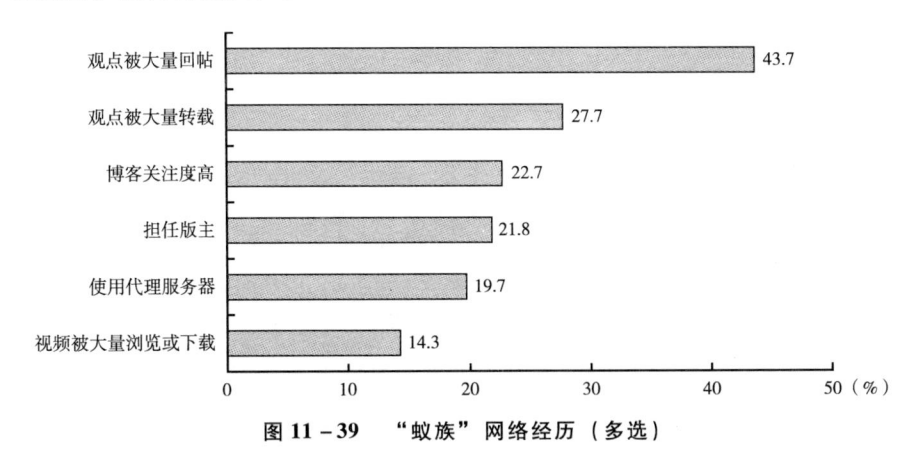

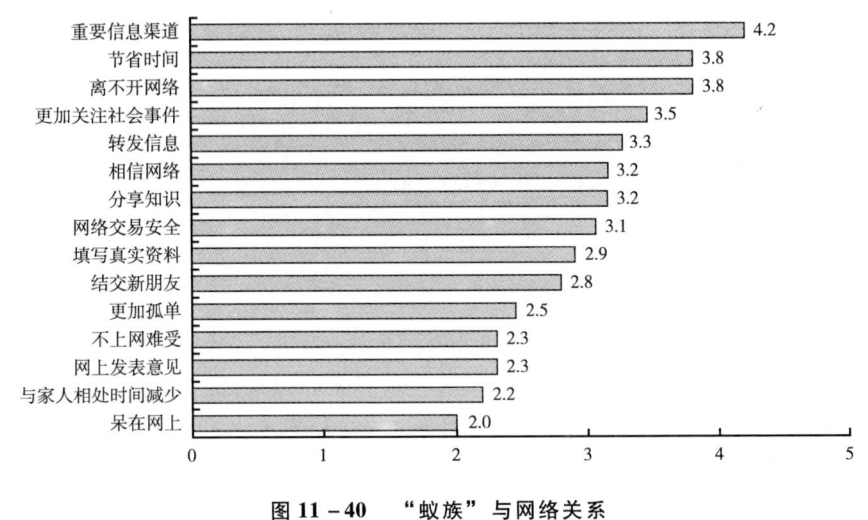

项目	百分比(%)
观点被大量回帖	43.7
观点被大量转载	27.7
博客关注度高	22.7
担任版主	21.8
使用代理服务器	19.7
视频被大量浏览或下载	14.3

图 11-39 "蚁族"网络经历(多选)

项目	得分
重要信息渠道	4.2
节省时间	3.8
离不开网络	3.8
更加关注社会事件	3.5
转发信息	3.3
相信网络	3.2
分享知识	3.2
网络交易安全	3.1
填写真实资料	2.9
结交新朋友	2.8
更加孤单	2.5
不上网难受	2.3
网上发表意见	2.3
与家人相处时间减少	2.2
呆在网上	2.0

图 11-40 "蚁族"与网络关系

"蚁族"与网络的关系①在 2009 年调查中为"用而不沉迷",在本次调查中课题组结论基本与 2009 年的一致,网络依赖度较低("待在网上"2

---

① 网络依赖度通过"待在网上"与"不上网难受"两项来统计,网络使用度通过"重要信息渠道""节省时间""关注社会事件"来反映,网络信任度通过"相信网络""网络交易安全""与电视信息比较更相信网路""填写真实资料"等项目来反映。计分采用五点计分法,中间值为 2.5 分,高于 2.5 分表示程度较高,低于 2.5 分则相对较低。

分、"不上网难受"2.3分），网络使用度较高（"重要信息渠道"4.2分、"节省时间"3.8分、"关注社会事件"3.5分）；同时，对网络信任度与2009年调查结果相比也在提升（"网络交易安全"得分3.1、"与电视信息相比更相信网络信息"得分3.2、"填写真实资料"得分2.9）。这些均表明，"蚁族"对网络的信任度高于平均值2.5，对于网络生活的总体状况可以总结为"信而用之，用而不沉迷"。

第六节 社会态度

课题组此次调研就"蚁族"对社会现象的态度进行重点调查，通过调查受访者对贫富差距、医疗、住房、司法、教育、富二代、打黑行动、权力分配、税收分配、申诉权力等方面的意见倾向来判定。总体而言，在经济方面，多数受访者不认为拉开贫富差距能调动人们的工作积极性；但多数人认为经济条件好的人比经济条件差的人在社会事务上有更多的发言权；多数人认为应该从收入高的人群里征收更多的税来帮助穷人；在司法方面，多数受访者认为司法不公正的现象突出；在社会生活方面，多数受访者认为看病难、房价高、富二代等问题突出。

一 经济方面

在经济方面，从税收分配、经济地位决定发言权、贫富差距等方面展开调查，如图11-41所示，在税收方面，61.3%的人认为"应该从收入高的人那里征更多的税来帮助穷人"；在权力分配问题上，64.7%的人认为"经济条件好的人比经济条件差的人在社会事务上有更多的发言权"；在"拉开贫富差距，能调动人们工作积极性"的问题上，60.5%的受访者持反对意见。

二 司法方面

在司法方面，从司法公正、申诉权力等方面展开调查。如图11-42所示，79%的人认为"如对政策法规有不同意见，人们有权向政府申诉"；在"只要不违法犯罪，法律基本与我的生活无关"的问题上，不同意的占

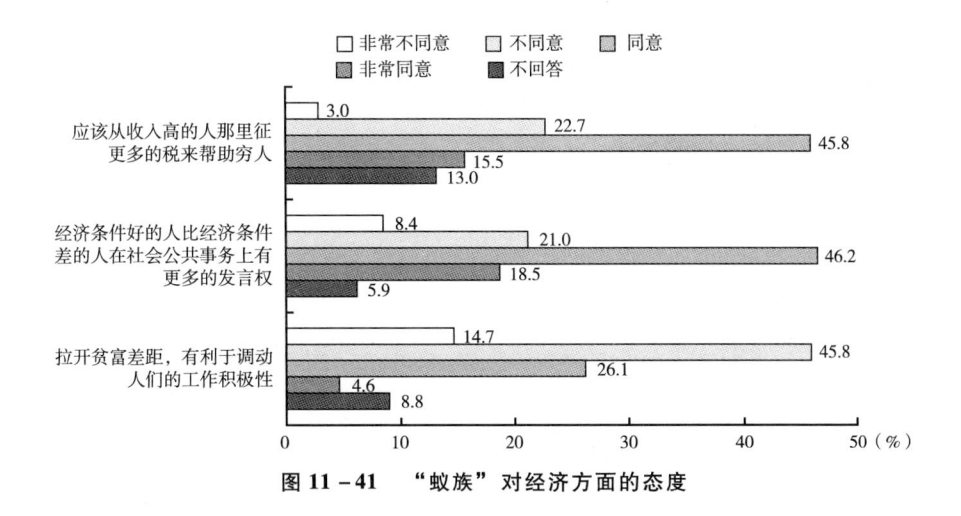

图 11-41 "蚁族"对经济方面的态度

76.5%，受访者基本持反对意见，认为法律与生活并不是无关的；65.1%的受访者认为"现在社会司法不公正的现象突出"。

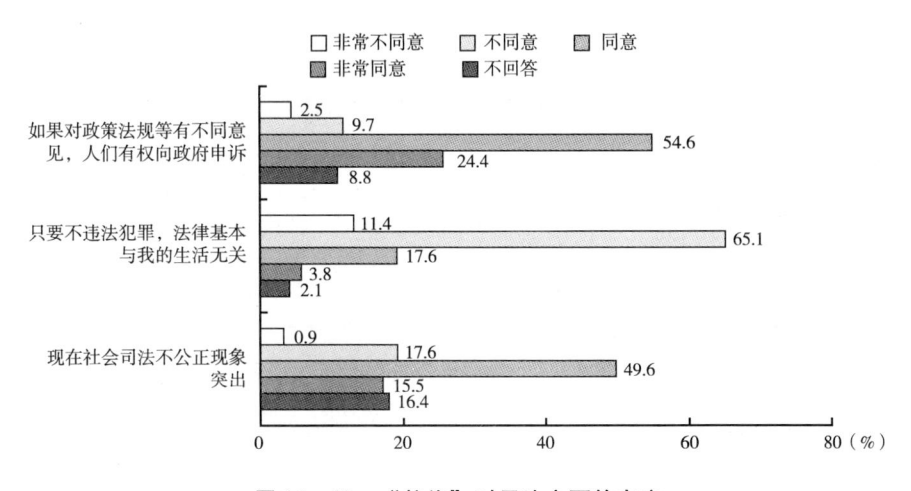

图 11-42 "蚁族"对司法方面的态度

三 社会生活方面

在社会生活方面，从医疗、教育、住房、打黑、富二代等方面展开调查，如图 11-43 所示，94.6%的受访者表示赞同"看病难"的提法，94.9%的受访者认为"房价已经远远超出了普通百姓的承受范围"，62.3%的人认为"高等教育对就业没有太大帮助"；在"富二代醉酒撞人"问题上，90.1%的人认为应重惩；在打黑问题上，82.8%的人认为"打黑行动有助于打击黑恶势力，但难以治本"。

图例：非常不同意　不同意　同意　非常同意　不回答

普通百姓看病难，看不起大病：1.2 / 2.9 / 42.9 / 51.7 / 1.3

房价已经远远超出了百姓的承受范围：1.7 / 1.3 / 19.3 / 75.6 / 2.1

高等教育对就业没有太大帮助：13.8 / 13.8 / 45.9 / 16.4 / 10.1

富二代醉酒驾驶撞人更加应予以重惩：1.6 / 3.2 / 54.8 / 35.3 / 5.1

打黑行动有助于打击黑恶势力，但难以治本：1.3 / 9.2 / 62.6 / 20.2 / 6.7

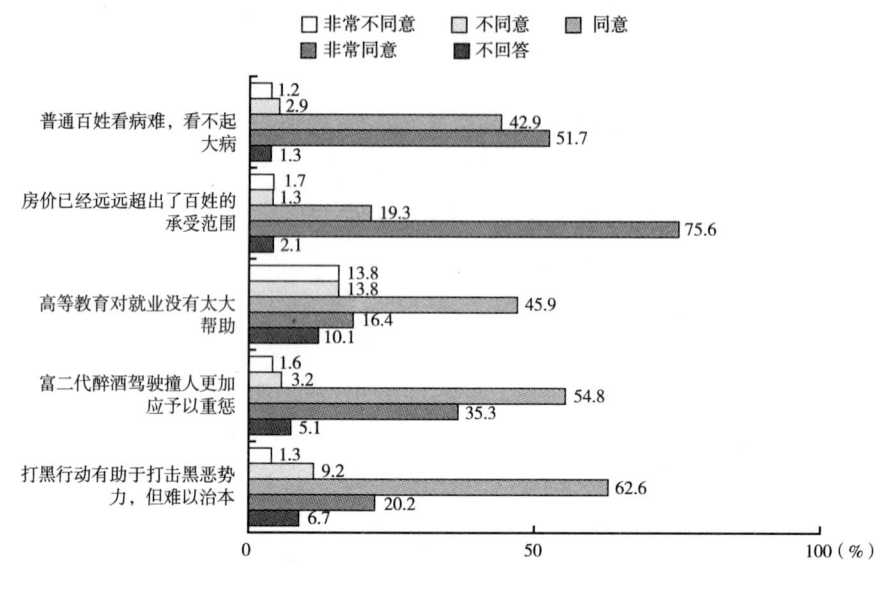

图 11-43　"蚁族"对社会事件的态度

四　对重大事件的关注度

关于社会问题的关注度研究，从政治、经济、社会等三个方面对近年来发生的较为重大的社会事件关注度展开调查，如图 11-44 所示。

受访者对社会事件的关注程度依次为：云南监狱"躲猫猫"事件、杭州富二代醉驾案、邓玉娇案、上海钓鱼执法事件、新疆 7·5 事件等。

其中，对最关注的事情按类别进行分析，如图 11-45 所示，依次为：社会民生（34%）、司法公正（21.3%）、政策法规（17.3%）、外交（8.4%）、军事（4.6%）、体育娱乐（4%）、文化教育（3%）、金融财经（2.1%）、数码科技（1.7%）、网络游戏（1.3%）、资本市场（1.1%）、其他（0.8%）、生活家居（0.4%）。由此可见，受访者对社会民生、司法公正及政策法规等关注最多，对资本市场及生活家居等关注最少。

第十一章 80后"蚁族"群体的生存现状

云南监狱"躲猫猫"事件　4.1
杭州富二代醉驾案　4.1
邓玉娇案　4.0
上海钓鱼执法　3.9
新疆7·5事件　3.9
湖北石首事件　3.7
社会保障制度改革　3.5
重庆打黑行动　3.2
中国海军赴索马里护航　2.9
哥本哈根会议　2.4
教育部长易人　2.2
陈水扁家族舞弊案　2.2
奥巴马访华　2.0
湖北大学生集体救人　1.9
中共十七届四中全会　1.8
创业板上市　1.4

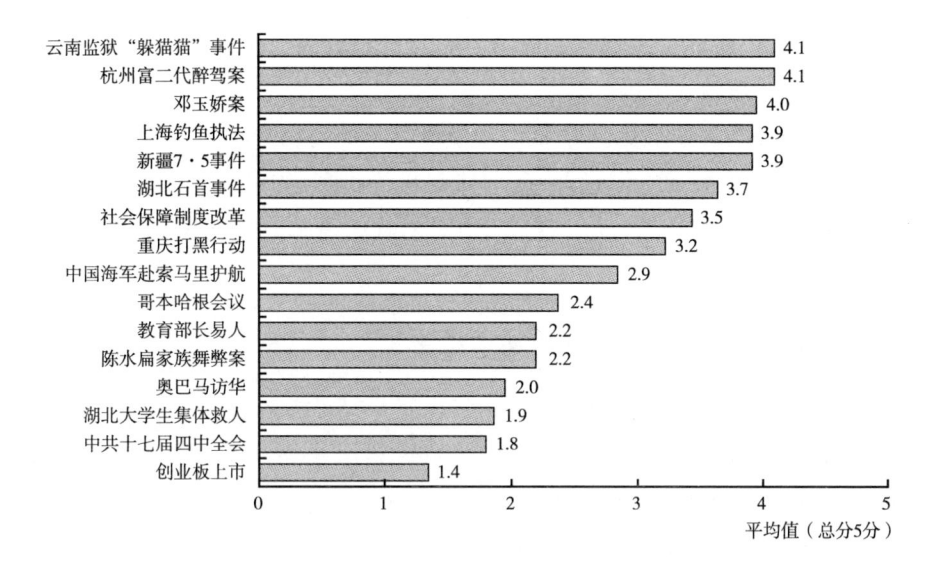

平均值（总分5分）

图 11-44　"蚁族"对社会问题的关注度

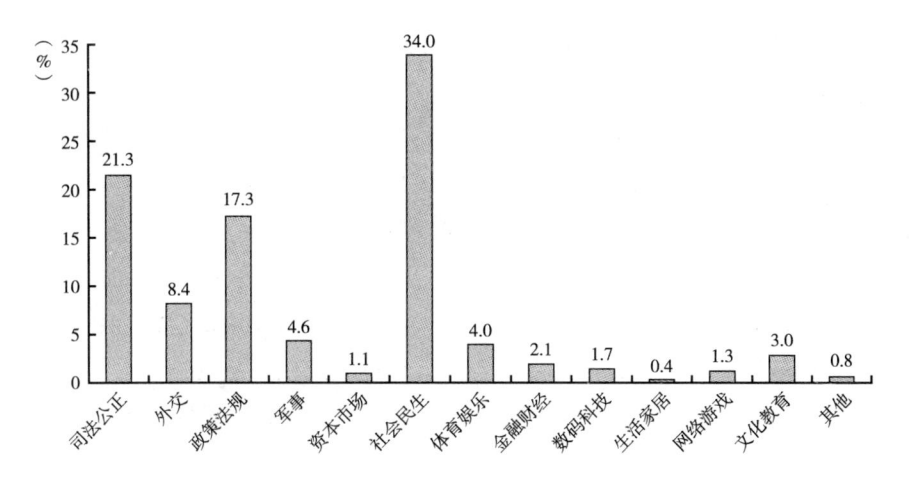

司法公正 21.3
外交 8.4
政策法规 17.3
军事 4.6
资本市场 1.1
社会民生 34.0
体育娱乐 4.0
金融财经 2.1
数码科技 1.7
生活家居 0.4
网络游戏 1.3
文化教育 3.0
其他 0.8

图 11-45　"蚁族"关注事件类别

结　语

近年来，由"蚁族"组织策划和主要参与的社会运动有2005年的"反对日本入常游行"、2008年的"抵制家乐福事件"、2010年的"反日保钓游行"以及 2011 年的"茉莉花集会"等,这些社会运动都显示出新时期青年思潮和青年运动的一些国际共性和中国特性,如动员方式的网络化与社交媒体化,组织形态的扁平化与碎片化,价值诉求的后物质主义化等。"蚁族"现象集中反映了我国改革进程中新旧体制交替和磨合中的各种矛盾,事关社会和谐稳定与国家长治久安,应采取有针对性的措施,防止其形成更为严重的社会问题。

一 解决"蚁族"问题的基本思路

是让"蚁族"更好地融入大城市,还是让其尽可能逃离"北上广",是解决"蚁族"问题和出台相关政策的出发点。笔者认为,尽管社会上对"蚁族"留在大城市有这样那样的非议,但对于现实中的"蚁族"来说,他们可能更情愿留在大城市。原因如下。

(一)"蚁族"对土地没有父辈那样的感情,对农村和家乡没有父辈那样的依恋

"蚁族"中很多人念大学就在大城市,大学毕业后也就顺势留在了大城市。"蚁族"在大城市很大程度上不是基于生存需求,而是要改变自己的生活,梦想自己能有和大城市里孩子一样的身份和地位。因此,他们来到北京、上海、广州、南京、武汉,根本就不想再回家乡。

(二)"蚁族"受过高等教育,具有较高的文化水平

因为有文化,再加上他们是在网络、手机的伴随下成长起来的一代人,比较了解外部世界,知道城乡之间的巨大差别,城市文明对他们有巨大的吸引力。到城里不管干什么都比在家乡好,是他们比较坚定的信念。

(三)一线城市和二、三线城市之间的巨大差距,"蚁族"也不情愿去小城市

因为比较起来,一线城市无论是政治环境还是就业氛围,甚至接受再教育的机会,都比二、三线城市要好很多。"蚁族"普遍认为,在大城市生活会更有利于自己的人生发展。

每个人都有选择留在大城市的权利。因此,如何让"蚁族"真正融入城市,才是我们现在应当思考和解决问题的现实出发点。我国正在进行大规模城镇化,需要大量人才,"蚁族"为城市的发展奉献了自己的才华和青春,城市的发展已经离不开"蚁族"。不管你是否欢迎他们,你已经没有办

法把"蚁族"拒绝于城市之外，或者把他们再送回农村或县城。近几年受国际金融危机影响，很多工作岗位待遇并非令人满意，但"蚁族"并没有太强烈的返回家乡的意愿。他们仍然甘愿做"蚁族"。可以肯定，不仅以前毕业的大学生要做"蚁族"，2011年毕业的650万大学生，有相当部分的人，还是要做"蚁族"。所以，积极的思路是使他们有序地融入城市，成为新市民。在这个思路的基础上，剩下的问题就是研究怎么解决，采取什么政策，创造什么条件，如何进行。

具体说来，解决"蚁族"问题必须统筹考虑，综合规划，综合施策。要认识到，在我国整体就业形势还比较严峻的大环境下，"蚁族"现象还将长期存在，这就要求我们必须坚持当前和长远相结合、方向性和操作性相统一。一方面要立足当前，根据实际情况，在综合考虑改革、发展、稳定关系的前提下，对"蚁族"存在的问题做到尽力而为、量力而行，有计划有步骤地解决。另一方面要着眼长远，逐步从根本上拔除产生"蚁族"问题的体制性和制度性障碍，切实做到城乡统筹。对城乡二元管理体制、户籍制度、教育体制改革等这些解决起来很难，却对于解决"蚁族"问题具有决定性意义的问题，可能一时难以到位，但也必须按照这样的思路明确政策方向。

二 立足当前，积极改进对"蚁族"的管理工作

立足当前，就要把解决"蚁族"最关心、最直接、最现实的问题作为工作的着力点。据2010年调查显示，30.6%的"蚁族"把"平等的工作机会"作为希望政府提供帮助的首选，其次是"住房政策的倾斜"（29.8%）和"平等的户口政策"（10.9%）。其他方面如"职业技能的培训"（7.6%）、"充分的就业信息"（5.9%）、"医疗政策的倾斜"（3.8%）等紧随其后成为"蚁族"比较倾向的选择。对这些"蚁族"反映强烈、带有共性的问题，应加强政策研究，完善相关政策，注重配套措施，畅通表达渠道，通过科学发展实现矛盾的有效化解。

（一）加强环境整治，规范经营秩序

应加大对"聚居村"的清理整治，取缔"聚居村"内无照经营的小作坊、小门店、小网吧、小发廊、小餐馆、小旅店，加大对各类非法经营问题和地方黑恶势力的打击力度。特别是要将涉及食品安全、生产安全、交通安

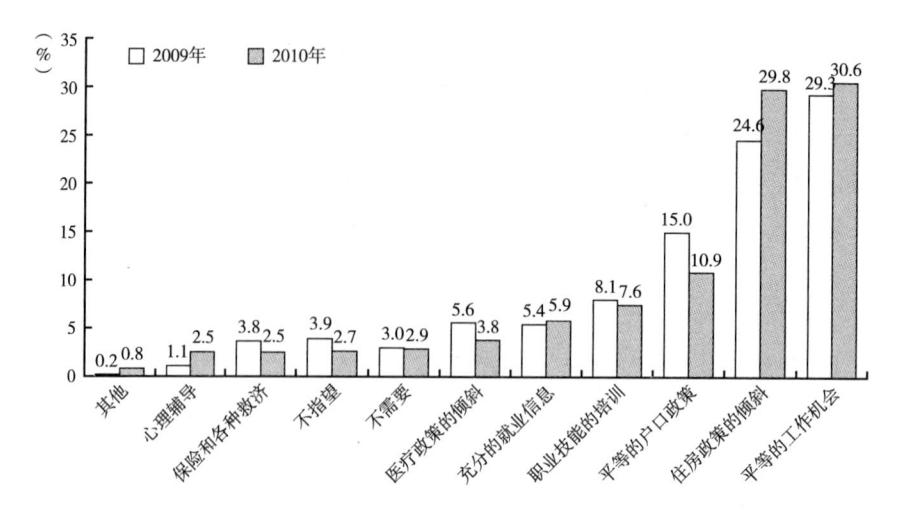

图 11-46 "蚁族"希望政府提供的帮助

全等方面的社会危害严重的非法经营行为作为打击的重点,确保市场秩序稳定和公共安全。此外,还应下大力气解决违法、违章建设问题。尤其对于侵占公共道路,存在重大消防、卫生、安全隐患的违法建设,应坚决予以拆除。在整治工作中,建议政府既要坚持依法办事,又要讲究方式方法,争取当地居民的支持和配合,避免因拆除违法建筑发生影响社会稳定的矛盾和问题。

(二)加强基础设施建设,改善和美化"聚居村"环境

对于"蚁族"居住趋于稳定的"聚居村",应将"蚁族"纳入本地管理服务范围,改善"聚居村"流动人口的居住、工作、生活环境。政府还应进一步加大投入力度,尽快建立完善垃圾收集处理系统,提高卫生保洁服务水平;加强道路交通网络建设,硬化和修补主要道路路面,完善基础照明;加强水、电、气、热等基础设施的建设,确保"聚居村"本地居民和"蚁族"的生活服务需要;加强公共医疗卫生、文化、体育服务体系建设,丰富和活跃"蚁族"的业余生活,增强社区凝聚力。

(三)推进聚居区信息化建设,构建动态管理长效机制

调研结果显示,"蚁族"是一个流动群体,主要以毕业三四年的大学生为主体,第四年后人数会大幅度减少。因此,关注毕业三四年高校毕业生的心态和动态是相当重要的,可在重点地区设立调查点,认真研究毕业三四年的大学生的行为特征和政治倾向,做到"底数清、情况明"。同时,

加强"蚁族"居住区的信息化建设，建立沟通交流、生活服务等综合性信息平台，实现校园信息、工作单位信息和居住地信息无缝衔接。加强各管理部门及社区（村）基层管理组织的内部信息网建设，实现信息共享、数据共用。以信息化为基础，构建"蚁族"动态管理的长效机制，全面、适时掌控"蚁族"居住区状态，做好聚居区日常状况的月报告与年报告工作。

（四）加强党团组织领导，防范地下宗教和敌对势力渗透

"蚁族"中政治面貌不同对于社会公平性的态度有很大差别。在共产党员中认为社会公平的占78.5%，共青团员中认为社会公平的占71.6%，普通群众中认为社会公平的占70.5%，民主党派中认为社会公平的占60%，可见"蚁族"中共产党员认为社会公正的比例最高。在"蚁族"中存在数量不少的党员，而且他们对社会的态度端正、积极，要充分发挥这部分党员的作用，建立健全"蚁族"聚居区依托社区（村）党（团）组织和在工作地依托单位党（团）组织、行业协会党（团）组织的流动党员管理体系。切实加强流动党（团）员日常管理，开展丰富多彩、符合青年人特点的党团关爱活动，以党建带群团组织建设。摸清各种非政府组织向"蚁族"群体渗透的途径与范围，坚决打击非法宗教组织在"蚁族"群体中传教和其他宗教活动，警惕国外敌对势力借口培训、资助、扶贫、心理干预等人道主义名义向"蚁族"群体宣传政治理念、编造谣言、发展青年领袖等。

（五）加快建立与经济社会发展水平相适应、城乡接轨的社会保障体系，切实保障"蚁族"的合法权益

比如，督促企业保障高校毕业生的人身权利和休息权，遵守最低工资标准，按时发放工资等；敦促企业严格执行新《劳动合同法》，与"蚁族"签订劳动合同，为他们上养老、失业、工伤、医疗保险等；鼓励、吸引、支持"蚁族"参与工会、共青团、妇联等组织的各种活动。总之，对"蚁族"应做到政治上关心爱护，经济上平等对待，生活上体贴周到，学习上鼓励支持，使"蚁族"切身享受到城市发展的成果。

（六）提升职业能力，加强对"蚁族"的职业培训工作

调研显示，在所有的调查者中，失业人数占到了10.1%，这是一个不低的比重。要推行就业优先的发展政策。鼓励并支持"蚁族"学习进修，引导和扶持教育机构、职业培训机构针对"蚁族"进行就业再教育,提高"蚁族"的职业能力和综合素质,形成有利于"蚁族"学习成才的引导机制、培训机制、评价机制、激励机制。此外,还要根据党的十七大"促进以创业带动就业"的指导思想,在大学毕业生中积极开展创业培训服务,鼓励"蚁族"自主创业,撤掉就业准入藩篱,让市场决定就业,并出台相应的强有力的积极支持政策,其中包括财政资金扶持、解决户口指标等鼓励政策。

(七)加强社区(村)基层组织建设,健全民主参与和权益表达渠道

按照中央关于社区居委会建设的指导意见,加强"蚁族"居住社区(村)组织建设,实现居民委员会的全覆盖。依法依规开展动态监督活动和居民自治活动,发挥社区(村)基层部门的服务职能,把"蚁族"在内的流动人口纳入社区(村)管理服务体系,充分发挥信访、舆论监督等合法渠道在权益表达上的积极作用。探索"蚁族"参与社区(村)管理与建设的新模式,推选"蚁族"代表参与社区(村)民主选举。探索在聚居区建立人大代表联络机构,反映"蚁族"诉求。探索校友会、同乡会等民间组织参与民主的新渠道。鼓励、支持"蚁族"参与所在区域的监督听证会、民主评议会、网上评议政府等活动。

(八)发挥舆论引导作用,提高舆情应对能力

积极发挥舆论引导作用,对"蚁族"的奋斗精神、亲情意识和社会责任感给予充分肯定,树立全社会对"蚁族"的正确认识,形成各阶层理解、关心、鼓励"蚁族"的良好氛围。积极引导大学生树立切合实际的发展观和就业观,全面认识就业形势和自身条件。报刊、广播、电视等媒体要积极宣传基层就业的政策和创业成才的先进典型。加强对手机、微博、社交网站等新兴媒体的管理,推动网络舆情管理工作重心前移。建立与网站信息更新活跃期、网民上网集中期相适应的网上舆情研判、会商和调控机制。推进网上违法和不良信息举报系统建设,推动网络媒体与网站的自我约束、自我管理工作。建立与"蚁族"经常登陆的重点网站、重点论坛网管队伍、版主队伍的联络途径,以健康的网上、网下活动引导网民自组织健康有序发展。加强网络技术监管手段建设,建立网络有害信息处理和网络维稳长效机制。

(九)建设"蚁族"集中住宅和廉租房聚居区

可根据各地区高校毕业生的规模、构成、分布、变化趋势,合理规划、逐步建设一批"蚁族"集中居住住宅和若干廉租房聚居区,统一规定居住条件和制订环境管理办法,以减少隐患。在新建和改建的过程中,应加强与"蚁族"的沟通,了解其居住需求,既防止密度过大造成新的聚居区,也要防止建设成本及租金过高等原因形成空置,努力在城市化进程中形成合力,共同营造爱护"蚁族"的和谐文明的城市空间。

三 着眼长远,建立解决"蚁族"问题的长效机制

针对"蚁族"现象中反映出来的难点问题,应研究解决问题的新途径、新方法,积极推进思想观念创新、体制机制创新和方法模式创新。建议政府考虑比发现的"蚁族"范围更大、"散居"各处(点)、人数更多的整个"漂"群体问题。这涉及户口、编制的两种用人机制,关系到深层次的就业制度、教育制度、户籍制度改革问题。我们应在研究世界各大城市人口控制方法的基础上,尽快出台既开放,又有序的可持续发展城市运行机制。

(1)大力发展中小企业和第三产业,实现就业市场存量与增量的"比较充分就业"。经验表明,国有企业和政府机关吸纳劳动力的能力是有限的。国有企业无论是未来发展还是经济收入都具有优势,但由于产业结构调整,岗位数量逐年递减,吸纳大学生较难,而政府机关由于定岗定编,每年的新增岗位也非常少,即使全部提供给大学生也是远远不够的。因此,凡是中小企业多,第三产业发展好的国家和地区,就业压力均比较小。中小企业和第三产业是吸纳就业的主渠道,一些发达国家的中小企业比例已达75%以上,第三产业的从业人员占就业总数的75%以上。英国、德国、日本三国目前在各自的200人、500人和300人以下的中小企业中就业的劳动力分别达到其总劳动力的65%、71%和81%。美国在20世纪90年代新增了2200万的劳动力,其中90%在50人以下的小企业中就业。日本1.25亿人口有650万个企业,其中99%是中小企业,平均10个劳动力拥有一个中小企业。在我国的一些大城市,虽然中小企业和第三产业已在大学生就业岗位中发挥了重要作用,但由于不少企业人员素质不高、发展资金紧缺、服务内容有限等,其吸纳就业的能力还没有得到完全的释放。因此,在促进社会就业,尤其是"蚁族"就业过程中,中小企业和第三产业大有潜力可挖,国家应给予第三产业和中小企业更多的优惠政策,促进其更好、更快地发展。

(2)进一步改革户籍管理制度,弱化户口对大学毕业生流动的限制。

2009年1月23日，为配合促进大学生就业工作的展开，国务院办公厅发布了《国务院办公厅关于加强普通高等学校毕业生就业工作的通知》（国办发3号文），其中规定："对企业招用非本地户籍的普通高校专科以上毕业生，各地城市应取消落户限制（直辖市按有关规定执行）。"这一规定将除直辖市外各地松紧程度不一的大学生落户政策按照最为宽松的标准进行了规范，是人才户籍松动的又一个标志性文件。但北京、上海等特大城市由于人口压力仍然一直实施很苛刻的人才落户条件[1]，而造成人口压力的一个重要原因就是这些地区户口"含金量"显著高于其他地区，这些特大城市也是"蚁族"大量聚居的地区。随着相关领域改革的大力推进，城乡之间、地区之间户口的"含金量"差距必然会逐步缩小，这些地区应考虑在这一过程中逐步放宽人才落户条件，例如可以按照学历、职称、贡献大小等逐级取消户口指标限制，代之以条件准入，即只要符合某一个或某几个条件即可允许落户，且落户的准入条件也逐步放宽，直至过渡到户口可以自由迁移。此外，在这些特大城市户籍的各种显性和隐性价值依然存在的情况下，可以给予人才在户籍方面更多的选择，提高人才流动的可能性。例如，大学生到基层服务，可以允许其自由选择户口是否随迁到基层工作地，如果不愿随迁，可考虑在省、市级政府部门为其专门设立集体户口，并在社保、婚育、资格评定等方面享受相应待遇；愿意随迁的，可为其保留资格，允许在工作一定年限后迁回中心市，并在就业、社保、子女入学等方面享受相应待遇。没有了户口方面的后顾之忧，毕业生会更加坚定到基层工作的信心，提高到基层和中小城市工作的可能性。

（3）改革现有教育制度，构建大"H"型的人才培养体系。目前，一些高校的专业设置缺乏对社会实际需求的科学预测和把握，表现出较大的盲目性，不少高校一味追逐热门专业，致使专业重复现象严重，专业人才的产出与就业岗位需求之间不成比例，造成了供给严重大于需求的状况。因此，应当将是否满足或符合经济、社会发展的需求作为检验高等教育成效的一个

---

[1] 如北京市引进人才及非北京生源高校毕业生落户，除达到一定的学历、职称标准、符合特定的专业限制外，还需要用人单位向有关部门申请进京指标，同时对专业和进京指标的控制也极为严格。上海市对人才落户也规定了严格的条件，非上海生源的高校毕业生需要根据其学历、学业成绩、毕业院校、专业等进行计分，毕业生需要达到某一分数水平同时用人单位也要达到一定条件并能够申请到进沪指标才允许其落户。

重要指标，从而也要求进一步赋予高校在专业设置和招生方面的更大自主权，使其能够根据经济、社会发展的需求和劳动力市场的变化情况，及时地调整专业安排和制定招生计划。对教学质量不高、专业设置不合理而导致就业率较低的学校和专业，应减少其招生计划，甚至停止招生。同时，应从小"h"型人才培养体系[①]逐步过渡到大"H"型人才培养体系[②]。我国目前应用型教育与研究型教育混同，实际上出现了"研究型"的一边倒现象，"211 工程""985 工程"是我国加大对研究型大学的投入和扶持的重要举措，对我国走创新型国家的道路具有重大意义，但应用型教育却没有得到同等程度的重视，大多数的高校都向"研究型"一个模式方向发展。现有教育结构对社会"应用型人才"的需求没有做出灵敏的反应，这在一定程度上造成了高等教育需求和供给的矛盾，导致了大学生就业难情况的出现。因此，应当构建应用型教育和研究型教育相互交叉和互相渗透的结构网络，国家各级政府、部门以及全社会要对研究型和应用型高等院校一视同仁，破除重理论轻技术的偏见，对研究型人才和应用型人才给予平等对待，树立培养应用型人才的观念和导向，创造各种类型和层次的高校各安其位、办出特色的制度环境。并以市场需求为导向，引入产业运作机制，以培养应用型人才为主体，大力发展应用型高等教育体系，围绕应用型人才的素质、能力、知识需要，构建以实践能力培养为重心的课程体系，夯实中、低层次的应用型人才培养，尽快建立高等应用型人才培养基地，完善应用型教育体系具有纵向学历层次递进，并具有横向与研究型教育沟通的功能，形成大"H"型双

---

① 小"h"型人才培养体系，是指在接受了九年义务教育（初等教育）之后，便进入了教育分流：一是进入普通教育系列，循着普通高中—普通高等教育（本科—硕士研究生—博士研究生—博士后教育），为将来有一个"体面的"工作做准备；二是进入职业教育系列，一般循着职业高中（中专）—职业高等教育（大专生—本科生），直接为某一职业的就业做准备。由于目前职业高等教育最高只达到本科教育层次，而普通教育系列已经达到了博士后教育的层次，因此，整个中国的人才培养体系好像是小写的英文字母"h"型，普通教育的腿长，职业教育的腿短。参见潘晨光主编，2008，《从 h 型到 H 型人才培养体系的思考》，载《中国人才发展报告 No.5》，社会科学文献出版社。

② 大"H"型人才培养体系，是在人才的两分法基础上的一种人才培养体系构想。人才的培养由并行的两条"体系"线组成：一条线是"研究型"人才培养体系，另一条线是"应用型"人才培养体系。"研究型"人才培养体系主要是为各类学科的学术研究而培养专门研究人才的体系，"应用型"人才培养体系则是专门为各种职业应用而培养专门人才的培养和教育体系。参见潘晨光主编，2008，《从 h 型到 H 型人才培养体系的思考》，载《中国人才发展报告 No.5》，潘晨光主编，社会科学文献出版社。

线制的人才培养体系，促进中国人才培养体系的和谐发展。

此外，解决"蚁族"问题，还应着力缩小二、三线城市和一线城市的差距。国家应对二、三线城市给予更多的政策支持，促进二、三线城市经济社会更好更快发展，真正实现大学毕业生的有效分流。

"蚁族"是在我国城市化、人口结构转变、劳动力市场转型、高等教育体制改革等一系列结构性因素综合作用下产生的新兴弱势群体。"蚁族"问题从根本上讲是新时期我国底层知识青年的出路和发展问题。知识分子在我国现代化建设中一直发挥着重要作用，随着时代的发展和社会分工的细化，已不可能让所有青年知识分子都参与到国家事务的管理中来，但大量底层知识青年从事低端或体力劳动，又与其自身期望相差甚远。具体来说，就是如何让没有机会参与国家事务管理的知识青年在时代发展中找到自己的位置；让他们虽然在体制外，但仍能保持对体制的高度认可；让他们不会因为生活的种种不如意，对整个制度的合法性产生质疑；让他们存有中国梦，成为适应新形势下经济社会发展要求的高素质劳动者。因此，解决"蚁族"问题，不能单就大学生就业问题谈就业问题，单就高等教育问题谈高等教育问题，而必须站在整个中国知识分子未来发展的高度上，通盘考虑，统筹规划，在历史和现实两个维度下，重新定位大学毕业生，重新制定知识青年的方针政策。而胡锦涛总书记倡导的"包容性增长"理念和温家宝总理强调的"我们所做的一切，都是要让人民生活得更加幸福、更有尊严"的这种视角，理应成为解决此问题的立足点。

第十二章
80后毕业生的就业状况

——基于六所985高校毕业生的调查

自1999年政府实施大学扩招政策以来,我国的高等教育规模迅速扩张,大学生及毕业生人数逐年增长,2010年高校应届毕业生人数高达630万,是1998年(大学扩招前)高校毕业生人数的7.6倍。同时,我国高等教育毛入学率也从大学扩招前的约10%上升至2009年的24.2%。这意味着,将有接近1/4的青年人口是大学毕业生,他们将成为主导中国社会未来走向的主要力量。而这一群体的主体部分是80后大学生,他们极其幸运地赶上了"大学扩招"的机会上了大学,但又极其不幸地面临着前所未有的就业压力和竞争。目前,大学毕业生就业困难已经成为社会公众广泛关注的一个社会问题,教育部门公布的大学毕业生的就业率和失业率遭受公众的普遍质疑,专家学者对于大学生就业难的原因解释未能令人满意,大学生及其家长纷纷抱怨政府部门未能采取有效的政策措施缓解大学生就业压力。同时,已经就业的大学生也十分不满他们目前的就业状态和薪资水平。

大学扩招无疑是80后成长历程中的一个重大事件,这一政策使这一代人享有了前所未有的上大学的机会,但同时也使他们面临了前所未遇的就业竞争压力。农民工的就业竞争压力似乎不如大学毕业生那么沉重,相反，"民工荒"现象使他们可以在工作机会面前挑挑拣拣，但是还有大批的游离在城镇与乡村之间的农村青年因不愿意接受农民工类型的工作而处于失业或就业不稳定状态。根据2005年1%人口抽样调查数据，有18.2%的80后既不在学校读书也未工作，其中，在城市中20.6%的80后既不在学校读书也未工作，在小城镇中24.3%的80后既不在学校读书也未工作，在农村15.1%的80后既不在学校读书也未工作。与此同时，18.2%的80后大学毕业生处于未工作状态。985高校毕业生处于未工作状态的比例高于大学毕业生平均水平，为23.9%，但其中的绝大多数是在为考研、出国、专业资格考试做准备或正在接受专业技能培训，真正处于失业状态（正在找工作和什么事也不做）的人的比例只有5.1%。

第一节 毕业生的人口特征

作为高校毕业生群体的精英分子，985高校近八年毕业生具有一些明显的人口特征（参见表12-1）。他们绝大多数是80后，接近半数的人是独生子女，其独生子女比例明显高于整个80后群体。同时，越年轻的毕业生中独生子女比例越高，2003年前的毕业生（即大学扩招前上大学的毕业生）的独生子女比例大约是20%，2003届毕业生的独生子女比例为30%左右，其比例随后逐年增长，2009届毕业生的独生子女比例达到50%。985高校毕业生中来自农村家庭的比例明显低于80后群体的农村人口比例，并且这一比例在不同年份也有所波动。2003年之前的毕业生大约40%来自农村，2003届和2004届毕业生中来自农村家庭的比例明显上升（分别为45%和51%），其后比例开始下降，2007~2009届毕业生中来自农村家庭的比例回落到39%~40%。这种变化可能是由于大学扩招政策的影响，大学扩招的最初几年，农村家庭子女受益于扩招政策，其上大学的机会明显上升，但随后出现的大学毕业生就业困难使农村家庭子女上大学的意愿下降。985高校毕业生中党员比例非常高，尤其在硕士和博士毕业生中表现得更加明显。同时，毕业生中的党员比例逐年快速增长，在本科毕业生中，2003年之前的毕业生的党员比例大约是30%，2003届本科毕业生党员比例为32%，随后逐年增长，2009年达到45%。

硕士和博士毕业生的党员比例也显示了同样的增长趋势,2003 年之前,硕士毕业生的党员比例大约为 30%,2003 年增长到 50% 左右,2009 年达到 70%,2003 年之前的博士毕业生中大约 60% 是党员,2009 年达到 75%。

表 12-1 985 高校毕业生人口特征

单位:%

	80 后比例	独生子女比例	已婚比例	来自农村的比例	少数民族比例	党员比例
本科毕业生	94.7	46.6	15.4	39.8	7.1	40.8
硕士毕业生	89.4	44.4	36.3	37.5	3.7	69.8
博士毕业生	51.7	29.8	60.9	47.6	4.9	72.4

第二节 毕业生的就业率

大学毕业生的就业率是一个极具争议性的话题。自 2003 年第一届扩招后毕业生开始就业以来,大学生就业困难问题愈演愈烈。教育部公布的近几年大学应届生毕业后 3 个月内的就业率大体在 70%~75%,公众媒体则普遍认为大学毕业生的就业率远远低于官方公布的数据,学生及家长由于面临日益严峻的就业压力而认为大学生就业率更低。导致大学毕业生就业率估计差异的一个重要原因是计算方法不统一,官方的就业率统计常常把继续求学(读研/博或出国读书)的毕业生计算为就业,而公众媒体或毕业生及家长则把这些人归类为未就业。麦可司教育咨询公司公布的近几年大学毕业生就业率常常为媒体所引用,其采用的统计方法是排除继续求学的学生来计算就业率,它公布的历年大学生毕业半年后就业率如下表。

表 12-2 2006~2009 届大学生毕业半年后就业率

单位:%

	211 院校	非 211 院校	高职高专院校	总体
2006 届	90.2	87.3	80.1	
2007 届	93.5	90.4	84.1	87.5
2008 届	90.1	87.3	83.5	85.6
2009 届	91.2	87.4	85.2	86.6

我们也采用类似方法估计985高校毕业生的就业率和失业率,即排除继续求学的人(读研究生/博士、出国学习或参加各类培训项目)以及准备继续求学(复习考研/博)和准备各类资格考试而暂时不打算就业的人,只在需要就业的人中计算就业率和失业率。

表12-3列出调查期间(2010年4~8月)6所985高校毕业生的就业状况。总体来看,985高校有极高的就业率,只有极少数毕业生处于失业状态。把表12-3数据与表12-2数据相比较,985高校2009届本科毕业生就业率(92.4%)高于211院校91.2%的平均就业率(211院校包括了985院校),而211院校就业率高于普通院校(87.4%)。随着毕业年份的延长,毕业生就业率也逐步提高。985高校本科毕业生在毕业5年后基本达到完全就业,即毕业后都曾经有过就业经历,虽然个别人目前仍在寻找工作,但他们已经有过工作经历,目前只是跳槽而找寻新的工作。

表12-3 985高校历届毕业生目前的就业率和失业率

单位:%

毕业年份	本科毕业生			硕士毕业生		
	当前就业率(有稳定工作)	当前失业率(正在找工作)	从未就业比率	当前就业率(有稳定工作)	当前失业率(正在找工作)	从未就业比率
2009	92.4	7.6	6.0	90.3	9.7	8.1
2008	93.0	7.0	4.1	92.1	7.9	7.8
2007	97.2	2.8	1.5	92.3	7.7	6.3
2006	98.2	1.8	1.2	96.7	3.3	3.4
2005	95.1	4.9	0.6	96.0	4.0	2.9
2004	95.9	4.1	0.0	—	—	—
2003	97.2	2.8	0.0	—	—	—

注:统计的基数是"有稳定工作"的人和"正在找工作"的人之和。

不同学历的毕业生相比较,硕士毕业生的就业率略低于本科毕业生,而且硕士毕业生需要更长的时间达到完全就业。这可能是由于硕士毕业生的专业性较高,就业领域比本科生狭窄,同时硕士生的工作条件要求也更高,更不愿意接受不满意的工作。985高校博士毕业生的就业率高于本科生和硕士生,并且毕业后两年内基本达到完全就业。本次调查结束时2010届毕业生还未完成就业过程,因而无法统计此届毕业生的就业率和失业率,调查截止时（2010年8月底），接受调查的2010届本科毕业生中，84.2%已有工作，15.8%还在继续找工作；硕士毕业生中87.5%已有工作，12.5%还在找工作。另据麦可司教育咨询公司对毕业生各月份的签约率的调查，2010届大学毕业生的各月份签约率高于2009届毕业生。根据这些信息判断，2010届毕业的就业率应高于2009届毕业生。

上述统计显示的大学毕业生就业率——不论是985高校还是其他院校，都表明大学毕业生的失业问题并不如人们想像得那么严重，尽管这一问题的确存在。与大多数发达国家的大学毕业生就业状况相比较，中国的大学生失业问题并不是特别突出。在许多国家，高等教育由精英教育（只有少数人能上大学）发展到大众教育（多数人都能上大学）都会引发大学生就业难问题。不过，这一过程对中国大学生及其家长的心理冲击极其强烈，这主要是由于这一过程演进得过于剧烈，大学扩招政策在短短的数年之内使中国高等教育规模急剧膨胀，大学毕业生数量成倍增长，使大学毕业生由"天之骄子"变为"落地凡人"的过程瞬间显现，快得令人无法接受。另一方面，在其他社会，往往是高等教育实现或接近大众化水平时——大学毛入学率超过60%，大学毕业生的就业困难才开始显现。在高等教育大众化或普及化的条件下，获得大学文凭的成本极大降低，想上大学的人都能上大学，在这种情况下，大学毕业生找工作困难也就成为一个可以理解的现象。然而，中国的高等教育规模远未达到大众化的水平，大学毛入学率还未达到25%，上大学的机会竞争仍然十分激烈，学生和家长投入的教育成本（经济成本、时间成本和努力程度）不断增加。如此多的付出而换来的大学文凭竟然不能找到一份满意的工作，这的确让人心理难以平衡。引发大学生就业难问题的另一个因素是大学生及其家长普遍缺乏劳动力市场竞争的应对经验，尤其是扩招后的最初几届毕业生（2003、2004和2005届毕业生），就业难问题突然降临令他们措手不及，他们没有前人的经验可供参考，而劳动力市场也没有提供足够的渠道和信息有助于他们找工作。近两三年来，这一方面的问题有所缓解，毕业生和家长对于就业难问题有了充足的心理准备，劳动力市场、学校、政府以及前辈学长向毕业生提供了多种就业渠道和信息。不过，毕业生及家长对于就业困难形势的充分估计又带来了另一个社会问题，一些毕业生家长利用权力及社会关系网帮助子女就业，而缺乏权力和关系资源的家长只能用金钱贿赂来帮助子女找工作，这导致了毕业生就业机会竞争的不公平现象，同时又加剧了寻找工作的成本和压力。

虽然中国当前的大学毕业生的失业率并不是很高，但毫无疑问，大学生失业现象已经在中国社会出现，而且还有可能继续发展。历年的人口普查数据显示，1982年，30岁以下、具有大学文凭的人的未就业率（排除在校生）仅为0.1%，1990年此比率为0.8%，2000年为5.1%，2005年1%人口抽样调查数据显示的这一比率上升到7.6%，2008年中国社会科学院社会学研究所的全国抽样调查数据显示的这一比率继续上升至11.2%。这意味着，30年前，大学毕业生几乎都有工作，而现在，大学文化水平的年轻人有1/10没有工作。当然这并不是说这1/10的人都是失业者，自愿不就业的人——比如说愿意做家庭主妇的人——的比例也在上升，但很明显，大学毕业生失业问题日益突出。

第三节 毕业生分流现象与继续教育

严峻的就业形势迫使相当数量的毕业生采取某些方式来延迟就业，其中的一个主要方式就是继续求学，或者变相地延续学习过程——参加各种专业培训或准备各种资格认证考试等等。这导致了许多应届毕业生在毕业后的相当长的时间内并未进入劳动力市场。

表12-4数据显示，985高校2009届本科毕业生在毕业一年左右仅有接近2/3的人（61.9%）进入了劳动力市场，其中，56.7%的人有稳定的工作，4.7%的人正在找工作，0.5%的人从事自由职业和自主创业或为家族企业工作，而略超过1/3的毕业生（38.1%）并未进入劳动力市场，他们以某种方式继续接受教育，还有个别人"什么也不做"。与此同时，2009届硕士毕业生中约3/4的人（76.3%）进入了劳动力市场，另外的接近1/4的毕业生（23.7%）还在继续接受教育。刚毕业的应届生进入劳动力市场的比例应该更低，本次调查截止时（2008年8月底），2010届六所985高校本科毕业生进入劳动力市场的比例大约是55%，硕士毕业生的相应比例大约是60%。随着毕业时间的延长，毕业生进入劳动力市场的比例逐步提高。硕士毕业生在毕业五年左右进入劳动力市场的比例可达到95%左右，本科毕业生在相同时间里可达到90%左右。

表 12 – 4 985 高校毕业生的就业和不就业状况

单位：%

学历	目前状态	2009	2008	2007	2006	2005	2004	2003
本科	有工作	56.7	72.9	90.1	85.9	83.1	79.1	90.9
	没有工作	43.3	27.1	9.9	14.1	16.9	20.9	9.1
	其中：							
	正在找工作	4.7	5.5	2.6	1.6	4.2	3.9	1.8
	读研/博或出国学习、复习考研/博或准备出国	33.5	17.4	4.6	8.5	8.6	12.0	4.1
	准备公务员或其他资格考试、参加专业/职业培训	4.1	2.8	1.3	2.6	2.1	2.5	1.8
	自由职业/自主创业/家族企业	0.5	0.8	0.9	1.2	1.5	1.9	1.1
	什么也不做	0.5	0.6	0.5	0.2	0.5	0.6	0.3
硕士	有工作	68.7	73.5	84.1	89.9	—	—	—
	没有工作	31.3	26.5	15.9	10.1	—	—	—
	其中：							
	正在找工作	7.4	6.3	6.2	3.2			
	读研/博或出国学习、复习考研/博或准备出国	19.4	16.7	6.9	5.5			
	准备公务员或其他资格考试、参加专业/职业培训	3.5	2.3	1.8	0.8	—	—	—
	自由职业/自主创业/家族企业	0.2	0.6	0.6	0.5			
	什么也不做	0.8	0.6	0.4	0.1			

大学毕业生面临劳动力市场的就业压力而采取的这种对应策略，使继续教育机会发挥了就业蓄水池的功能，政府部门在制定相关政策时应该考虑这种蓄水池作用，在就业需求减少的年份，可增加继续教育机会，而在就业形势良好的年份，可压缩继续教育的供给量。同时，在估计大学应届毕业生的就业需求数量时，也应注意到有一定数量的毕业生将不在当年立即就业，而是在随后数年中逐步进入劳动力市场。不过，普通高校应届毕业生进入劳动力市场的比例应该比 985 高校毕业生高，因为他们读硕士和博士及出国留学的机会远低于 985 高校的毕业生。

第四节　初职月薪及"文凭贬值"现象

当前大学毕业生不仅面临着就业压力，同时也面临着低工资的威胁，毕业生们不得不接受一些较低月薪的工作，这使他们感觉到自己努力争取到的大学文凭变得越来越不值钱。引起媒体广泛关注的《蚁族》[①]一书描述了"高校毕业生低收入聚居群体",这一群体的月收入"大大低于城镇职工平均工资",是"继三大弱势群体(农民、农民工、下岗职工)之后的第四大弱势群体"。这表明,拿着大学文凭的人也有可能沦为低收入者,甚至有可能落入失业贫困群体。让大学毕业生心理极其不平衡的是,当大多数的就业人员的工资收入逐年上升时——甚至连农民工的月工资都在明显上涨时,他们能找到的第一份工作的平均月薪水平不仅没有逐年上升,而且有可能是下降的。这在社会上引起了大学文凭是否"贬值"的议论。

表12-5是麦可思教育咨询公司公布的近几年大学毕业生半年后平均月薪。从各年数据相比较来看,虽然毕业生平均月薪有所波动,但未显示明显的上升或下降趋势。不过,由于全国及城镇的就业人员的平均收入一直逐年增长,相比较而言,大学毕业生的初期月薪实际是有所下降的,"大学文凭贬值"现象的确出现了。

表12-5 2006~2009届毕业生半年后月薪

单位:元

	211院校	非211院校	高职高专院校
2006届	2086	1807	
2007届	2949	2282	1735
2008届	2549	2030	1647
2009届	2756	2241	1890
2010届(截至6月底)	2314		2155

985高校毕业生作为大学毕业生中的精英群体,是否也面临着精英院校的"大学文凭贬值"?图12-1展示了985高校历届毕业生初职月薪与城镇家庭及就业人员的收入比较。985高校毕业生的初职月薪明显比其他院校毕业生半年后月薪高(参见表12-5与表12-6)。同时,在2006年之前,985高校毕业生初职月薪也明显高于当年城镇单位就业人员月平均工资和城镇家庭人均可支配月收入。但自2006年以来,985高校毕业生初职月薪与

[①] 廉思主编《蚁族》,广西师范大学出版社,2009。

城镇单位就业人员月平均工资和城镇家庭人均可支配月收入的差距开始缩小。这是由于城镇单位就业人员月平均工资和城镇家庭人均可支配月收入逐年稳步增长，大学毕业生的初职月薪增长不明显。985 高校本科毕业生的初职月薪在 2006～2008 年增长微弱，而 2008 年之后则略有下降；985 高校博士毕业生的初职月薪在 2005～2010 年基本变化不大；只有硕士毕业生的初职月薪增长明显。这些数据毫无疑问地表明 985 高校的大学文凭也在贬值。

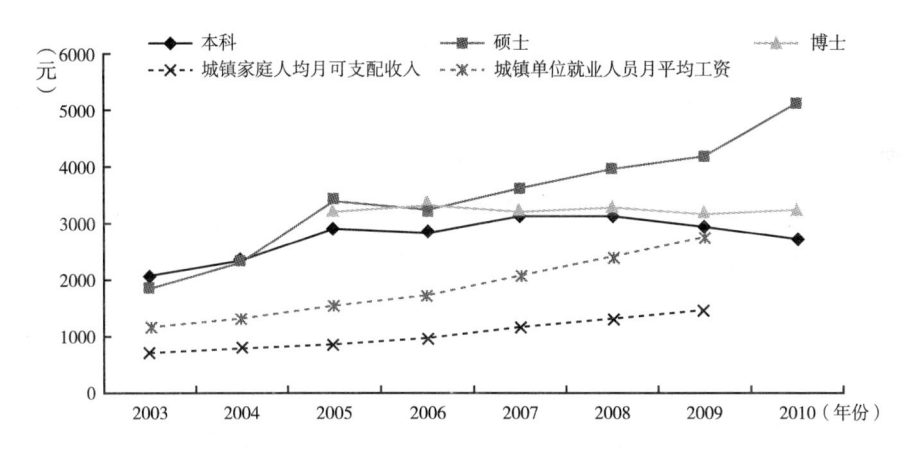

图 12-1　985 高校历届毕业生初职平均月薪与城镇家庭及就业人员收入比较

表 12-6　985 高校在校生期望初职月薪与大学毕业生初职月薪比较

单位：元

	在校生期望初职月薪	2009 届毕业生初职月薪	2008 届毕业生初职月薪	2007 届毕业生初职月薪
本　科	3329	2945	3116	3126
硕　士	4442	4166	3963	3622
博　士	6393	3170	3306	3185

图 12-2 所显示的毕业生初职月薪与城镇单位就业人员月平均工资和城镇家庭人均可支配月收入的比例变化更明显地体现了"文凭贬值"。2005 年 985 高校本科毕业生的初职月薪是城镇家庭人均可支配月收入的 3.32 倍，是城镇单位就业人员月平均工资的 1.92 倍；而 2009 年，其初职月薪与城镇

家庭人均可支配月收入之比下降到 2.06，与城镇单位就业人员月平均工资基本相同（1.08 倍）。2005 年，博士毕业生的初职月薪是城镇家庭人均可支配月收入的 3.66 倍，是城镇单位就业人员月平均工资的 2.11 倍；2009 年，博士毕业生的初职月薪与城镇家庭人均可支配月收入之比下降到 2.21，与城镇单位就业人员月平均工资基本相同（1.16 倍）。也就是说，目前名牌大学（985 高校）本科毕业生和博士毕业生初职平均月薪只能达到城镇就业人员的平均月薪水平，那么普通高等院校毕业生的最初收入肯定是低于城镇就业人员的平均月薪了。另外，与城镇其他人员相比，985 高校硕士毕业生的收入优势还在保持，只是这种优势的程度有所下滑，即硕士文凭也在贬值，只是贬值程度较小。2005 年，985 高校硕士毕业生的初职月薪是城镇家庭人均可支配月收入的 3.85 倍，是城镇单位就业人员月平均工资的 2.22 倍；到 2009 年，其初职月薪与城镇家庭人均可支配月收入之比下降到 2.91，与城镇单位就业人员月平均工资之比下降到 1.53。

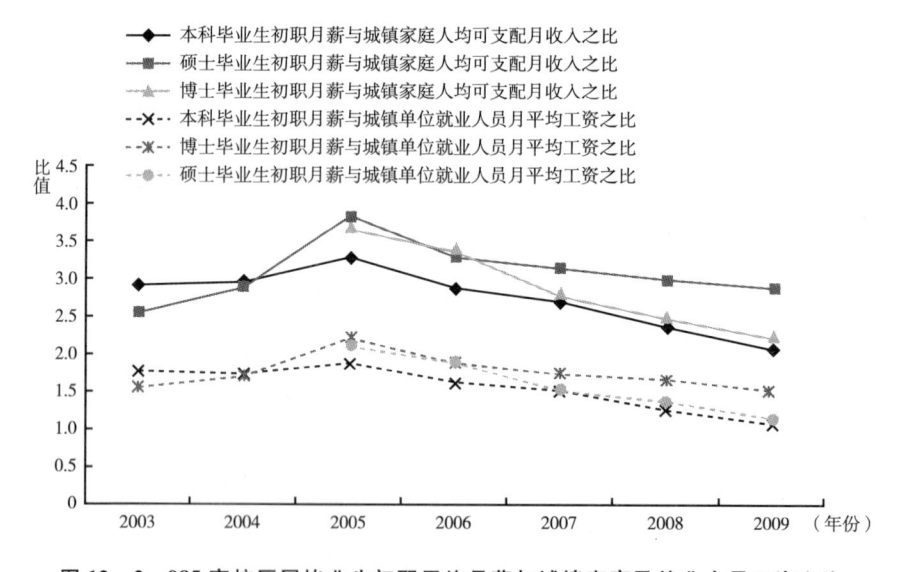

图 12-2　985 高校历届毕业生初职平均月薪与城镇家庭及就业人员工资之比

第五节　预期月薪与实际月薪

一些政府官员和专家学者认为，对于大学毕业生就业难问题，毕业生本人也应承担一定的责任,因为他们总是对就业预期过高,尤其是对月薪要求太高。一些调查数据也显示,大学生对月薪的要求明显高于他们实际可获得的月薪水平(李春玲、王伯庆,2009)。985高校的毕业生也存在同样的问题,作为大学生中的精英分子,他们可能对此期望更高。表12-6列出了985高校在校生所期望的初职月薪和近三届毕业生实际获得的初职月薪,这些数据反映出毕业生的月薪期望值与实际月薪水平的明显差距。不论是本科生还是硕士生和博士生,他们在毕业前对初职月薪的期望值都高于毕业后他们能获得的实际月薪水平。目前的985高校在校本科生对初职月薪的平均最低期望值要高于2009届毕业生实际初职月薪384元,即他们可能获得的月薪只是他们所期望的月薪水平的88%。硕士生对初职月薪的期望值与实际可获得的月薪水平之间的差距略小一些,但其期望值与实际月薪之差为276元,他们可能获得的月薪是他们所期望的月薪水平的94%。月薪期望值与实际月薪水平差距最大的是博士生。985高校在校博士生对初职月薪的平均最低期望值要高于2009届毕业生实际初职月薪3223元,他们可能获得的月薪只是他们所期望的月薪水平的50%。2010年8月底本次调查结束时,已找到工作的毕业生报告了他们的签约月薪,虽然这不能代表2010年985高校毕业生的总体月薪情况,但硕士毕业生和博士毕业生的月薪似乎有所上升,而本科毕业生的月薪则略弱下降。接受调查的985高校2010届本科毕业生为2703元,硕士毕业生为5120元,博士毕业生为3225元。

第六节 工作单位选择与实际就业分布

大学毕业生就业期望与实际就业状况的差距不仅体现在工资收入方面,同时也反映在他们对工作单位类型的选择上。图12-3展示了985高校在校生所期望的工作单位类型与2009届毕业生初职工作单位类型。绝大多数的985高校在校生都期望能在国有单位或外资企业找到工作而较少愿意去民营企业工作,但毕业生实际就业于民营企业的比例远高于他们的期望值。985高校本科在校生中只有5.64%的人选择去民营企业,而本科毕业生中有25.87%的人就业于民营企业;硕士在校生中仅2.16%的人愿意去民营企业,而硕士毕业生中则有17.29%的人在民营企业工作。本科生最想去的工作单位是外资企业（29.19%）以及政府机构和科研事业单位（22.64%），但本科毕业生进入这两个领域就业的比例明显低于他们的期望值（分别为22.12%和13.67%）。硕士在校生最希望去的是科研事业单位（26.52%）和国有企业（22.21%），硕士毕业生就业于这两个领域的比例与其期望值较为接近（分别为25.03%和21.04%），但硕士毕业生就业于政府机构的比例（13.58%）则明显低于他们的期望值（18.32%）。绝大多数的博士在校生希望去科研事业单位工作（63.39%），他们基本上都能如愿，70.4%的博士毕业生就业于科研事业单位，但是想去政府机构的博士生则不一定能如愿，10.85%的博士在校生选择去政府机构工作，但仅有4.2%的博士毕业生能在这一类部门工作。

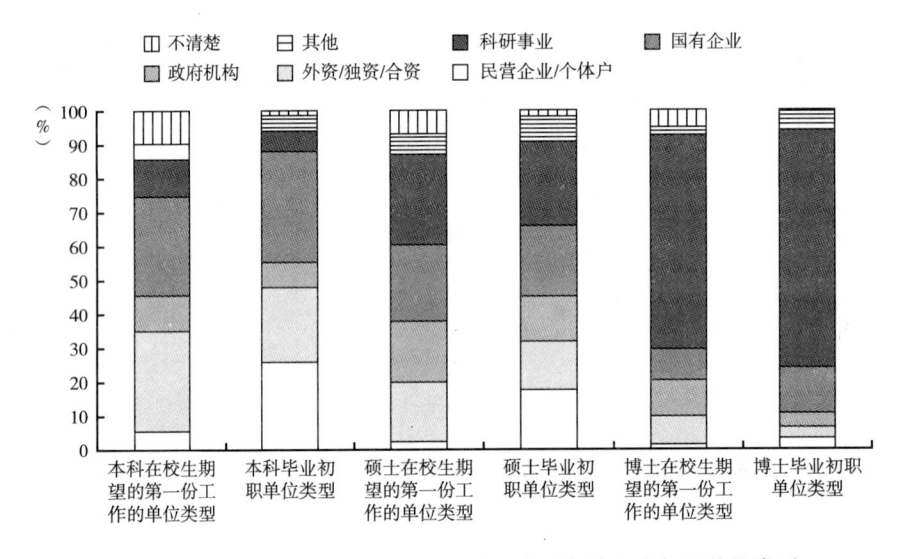

图 12-3　985 高校在校生期望工作单位类型与毕业生初职单位类型

大学毕业生的工作单位选择与劳动力市场的工作岗位分布存在着差距，这也是导致大学生就业难的原因之一。目前中小民营企业是吸纳劳动力最多的经济部门，但大多数毕业生——尤其是985高校的毕业生——不愿意去这类企业工作，这导致了一个矛盾现象，一方面，中小企业的老板报怨招聘不到合适的大学毕业生，而另一方面，大学毕业生则报怨他们找不到满意的工作。

第七节 影响就业率的因素

作为名牌大学的毕业生，985高校毕业生并不担心就业机会，他们要考虑的是能否找到令自己满意的工作。在大学毕业生就业难问题日益严重的背景之下，许多人声称，要找到一份好工作并不取决于大学文凭，而是取决于家庭背景尤其是父母的社会关系。但是，对于985高校的毕业生来说，家庭背景对于获取一份好工作的作用并不太大。表12-7的回归分析显示，家庭背景因素（包括父亲的职业地位、父母的文化水平和父母的月收入）对于毕业后第一份工作的就业机会、找到第一份工作的时间以及失业的可能性都没有太大影响。大学毕业生最想进入的工作单位是外资企业和国有部门（包括国有企业、政府机关和事业单位），而985高校毕业生进入国有部门和外资企业的机会也没有受到家庭背景的影响。同时，来自城市还是乡村也不会影响第一份工作的就业状况，只不过来自城市的毕业生比来自农村的毕业生进入外资企业的可能性更大，城市毕业生进入外资企业的可能性是农村学生的1.4倍。

对第一份工作的就业状况有明显影响的因素是性别、党员身份和学历。男性比女性具有明显优势，985高校男性毕业生就业率是女性毕业生的1.2倍，不过男女的失业率没有差异，也就是说，女毕业生就业率虽低于男生，但并不意味着她们就处于失业状态，她们大多数在准备考试、接受培训等。男毕业生比女毕业生更可能进入国有部门，男性进入国有部门的可能性是女性的1.7倍，但在进入外资企业的机会上，没有男女差异。党员毕业生的就业率低于非党员，但失业率没有差异，即党员毕业生更多的可能去准备进一步的求学。党员毕业生进入国有部门的可能性高于非党员，他们进入国有部门的机率是非党员的1.5倍。学历对第一份工作的就业状态有明显影响，但并非学历越高就业率越高，相反，与本科毕业生相比，硕士和博士毕业生处于待业状态的可能性更高，而且找工作的时间更长。不过，硕士和博士毕业生进入国有部门的机会明显高于本科毕业生，硕士毕业生进入国有部门的可能性是本科毕业生的1.4倍，而博士毕业生进入国有部门的可能性是本科毕业生的7.4倍。实际上，985高校的博士毕业生绝大多数进入了国有部门。博士毕业生进入国有部门的比例

表 12-7 毕业后第一份工作的影响因素

自变量	Logit model 是否有工作		Logit model 是否失业		Logit model 是否2个月内找到工作		Multinominal Logit model 工作单位类型（参照组：私营/自雇）						Linear Regression 月收入（对数）	
							国有部门		外企/合资					
	B	S.E.	B	S.E.	B	S.E.	B	S.E.	B	S.E.			B	S.E.
父亲职业（参照组：农民）														
管理人员	.086	.151	.005	.284	.074	.205	.021	.177	.039	.224			-.195***	.059
专业人员	.040	.155	-.089	.296	.230	.216	-.027	.179	-.170	.233			-.279***	.061
办事人员	-.167	.198	-.043	.380	.096	.274	-.123	.244	-.125	.306			.031	.082
个体自雇	-.190	.131	.164	.252	-.017	.175	-.199	.151	.102	.187			.156***	.052
工人	-.031	.142	-.123	.276	.051	.193	.089	.168	.245	.208			.062	.056
无固定职业	.070	.194	-.164	.401	-.087	.238	-.239	.206	-.015	.255			.210***	.071
父亲受教育年限	-.072***	.017	.058	.032	.014	.023	-.031	.019	-.039	.024			.039***	.006
母亲受教育年限	-.022	.014	-.005	.025	-.034	.019	.013	.016	-.001	.020			.014***	.005
父母月收入	.000	.000	.000	.000	.000*	.000	.000	.000	.000	.000			.000***	.000
性别（男性）	.199**	.077	-.099	.146	.203	.106	.538***	.094	.116	.116			-.013	.031
党员	-.162*	.077	-.024	.147	.268*	.107	.424***	.092	.006	.116			-.048	.031
户籍（城镇户口）	.123	.101	.177	.195	-.091	.137	.226	.117	.334*	.147			-.090*	.040
学历（参照组：本科）														
硕士	-.089	.084	.792***	.154	-.392***	.117	.307***	.104	.057	.133			.354***	.035
博士	-.538***	.181	1.233***	.277	-.293	.349	1.993***	.386	.426	.676			.042	.082
Constant	1.826***	.160	-3.588***	.308	1.570***	.208	2.712***	.844	1.037	1.180			7.207***	.059

*** ≤0.05；** ≤0.1；* ≤0.5。

为 89.7%，硕士毕业生和本科毕业生的相应比例为 57.2% 和 48.3%。985 高校毕业生进入国有部门的比例远远高于大学毕业生的平均水平。根据全国抽样调查数据，只有 20.4% 的 80 后大学毕业生的第一份工作是在国有部门。

毕业生的学业成绩对第一份工作的就业状态具有明显影响，但并非是学业成绩越好的人就业机会就越多。表 12-8 的回归分析显示，毕业生的专业课成绩、在学校时学习的勤奋程度和外语水平对就业率、失业可能性、找工作时间长短都有显著影响，但这种影响是负面的，学业成绩越好的毕业生，就业的可能性越低，待业的可能性越高，找工作的时间越长，这可能是因为学业成绩好的毕业生愿意花更长的时间等待一份满意的工作或者有更强烈的意愿继续求学、参加资格考试及接受专业培训。不过，学业成绩对工作单位类型的选择有正向的影响，专业课成绩好的人更可能进入国有部门，而外语水平高的人更可能进入外资企业，但有意思的是，学习勤奋的人进入外资企业的可能低于学习不那么勤奋的人。

第八节 初职月薪的影响因素

虽然家庭背景因素对 985 高校毕业生的就业机会影响不明显，但对其收入水平影响很大。第一份工作的月收入高低受到家庭背景的强烈影响，表 12-7 的回归分析显示，父母的文化水平越高，以及父母的月收入越高，毕业生第一份工作的月收入也越高。但比较令人吃惊的是，在控制了父母文化水平和收入水平的情况下，管理人员和专业人员的子女的收入要低于其他阶层的子女。另外，来自城市的毕业生的收入微弱地低于来自农村的毕业生。性别和党员身份对第一份工作的收入水平影响不大。在学历差异上，硕士毕业生的初职月收入明显高于本科毕业生和博士毕业生。另外，学业成绩对收入水平的影响也十分明显，专业课题成绩越好的人，以及外语水平越高的人，第一份工作的月收入越高；但是学习勤奋的人的月收入却略低于学习不那么勤奋的人，看来死读书不见得会有高收入。

表 12-8　学业成绩对第一份工作的影响

自变量	Logit model 是否有工作		Logit model 是否失业		Logit model 是否2个月内找到工作	
	B	S. E.	B	S. E.	B	S. E.
专业课成绩	-.209***	.051	.014	.097	.140*	.066
勤奋程度	-.113*	.045	.112	.086	-.008	.059
外语水平	-.269***	.047	.212*	.089	-.169***	.062
Constant	.328*	.134	2.012	.246	1.331	.183

自变量	Multinominal Logit model 工作单位类型（参照组：私营/自雇）				Linear Regression 月收入	
	国有部门		外企/合资			
	B	S. E.	B	S. E.	B	S. E.
专业课成绩	-.181***	.058	-.027	.073	.074***	.021
勤奋程度	-.072	.052	.157*	.065	-.082***	.019
外语水平	.049	.051	-.740***	.072	.260***	.019
Constant	-1.103***	.157	-.817***	.203	8.281***	.057

*** p≤0.05；** p≤0.1；* p≤0.5。

结　语

综合上述数据分析，我们可以对 985 高校毕业生的就业状况做出以下总结。第一，应届毕业生中只有大约 2/3 的人会在当年进入劳动力市场，另外的 1/3 还将继续教育过程而在随后数年中陆续进入劳动力市场。第二，进入劳动力市场的毕业生中 90% 以上都能在一年内就业，处于失业状态的比例并不高。第三，与普通高等院校的毕业生一样，985 高校的毕业生也遭遇了"文凭贬值"。第四，毕业生的就业期望与劳动力市场的实际状况的差距，加重了大学生找到满意工作的难度。第五，80 后想要取得 985 高校的文凭而成为未来社会精英的后备人选，出身背景因素十分重要，但获取了 985 高校文凭的人就不用太担忧就业机会和就业前景，家庭背景甚至学业成绩对第一份工作的影响并不显著，然而，想要获得高收入的工作，家庭出身背景及学业成绩就变得重要了。

参考文献

廉思主编,2009,《蚁族》,广西师范大学出版社。
李春玲、王伯庆,2009,《中国大学生就业与工资水平调查报告》,载《2009年:中国社会形势分析与预测》,社会科学文献出版社。

第十三章
80后985高校毕业生消费和收入状况
——基于六所985高校毕业生的调查

出生于20世纪70年代末直至80年代的人,很大一部分为独生子女,成长于改革开放之后的中国,身处全球化的进程中,见证了巨大的社会变迁,他们的生活方式和价值观都与上几代人有很大差异。学术上和日常生活中习惯称这一群体为80后。80后一代步入社会、组成家庭乃至逐渐成长为社会的中流砥柱也影响了当代消费模式的转型和新的消费倾向的兴起,比如结合炫耀、个性和享乐等的多元化消费诉求以及小资、波波族、LOHAS(Lifestyle of Health and Sustainability,追求健康和可持续的生活方式)等多元生活方式。相对于西方青年,当代中国青年的消费模式又明显表现为一种"混合"的特征:他们在强调对于乐趣和舒适的追求的同时,也强调"量入为出"和家庭责任等较为传统的价值观,这些审美的和道德的辩护共同构成了一套独特的、具有不同表现形式的消费伦理(Zhu Di, 2012)。可以说,当代青年集中体现着新出现的消费动机与较为传统的价值体系的融合与冲突,因此可以作为转型社会消费模式研究的典型群体。

社会的发展使得80后一代的生活机会①有了显著的增加，但集万千宠爱于一身的同时却承担着比上几代人更沉重的责任，如购买住房、赡养父母、抚养子女等。有人为80后总结了这样的人生轨迹：上大学，开始扩招；毕业，立刻就失业；要结婚，买不起房；还没长大，父母已经老了。

在这些挑战中，住房问题或许是最迫切、最棘手的。首先，从国家和社会发展的角度，一个初入职场、财富积累并不充裕的年轻人能否负担得起成立自己的"家"，是一国经济是否健康运行、收入分配是否公平的试金石。其次，从生命周期的角度，青年期意味着长大成人、开始独立于父母，有着建立自己的生活空间的需要，而这个时期的经济积累较少，因此青年人口的住房问题也许在所有年龄段的人口中是最突出的。再次，青年人口对于居住模式的选择能够反映诸多人口和社会的变迁，如结婚意愿和婚龄、人口流动、居住文化等，这对于国家制定相关政策可以起到信号的作用。青年的住房问题在当今中国的社会文本中更加特殊。近十年是80后一代开始成家立业的高峰期；但是，一方面房价居高不下，另一方面就业市场竞争激烈、经济危机的影响还在持续，单纯依靠个人收入购买房子的希望好像十分渺茫。

本章关注的是80后一代中的"知识精英"——985高校的毕业生们。毕业于名牌大学，很大程度上意味着稳定的收入和有前途的工作，然后逐渐跻身富裕、有地位、堪称社会中坚力量的中产阶级。而中产阶级被认为对当代消费文化的兴起具有显著的影响（王建平，2007），是驱动消费文化的最重要力量（零点公司，2006），他们的消费行为体现了新的品味和新的消费欲望（零点公司，2006）。这群知识精英是否居者有其屋，是否安居乐业，可以体现我国房价宏观调控和住房保障政策的成效，也能够反映内需增长的潜力，对于缩小贫富差距、转变经济增长方式也有重要的意义。

20世纪80年代以来的中国社会，工资、住房、社会保障等制度经历着改革，社会的内部和外部环境也发生着变化，在此背景下，个人的社会流动

---

① 生活机会（life chances）指的是社会中的每个人在受教育程度、健康、物质回报以及社会流动上的机会，一些国家（例如英国）经常在官方统计中使用此概念来衡量社会中不同人群的生活状况。

模式也发生着变化——从一个平均主义的社会到了一个由不同阶层组成的社会，再到阶层划分标准的不断变化。在考虑985高校毕业生的消费模式——尤其是住房问题——的时候，工资收入是至关重要的因素，通常情况下决定着一个人的生活机会，从而影响他的生活方式和支出。而影响毕业生工资收入差异的因素有很多，除了个人的特征和能力之外，还有父母家庭的背景，在我们这样一个快速发展的社会甚至还包括一些宏观背景和制度因素。因此，这群80后的985高校毕业生的消费模式及其重要影响因素——工资收入——集中体现着这些社会变迁，并对社会发展起着举足轻重的作用。无论从消费研究的角度还是从社会结构研究的角度，这些潜在的或者已经成为中产阶级的人群都值得关注。

本报告的数据来源是中国社科院社会学研究所的2010年中国大学生就业、生活及价值观调查。为了提高调查数据的代表性，调查组也根据教育部公布的综合类大学毕业生的性别比例对性别和学校分布进行了加权。如无特别说明，文中分析结果均为加权调整后的结果。样本中出生于1990年及之后和1979年之前的毕业生占极少数，因此本文中"985高校毕业生"主要由80后青年构成。

本章将通过考察985高校毕业生的消费和收入的情况，对其生活状况和生活质量做一个整体评估。数据分析将分为两块：一是985高校毕业生的消费（主要指日常支出和住房拥有）和收入的大致状况，由此可以看出这一群体内部的消费分层和收入分层；二是985高校毕业生的住房拥有和收入的影响因素，主要从个人特征、家庭背景和社会环境三个方面对其生活机会和生活质量做进一步的分析。

第一节 消费状况

一 日常支出

在本调查中，男性占58%，年龄集中在23~30岁（占86%），独生子女占41%，已婚的占25%，有子女的占13%，毕业时间集中在1~3年（占70%），本科学历占65%。985高校毕业生平均每月日常总开销约为2682元。如图13-1所示，日常饮食为每月最多的开销，平均645元，最少的为水电煤气和电话费用（分别为 113 元和 139 元）。值得注意的是，他们平均按揭贷款（包括房贷、车贷等）的月供较多，约为每月 509 元，仅次于饮食支出，体现了 985 高校毕业生的超前消费倾向。

房屋租金也占每月常规支出的很大比重，平均约为 377 元，超过了娱乐交往、交通费用以及子女的开销。有房子的毕业生平均按揭贷款月供为 1773 元，说明房子的购买大大增加了 985 高校毕业生的日常支出。这表明，对于 80 后一代处于事业起步阶段的大学毕业生而言，住房是个主要的负担，尤其因为样本中的毕业生有近 1/3 居住在房价超高的北京、上海、广州。

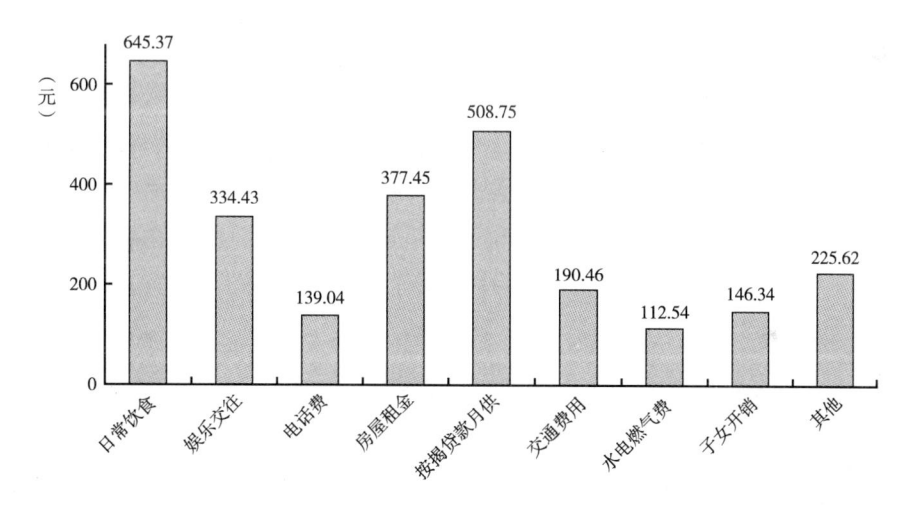

图 13-1　985 高校毕业生平均每月日常开销

注：1. 数据使用了性别和学校的加权；2. 总样本为 3829。

图 13-2 显示的是 985 高校毕业生除日常开销外的其他支出。费用最高的两项来自购买化妆品、理发等仪容修饰和服装费用（分别为年均 1630 元和 1462 元），体现了 80 后大学毕业生注重个人品位的培养和个性的追求。这两项支出较高可能也与 80 后知识精英的消费观念有关系。有研究显示，大城市（以北京、上海、成都和沈阳为例）的年轻"中高阶层"女性有显著的冲动消费的倾向，1050 位被访者中有 67% 的人认为自己属于冲动消费的类型（徐玲、赵伟，2002）。

除个人提升方面的开支，补助父母及兄弟姐妹是每年开支的重头戏，约

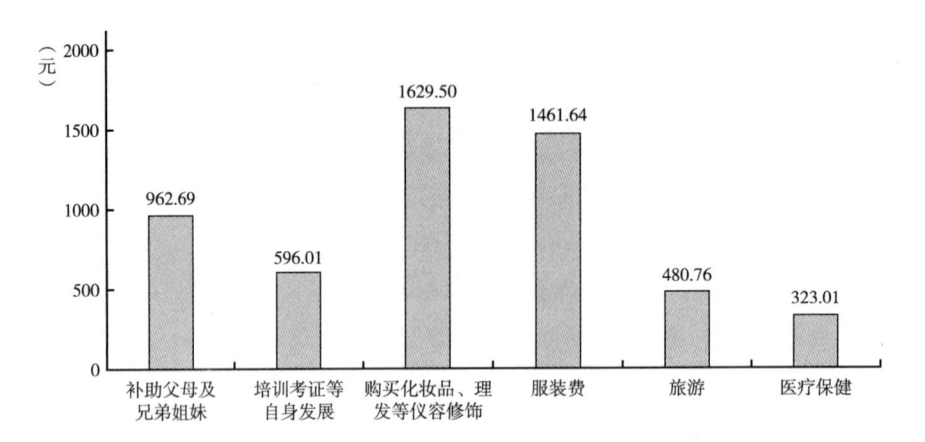

境遇、态度与社会转型：80后青年的社会学研究

```
(元)
2000 ┤
         1629.50
1500 ┤            1461.64
       962.69
1000 ┤
500 ┤      596.01        480.76
                              323.01
   0 ┴─────────────────────────────
     补助父母及  培训考证等  购买化妆品、 服装费  旅游   医疗保健
     兄弟姐妹   自身发展   理发等仪容修饰
```

图 13-2　985 高校毕业生平均每年除日常开销之外的其他支出

注：1. 数据使用了性别和学校的加权；2. 总样本为 3134。

为 963 元，反映了 80 后一代在赡养父母和照顾家庭方面的责任，以及孝敬父母等传统价值观对 80 后一代仍有影响。而培训考证（平均每年 596 元）、旅游（平均每年 481 元）、医疗保健（平均每年 323 元）等支出则所占比重较小。一个可能的原因是对于年轻的大学毕业生来说，这些消费不那么紧迫；另一个可能的原因是住房、饮食等过高的日常支出制约了 80 后大学毕业生们在事业自我提升和放松休闲方面的费用。

根据《中国统计年鉴 2010》①，城镇居民家庭平均每人全年消费性支出为每月 1022 元（全年平均为 12264.55 元），食品支出占全部支出的 36.52%，居住占 10%。因此，985 高校毕业生的每月日常支出（2682 元）大大高于城镇居民的平均水平，而食品支出比例（24%）低于城镇居民的平均水平，体现了 985 高校毕业生独特的消费模式。在 985 高校毕业生中，房租一项的比例就占到了 14%，如果再加上房贷月供，则大大高于城镇居民的居住支出在总支出中的比例。联系到 50% 的 985 高校毕业生的平均月薪（3000 元）与全国在岗职工的平均月薪（2728 元）很接近（后文将详细分析），而日常支出远远高于城镇居民的平均水平并且住房所占支出比例也高出很多，足以体现这一年轻群体的生活压力。

---

① 中国国家统计局网站：http://www.stats.gov.cn/tjsj/ndsj/2010/indexch.htm。

二 房产的拥有情况

(一) 住房拥有率

青年的住房问题在世界各国都是关注的焦点。1982～2011年,美国35岁以下人口的住房拥有率①是一条较平稳的曲线,基本在40%上下浮动。但是,这30年间经历了四次经济萧条,除了21世纪初的一次,其余三次经济萧条都对青年人口的住房拥有产生了显著影响。以最近一次经济危机为例,2005年初,35岁以下人口的住房拥有率曾达到43.3%,到2010年第四季度和2011年第四季度,这个指标分别下降到了39.2%和37.6%。澳大利亚的青年人口住房拥有率从20世纪80年代至今也呈现了类似下降的趋势。户主为30～34岁且拥有房子产权的比例从1981年的68%下降到了2001年的57%,在25～29岁的户主中该指标从1981年的53%下降到了2001年的43%。

关于住房拥有比例,中国没有来自国家统计局的官方统计,主要由学者根据大规模的调查数据进行估计。通过分析中国综合社会调查CGSS2005,闵学勤(2011)发现18～35岁拥有城市户口的青年拥有住房的比例为52.8%,但本人或配偶拥有产权的仅占青年人口的27.8%,若将范围缩至22～35岁适婚青年或已婚青年,拥有住房产权的比例分别升至32.1%和42%。风笑天(2011)的数据来源是2007年对全国12个城市2357名在职青年(1976年以后出生)的调查和2008年对北京、上海、南京、武汉、成都5个大城市1216名已婚青年(夫妻双方至少一位在1975年及以后出生)的调查。分析发现,2007年青年自己购房的占19%,未婚青年自购住房的仅占5.7%,已婚青年自购住房的占48.6%。2008年对大城市已婚青年的调查显示,自购住房比例仅占37.1%,说明高房价对于住房拥有的负面影响。如果就35岁以下青年总体拥有住房的比例进行中国、美国和澳大利亚三国间的对比②,可以看出中国青年拥有住房的比例还是偏低。

---

① 美国和澳大利亚政府统计中的不同年龄人口的住房拥有率都是按照户主的年龄进行统计。
② 闵学勤(2011)使用的CGSS2005和风笑天(2011)使用的2007年城市在职青年调查是随机抽样,夫妻双方都被抽到的可能性很小;风笑天(2011)使用的2008年已婚青年调查的抽样方法保证了夫妻双方只有一人被选择成为样本。所以,虽然这些来自中国的调查数据都是调查本人住房拥有的情况,但可以近似家庭/户的住房拥有情况,因此可以与美国和澳大利亚的普查数据进行比较。

在985高校毕业生中,仅有21%的人拥有自己的私有住房(本人拥有产权),62%的人没有自己的私有住房,17%的为其他情况。未婚毕业生的住房拥有率仅为9%,已婚毕业生的住房拥有率为59%。可以看到,本调查中青年总体、未婚和已婚青年的住房拥有率都高于风笑天(2011)的两次调查结果,可能的原因是本调查的对象为985高校毕业生,职业和收入相对较好也较稳定。

数据显示,是否拥有房子和父母提供资助的程度呈显著相关的关系。约68%的被访者称父母(会)给其买房或者(会)替其付部分房款或者提供较少的经济资助。如表13-1所示,在实际拥有房产的样本中,房子完全由父母购置的约占11%,父母付部分房款的约占36%,父母提供很少经济资助的约占21%,而父母不可能提供经济资助的仅占32%;而在无房的样本中,父母只可能提供很少经济资助的占33%,父母不可能提供经济资助的占32%。所以,80后知识精英对房产的拥有很大程度上依赖父母的经济资助,而不仅仅依靠自身的收入。

表13-1 985高校毕业生拥有房产和受父母资助的情况

单位:%

父母资助＼房子	无房	有房	合计
父母(会)给我买房	4.64	11.1	6.39
父母(会)替我付部分房款	30.63	35.87	32.05
父母(只可能)提供较少的经济资助	33.28	21.29	30.04
父母不(可能)提供经济资助	31.45	31.75	31.53
合计	100.00	100.00	100.00

注:1. 数据使用了性别和学校的加权;2. 总样本为3570,卡方检验显著。

调查也发现,能够全部或者部分资助子女买房的大多为独生子女父母和经济地位较高或者来自城市地区的父母。首先,在表示父母(会)给其买房的被访者中,75%的为独生子女毕业生,25%的为非独生子女毕业生;在表示父母(会)付部分房款的被访者中,65%的为独生子女毕业生,而在表示父母(只可能)提供很少资助的被访者中,68%的为非独生子女毕业生,在表示父母不可能提供经济资助的被访者中,高达84%的为非独生子女毕业生。其次,表示"父母(会)给我买房"的毕业生的父母平均月收入为10135元,且内部差异较大,最高收入者达每月30000元;

表示"父母(会)替我付部分房款"的毕业生的父母平均月收入为5864元;而表示父母(只可能)提供很少资助或者不(可能)提供资助的毕业生的父母平均月收入分别为2838元和2062元,且内部差异较小。最后,表示"父母(会)给我买房"的毕业生中高达39%的来自省会及直辖市,而只有7%的来自农村;表示父母不(可能)提供经济资助的毕业生中只有6%的来自省会及直辖市,而高达65%的来自农村。这些研究发现,在某种程度上体现了生活机会的代际复制和可能进一步加剧的阶层间和地区间的贫富分化。

(二)住房拥有与社会分化

在当代社会,住房不仅是种消费品、投资品,也成为划分经济社会地位的指示器。如李强(2009)指出,在我国城市地区,住房因其带来的空间资源及其所联系的"可及资源"成为表现社会分化的重要载体;同时,住房模式也塑造生活方式,促进了阶级共同感的形成。李强将这种地位获得/划分模式称为"住房地位群体"。对于985高校毕业生的调查也体现了住房划分社会阶层的功能,前文的分析可以看到,有房毕业生的父母家庭背景较优越。本节将主要从汽车拥有和"房奴"的角度来讨论住房模式如何塑造生活方式和生活质量,以此推断社会分化的程度。

首先,住房拥有与私人轿车的拥有显著相关。在985高校毕业生中,只有10%的人拥有私人轿车。表13-2将985高校毕业生分成四大类:最富裕的"有房有车"族占将近10%,"有房无车"族约占16%,"无房有车"族约占2%,最贫困的"无房无车"族为绝大多数,占72%。而且分析显示,房产和汽车的拥有显著相关,有房子的人更可能有车,而无房的人更可能无车,相反也成立。这说明,80后知识精英的总体生活水平并非特别优越,而且内部的分化比较明显。

表13-2 985高校毕业生的房产和汽车的拥有情况

单位:%

汽车 \ 房产	无房	有房	合计
无车	72.08	16.07	88.15
有车	2.29	9.56	11.85
合计	74.37	25.63	100.00

注:1. 数据使用了性别和学校的加权;2. 总样本为3848,卡方检验显著。

一般认为,"有房贷"的"房奴"生活质量最低,因此被当做弱势群体,但本文通过分析发现并非如此。因数据中无有关按揭房贷的变量,本文只能使用每月按揭贷款月供这个变量来估计。按照常识,低于500元的房屋贷款月供基本不可能,因此本报告去掉了贷款月供1~500元的样本(占2.11%)来估计毕业生的平均每月房贷负担。在有房的样本中,平均按揭房贷月供约为1773元,其中约占65%的人需要还房贷按揭(以按揭月供大于500元估计);在需要还房贷的样本中,平均月供2824元,约占个人每月日常支出(平均6588元)的43%,个人每月工作收入(平均5247元)的53.8%。这样看来,985高校毕业生的确处于"房奴"的状态:个人收入除负担房贷外,还有相当的比例用来维持吃穿行等基本消费,那么可以想象娱乐、休闲、放松甚至自我提升等支出就受到了很大的制约。

但是,"房奴"现象也不能如此简单地理解,还必须联系80后一代独特的生活背景——来自父母的资助。前文提到,在拥有房产的样本中,父母提供不同程度资助的占68%,能够提供资助的父母的经济收入也较高,因此一定程度上可以帮助改善该人群的生活。

另外,需要还房贷样本的按揭月供占到个人月收入的53.8%也不能说明80后一代有房族的"房奴"状态——生活质量很低、负担很重,生活毫无乐趣可言。一个原因是985高校毕业生的平均个人工作月收入有可能被低估。被访者很可能没有将奖金、津贴以及其他实物性的工资收入计算其中。而且,如果休闲消费能够代表一个人的生活质量的话,本文也发现985高校毕业生中,"有房无贷族"生活得最安逸舒适,其次是"有房有贷族",生活质量最低的是"无房族"。根据调查数据,本文将休闲消费定义为"娱乐交往""自身发展上的消费"(如考证、参加培训等)、"仪容修饰消费"(购买化妆品、理发烫发等)、"服装费"(包括衣服、鞋、帽等)以及"旅游"。当然,服装费可能也包括一些基本消费,但是对于80后一代而言,服装的购买经常体现个性和品位,因此服装的支出和一个人的生活质量也有着紧密的联系。

从表13-3可以看出,985高校毕业生中"有房无贷族"的年平均休闲消费支出最高,为13980元,样本中最高值甚至超过了每年40万的休闲消费支出。"有房有贷族"的休闲消费支出次之,平均每年12665元。生活质量最低的则是"无房族",平均每年休闲消费支出只有"有房有贷族"的一半，约 6323 元。经过分析，本报告也发现"有房无贷族"和"有房有贷族"的月收入很接近（5724 元和 5247 元），并且都远远高于"无房族"的平均月收入（3934 元）。这就进一步解释了为什么有房族的生活质量要高于无房族的生活质量。

表 13–3   985 高校毕业生平均每年休闲消费支出

单位：元

统计指标＼毕业生	无房族	有房有贷族	有房无贷族
平均支出	6323	12665	13980
Linearized Std. Err.	249.4	803.1	1961.8
最小值	0	0	0
最高值	211000	170000	409000

注：1. 数据使用了性别和学校的加权；2. 总样本为 3190。

以上从生活质量的角度分析了住房拥有与社会分化的关系，拥有房产的 985 高校毕业生，无论有没有房贷，更可能拥有轿车，更可能得到父母资助，休闲消费的支出也较高，一定程度上可以说明生活质量也较高。因此，不能简单地用"房奴"来解释 80 后一代的生存状况，这样可能掩盖了经济资本、社会资本、文化资本的代际传承以及地区差异而导致的社会不平等——真正的"房奴"可能并非是背上了沉重贷款的人，而是那些远远没有希望拥有自己的房子的人。

第二节   收入状况

使用学校和性别两个变量将调查数据进行加权之后，分析发现 27% 的样本处于失业状态。因为本报告主要想分析 985 高校毕业生的职业收入差异，因此需要将这部分样本去除掉。根据常识，进一步将当前月收入不到 200 元（占 0.65%）的样本以及首份工作月收入（指最初的月收入但不包括实习期的收入）低于 80 元（占 0.98%）的样本去除掉。这样的话，可进入分析的样本总量为 3034 个。

第十二章已经分析，2009 届本科毕业生的初职月薪为 2945 元，硕士毕业生的为 4166 元，博士毕业生的为 3170 元。985 高校毕业生的初职月薪明显高于同届其他院校毕业生半年后的月薪，但是这群精英毕业生也面临着"学历贬值"的现象。尤其在 2006 年之后，985 高校毕业生初职月薪与城镇单位就业人员月平均工资和城镇家庭人均可支配月收入的差距开始缩小，本科和博士毕业生的文凭贬值更显著。本节将从父母家庭背景、人力资本及离校时社会背景等方面考察这群毕业生在薪资上的分化。第四节将具体分析这些因素如何影响他们的收入。

有工作的 985 高校毕业生样本中，父母的当前月收入平均为 3963 元。在不控制其他变量的情况下，毕业生们的当前收入和首份工作月收入都与父母的收入呈显著正相关的关系。父母收入越高的毕业生，其当前收入也越高，首份工作月收入也越高。

样本中 985 高校毕业生的父亲的教育程度为初中、高中或技校的占多数（57%），其次是大专及以上文化程度（23%），再次是小学及以下文化程度（20%）。在不控制其他变量的情况下，父亲的受教育程度越高，毕业生的当前收入也越高，其首份工作月收入也越高，且差异显著。985 高校毕业生中，父亲为小学及以下文化程度的，其当前月收入为 4349 元，首份工作月收入为 2778 元；父亲为初中、高中或技校文化程度的，其当前月收入平均为 4186 元，首份工作月收入平均为 3025 元；而父亲为大专及以上文化程度的毕业生的当前月收入平均为 5190 元，首份工作月收入为 3953 元。可以看出，父亲受教育程度对 985 高校毕业生的首份工作月收入的影响大于对当前月收入的影响，父亲为大专及以上文化程度的毕业生的首份工作月收入远高于父亲为初高中和小学及以下文化程度的毕业生。

在有工作的 985 高校毕业生的样本中，女性占 41%，男性占 59%。大体上，女性的首份工作月收入与男性的首份工作月收入很接近，分别为平均 3181 元和 3188 元。但是就当前月收入来说，大体上女性的收入低于男性的收入，分别为平均 3994 元和 4752 元，而且差异显著。这在一定程度上说明，随着工作年限的增加，985 高校毕业生中男性收入增加的速度更快。可能的原因是女性随着年龄的增长需要承担更多照顾家庭的责任，比如生育、抚养孩子甚至日常购物和做饭，而使得她们在工作中的竞争力下降。同时，很多用人单位或明或暗歧视已婚和面临生育的女性，从而减少了女性晋升、加薪的机会。

16~22 岁的毕业生占 1%，23~25 岁的毕业生占 38%，26~30 岁的占 49%，31 岁及以上的占 12%。其中，16~22 岁的平均收入为 3159 元，23~

25岁平均月收入3670元，26~30岁平均月收入4455元，31岁及以上平均月收入6988元。就首份工作月收入来讲，样本中16~22岁的为2949元，23~25岁的为3412元，26~30岁的为3402元，31岁及以上的为1605元。31岁及以上的985高校毕业生的首份工作月收入最低，同当时的社会经济发展程度有相当大的关系，所以随着工作经验的增加，这一年龄段的人群的收入增长幅度较高。至于26~30岁和23~25岁的985高校毕业生，虽然成长于国家经济稳定发展的时期，但其首份工作收入和当前收入相比较增长幅度并不大，很大程度上可能与1999年开始的大学扩招政策带来的毕业生就业困难有关，再加上其中很多人发现就业形势并不乐观就选择了继续读书，但是毕业后又遇到了从2008年延续至今的经济危机，所以就业形势仍然严峻，毕业生的薪资待遇没有明显提高。当然，23~25岁年龄段人群的首份工作月收入和当前收入的增长量最小，也与他们的工作经历相对较少有关。

66%的就业状态毕业生的最高学历为本科，31%的为硕士，3%的为博士或者博士后。最高学历为本科的当前平均月收入为4210元，最高学历为硕士的当前平均月收入为4829元，最高学历为博士或者博士后的当前平均月收入为6149元。虽然博士毕业生的薪资水平较高，但是其收入的内部差异较大，差异性远远高于最高学历为本科或者硕士的当前收入的差异。这可能由于一部分工作经验较丰富的博士毕业生的收入较高，但是第十章也分析到近些年博士毕业生的收入只能达到城镇就业人员的平均月薪水平，因此受到宏观背景的影响，高学历毕业生的生活机会差别很大。至于首份工作月收入，最高学历为本科的为2823元，最高学历为硕士的为3997元，最高学历为博士或者博士后的为3851元，并且其内部差异也最大。可以看出，985高校毕业生中，最高学历为硕士和最高学历为博士的首份工作月收入之间的差别并不是很大，甚至最高学历为博士的毕业生的首份工作月收入略低。

与同年级其他学生相比，有工作的样本中本科专业课成绩优异的占21%，良好或一般的占71%，较差或很差的占8%。总体来说，不控制其他变量，985高校毕业生本科专业课成绩越优秀，当前收入也越高，首份工作收入也越高，且差异显著。就当前平均月收入来讲，本科专业课成绩优异的为4874元，成绩良好或一般的为4398元，成绩较差或很差的为3650元。就首份工作月收入来讲，本科专业课成绩优异的为3732元，成绩良好或一般的为3067元，成绩较差或很差的为2768元。这个分析结果挑战了社会上流传的"学习成绩越好步入社会后竞争力越差"的偏见——至少在985重点高校的毕业生中，本科时候专业课成绩越好，一定程度上预示着日后的工作收入也越高，当然这种相关关系的强弱也可能在其他因素的作用下发生改变，这将在回归模型中进一步分析。

处于就业状态的985高校毕业生中，外语水平自我评估为很好或较好的占62%，自我评估为一般的占31%，自我评估不太好或者很不好的占7%。外语水平很好或较好的毕业生的当前月收入和首份工作月薪都显著较高，分别为平均4801元和3636元。外语水平一般的毕业生首份工作月收入排在第二位，平均为2526元，但是当前月薪最低，平均为3713元。外语水平不太好或很不好的毕业生首份工作月收入最低，为2055元，但是当前月收入却仅次于外语水平很好或较好的，为4451元。说明总体上，外语水平优秀的毕业生在收入上更占有优势。

处于就业状态的985高校毕业生目前居住在北京、上海、广州的占28%，他们的当前月收入和首份工作月收入总体上都比居住在其他地区的毕业生的要高，而且差异显著。居住在北上广的985高校毕业生的当前平均月收入和首份工作月收入分别为5305元和3767元，居住在其他地区的985高校毕业生的当前平均月收入和首份工作月收入分别为4010元和2908元。

数据显示，985高校毕业生中在国有部门（政府机构、国有企业和科研事业单位）工作的约占37%，在非国有部门（民营企业、外资/独资企业、个体户、中外合资、非政府和非营利组织及其他）工作的约占63%。在国有部门工作的毕业生的当前月收入和首份工作月收入都比在非国有部门工作的毕业生的当前月收入和首份工作月收入要低，而且差别显著。就当前月收入来说，在国有部门工作的985高校毕业生平均为5656元，在非国有部门工作的985高校毕业生平均为7445元。就首份工作月收入来说，在国有部门工作的985高校毕业生平均为2302元，在非国有部门工作的985高校毕业生平均为2630元。一定程度上可以看出，随着工作经验的增加，在非国有部门工作的毕业生的收入增长幅度更大。

在就业状态的985高校毕业生中，8%于2003年之前离校，42%于2003~2007年扩招时期离校，50%于2008年金融危机及之后离校。就当前月收入来讲，2003年之前离校的毕业生收入最高，平均7971元，2003~2007年离校的毕业生收入次之，平均4514元，2008年金融危机及之后离校的毕业生收入最低，平均 3848 元。就首份工作月收入来讲，2003 年离校的毕业生显著最低，仅平均 1200 元，而 2003~2007 年和 2008 年及之后离校的毕业生的收入比较接近，分别为 3084 元和 3569 元，体现了扩招和金融危机带来的毕业生就业困难的负面效应抵消了一部分经济增长而带来的就业收入增加的正面效应。

第三节 房产拥有状况与影响因素

青年住房拥有的比率是宏观经济、人口出生率、社会习俗和文化等多种因素作用的结果。国外学术界认为，影响青年是否拥有住房的因素主要集中在三个方面：人口特征、支付能力和人口流动。人口特征因素包括子女数量、婚姻状况、年龄、种族、性别、居住地区；支付能力因素包括工资或收入、政府补助占收入比例、房价—租金比率；人口流动因素主要指个人和家庭近几年的迁移情况。Haurin 等（1993）分析了 1987 年全美青年追踪调查（National Longitudinal Survey of Youth）的数据发现，除单身户主性别的影响不显著之外，年龄、种族、房价—租金比、预测工资（predicted wage）和政府补助占收入比例均对青年（22~29 岁）拥有住房的可能性有显著影响。澳大利亚学者（Bourassa et al., 1994）通过分析 1985 年澳大利亚追踪调查（Australian Longitudinal Survey）发现，两个经济变量对于青年（25~28 岁）是否拥有住房的影响最为关键：房价—租金比具有显著负面效应，预期工资具有显著的正面效应。（预期的）子女数量对于澳大利亚和美国青年的住房购买都是显著正向作用（Bourassa et al., 1994; Cameron & Tracy, 1997），而预期未来三年内不会迁移则显著增加买房的可能性（Cameron & Tracy, 1997）。

由于社会文本和政策的不同，影响中国青年住房拥有的因素也有一些独特性。对比美国和澳大利亚的研究，中国的很多实证研究更强调家庭背景和父母资助、是否独生子女、是否城镇户口以及是否流动人口的影响。宋健、戚晶晶（2011）使用 2009 年一个对北京、保定、黄石和西安的 20~34 岁的青年人口的调查，发现在青年人口中"住房啃老"（与父母同住，或者单独居住、父母为房子主要出资方）的比例占到了 40.5%，独生子女、本地青年、城镇户口对"住房啃老"的发生有显著正面影响，年龄有显著负面影响。闵学勤（2011）分析了 CGSS2005 的数据发现，年龄、文化程度、年收入对于居住在自己或者父母购买的房子中具有显著影响；有趣的是，购房者比租房者的年收入显著更低，但是收入阶层、社会地位和家庭社会地位的自评却显著更高。风笑天（2011）的研究主要关注独生子女对于住房拥有的影响，发现在大城市已婚单独居住的青年中，独生子女的效应主要体现在父母资助上：夫妻双方或者一方为独生子女与夫妻双方都非独生子女自己购房的比例接近，但是就父母为其买房的比例来讲，独生子女夫妻比非独生子女夫妻高出近10个百分点（分别为32.9%和23.7%）。

根据现有文献，本文以是否拥有房产作为结果变量，将性别、年龄、月收入、是否已婚、是否独生子女、是否住在北上广一线城市、父母资助情况、受教育程度作为解释变量。另外，本文也考虑到我国的住房政策，国有部门的员工更有可能享受住房保障或者福利，因而更有可能拥有住房，所以将工作单位性质也列为解释变量之一。

该逻辑回归模型如表13-4所示。模型包括813个样本，总体上是显著

表13-4 985高校毕业生拥有房产的影响因素

解释变量	Coef.	Odds ratio
每月收入（对数）	0.853*** (0.191)	2.346
婚姻状态（已婚=1）	2.526*** (0.240)	12.500
工作单位性质（国有部门=1）	1.073*** (0.239)	2.923
性别（男=1）	-0.412(0.267)	.662
现在是否居住在北京、上海、广州地区（是=1）	-0.372(0.271)	.689
是否独生子女（独生子女=1）	-0.00816(0.298)	.992
父母资助情况（以不可能提供资助为参照组）		
父母（只可能）提供很少的经济资助	0.146(0.305)	1.158
父母（会）替我付部分房款	1.362*** (0.329)	3.902
父母（会）给我买房	2.525*** (0.558)	12.486
年龄（以31岁及以上为参照组）		
23~25岁	-2.367*** (0.433)	.094
26~30岁	-1.813*** (0.328)	.163
教育程度（以本科为参照组）		
硕士	-0.593** (0.289)	.553
博士或博士后	-1.491** (0.621)	.225
常数项	-7.906*** (1.588)	
总样本	813	

注：1. *** 代表 p<0.01；** 代表 p<0.05；* 代表 p<0.1；2. 数据进行了学校和性别的加权；3. 括号中的数字为标准误。

的，能够解释约44%的变异。这些解释变量的作用大致与现有研究的结论类似。本研究也发现独生子女对住房拥有的直接影响不显著，结合前文的分析和文献可以推断，独生子女应当是通过父母资助这个变量产生影响。分析也发现，居住在一线城市的影响不显著，这可能与985高校毕业生的特殊性有关：普遍工作较稳定、收入较高，一定程度上可以克服居住在一线城市带来的购房障碍。

从模型可以看到，对房产拥有具有显著影响（$p<0.05$的情况下）的是当前月收入、婚姻状态、工作单位类型、父母资助、年龄和受教育程度；影响最大的因素是父母资助情况和婚姻状态，其次是年龄，这体现了青年住房问题在中国的独特性。

在控制其他变量的情况下，父母能给买房的985高校毕业生拥有房产的概率是父母不能提供经济资助的毕业生的12倍，而父母（会）替付部分房款的毕业生拥有房产的概率也是父母不能提供经济资助的毕业生的近4倍。模型进一步证实了父母资助对于80后知识精英能否拥有房产的重要性，房产拥有并非仅依赖青年个人收入。这个发现也一定程度上反映了买房成家不仅是青年个人的问题，而是整个家庭的责任，体现了中国传统文化中独特的"房子情结"。

在其他因素相同的情况下，已婚毕业生拥有房产的可能性是未婚毕业生的近13倍，这说明在当代社会文本中，房子已经成为年轻人结婚的"必需品"。31岁及以上的985高校毕业生最有可能拥有房产，其可能性是23~25岁毕业生的11倍，是26~30岁毕业生的6倍，从生命周期的角度反映了青年住房问题的重要性。

当前月收入和在国有部门工作都对房产拥有具有显著正面影响。在控制其他变量的情况下，在国有部门（政府机构、国有企业和科研事业单位）工作比在非国有部门（民营企业、外资/独资企业、个体户、中外合资、非政府和非营利组织及其他）工作更可能拥有房产，是在非国有部门工作的毕业生拥有房产可能性的3倍，而且工作单位的性质比月收入对于房产拥有的影响稍强。有趣的是，数据分析发现，在国有部门工作的985高校毕业生比在非国有部门工作的毕业生的当前月收入低，而且差异显著。所以可以推断，在国有部门工作的985高校毕业生的个人工资收入被低估，或者其拥有房产很可能不是通过个人的工资收入而是通过单位福利或者父母资助等其他途径。进一步的数据分析发现，工作在国有部门的毕业生的父母更可能会为其买房，但是差异不显著。

受教育程度越高，"无房"的风险越高，这是个令人沮丧的发现，从一个侧面反映了当今社会的"学历贬值"现象。在其他因素相同的情况下，最高学历为本科的毕业生是最高学历为硕士的毕业生拥有房产可能性的1.8倍，是最高学历为博士的毕业生拥有房产可能性的4.44倍，且差异显著。

第四节 收入的影响因素

大学毕业生劳动力市场的现有研究，很多在"人力资本和社会资本"的理论框架下进行，同时也有大量研究关注家庭社会经济地位的影响。陈海平（2005）通过2004年在湖南抽样调查发现，在高校毕业生的收入水平影响因素中，人力资本中的生源地、职业技能（资格证书）、工作能力（包括普通话证书、是否学生干部）、政治面貌影响显著，社会资本中的原始社会资本（强关系）——人情关系，或说亲密交往频繁的关系——影响显著。王晓焘（2008）使用了2004年和2006年关于12城市在职青年的追踪调查数据，发现性别、是否独生子女在职业收入增长上不存在显著差异，而是否居住在东部城市、所处行业、青年自身文化程度以及参加工作的时间对于职业收入增长有显著影响。在强调家庭背景影响的研究中，文东茅（2005）通过对2003年全国本专科毕业生就业状况的调查，发现家庭背景（父亲职业和父亲受教育年限）越好，毕业时的落实率、升学率和起薪越高；在进一步控制了学历（本科生）、高考年份（1999年）、高考成绩以及性别、民族、就业地区、就业城乡分布等因素的情况下，父亲受教育年限对毕业生起薪仍然有正面影响。郑洁（2004）将家庭社会经济地位分解得更为细致，用父亲职业、母亲职业、父亲受教育程度、母亲受教育程度和家庭年收入分析了大学毕业生的期望月薪差异。郑洁使用的数据来自一个对北京市2002届本专科毕业生的调查，研究对象为北京生源的毕业生，发现家庭社会经济地位越高，所期望获得的月薪越高，但是部分变量的作用不显著，其中家庭收入没有表现出对期望月薪的显著影响。

研究也发现，大学毕业生的工资差异也要归因于一些制度性因素。比如，柴国俊、邓国营（2011）利用一个2008届全国大学本科毕业生抽样调查数据，发现男性、211院校毕业、父母是专业人员更容易进入高收入行业工作，但是去除行政垄断性行业（包括公共行政群众团体、采矿业、建筑业、"电力、燃气、公共环卫服务业"、"金融、保险、房地产业"、文化体育教育和娱乐业）之后，性别变得不显著，家庭居住在东部和沿海中等发达地区、中西部中等发达地区的变量变得显著了，工作能力（由自我评估产生）因素也由不显著变得有显著正面影响。该研究进一步对样本的职业收入进行了Neumark分解之后发现，80.94%的差异归因于不同行业的分割部分，而余下的特征中部分工作地区类型、工作城市类型和毕业学校类型对工资差异具有很强的解释力，因此作者总结到，体制因素导致的部分行业垄断地位是形成当前不同行业的工资差距的主要原因。

根据以上文献分析，本文对985高校毕业生的收入差异分析将主要考虑三类解释变量：人力资本、家庭社会经济地位以及制度和背景因素。受到数据的限制，社会资本中的关系强弱未列入解释变量，但是可以通过家庭背景进行参考。

本文首先将做一个主要由家庭社会经济地位来解释的模型（M1），然后加入人力资本因素做成模型2（M2）。鉴于已有文献显示行业垄断和地区经济发展不平衡造成的工资差异，本报告在人力资本的组成变量中特别加入了工作单位类型——是否国有部门，在制度和社会背景因素的测量指标中加入了是否居住在一线城市。已有文献很少考虑到大学毕业生工资差异的制度和社会背景因素，比如，经济危机可能导致这一年甚至接连几年的毕业生工资偏低，扩招政策可能造成劳动力的买方市场从而影响毕业生的薪酬待遇。因此，本文最后将加入毕业生离校时背景的变量做成模型3（M3）；由于该变量反映了被访者的毕业时间，一定程度上可以反映工作年限，为了避免模型的自由度过低，工作年限变量不另外加入。

借鉴已有文献中的测量指标并依据所使用的数据，三类解释变量可操作化如下。

（1）家庭社会经济地位，包括父母当前月收入和父亲受教育程度。

（2）人力资本，包括受教育程度、本科专业课成绩、外语水平、性别和年龄。

（3）制度和社会背景因素，关心的是目前居住地、工作单位类型、毕业离校时是否受到1999年开始的扩招政策或者2008年开始的金融危机的影响。

一 家庭社会经济地位的影响

表 13-5 中,M1a 和 M1b 是 985 高校毕业生当前月收入（对数）和首份工作月收入（对数）受到家庭社会经济地位影响的两个模型。结果显示，两个模型的解释力都非常低。只考虑家庭社会经济地位的模型只能解释 0.9% 的毕业生当前月收入的变异,解释近 5% 的毕业生首份工作月收入的变异。在首份工作月收入的模型中,父母月收入的影响是显著的——在控制父亲受教育程度的情况下,父母收入越高,毕业生的首份工作月收入也越高;但是父母月收入对毕业生当前收入的影响不显著。而父亲受教育程度对于 985 高校毕业生的当前月收入和首份工作月收入的影响基本上都不显著,只有父亲初中、高中或技校文化程度对当前月收入有显著负面影响。可见,总体上家庭背景因素,尤其是父母月收入,对于 985 高校毕业生的首份工作月收入的影响大于对于当前月收入的影响。这可能是因为作为刚刚毕业的大学生,即使是重点大学的毕业生,找工作的途径也很有限,很大程度上需要依赖父母的社会地位、资源或者关系,但是积累了一定工作经验之后,可以逐渐依靠自己的社会关系和能力。这个结果一定程度上反映了当代社会由于父母经济资本和社会地位的传承而导致的代际复制和社会流动不平等。但是仅以家庭社会经济地位来解释 985 高校毕业生当前和初职月薪的模型的解释力非常低,也说明了我们还不是处于一个"拼爹"的社会,家庭背景仅是影响个人社会经济地位获得的很小的因素。

表 13-5 985 高校毕业生当前月收入和首份工作月收入的影响因素

解释变量	M1		M2		M3	
	M1a	M1b	M2a	M2b	M3a	M3b
父母当前月收入（对数）	-0.004 (0.038)	0.190*** (0.047)	0.047 (0.037)	0.044 (0.037)	0.046 (0.036)	0.029 (0.037)
父亲教育程度(以小学及以下文化程度为参照组)						
初中、高中或技校	-0.129* (0.072)	0.087 (0.093)	-0.060 (0.066)	-0.057 (0.073)	-0.057 (0.064)	-0.040 (0.070)
大专及以上	0.015 (0.105)	0.177 (0.122)	0.076 (0.092)	0.102 (0.096)	0.058 (0.087)	0.142 (0.095)
其他	0.000 (0.000)	0.000 (0.000)	0.000 (0.000)	0.000 (0.000)	0.000 (0.000)	0.000 (0.000)

续表

解释变量	M1		M2		M3	
	M1a	M1b	M2a	M2b	M3a	M3b
性别（男=1）			0.191***	0.021	0.170***	0.041
			(0.059)	(0.066)	(0.057)	(0.065)
年龄（以31岁及以上为参照组）						
16~22岁			-0.798***	1.296***	-0.571***	0.966***
			(0.225)	(0.147)	(0.172)	(0.166)
23~25岁			-0.649***	1.464***	-0.394***	1.139***
			(0.089)	(0.114)	(0.113)	(0.134)
26~30岁			-0.302***	1.265***	-0.280***	0.930***
			(0.079)	(0.105)	(0.088)	(0.109)
教育程度（以本科为参照组）						
本科			-0.066	0.460***	0.074	0.332***
硕士			-0.066	0.460***	0.074	0.332***
			(0.066)	(0.085)	(0.068)	(0.087)
博士或博士后			-0.092	0.220	0.159	0.014
			(0.239)	(0.232)	(0.222)	(0.231)
本科专业课成绩（以较差或很差为参照组）						
良好或一般			0.133*	-0.036	0.118*	-0.039
			(0.069)	(0.073)	(0.062)	(0.073)
优异			0.161*	0.082	0.097	0.114
			(0.089)	(0.102)	(0.082)	(0.105)
外语水平（以不太好或很不好为参照组）						
一般			-0.037	0.108	-0.086	0.061
			(0.103)	(0.123)	(0.100)	(0.122)
很好或较好			0.151	0.244**	0.081	0.174
			(0.104)	(0.120)	(0.101)	(0.119)
现在是否居住在北京上海广州地区（是=1）					0.320***	0.146***
					(0.050)	(0.056)
工作单位性质（国有部门=1）					-0.195***	-0.089
					(0.053)	(0.060)
毕业时间（以2003年前离校为参照组）						
2003~2007年扩招时期离校					-0.105	0.608***
					(0.118)	(0.121)

续表

解释变量	M1		M2		M3	
	M1a	M1b	M2a	M2b	M3a	M3b
2008年金融危机及之后离校					-0.384*** (0.139)	0.494*** (0.142)
常数项	8.601*** (0.272)	5.870*** (0.361)	8.157*** (0.291)	5.825*** (0.327)	8.298*** (0.283)	5.770*** (0.315)
总样本	789	789	789	789	789	789
R-squared	0.009	0.048	0.139	0.419	0.226	0.456

注：1. *** 代表 $p<0.01$；** 代表 $p<0.05$；* 代表 $p<0.1$；2. 数据进行了学校和性别的加权；3. M1a 为当前月收入（对数）的模型，M1b 为首份工作月收入（对数）的模型，M2 和 M3 模型同理；4. 括号中的数字为标准误。

二 加入人力资本因素的影响

表13-5中，M2a 和 M2b 是加入了人力资本因素的两个模型。关于当前月收入的模型 M2a 总体上是显著的，可以解释14%的毕业生的当前收入变异，比仅有家庭社会经济地位作为自变量的收入差异模型提高了13%的解释力。关于首份工作月收入的模型 M2b 总体上也是显著的，可以解释42%的985高校毕业生首份工作月收入的变异，比只有家庭背景作为自变量的模型提高了37%的解释力。而且，在这两个加入了人力资本因素的模型中，家庭社会经济地位因素虽然起着一定作用，但是变得完全不显著了，因此可以推断，985高校毕业生的当前收入和首份工作收入高低更多的依赖个人的特征以及能力，而不是家庭背景。经过诊断，两个模型均符合正态误差的假设，最大的方差膨胀因子没有超过10且平均的方差膨胀因子都为1.9，因此判断不存在多元共线性。

在关于当前收入差异的模型中，具有显著影响的因素为性别、年龄、专业课成绩。而在关于首份工作收入的模型中，具有显著影响的因素为年龄、硕士学历、外语水平很好或较好。

在控制其他因素的情况下，性别对985高校毕业生的首份工作月薪的影响并不显著，但是男性的当前收入显著更高，进一步说明了女性在职业发展中的劣势地位。年龄在16~22岁、23~25岁、26~30岁的毕业生比年龄在31岁及以上的当前月收入显著较低，但是比在31岁及以上的首份工作月收入要显著的高,后者的原因上文解释过,主要受到当时的经济发展程度的限制。

在其他因素相同的情况下,最高学历为硕士或者博士比最高学历为本科的首份工作月收入都较高,其中,最高学历为硕士和最高学历为本科的毕业生之间收入的差异显著。但是最高学历为硕士或者博士的毕业生的当前月收入反而比最高学历为本科的当前月收入低,虽然差别不显著。虽然学历越高的人可能工作经验较少从而当前收入较低,但是这些发现仍然在一定程度上反映了"高学历并不代表高收入"的现象。

本科专业课成绩良好或一般的毕业生的当前月收入比成绩较差或很差的毕业生的当前收入显著较高,而成绩良好的毕业生的首份工作月收入却较低,但是差异不显著。所以可以推断,在控制了人力资本和家庭背景因素的情况下,专业课成绩越好的985高校毕业生的收入增长空间越大。

在控制其他因素的情况下,外语水平很好和一般的都比外语水平较差或很差的毕业生的首份工作月收入要高,其中,外语很好的与外语较差的毕业生之间的收入差异显著,说明外语水平在毕业生获得第一份工作时起了相当重要的作用。而对于当前月收入来说,外语水平一般的比外语水平较差或很差的毕业生反而要低,但是差异并不显著。

三 加入制度和社会背景因素的影响

表13-5中,M3a和M3b是进一步加入了制度和社会背景因素的两个模型。关于当前月收入的模型M3a总体上是显著的,可以解释23%的毕业生的当前收入变异,进一步提高了模型的解释力。关于首份工作月收入的模型M3b总体上也是显著的,可以解释46%的985高校毕业生首份工作月收入的变异,同样进一步提高了只有家庭社会经济地位和人力资本因素的模型的解释力。因此分析证实,国有和非国有部门差异、地区经济发展不平衡、扩招政策和经济危机等制度和社会背景因素对大学毕业生的当前收入和首份工作收入存在一定的影响。经过诊断,两个模型均符合正态误差的假设,最大的方差膨胀因子没有超过10且平均的方差膨胀因子都为2.27,因此判断不存在多元共线性。

加入制度和社会背景因素之后,只有外语水平很好或较好、专业课成绩优异的影响变得不显著了起来,其他在M2两个模型中起显著作用的因素仍然保持显著。对于当前月收入,性别、年龄、专业课成绩良好、居住于一线城市、在国有部门工作以及2008年金融危机及之后离校的影响显著,其中性别、年龄和专业课成绩良好的系数比M2a模型减小了,说明它们一部分的效应被制度和社会背景带来的影响所抵消。对于首份工作收入,年龄、学历为硕士、居住于一线城市以及毕业离校时间的影响显著,年龄和硕士学历的系数也比M2b模型减小了。

在其他因素相同的情况下,目前居住于北京、上海、广州的985高校毕业生中的收入比居住于其他地区的收入显著较高,居住于这三个城市的毕业生的首份工作月收入也显著较高。这就是为什么虽然竞争激烈,毕业生们依然选择在一线城市发展。

在控制其他因素的情况下,工作于国有部门的985高校毕业生比工作于非国有部门的毕业生的当前收入和首份工作月收入都低,但是只在当前收入上的差异显著,可能的原因是国有部门比非国有部门的工资涨幅小。即便如此,一大批成绩优异的名牌大学毕业生仍然选择在国有部门工作(高于成绩良好或者较差的毕业生工作于国有部门的比例),体现了国有部门对于这些知识精英的吸引力。

在其他因素相同的情况下,2003~2007年扩招时期离校和2008年经济危机及之后离校的985高校毕业生比2003年之前离校的毕业生的首份工作月收入都显著较高。就当前月收入来讲,2003~2007年扩招时期离校和2008年经济危机及之后离校的985高校毕业生比2003年之前离校的毕业生的收入都较低,其中2008年及之后离校的985高校毕业生同2003年之前离校的毕业生的当前收入差异显著,一方面可能是工作年限差异带来的影响,另一方面也体现了金融危机带来的更强负面影响。

结　　语

通过分析关于985高校毕业生的调查数据,本报告揭示了80后知识精英的消费和收入特征,由此可以评估他们的生活状况。985高校毕业生的超前消费、注重品位的培养和个性追求的倾向较为显著,但是对父母和家庭的责任等传统观念仍对他们有影响。关于985高校毕业生的住房情况,本报告主要有以下发现:①总体的住房拥有率与发达国家同龄青年的住房拥有率相比仍较低,但是高于我国城镇青年的平均水平,而且已婚毕业生的住房拥有率高于发达国家同龄已婚青年的水平；②住房拥有的社会分层功能显著，有房青年的父母家庭背景较好，更可能有车，生活质量更高，体现了社会分化；③父母资助情况、婚姻状态和年龄是影响住房拥有的最重要因素。

我们也看到，985高校毕业生的平均薪资还是高于非重点大学毕业生，但是高等教育文凭在普遍贬值，名牌大学学历在就业薪资上的优势也在减小，也说明了985高校毕业生内部在物质回报上的巨大差异。再加上，985高校毕业生比城镇人口远远高出的平均日常支出以及居住所占的支出比例，一定程度上体现了这群知识精英的生活压力；也可以推断，在这群知识精英中，虽然部分人的生活状况比较优越，但是也有部分人的物质获得和生活质量不容乐观。因此，本报告的一个重要结论就是揭示了985高校毕业生内部的巨大差异，而这些差异尤其对于社会发展有着深刻的含义。

总体上，985高校毕业生的当前收入和首份工作月薪都主要依赖个人的特征和能力，另外，制度和社会背景对于他们的就业收入也有重要的影响。就工资收入带来的985高校毕业生的生活机会而言，我们可以得到以下几点启示：①家庭背景对于80后知识精英的社会流动并非起到决定作用——在控制了更多的人力资本和社会背景因素之后，家庭背景对于这群毕业生就业收入的影响已经很微弱；②随着工作经验的增长，性别可能成为晋升加薪的一个门槛，女性会逐渐处于弱势；③最高学历为博士的毕业生比最高学历为本科的毕业生的当前月收入高，但差别不显著，但这不能认为验证了"读书无用论"，因为数据也显示最高学历为硕士的毕业生比最高学历为本科的毕业生的初职月薪显著较高，至少说明在第一份工作的收入上，硕士学历比本科学历更有优势；④国有和非国有部门差异、地区经济发展不平衡、扩招政策和经济危机等制度和社会背景因素对这群知识精英的当前收入和首份工作收入都有一定的影响：同1999年开始的高等教育扩招的影响相比，2008年开始的经济危机对于毕业生就业收入的负面影响更强。

一个值得注意的现象是，就工资收入带来的生活机会而言，家庭背景或者说父母的社会经济地位并未产生重要影响，但是家庭背景对于这群知识精英能否拥有住房具有非常重要的作用；如果将住房的拥有作为测量一个人能否安居乐业的指标来说，那么父母的社会经济地位仍然一定程度上制约了个人的生活机会，尤其对于那些生活在工资收入难以负担住房的很多大城市的毕业生来说。

本文的分析体现了消费划分社会阶层的作用——住房不仅仅是个消费品或投资品，对于生活机会也有着重要的影响。拥有住房的青年更可能拥有较优越的父母家庭背景、享受较高的生活质量，因此青年的住房拥有问题一定程度上可以暗示社会分化和代际流动不平等的程度。特别的，由住房所体现出来的生活机会差异不能简单地被"房奴"现象所解释，这样可能掩盖经济资本、社会资本、文化资本的代际传承以及地区差异而导致的社会不平等，因为"无房族"才是真正的弱势群体。因此，当研究生活在大城市的80后群体的时候，在收入或职业的指标之外，消费——尤其是住房拥有——在分析生活机会并划分社会阶层的时候同样发挥着重要的作用。基于此，本文建议将不同年龄组的住房拥有率纳入政府年度统计，作为经济社会健康运行、房地产宏观调控成效的重要测量指标之一。

报告显示985高校毕业生对服务消费和高质量生活的强烈欲望，有着巨大的内需潜力，但部分人群收入较低，其生活方式也受到高房价的限制，因此，本报告政策启示主要是国家需要加强针对80后中产阶级群体的扩大内需政策：①政府仍需加大房地产调控力度，真正做到房价合理回归，如温总理所讲"房价与居民的收入相适应，房价与投入和合理的利润相匹配"，以充分发挥这一群体的消费积极性来促进经济增长；②制定和实施针对80后青年的住房保障政策，解决这一群体"成家立业"的迫切需求，缩小贫富差距和社会分化；③提高中低收入人群的可支配收入、引导高校毕业生择业和就业，并规范金融市场和劳动力市场来保障其收入来源的多样化。

参考文献

柴国俊、邓国营，2011，《行业选择与工资差异——来自大学毕业生劳动力市场的证据》，《南开经济研究》第1期。

陈海平，2005，《人力资本、社会资本与高校毕业生就业——对高校毕业生就业影响因素的研究》，《青年研究》第11期。

风笑天，2011，《家安何处：当代城市青年的居住理想与居住现实》，《南京大学学报（哲学 人文科学 社会科学）》第1期。

国家统计局，2012，《中国统计年鉴2010》，国家统计局网（http://www.stats.gov.cn/

tjsj/ndsj/2010/indexch.htm)。[检索时间：2013 年 1 月]。

李强，2009，《转型时期城市"住房地位群体"》，《江苏社会科学》第 4 期。

零点公司，2006，《中国消费文化调查报告》，光明日报出版社。

麦可思研究院，2010，《2010 年中国大学生就业报告》，社会科学文献出版社。

闵学勤，2011，《空间拜物：城市青年住房消费的仪式化倾向》，《中国青年研究》第 1 期。

宋健、戚晶晶，2011，《"啃老"：事实还是偏见——基于中国 4 城市青年调查数据的实证分析》，《人口与发展》第 5 期。

王建平，2005，《中国城市中间阶层消费行为》，中国大百科全书出版社。

王晓焘，2008，《城市在职青年的职业收入变化及其原因分析》，《青年探索》第 2 期。

文东茅，2005，《家庭背景对我国高等教育机会及毕业生就业的影响》，《北京大学教育评论》第 3 期。

徐玲、赵伟，2002，《中国大城市中高档青年女装消费研究》，《西安工程科技学院学报》第 1 期。

郑洁，2004，《家庭社会经济地位与大学生就业——一个社会资本的视角》，《北京师范大学学报（社会科学版）》第 3 期。

王建平，2007，《中国城市中间阶层消费行为》，中国大百科全书出版社。

凤凰网：《温总理记者会关于房地产调控言论汇总》，2012 年 03 月 14 日，http://house.ifeng.com/rollnews/detail_2012_03/14/13189863_0.shtml [检索时间：2013 年 1 月]。

Bourassa Steven C. Haurin Donald R., Haurin R., Jean. 1994, "Independent Living and Home Ownership: An Analysis of Australian Youth." *The Australian Economic Review*.

Callis Robert R. Kresin Melissa. 2011, *Residential Vacancies and Homeownership in the Fourth Quarter*. U.S. Census Bureau.

Cameron Stephen, Tracy Joseph, 1997, *The Transition to Homeownership: The Importance of Early Career Concerns*. www.newyorkfed.org/research/econormists/tracy/7519 - Transition - to - Homeownership.pdf.

Haurin Donald R., Hendershott Patric H. Kim Dongwook, 1993, *Living Arrangements and Homeownership Decisions of American Youth*. Neth. J. of Housing and the Built Environment.

Moreno Almudena, 2012, *The Transition to Adulthood in Spain in a Comparative Perspective: The Incidence of Structural Factors*. Young.

Zhu Di, 2012, *Consumption patterns of the Chinese middle class: in the case of Beijing*. PHD Dissertation, University of Manchester.

第十四章
80后知识精英婚恋观

20世纪70年代末,计划生育政策开始在我国全面实施,以此为标志,20世纪80年代出生的一批以独生子女为代表的群体被冠以80后的称谓。80后群体出生在改革开放以后,成长在社会变迁急剧发生的时代,成熟于国家现代化进程不断加快的年代,他们在规范的国民教育体系中既接受了当代先进科学知识的熏陶,也接受了中国5000年传统文化的洗礼;同时,在中国这个"家本位"的社会中,虽然家庭规模日趋核心化,但是通过家族体系和家族文化的传承,传统的价值观也得到了较好的继承。因此,传统和现代化的力量都在80后身上留下了自己的烙印,让他们逐渐形成了一套"中学为体、西学为用"的当代价值观。

随着80后群体逐步进入大学教育阶段、完成学业、顺利就业、结婚甚至是生子,他们正处于生命历程中最动荡和多变的阶段。出生和成长于特定历史阶段的他们,在经历自身的恋爱、择偶和婚姻时,时代特征塑造了他们怎样的婚恋观?他们的婚恋观是否也伴随着社会变迁的剧烈开展呈现独有的特征?传统的价值观是否仍对这一代人的婚恋观存在持续的影响?因此,作为人生观和价值观的核心组成部分,我们通过婚姻家庭观这个侧面探究80后群体的生存状况、生活态度和价值理念具有重大的理论和现实意义。

本研究立足于中国社会科学院社会学研究所开展的2010年中国大学生就业、生活及价值观调查数据，第一期在六所985高校（吉林大学、重庆大学、华中科技大学、南京大学、中山大学、西安交通大学）中进行，因此本研究的对象主要是80后群体中接受了高等教育的知识精英群体。他们受教育程度较高的特点决定了他们的价值观，尤其是婚姻家庭观，可能有别于普通的80后群体，呈现更多的理性色彩。因此，通过对这一群体的特别关注，我们不仅可以窥探80后群体婚姻家庭观的概貌，而且可以探究传统观念和现代个人理性两种力量在他们身上分别发挥了怎样的作用，塑造了他们有别于其他年代群体的婚姻家庭观。

婚恋观是个体价值观的重要组成部分，虽然它是一种主观标准和价值倾向，但在其形成过程中不可避免地受到各个时代特定社会经济发展状况的影响，而呈现不同的特征和变化趋势。新中国成立60年以来，我国人口的婚恋观念经历了三个阶段的转变，由新中国成立初期传统婚恋观向自由婚恋观的转变，20世纪六七十年代向政治化婚恋观的转变，以及改革开放以来婚恋观向多元化的转变（陕劲松，2010）。婚姻家庭观研究是婚姻家庭研究中的一个传统，也是透视各个时期青年群体价值观的一个重要环节。以往的婚恋观研究主要包括：①对青年群体婚恋观的状况的描述（单光鼐，1986）。②对特定群体婚恋观的关注，如对大学生，尤其是女大学生婚恋观的研究（王美萍，2009；李景华，2011），还有对农村青年婚恋观的研究（张承芬、陈英敏，2000）。③对婚恋观变迁的梳理（罗渝川、张进辅，2001；陕劲松，2010）。④对婚恋观影响因素的分析（骆剑琴，2011）。相关研究对于婚恋观的特征描述较多，而较少关注群体的内部差异和差异的内在形成机制。同时，由于80后群体刚刚进入适婚年龄，因而尚未有对于80后婚恋观的研究，因此，很有必要通过对于80后知识精英群体婚姻家庭观状况的探究，来反映当代青年婚恋观的状况及其背后的影响因素，进而把握80后青年群体的价值观。

婚恋观是多维的，包括个体在其整个恋爱、婚姻过程中各个阶段的态度和价值观，结合以往研究和本研究数据的特点，本章拟从80后知识精英的恋爱、择偶和结婚三个阶段来研究他们的婚恋观。此外，由于80后出生成长时期的特殊性，其婚恋观始终交织着传统和现代两种力量，各个阶段的婚恋观也呈现不同的倾向，究竟是倾向于传统性还是现代性？所谓现代性是伴随着社会从传统农业社会向工业社会乃至信息社会转变的现代化进程出现的。现代性是以理性和自由为根本，表现为理性化和世俗化的过程。理性主义精神即是打破传统、旧俗、迷信和巫术的束缚，从文艺复兴、宗教改革开始赞美人的价值的传统，肯定了人世间爱情、幸福和人生享乐的合法性（刘汶蓉，2010）。以启蒙为核心的现代性决定了现代人们的思维方式和道德实践，这直接推动了反对性活动、以家庭为本、以生育为目标的性解放的文化个体主义（刘汶蓉，2010）。其中，在个人价值观念与文化精神，思维方式与行为方式的领域呈现的是个人现代性（陈嘉明等，2001）。韦伯把理性化看做现代性的基本特征，在他看来，所谓理性化，其基本含义是指理智地思考与计算（陈嘉明等，2001）。因此，本章对80后知识精英婚恋观传统性或现代性倾向的探讨，就建立在现代性理论的基础上，具体化为探究传统观念和个人理性如何在80后知识精英婚恋观的不同方面发挥影响，造就了他们独具特色的婚恋观。

第一节 相对开放的恋爱观

恋爱作为"演习婚姻"的一种主要形式，是青年群体生命历程中的重要环节，也是大学生活的有机组成部分。个体的恋爱经历和恋爱观将显著地影响个体的择偶过程和婚姻生活，正确的恋爱观既是形成理性婚姻观的基础，也是引导个体顺利成长、成熟的有力保障。因此，我们首先要通过考察已经毕业和仍然在校的80后知识精英的恋爱经历和恋爱观，来总结这一群体在恋爱阶段的特征。

当恋爱已经成为校园里的一种时尚和潮流时，我们调查发现，约有60%的在校大学生有过恋爱经历；而在毕业生中，由于较在校生年长，这一比例已经超过了80%。因此，在当代的大学在校生和毕业生中，恋爱已然成为一种主流的行为和重要的生活方式，甚至可以说是大学教育中不可或缺的一门"必修课"。然而恋爱行为在80后知识精英群体中也存在一定的内部分化，不同背景及其组合下的各类80后知识精英群体，恋爱行为存在不同程度的差异。概括来讲，个人条件及其家庭条件都对80后群体的恋爱行为产生了不同的影响。其中，个人条件主要包括个人的教育程度、性别、专业和上网习惯，而家庭条件主要指个人是否是独生子女、入学前的户口性质以及家庭经济状况自评。下文将主要从这两个角度来分析80后知识精英的恋爱行为和恋爱观。

(一) 80后知识精英的恋爱行为特征及其内部差异

1. **恋爱经历：个人条件和家庭背景强强联合力促恋爱**

(1) 个人条件对恋爱经历的影响

80后知识精英群体内部分化的首要维度是教育程度。按照年龄估计，80后群体理论上可以完成博士阶段的学习，因此不同教育程度的80后群体的恋爱行为是我们首要关注的。调查表明，大学本科学历是各种学历中恋爱比例较低的群体，尤其是在校的大学本科生，仅有一半的人有过恋爱经历（如表14-1）。除了本科学历以外，各种教育程度的80后知识精英的恋爱比例基本呈现随着教育程度的上升而提高的趋势，这表明80后知识精英并没有因为追求学业的提升而忽略了恋爱，妥善地平衡了恋爱和学业之间的关系，实现了"革命、生产两不误"的最优目标。

表14-1 不同教育程度的80后知识精英的恋爱比例

单位：%

	毕业生		在校生	
	未恋爱	恋爱过	未恋爱	恋爱过
高职/专科	15.63	86.49	25.57	74.43
大学本科	26.10	79.30	49.77	50.23
硕士	13.56	88.06	25.89	74.11
博士或博士后	6.15	94.20	13.39	86.61

就性别差异而言，在这个所谓"剩女"泛滥的时代，80后知识精英女性并未在恋爱市场上处于弱势地位，无论是在校的还是已经毕业的大学生，有过恋爱经历的女性的比例都高于男性7个百分点，而毕业生恋爱比例的性别差异甚至高于在校生。结合学历来看，无论是在校生还是

毕业生，本科、硕士和博士学历的女性有过恋爱经历的比例均高于男性。这充分表明，学历并非知识精英女性恋爱的阻碍。但是恋爱经历并不一定最终指向婚姻，因此，大龄未婚女性在不乏恋爱经历的前提下，为何迟迟没有成功步入婚姻的围城，需要我们在未来的研究中辅以其他数据进行深入分析。

从所学专业的角度考察，文科专业的80后知识精英的恋爱比例明显高于理科专业。在校生中，恋爱比例的专业差异接近10%，而在毕业生中，这一比例缩小为8%。专业性质决定的时间成本投入比例，显著地影响了不同专业80后群体在恋爱这项相对耗时耗力的行为中的竞争力，使得理科生处于相对劣势的地位，而这种劣势甚至在其毕业后依然没有得到显著改善。

此外，我们也发现个体的上网习惯与其恋爱行为存在一定程度的关系（如表14-2）。首先，是否上网对80后知识精英的恋爱比例存在显著影响，在毕业生中，每周不接触互联网的人没有恋爱经历的比例较有上网行为的人平均高约12%；而在在校生中，这一差异随着上网时间的拉长扩大至将近20%。互联网作为当代最主要的信息渠道，通过对个体价值观和行为方式的影响，而影响了个体的恋爱行为。完全不上网的群体绝大部分是与社会脱节的群体，因此在恋爱市场上也缺乏竞争力。在校园中，更纯粹的恋爱并没有受到上网时间过长的影响，反而呈现上网时间越长恋爱比例越高的趋势；而毕业后，随着恋爱的婚姻指向性增加，上网时间过长对个人恋爱与否有一定程度的负向影响，但这种影响是较为有限的。

表14-2 80后知识精英上网习惯与恋爱比例的关系

单位：%

	毕业生		在校生	
	未恋爱	恋爱过	未恋爱	恋爱过
8小时以上	17.78	82.22	33.29	66.71
5~8小时	16.33	83.67	34.99	65.01
3~5小时	18.50	81.50	41.08	58.92
3小时以下	15.75	84.25	43.22	56.78
没有上网	29.17	70.83	52.03	47.97

(2) 先赋家庭背景对恋爱经历的影响

所谓先赋家庭背景是指 80 后知识精英与生俱来的一些家庭条件因素，即在进入大学以前已有的家庭背景特征，包括其是否是独生子女、入学前的户口性质以及其自评的总体家庭经济条件。当我们聚焦到这些先赋家庭背景对 80 后知识精英恋爱行为的影响时，我们发现独生子女与非独生子女在这个方面不存在显著的差别，在毕业生中，独生子女的恋爱比例略低于非独生子女，而在在校生中独生子女的恋爱比例反而略高于非独生子女。从入学前户口性质的角度来看，在校生中非农业户口的 80 后群体恋爱比例比农业户口的高 6%，而在毕业生中，这一比例缩小为 2% 左右。如果从自评的家庭总体经济状况来考察这一问题，可以看到毕业生和在校生的家境与其恋爱行为基本呈现正相关的关系（如表 14-3），即家庭条件越好的学生，恋爱的比例就越高。综合家庭背景三个方面因素对 80 后知识精英恋爱行为的影响，可以看出先赋家庭背景确实对 80 后知识精英的恋爱行为存在影响，先赋家庭背景较优的个体更有可能有恋爱经历，这种差异在校园中比在社会中更突出，随着大学毕业后走向社会，高学历对先赋家庭背景的不断弱化，使得在校园内拉开的差距不断缩小，不同家庭背景的 80 后群体的恋爱比例逐渐趋同。

表 14-3 80 后知识精英家庭经济情况与恋爱比例的关系

单位：%

	毕业生		在校生	
	未恋爱	恋爱过	未恋爱	恋爱过
非常好	7.69	92.31	28.85	71.15
比较好	14.51	85.49	35.04	64.96
一般	21.35	78.65	38.58	61.42
不太好	23.93	76.07	45.85	54.15
很不好	19.94	80.06	39.47	60.53

2. 初恋经历：拒绝早恋，本科阶段开始初恋是主流

如果说恋爱是婚姻的起点和基础，那么初恋是基础的基础。作为人生经历相对简单的一个群体，80 后的大学在校生和毕业生的初恋行为是我们探究其恋爱行为的一个重要方面。恋爱是否呈现低龄化趋势，需要从初恋是不是呈现低龄化趋势入手来考察。

在校的80后知识精英的平均初恋年龄是19.08岁，其中，超过80%的人都是在进入大学校园（17岁及以上）以后才开始初恋的。同样，已经毕业的80后知识精英的平均初恋年龄比在校生略高，为20.36岁，而毕业生中有超过90%的人也是在进入大学以后才开始初恋的。这充分说明了，进入大学是80后知识精英群体选择是否开始恋爱的一个重要的分水岭，绝大部分80后群体因循了中学时代不早恋的传统，基本上体现了其恋爱行为传统性的一面。

关注80后知识精英群体初恋行为的内部差异，我们发现初恋年龄的性别差异并不明显，整体上呈现男性平均初恋年龄略高于女性的特征。分教育程度来看，平均初恋年龄基本上与教育程度呈现正相关，无论是在校生还是毕业生，博士学历的80后知识精英的平均初恋年龄均晚于本科学历，基本上后延了2年，反映出为了学业暂时牺牲了恋爱的趋势。但本质上，无论是何种学历的80后知识精英，其平均初恋年龄均大于18岁且小于21岁，表现为初恋均开始于本科阶段，绝大部分人并不存在所谓的早恋现象。而分专业来看，在校生中，理科生的平均初恋年龄略高于文科生，而毕业生中的情况正好相反。这表明，80后知识精英的平均初恋年龄与其所学专业并不直接相关。

从家庭背景来看，在80后知识精英中，无论是在校生还是毕业生，独生子女的初恋年龄普遍低于非独生子女，两者的差距能达到1岁。同样的特征也表现在户口性质和对自身家庭条件的主观评价上，即非农业户口的80后知识精英初恋的年龄小于农业户口的同龄人；家庭条件越好的80后知识精英，开始初恋的年龄越小。据此，我们认为家庭背景的差异影响了80后知识精英群体恋爱行为的起点，不同家庭背景的80后群体并没有在同样的起跑线上开始恋爱这门选修课，家庭条件较好的个体更可能进入恋爱状态。

（二）80后知识精英恋爱观的特征及其内部差异

观念决定和引导行为，上述80后知识精英的恋爱行为特征本质上是其恋爱观的集中体现。因此，探究80后知识精英群体的恋爱观，有助于从根本上把握该群体恋爱行为的规律和了解行为产生与变化的原因。恋爱观是个体对于爱情的认识与理解，对于恋爱的态度、看法及行为倾向，是个体价值观的一个组成部分。恋爱观可以是多维的，西方文化的引入和传播，在对我国传统婚恋观念造成了冲击的同时也逐渐与其融合。因此，社会和学界都普遍认为，改革开放后出生的年轻人（80后），在恋爱与婚姻方面，观念更为开放和前卫（陕劲松，2010）。基于这种普遍的共识，本节也主要立足于"开放性"来考察80后知识精英的恋爱观。具体而言，我们将通过探究80后知识精英群体对于"婚前接触程度"和"婚前同居"这两个时髦而核心的话题的看法，来探讨该群体恋爱观的特征。

1. 对于婚前接触程度的态度：挑战底限的倾向愈演愈烈

传统中国文化宣扬"男女授受不亲"，在"盲婚哑嫁"的传统下，夫妻双方在婚前并没有接触的机会。然而在崇尚自由恋爱的当代，青年人不仅拥有了自主挑选恋爱对象的权利，而且能够在婚前的恋爱阶段充分接触。但是婚前恋人的接触程度究竟应该和可以到达怎样程度似乎因人而异，在传统的"发乎情，止乎礼"观念和西方"性自由、性解放"观念的共同影响下，80后知识精英们对婚前接触程度的倾向，究竟是偏向传统的一极，还是偏向开放的一极？是否存在一个适度接触的尺度，避免恋爱双方由于过度接触而导致的各种家庭和社会问题？

我们用五个递进的尺度（牵手、拥抱、接吻、身体接触、性行为）来测量80后青年对于婚前接触程度的态度，这五个尺度从传统向开放递进。总体而言，在80后知识精英群体中，毕业生对婚前接触程度的态度比在校生开放得多（如图14-1）。有将近45%的毕业生认为，恋人间婚前的接触程度完全可以达到最开放的程度——性行为，而在校生中持这一观点的比例仅为30%，开放程度要收敛得多。基本上在校生对于婚前接触程度的态度呈现三足鼎立的态势，即各有约30%的人坚持婚前的接触程度应该是接吻，或身体接触，或性行为，这种差异可能来源于个人特征和经历的差异，而非典型的群体性特征。

关注80后知识精英群体在这一问题上的内部差异我们发现：虽然也有女性支持婚前恋人之间的接触程度可以达到性行为的程度，但与普遍认识一致的是，男性的开放程度远高于女性。绝大部分女性认为婚前的接触程度应当止步于接吻，而超过半数的男性却想要在婚前就达到最亲密的程度。此外，个体的上网行为也与其恋爱观存在一定相关，呈现每天上网时间较长的群体恋爱观念较开放的特征，即每天上网时间长的80后知识精英群体，倾

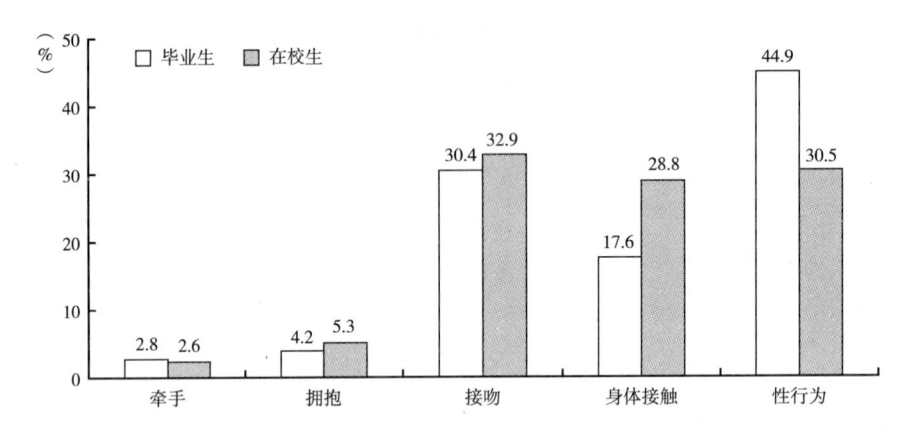

```
 %  50┐          □ 毕业生  ■ 在校生                              44.9
    40┤                                                    ┌──┐
                                              30.4  32.9        30.5
    30┤                                       ┌──┐┌──┐    ┌──┐┌──┐
                                                            28.8
    20┤                                              17.6      ┌──┐
    10┤                                       ┌──┐┌──┐
         2.8 2.6         4.2  5.3
     0┴──┴──┴──┴───────┴──┴──┴──┴──────┴──┴──┴──┴──────┴──┴──┴──┴──────┴──┴──┴──┴
          牵手              拥抱           接吻           身体接触         性行为
```

图14-1　80后在校和毕业知识精英对于婚前接触程度的态度

向于婚前可以发展到性行为阶段的比例较高。此外，已有恋爱行为的80后知识精英群体对婚前接触程度的开放度也高于没有恋爱的群体，两者对于婚前性行为的支持程度相差将近15%。

2. 对于婚前同居的态度：对己开放和对人宽容

婚前同居在当代年轻人看来充当着从爱情过渡到婚姻的媒介，在青年人口进入青春期发育年龄普遍提前的前提下，这一群体同时也由于受教育程度的提高而推迟了进入社会和婚姻家庭的时间，因此为婚前同居的产生预留了较大的空间。此外，社会和民众对两性关系的价值判断随时代的发展而变化，人们对婚前同居现象的态度已经由最初的恐慌、好奇和追求时尚心理，渐而转变为默认甚至是赞许。社会对婚前同居行为的宽容态度，在一定程度上纵容了同居行为的蔓延。自20世纪80年代末以来，我国婚前同居现象呈逐年增多趋势。那么当代的80后知识精英是否也如社会所预判的那样，对于婚前同居行为不仅赞许还身体力行？

与以往相关研究不同，我们的调查并没有宽泛地询问被访者对于婚前同居的态度，而是增加了一个重要的前提条件——以结婚为目的，在这个前提的限定下，这一行为具有一定的理性意味，选择这一行为可能是深思熟虑的结果，是谨慎权衡过后果和影响的行为，排除了一些不怀好意的同居行为的干扰。以结婚为目的的婚前同居作为一种从恋爱到婚姻的过渡，可以说是试婚的一种模式，可以在一定程度上检验恋爱中的两个人如果进入了琐碎的婚姻生活是否依然具有良好的默契和美满。因此，我们看到在以结婚为目的的前提下，无论是毕业生还是在校生能接受婚前同居的比例较其他调查相对高，但整体上毕业生的接受度高于在校生，在已经毕业的80后知识精英中能接受婚前同居的比例高达60%，而在校生的这一比例也超过了40%；完全不能接受婚前同居的80后知识精英可谓寥寥无几，比例不足10%；同时，还有1/3左右的80后知识精英对于以结婚为目的的婚前同居持中立态度，认为对这一行为的价值判断不能简单地区分为接受与否两极。

除了整体上对婚前同居持肯定的态度外，我们也看到一些与相关研究一致的结论。在80后知识精英群体中，男性对婚前同居的接受程度明显高于女性；受教育程度高的群体对婚前同居的接受程度相对较高，但不同教育程度的群体之间的差异不大；家庭条件越好的80后知识精英对婚前同居的接受程度也越高；同时，我们也观察到上网行为与婚前同居行为是正相关的，即上网时间越长的群体对于婚前同居行为越能接受。但是其他的一些因素，如是否是独生子女、是否是农村户口，以及不同专业类别的80后知识精英之间在婚前同居的问题上没有明显的态度差异，主要还是那些可能影响观念开放程度的个人因素通过影响和改变个人的开放程度进而影响其恋爱观。

第二节　相对理性的择偶观

择偶标准是男女选择结婚对象的条件或要求，择偶标准随着社会变迁的进程不断变化（徐安琪，2000；徐安琪、李煜，2004）。从古代倡导"门当户对"，到新中国成立初期强调政治面貌和家庭出身，再到改革开放以来盲目崇拜知识分子，直到新千年出现"金钱至上"的择偶标准，在这个转变过程中，究竟摒弃了什么，留下了什么，又新增了什么？作为改革开放后出生的新一代青年人，80后群体已经陆续进入婚姻生活，在他们选择伴侣的过程中，遵循怎样的标准，对于不同标准的重要性又持怎样的态度？在前文所述80后知识精英相对开放的恋爱观的基础上，我们需要进一步探讨80后知识精英的择偶观与恋爱观是否存在一致性，即对于80后青年而言，选择配偶和选择恋人是否是相互独立的两个环节，其恋爱观的开放性是否也传导到他们选择配偶的环节，以及他们是否用双重标准处理了自己恋爱和婚姻对象的选择。

我们的调查主要从经济条件、相貌/气质/风度、学历能力、性格、家庭背景五个方面考察80后知识精英的择偶观，分析它们在80后知识精英选择结婚对象时有怎样的权重。从总体上看（如表14-4），首先，关于对三个客观条件——经济条件、学历能力和家庭背景的看法是：对于经济条件，80后知识精英的观点两极分化，各有约40%的被调查者认为它"不太重要"和"比较重要"，因此这个条件的重要性是因人而异的；而对于学历能力的重要性，他们的观点比较集中地肯定了其重要性，有超过60%的人认为这个条件比较重要，还有约20%的人认为这个条件是择偶时必不可少的；而对于家庭背景这个因素，他们倾向于否认它的重要性，即认为它比较不重要的比例高于认为它比较重要的比例。其次，对于相貌/气质/风度和性格这两个涉及主观感受的条件，80后知识精英中对相貌/气质/风度这个略显"肤浅"的因素也存在一定程度的偏好，有近66%的人认为这个因素在择偶时是比较重要的；而对于性格这个比较内在的因素的重要性，他们也比较一致地给予肯定，有超过半数的人认为这个因素是必不可少的，剩下一半的人也基本认为这个因素比较重要。

表14-4 80后知识精英择偶标准分布

单位：%

	无关紧要	不大重要	比较重要	必不可少	合计
经济条件	10.40	40.03	42.28	7.29	100
学历能力	2.28	15.57	61.77	20.38	100
家庭背景	13.78	50.47	32.02	3.73	100
相貌/气质/风度	1.81	15.93	65.74	16.52	100
性格	0.83	1.42	46.56	51.18	100

综合被调查者对五个因素的看法，我们得到了关于80后知识精英择偶影响因素的排序（如图14-2）。在五个因素中，首先，配偶的性格是80后知识精英择偶时一致认为最重要的影响因素；其次，对方的学历和能力、相貌气质和风度几乎是并列第二的影响因素，这种轻微的分化表明，在80后知识精英内部对于这两个影响因素具有一定程度的不同倾向，但整体上是比较重视这两个因素的；再次，经济条件对80后知识精英择偶的影响仅位列

第四，处于一个不是太重要的地位；最后是家庭背景因素被置于一个相对最不重要的位置。这一排序充分反映了 80 后知识精英较为理性和现代的择偶观，弱化了自古以来强调的"门当户对"的择偶观，摒弃了 20 世纪六七十年代"唯家庭出身论"的择偶观，也没有屈从于 21 世纪"金钱至上"的择偶观，而是在自身接受了高等教育的前提下，虽然没有完全抛弃外貌这一外在因素达到完全理性的选择，但是确实比较理性地把握了婚姻的实质内容，即以内在的匹配度为选择配偶标准，注重所选对象的内涵和实际能力，同时适当考虑经济条件，确保婚姻生活的物质保障不至于完全受到影响。这种统筹兼顾、有的放矢的择偶观应当说是比较合理和理性的，也凸显了 80 后知识精英在相对宽松和充裕的生活环境中、选择相对自主的情况下，以及位处婚姻市场相对高位的前提下，顶住了当代多种非理性择偶观的干扰，形成了自己一代独有的择偶观。

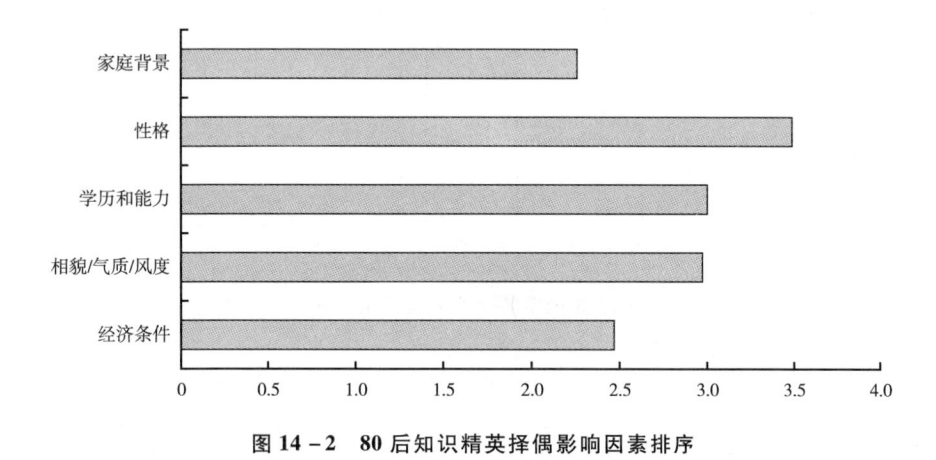

图 14-2 80 后知识精英择偶影响因素排序

聚焦 80 后知识精英择偶观的内部差异，首先我们关注择偶过程中最重要的性别差异（如图 14-3）。与总体的排序基本一致，在 80 后知识精英中，男性和女性择偶时最注重配偶的性格因素，而最不看重对方的家庭条件。两者的差异主要表现在中间几个因素，女性在择偶时对学历能力和经济条件的重视程度均高于男性；男性对相貌/气质/风度的偏好程度不仅超过女性，而且这一因素是男性择偶时第二看重的因素，学历和能力因素排在其后，这也是两性差异最显著的地方。男性和女性关于择偶影响因素的不同排序表明，80 后知识精英群体在遵循总体上相对理性择偶观的同时，也充分考虑自身性别的优势和劣势,做出更有针对性的选择,符合传统的"男才女貌"的婚姻匹配观。因此,男性在择偶时会更注重"女貌",而女性会更倾向于"男才",这一结果也回应了我们在整体考察 80 后知识精英的择偶影响因素排序时,发现学历能力和相貌/气质/风度的排序几乎一致的结果,这种分化基本上是性别差异的影响造成的。同时,由于女性整体在社会经济地位上处于相对的劣势,因而在进行择偶决策时,视男方经济条件状况与相貌/气质/风度几乎为同等重要的因素,这表明,现代 80 后知识女性在择偶时可以为了家庭经济的稳定性牺牲一些个人的主观审美需要,这也不失为一种理性择偶的表现。

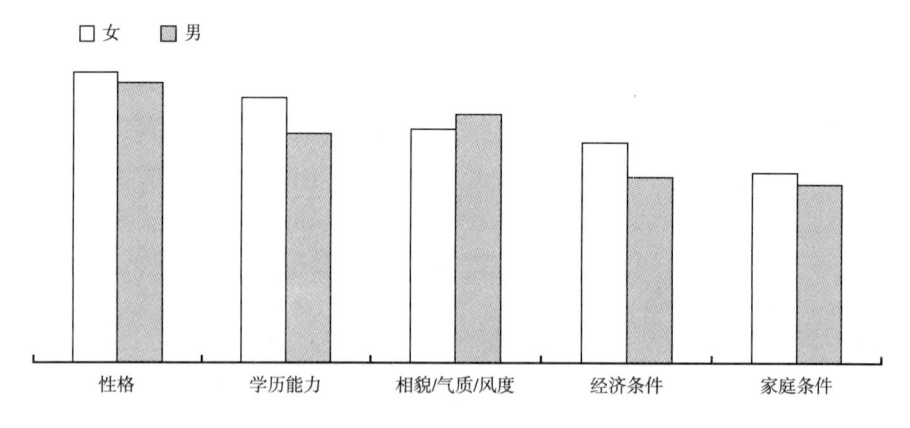

图 14-3　80 后知识精英择偶影响因素排序的性别差异

其次,在 80 后知识精英内部,择偶观并没有因教育程度的差异出现分化。本科、硕士和博士学历的 80 后毕业生对五方面因素的偏好序基本是一致的,没有因为自身学历的高低而特别看重某一个因素。但是分专业来看,文理科生的择偶观略有区别。文科生择偶观与上文分析的女性择偶观接近,即重视学历能力甚于相貌/气质/风度;而理科生的择偶观与上文分析的男性择偶观接近。这种差异可能受到专业的性别隔离影响,因为文理科的性别结构有明显的两极分化,因此使得专业对 80 后知识精英择偶观的影响通过性别因素传递过来。此外,关注不同家庭条件 80 后知识精英的择偶观,可以发现除了家庭条件"非常好"的被访者表现出对相貌/气质/风度因素更偏好和对经济因素的比较不重视外,其他家庭条件类型被访者的择偶观基本上没有本质差异,与总体趋势较为一致。

第三节　传统与理性相容的婚姻家庭观

由于适龄人口的结婚年龄普遍推迟，因此，虽然 1980 年以后出生的人口已经陆续进入而立之年，但我们调查发现其中仍有 3/4 的人处于未婚状态，结婚的比例还比较有限，普遍晚婚成为 80 后知识精英的又一显著特征。虽然大部分 80 后群体尚未成家，但是对于未来婚姻和家庭关系的处理方面也不乏独特的观念和见解。关于婚姻、家庭关系的观念可能涉及婚姻和家庭生活的方方面面，结合以往研究和本研究数据的特点，本文对 80 后知识精英群体婚姻家庭观的研究主要集中在四个方面：处理两性关系的性观念、关系家庭传承的子嗣观、决定婚恋走向的情感观和调节家庭经济关系的经济观。

1. 性观念：对长期关系和瞬时关系的双重标准

性观念是婚恋观中传统与现代分野最清晰的一个领域，很多相关研究都表明，改革开放以来国民的性观念呈现更加宽容和开放的趋势（刘汶蓉，2010）。那么在这个所谓受现代性解放影响较大的领域内，传统的观念是否还有一席之地，传统与现代的力量在这一方面如何影响 80 后知识精英的婚恋观？我们拟通过了解 80 后知识精英对于"性伴侣数量"和"一夜情"的态度来考察他们处理婚外[①]两性关系的性观念具有怎样的特征。

在中国道德和法律双重导向婚内性行为的前提下，"性伴侣"一词可以说并不可能存在于中国的话语体系中，是一个纯粹的外来概念，因为在已婚[②]的状态下，合理合法的性伴侣就是配偶，配偶的数量必然是唯一的，如果存在其他的性伴侣，是为道德和法律所不容的；同样的情况如果出现在非婚阶段，依然是为道德、舆论和法律所诟病的。因此，在传统道德观念的引导和现行法律的约束下，中国人普遍没有多个性伴侣。而 80 后知识精英也

---

① 本文所界定的"婚外"包括婚姻以外的两种情形：一是已婚群体在其婚姻以外的范围内的情形；二是未婚群体在未进入婚姻以前，实质上也是处于婚姻以外的范围，将第二类情况也列入婚外的情形。

② 由于 80 后知识精英中仅有 1/4 的被访者已经结过婚（包括初婚、离婚和丧偶），离婚和丧偶的比例非常有限，因此本文将处于离婚和丧偶状态的被访者与初婚状态的被访者都归于已婚的类别中，以便集中比较从未结婚的 80 后知识精英群体与已经结过婚的群体存在的内部差异。

较好地继承了这种关于婚外两性关系的传统，他们当中超过80%的人不同程度地反对"一个人若只有一个性伴侣太受限制"（如图14-4）的说法，绝大部分人愿意坚守道德底线忠于自己的配偶，甚至是没有婚姻契约的伴侣，反映了80后知识精英群体婚姻家庭观较为保守和传统的一面。而这种传统性在女性身上表现得更为突出，在80后知识女性中，反对多个性伴侣的比例超过90%，比男性高出将近18个百分点。类似的差异也反映在已婚人群和未婚人群之间，总体而言，未婚人群似乎较已婚者更崇尚爱情的纯洁性和婚姻的神圣性，因而其反对多个性伴侣的比例略高于已婚人群。

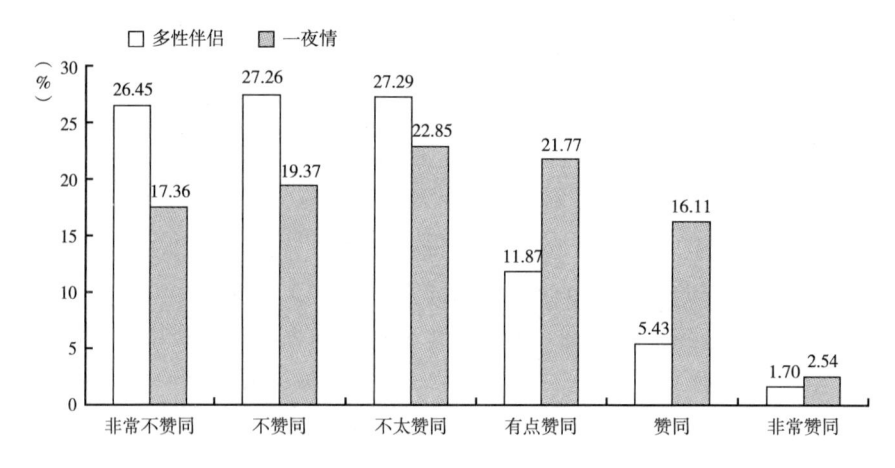

图14-4 80后知识精英对婚外两性关系的看法

与"性伴侣"在相对长的时间内维持固定不同的是，"一夜情"作为一种"即食"型、一次性的两性关系，80后知识精英对其的态度也有别于"多个性伴侣"的情形。虽然总体上他们对于"一夜情"的态度是反对甚于赞成，但反对的比例较"多性伴侣"下降了约20个百分点，即大约有40%的人认为两厢情愿的一夜情是可以接受的。这表明，他们的性观念仍是比较开放的，认同在某些情况下寻求一些生活的刺激和冒险是合理的，这明显是受到了当代性解放、性和婚姻在一定程度上可以分离、性和爱情在某些时候也可以不对应的西方性观念的影响。同样，在这个问题上，虽然整体上反对的呼声没有多个性伴侣的情形高，但是80后知识精英内部也存在着显著的性别差异，约有73%的女性对于一夜情持反对态度；而男性中支持一夜情的比例略高于反对的比例，这甚至与整体的趋势是相反的，这充分凸显了

80后男女两性在这个问题上由于"犯规成本"的差异和对传统观念坚守程度的不同,而出现了迥然相反的态度。此外,当我们关注不同出生年代的80后知识精英群体,我们发现1980年以前出生的群体反对一夜情的比例均低于80后和90后群体,这似乎与我们一般的认识不太符合。通常认为越晚出生的群体,越可能成长在一个更加开放和宽松的社会环境中,其各方面的价值观也更有可能倾向于开放和现代的一边。然而事实是在80后知识精英中,刚刚离校和仍在校园的80后和90后一代可能由于与校园生活的联系程度较80前一代更紧密,因而其价值观会更显纯粹和稚嫩,对于这种过于开放的话题会持一个较为谨慎的保守态度;而80前一代,由于接触社会的时间相对较长,其对两性关系的看法会更加成熟和开放,所以阅历比出生年代更可能影响80后知识精英的婚恋观。

80后知识精英在处理相对长久的(性伴侣)和短暂的(一夜情)两种婚外两性关系时表现出的看似矛盾的态度,充分反映了80后知识精英处在这种社会快速转型的时代,挣扎在传统性观念的约束下和现代新兴性观念的冲击中,选择了在绝大部分情况下坚持维持传统的单一性伴侣两性关系,并在此基础上偶尔放松对自身行为的约束,去体验与传统规范要求完全不同的一夜情经历,做出一种不求最优但求较优的选择。虽然其初衷不一定为社会主流道德规范所认可,但也是一种相对理性选择的结果,是传统观念和个人理性两种力量在80后知识精英身上碰撞的结果,也是他们传统与开放并蓄的婚姻观的体现。

2. 子嗣观:婚内生育仍是主流选择

传承子嗣是人类繁衍和文化传承得以实现的一种重要载体,也是婚姻的一个重要功能,因此,世界各国的文化中都有提倡婚内生育的传统,尤其是中国强调"不孝有三,无后为大",将子女的生育行为与对父母尽孝联系在一起,给生育这一行为赋予了微观重要意义。同时,在21世纪这个老龄化日趋严重的时代,青年一代的生育也是各人口老龄化国家维持人口更替和国家可持续发展的重要保障,因此,这些国家往往非常鼓励适龄青年的婚内生育行为。虽然我国奉行计划生育国策,提倡一个家庭只生育一个子女,但也不主张夫妻在婚后完全放弃生育下一代。然而与国家和文化大力倡导传承子嗣相冲突的是,随着经济大力发展和民众受教育程度的不断提高,生育的机会成本也水涨船高,越来越多的青年人为了追求事业甚至是为了追求纯粹的爱情，放弃了生育子女，成为所谓的丁克（DINK：Double Income No Kids）一族，其家庭传承和未来养老问题成为社会所关注的一个热点问题。对于愈演愈烈的丁克现象，80后知识精英的看法是我们据以了解他们对于维持婚姻传统的态度的一个主要方面。

对于"婚后不要孩子很遗憾"这一观点，80后知识精英的看法高度一致，他们当中有80.52%的人表示了不同程度的赞同（如图14-5），而且就赞同的程度而言，赞同和非常赞同的比例非常高，这表明"丁克"这种生活方式和生活态度并不是80后知识精英的主流，他们当中的绝大部分人仍然愿意选择有孩子的婚姻生活，愿意通过孩子来实现自身和家庭甚至家族的传承。由此我们不难看出，80后知识精英对于维持生儿育女的婚姻传统有较为强烈的意愿。当然由于他们当中的绝大部分人仍未真正进入婚姻生活，不排除现在的意愿只是暂时性的，但是相信在如此强烈的意愿驱使下，绝大部分80后知识精英最终不会选择丁克家庭。

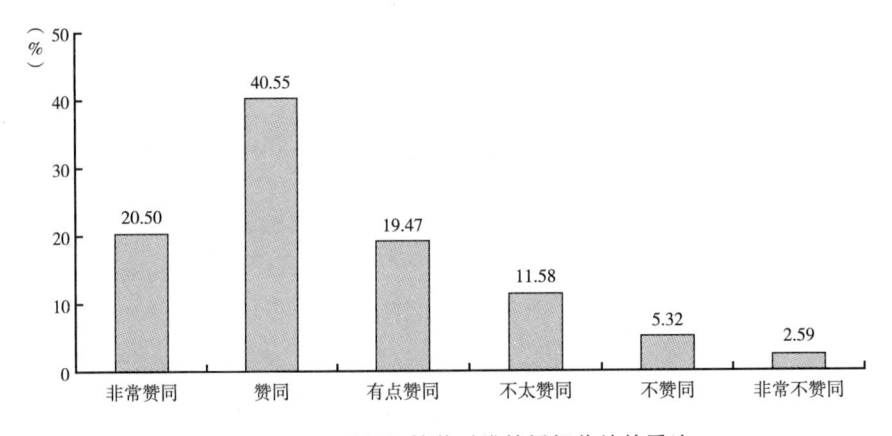

图14-5 80后知识精英对维持婚姻传统的看法

然而当我们比较80后知识精英中男性和女性对这个问题的看法时，我们发现女性支持丁克家庭的比例竟然高于男性，这与一般情况下我们认为女性更坚持婚姻传统的普遍规律有所不同，这可能是由于生育和抚养孩子对新时代的高学历职业女性来说意味着更高的机会成本，所以她们会更倾向于选择丁克家庭，表现出比男性更加反对婚姻传统的特征。此外，不同年代出生的80后知识精英也在这个问题上存在不同的见解。总体上80前和80后的观点较为接近，均有80%的被调查者表示婚后没有孩子将会终生遗憾，而90后的这一比例下降为不足70%，意味着他们婚后形成丁克家庭的风险更高，这表明，90后对我国由来已久的婚姻传统日趋淡化，而更趋向于强调自我的个人主义取向。当然我们也不能排除90后由于年纪尚轻，对于家庭传承问题尚未纳入考虑范围，所以表现出对婚姻传统的淡漠。

在子嗣观这个方面，虽然"丁克"这种现代化的观念日益普及，但婚内生育这种传统观念仍然是主流，可以说传统的力量在子嗣观这个方面占据了明显优势，是80后知识精英婚恋观中维持传统性的集中体现。

3. 情感观：相信婚姻和理性情感观的萌芽

情感是婚恋中的基础和核心，决定了婚恋的开始、发展、走向和结局，因此，情感观也是婚恋观中具有决定性的一个方面。关于80后的情感观我们主要从婚姻与爱情的关系、感情对婚姻存续的影响和反映夫妻亲密度的夫妻隐私三个方面，来考察传统和现代两种力量的关系。

首先，关于爱情和婚姻的关系，文学作品里通常将其比喻为"婚姻是爱情的坟墓"，对于这种将爱情和婚姻截然对立的消极婚姻观，有将近90%的80后知识精英对此持不同程度的否定态度（如表14-5），剩余10%的赞同者的赞同程度也集中在比较低的区域，所以整体上80后知识精英较为排斥消极的婚姻观，并不认为爱情会被扼杀在婚姻中，对婚姻仍然持有一种较为积极的态度。对这种消极婚姻观，在80后知识精英中并不存在内部分化，我们发现他们当中无论是已婚的还是未婚的，无论是男性还是女性，无论是80前、80后还是90后都高度反对这种消极的婚姻观，而坚定地相信婚姻可以是爱情的一个新起点。

表14-5 80后知识精英对调和家庭关系的看法

单位：%

	非常不赞同	不赞同	不太赞同	有点赞同	赞同	非常赞同
婚姻是爱情的坟墓	20.42	33.52	34.41	8.72	1.95	0.98
感情不好应离婚	4.21	12.26	33.12	24.18	21.50	4.74
侵犯隐私不道德	4.10	12.57	32.14	28.24	17.54	5.41

其次，关于感情对婚姻存续的影响，我们通过询问80后知识精英对"感情不好应该离婚"这一问题的看法来考察。在我国的传统文化中，奉行的是"宁拆十座庙，不破一门婚"，中国传统的婚姻观念反对离婚，从一而

终的观念限制了人们对不合理的婚姻进行再选择的机会,离婚也一直被视为不道德的行为。然而伴随着感情决定婚姻存续的观念逐渐深入人心,感情的和谐度逐渐取代道德成为人们判断婚姻存续的主要标准,离婚开始渐渐为公众舆论所理解和宽容。80后知识精英对于以感情来判断婚姻存续的问题存在着截然两分的看法,总体来说支持这一观点的比例和反对这一观点的比例各占一半,而且整体上态度偏向温和,大部分人集中在支持和反对程度都比较低的区域(如表14-5)。这表明,80后知识精英群体认为"感情好/不好"这个标准虽然是决定婚姻是否存续的一个重要标准,但是不能仅凭这一个标准就武断地决定一段婚姻是否存续,还需要综合权衡其他的影响因素,因此他们对于这个因素的影响力并没有表现出强烈的支持或反对,这是较高受教育程度培养出他们具备谨慎而理性的思维习惯的一种表现。然而80后知识精英中有超过半数的女性赞同感情不好应该离婚,而男性中赞同这一观点的比例不足50%,两者相差了6个百分点。这表明,在80后知识女性的观念中,情感是婚姻生活的一个重要因素,一旦这个因素出现问题,她们宁愿放弃婚姻,而且作为知识女性往往有较高的社会经济地位和生活保障,即使离婚也不是离婚人群中的弱势群体,恢复单身后的生活风险要比普通女性低,因此80后知识女性更强调婚姻的情感因素,更追求一个高质量的婚姻。在这个问题上,80后知识精英既有维持不轻易离婚的传统的意愿,也怀有不为婚姻牺牲感情的现代理性思维,传统观念和个人理性的影响可谓不分伯仲。

再次,对于受到法律保护的公民隐私权究竟是否应当有边界,这种边界是否不应该存在于家庭中、存在于夫妻之间,80后知识精英的看法再次出现了较大的分歧,支持维持隐私和反对的比例平分秋色,而且赞同和反对的程度都集中在较低的区域(如表14-5)。这表明与感情和婚姻存续的关系一致,对于夫妻这种在社会各类群体中亲密度最高的关系而言,两者之间究竟应当"亲密无间"还是"亲密有间",大部分人尚未形成一个比较明确的偏好,一方面明确自身的隐私是不可侵犯的,另一方面又不愿意因为过于强调个人隐私而影响了夫妻之间的信任度和亲密度,所以对于这种问题呈现一种模棱两可的态度。这也再一次反映出,80后知识精英群体的婚恋观是对多方面冲击和压力(尤其是婚姻传统和现代理念的冲击)不同程度妥协后形成的一个在传统基础上相对理性的婚姻家庭观。此外,在这个问题上,80后知识精英的内部分化主要集中于未婚者和已婚者之间,未婚群体中支持夫妻之间应当有所保留的比例高于反对者,而已婚群体的情况正好相反,反对夫妻之间应当维护各自隐私的比例高于支持者。这是因为,尚未真正进入婚姻的未婚群体只能设想自己对配偶有所保留的益处,却没有受到这种有所保留的弊端的影响,所以更倾向于维护自身的隐私权;而已婚群体由于身处婚姻之中,更能深切地体会到夫妻之间恰当的距离,会倾向于认为所谓的隐私是婚姻生活中的一种不安定因素,可能会导致家庭关系的不和谐,因而认为即使有侵犯配偶隐私的行为也是无可厚非的,在这种问题上持有一种更为务实的态度。

综上所述,80后知识精英的情感观整体上倾向于传统的一边,但现代的影响也日益上升。表现为他们仍然相信婚姻的价值,也坚持感情虽然重要但它不是判断婚姻存续的唯一标准,婚姻不应该轻易放弃。同时一些理性的情感观也在萌芽,对于夫妻的隐私他们并不认为应当像婚姻传统所倡导的那样夫妻之间亲密无间,对于自我空间的强调和个人隐私保护意识的强化,促使他们开始追求夫妻之间的亲密有间。

4. 家庭经济观:坚持夫妻有别和注重财产保护

随着物质生活的不断丰富和国民收入水平的不断提高,家庭经济关系的妥善处理问题日益成为当代家庭关系的突出问题。家庭的经济关系可能涉及家庭生活的多个方面,基于当前的社会热点问题,我们的调查重点考察了80后知识精英对于婚前财产公证和家庭生活夫妻AA制两个问题的看法,试图以此了解他们的家庭经济观,探究80后知识精英对这两种现代气息浓厚的婚恋观具有怎样的倾向,以及个人理性的影响在这个方面是不是完全超过了传统观念。

首先,由于离婚现象的日益普遍和人们对私有财产的敏感度与日俱增,家庭财产在离婚后的归属就成为一个现代家庭经济关系中的常见问题,新的婚姻法也通过不断的修订来完善对这一环节的法律调节。而在婚后家庭财产夫妻共有的前提下,婚前财产的归属就成为一个核心问题,因此,夫妻双方婚前财产公证与否的问题也成为当代青年人组建家庭过程中的一个重要环节。对于婚前财产是否需要在结婚以前进行公证,80后知识精英群体中倾向于赞同的比例是倾向于反对的1.7倍,约有63%的被访者不同程度地支持婚前财产公证(如表14-6)。这充分体现80后知识精英群体的理性婚姻观和较强的自我保护意识,认为通过法律来维护自身的合法权益是最为有效和合理的途径，也并不认为婚前财产公证是对配偶不信任的表现。虽然婚前财产公证会在一定程度上冲击人们对于理想爱情的憧憬，但是权衡利弊后进行公证无疑是一种利大于弊的理性决策。然而这种理性决策在已婚和未婚的80后知识精英中存在一定差异，其中，已婚的80后知识精英中有55%的人支持婚前财产公证，而未婚的80后知识精英中支持婚前财产公证的比例达到66%。这一差异表明，已婚者虽然认识到婚前财产公证的重要性和合理性，但是他们当中可能也有相当比例的人感受到了不公证婚前财产的益处，所以对于这种利弊关系不确定的行为表示不赞同。另外，80后知识精英群体中已婚者的平均年龄大于未婚者，因此，对于这种较为现代的家庭关系模式的接受程度难免低于年轻一代，这一结论也体现在不同出生年代的80后知识精英对于婚前财产公证的看法上。90后的知识精英对于婚前财产公证的支持程度明显高于80后和80前的知识精英，而且与80前群体的差异超过15个百分点。这充分表明婚前财产公证这种新兴观念对于不同年代的人的影响力是存在差异的。

表14-6　80后知识精英对婚前财产公证和夫妻AA制的看法

单位：%

	非常不赞同	不赞同	不太赞同	有点赞同	赞同	非常赞同
婚前财产需公证	4.37	10.30	22.17	30.97	26.46	5.74
夫妻AA制	13.05	23.39	28.66	21.24	11.90	1.76

其次，作为个人现代性的典型体现——两性平权（即在家庭中夫妻两人地位相同，没有一方享有特权）的理念也逐步延伸到了日常的婚姻生活中，婚后家庭财富既然是双方共有的，那么在财富的积累和使用方面也应当遵循一种平等的机制，由此衍生出了所谓的"夫妻AA制"。"夫妻AA制"的核心特征是夫妻双方经济独立和家庭消费共担，充分体现了当代家庭中夫妻平等的理念。对于夫妻之间是否应当实行AA制，约2/3的80后知识精英群体对此持反对意见，只有1/3的人认为AA制在家庭生活中是可行的（如表14-6）。一方面，这表明中国传统的男性养家糊口的家庭观念至今仍然根深蒂固，即使社会各领域都在倡导男女平等，但是相对平等才是女性追求的终极目标，如果在各方面都强调男女平等，从某种程度上说反而是一种不平等的表现，因此，女性即使追求在家庭中经济独立，也

不会主动要求在家庭消费中绝对独立。另一方面，从规模效应的角度而言，理性的家庭财富使用模式是集中家庭财富并合理地运用到恰当的地方，而非刻意追求所谓的平等使家庭资源的使用相对分散，无法实现规模效应。因此，作为理性的高级知识分子，80后知识精英可能认为夫妻AA制不利于合理有效地使用家庭资源，而且可能破坏家庭的凝聚力，所以他们并不偏好这种所谓"时尚"的家庭关系，而更倾向于传统的"男女有别，各司其职"的夫妻关系和"家庭财富集中统一使用"的家庭财富使用模式。此外，与对"婚前财产公证"的态度较为类似的是，不同出生年代的80后知识精英群体对于"夫妻AA制"的看法也呈现出生年代越晚的群体支持"夫妻AA制"的比例越高的趋势。这是因为作为比"婚前财产公证"还要时尚的婚姻家庭观，"夫妻AA制"这种新的家庭经济模式更可能被年轻一代的知识精英理解和接受，至于他们是不是确实会身体力行需要在未来的研究中特别关注。

总体而言，在家庭经济观方面，虽然我们刻意考察了80后知识精英对两种较为现代的经济观的看法，但是结果并没有表明他们一味地支持现代性很强的观点而完全抛弃传统的观念，相反他们在广泛受到现代观念冲击的同时也理性地反思这些观念的弊端，并试图以传统观念的优势给予弥补，再次体现出其理性婚恋观的特点。

结　　语

中华5000年历史沿袭而来的传统，作为一套以往的行为规则影响了世世代代的中国人，而它的影响也不可避免地投射到80后群体的身上，成为一股影响他们婚恋行为和观念的不容小觑的力量。而工业革命以来的现代化进程也将崇尚理性的现代理念引入了现代人的各种观念中，这种理性的思维方式随着西方文化的不断涌入，成为影响80后群体的另一股力量，训练他们如何在一定的约束条件下在婚姻和家庭的决策中做出个人利益最大化的理性选择。这两种力量在当下急剧的社会转型中碰撞得尤为激烈，形成了80后群体独有的婚恋观。

传统观念与个人理性碰撞的结果在80后知识精英身上由于其较高的受教育程度而被放大，形成了他们相对开放恋爱观引导下的恋爱行为，但是这并没有完全传递到其择偶观。我们研究发现，他们具有注重内涵和能力兼顾经济条件的相对理性的择偶观，理性地抓住了婚姻的实质，以内在的匹配度为选择配偶标准，注重所选对象的内涵和实际能力，同时适当考虑经济条件确保婚姻生活的物质保障不至于完全受到影响。但是80后知识精英的择偶观与其婚姻家庭观存在一定的传递性和延续性，表现为他们的双重标准和适度开放的性观念、坚持婚内生育的子嗣观、相信婚姻也注重理性的情感观，以及坚持夫妻有别和注重财产保护的家庭经济观。80后知识精英的择偶观和婚姻家庭观都显著地反映了传统观念和个人理性碰撞后产生的影响，这也是他们对坚守传统与崇尚理性的妥协与融合的结果，而这种碰撞在不同的方面也呈现不同的配比。总之，80后知识精英的恋爱观、择偶观和婚姻家庭观都体现出他们对婚姻传统的坚守和对个人理性的崇尚，是对两者无奈的妥协也是对两者巧妙的融合。

此外婚龄的推迟使得我们对80后婚姻、家庭生活的调查仍然没有涵盖绝大部分人，我们对80后婚恋观，尤其是婚姻家庭观特征的总结和概括难免受到晚婚甚至是终生不婚事件的影响，需要等待绝大部分80后都完成了婚姻事件组建家庭后再进行更进一步的分析和研究。

参考文献

陈嘉明等，2001，《现代性与后现代性》，人民出版社。
李景华，2011，《当代女大学生婚恋观的实证研究》，《教育与职业》第33期。
罗渝川、张进辅，2001，《从20世纪的最后10年看我国青年婚恋观的变迁》，《陕西师范大学学报（哲学社会科学版）》第4期。
骆剑琴，2011，《网络对青少年婚恋观的影响及对策》，《人民论坛》第29期。
刘汶蓉，2010，《婚前性行为和同居观念的现状及影响因素：现代性解释框架的经验验证》，《青年研究》第2期。
陕劲松，2010，《60年来我国婚恋观的变迁》，《理论探索》第1期。
单光鼐，1986，《中国青年婚恋观的变化趋势》，《青年研究》第7期。
王美萍，2009，《社会变迁背景下大学生婚恋观的特点及其性别差异研究》，《当代教育科学》第13期。
徐安琪，2000，《择偶标准：五十年变迁及其原因分析》，《社会学研究》第6期。
徐安琪、李煜，2004，《青年择偶过程：转型期的嬗变》，《青年研究》第1期。
张承芬、陈英敏，2000，《当代农村青年婚恋观的调查》，《山东师范大学学报》第5期。

第十五章
80后奢侈品消费与时尚文化研究

中国作为发展中国家，正在同时经历现代化和全球化的双重进程，不仅经济、政治、文化的社会转型使人们的消费生活快速转变，全球化效应更使得人们的消费心理、观念和模式都受到发达国家的影响。生活在大都市的青年，尤其是80后这一在我国社会生活中意义非常特殊的年龄人群，正处于20~30岁的生命阶段，也是对流行时尚最敏感、最向往的时期，他们的行为方式、价值观念，他们如何消费、如何实践时尚文化是非常重要的社会学议题。

2007年以来，国内关于奢侈品的报道和研究大量涌现，中国消费者的狂热和年轻化趋势是国际奢侈品研究的共识，而广大青年群体的经济收入水平与奢侈品高昂的价格并不匹配；在实地考察中我们发现，与这一矛盾同时存在且密切相关的另一现象是名牌仿冒品生产和消费之旺盛。所以本研究将名牌服饰①及其衍生品的生产和消费看做一种时尚系统，希望探求以下疑

---

① 本研究关注的奢侈品牌主要指国际上最著名的全球性商业品牌，如路易威登（LOUIS VUITTON）、古驰（GUCCI）、香奈儿（Chanel）、爱马仕（Hermès）等，分别（转下页注）

问：一是由于名牌奢侈品的特性——价格昂贵却容易造假，尤其是在中国特殊的市场（同时作为主要代工中心和仿冒品生产基地）中，其处境如何呢？二是时尚的生产者是谁？如何生产和传播？引领者是谁？追求者是谁？三是奢侈品高昂的价格与广大青年群体的负担能力并不匹配，那么80后的年轻人如何看待名牌和消费名牌呢？消费者是否在用消费表达某种意义和讯息？他们如何理解和表达其中的社会文化象征意义？四是转型期青年的时尚消费文化是否形成，其社会后果是什么？

第一节 奢侈品符号消费在中国

在21世纪，时尚行业最大的改变是产业结构的变化，服装设计从个人工作室转向跨国企业，制造方式则是受到美国商标授权和大量制造的工业模式所影响（Nicola White & Ian Griffiths，2000）。那些过去独立和半手工业的小企业纷纷向跨国公司和多品牌集团妥协，商业方式和战略也都转向了大众市场（利波维茨基、埃利亚特，2007），尤其是更大规模的平民消费者市场，以及发展中国家市场。连锁式销售、巨额广告投放和显著的品牌标识（LOGO），成为奢侈品销售的主要模式，目的在于迅速扩大盈利。

一 全球化的奢侈品

名牌精品的全球化使这些商品在世界范围内造成了产品流动和文化相通。在生产和销售方面，欧美集团特别依赖于劳务交易国际化，很多品牌将部分工业流程迁至那些低成本的国家去完成。在现代信息技术的迅速发展

（接上页注①）隶属于各大跨国集团，如路威酩轩集团（LVMH Group）、法国巴黎春天百货集团（PPR Group）、瑞士历峰集团（Richmont Group）、瑞士斯沃琪集团（Swatch Group）等等。这些集团旗下品牌的大多数商品是奢侈品，这些商业产品由于它们的设计、质量、耐用性或性能明显优于同类产品而获得了"奢侈品"的声誉地位，其特征主要在于价格昂贵、品质优异，而且稀有。目前在国际上，奢侈品产业包括的类别有设计师服装、皮具和配饰、腕表、珠宝、酒类、香水和化妆品、豪华汽车、高级住宅、餐饮和酒店，甚至包括奢华旅程、私人银行、高级保险等。限于各种条件，本研究限定于奢侈消费中的高级成衣、皮具、配饰以及腕表和珠宝，这也是由于它们在中国当前市场中消费表现的显著性。

中，各种生产要素在全球范围内自由流动、重新配置，各国和地区都被纳入到不断扩大的、日渐统一的世界市场经济体系内，这是一个不平衡的过程，主要是以其产业优势向时装产业弱势国家和地区输入，在这一过程中，文化也经由营销策略被同步化。20世纪七八十年代，日本开始涌现奢侈品消费热潮；进入90年代以来，原本落后的国家和地区成为新兴大宗市场，如日本、韩国、中国香港、新加坡、中国台湾，2000年后，中国大陆、印度、巴西市场增长都非常显著。

这种递进式的过程，正在我国从一线城市向二三线城市蔓延。由于先富群体和一线城市的消费口味已经被培养起来，品牌知名度早已不是所需要关注的问题。从目前的情况来看，名牌精品正在向更大范围的市场渗透，挑动各级消费者的购买欲望，尤其是年青一代的时尚观念和行为塑造。

二 中国真假并存的名牌买卖

在当下的中国，对国外名牌奢侈品的仿冒现象非常盛行，几乎在任何城市都可以买到对国际一线品牌诸如劳力士及卡地亚手表、LV、CHANEL及PRADA皮具等的仿冒品。全球化的奢侈品牌在中国有代工工厂生产，由于质检和存量附带产生了原单正品，导致了仿冒品的大量出现。中国不仅成为假冒名牌的生产大国，而且成为假冒名牌的消费大国，大众对仿冒品的消费也构成了奢侈品消费中一个独特而不可或缺的组成部分。购买假冒国外名牌的行为也在不同的社会阶层中蔓延，其中既有典型的中产阶层和职业白领，也有大学生、年轻人和普通市民。他们在年龄、职业、收入等方面有所区别，购买假冒名牌的渠道和方式也不同，但却共同支撑了一个颇为庞大的国外名牌奢侈品的假冒消费市场[①]。

随着我国加入WTO和举办2008年奥运会，外国政府和奢侈品公司对中国政府不断施加保护知识产权的压力。中国在2002年1月正式加入国际贸易组织WTO，并且在加入WTO的申请文件中明确做出承诺，要全面履

---

① 在仿冒品研究的部分，我们采取了实地调查、访谈和网上观察等多种方式对假冒国外名牌的销售和消费现象进行研究，这包括对北京、上海等城市中若干市场（如北京的红桥市场、三里屯雅秀市场等，上海的七浦路市场，陕西南路居民楼隐蔽售假市场，深圳罗湖商业城及周边大厦的隐蔽销售点等）进行实地调查和对售假摊贩的参与观察。

行《WTO 协定》及其附件所规定的义务,包括履行《与贸易有关的知识产权协议》(TRIPs)的义务。为打击假货、保护国际著名品牌,北京市工商局已于 2005 年 3 月宣布在包括秀水市场在内的所有服装、小商品市场内禁止经销 48 种国际名牌,其中包括"路易威登""香奈尔"等品牌(见图 15-1)。

图 15-1　北京市工商局宣布的 48 种在市场中禁止销售的国外品牌

由于假冒国际名牌商品受到政府工商、知识产权、公安等部门的不断打击,一些售假市场或被整顿、改造,或被撤销取缔,这些售假行为变得愈发隐蔽和机动,而由于互联网的普及和网上购物的兴起,网上销售假冒国外名牌成为新的主流渠道,也正是由于网络的崛起使得消费者对于奢侈品符号的认知和消费(仿冒品)都大大增加。

三 名牌符号主导时尚工业体系

(一)奢华集团营销策略:名牌符号的时尚启蒙

在全球市场上,名牌精品集团凭借西方文化优势制造和推广名牌符号获得了巨大成功。"LV""Chanel"这些词指特定种类的商品,有皮包、服装、饰品;而作为时尚符号的象征,它们可以代表精致的品位、财产的富足和较高的社会地位。名牌精品集团所宣传和塑造的品牌文化象征主要有以下两个方面:一是源自欧洲的优雅文化传承;二是专属于高端人群的尊贵。

对于钟爱欧洲名牌奢侈品的中国富裕阶层消费者来说,选择欧洲名牌精品不仅仅是因为它们优良的做工和值得信赖的品质,更因为它们是欧洲文化和生活方式的重要载体。当他们把西方的文化和生活方式本身就视为"富有""高雅""奢华"的时候,对"西方"和"欧洲"的想象成分多于实际理解,名牌生活用品成为他们实践西方文化和生活方式的代表物。更进一步地说,这也是转型期中国社会目标变化所引发的消费变化。改革开放以来,在短时间内,追求财富和地位成为新的社会目标,而名牌精品是一种显著而快捷的象征财富和社会地位的符号,这无疑促成了新的时髦社会风尚。

(二)中国时尚工业的自发追随:名牌符号依赖

改革开放 30 年,中国服饰行业没能建立世界知名品牌。目前最流行的大牌奢侈品,承载的都是西方的生活风尚和美学价值。这些品牌风行世界,中国的制造厂商只能做代工、贴牌,而设计、流通、品牌推广等高附加值、高收益率的环节都由欧美跨国公司掌握。

外国资本的工业产销体系的市场策略不仅影响了经济上层而且有效地渗透到了中间阶层甚至在一定程度上渗透到了下层。这种本土商品与外国品牌的地位不平等状况引发了国内服饰工业体系的自发追随,在生产方面的影响是造成了"名牌符号依赖",包括商标和样式的复制、抄袭、借用,主要有三种情况,一是高仿产品,既使用了品牌商标也复制了样式;第二种产品是明显模仿了名牌具有代表性的样式特征,如借用和改造了 Chanel 的菱形格、链条带等；第三种情况是，产品样式与名牌产品没有直接的关系，但是使用了品牌商标的贴牌商品。这些都属于对于名品符号的生产性依赖。在消费方面，生成了"名牌符号全民化"的消费景观。

（三）时尚消费的境遇：名牌符号全民化

名牌商品与普通商品相比，具有更强的社会知名度、注目度，而品牌商标和独特的设计元素是使其被注意、被辨认的符号。每个品牌中最热销的都是品牌标识明晰的商品，品牌之间也是这样，着重品牌标识设计的品牌往往知名度更高、销量更大。

在名牌仿冒品中，有显著标识的名牌最容易被仿冒[1]，因为有意使用仿冒品的一般心理恰恰是需要让别人看出来是哪个牌子的。仿冒品中最常见的是名牌正品的经典款式，因为其属于该品牌中最具历史性、知名度和代表性的商品，可以将品牌的符号象征表达得最为清楚强烈。这些经典品牌的LOGO、图案和款式是最为清楚地表明身份地位的象征符号。对于购买仿冒品的消费者来说（特别是追求符号象征价值的人），只需要用1/5、1/10甚至更少的价格就可以购买到那个"昂贵"的象征意义。商品满身的LOGO是功不可没的市场推手，有LOGO的就是比没LOGO的好卖，能被人一眼认出来的款式销售更好。这也说明，大多数中国消费者购买名牌精品还处于"面子消费"阶段，可能是出于炫耀，也可能是需要赶时髦。

名牌精品的符号塑造，尤其迎合了一个社会在一个时代中处于主流、优势的意识形态或社会潮流，作为"让一部分人先富起来""小康"的延伸，经济上成功、过美好生活成为人们生活的主要理想。从市场的角度来看，生产者和消费者的认同在"成功符号""财富符号"上达成了一致，这样的社会价值、社会目标造就了这种风尚趋同。

而在眼下的中国，商品的等级秩序被重建和误读着，从历史的上层专属变成各个阶层都可能拥有的符号，总的态势是发展成一种普遍的流行状态。进一步来说，时尚生产机制具有一定程度的社会强制性。多样化的市场给予

---

[1] 例如，LV的交叉字母L和V和四瓣花形、正负钻石的Monogram经典图案、GUCCI的双G、FENDI的双F、CHANEL的菱形格纹、BURBURRY的方格纹、PRADA的倒三角等字母或经典图案标志。

消费者看似民主的选择空间,而时尚工业内部设计和生产也存在效仿名牌的机制,所以各个阶层的消费者都在某种程度上被动消费着名牌符号。

第二节 "年轻化"的奢侈品消费

一 80后:被商家重视的目标客户群体

由于欧洲传统市场增长趋缓甚至日渐衰落,精品集团转型迫在眉睫,已难觅突破性增长的契机,尽管盈利空间依然巨大,但无疑需要寻找新市场。而从产品形态上说,在工艺、设计、材质的创新发展空间也是有限的。另一方面,新兴品牌日益快速地跟进,对经典品牌的威胁越来越大,成为老牌不得不去正视的新竞争对手。在这样的情况下,强势品牌希望在把握现有优势的基础上,利用原有的知名度,开拓崭新的市场,领先于竞争对手。大量商标化产品的推出表露了名品企业开始走大众路线,其未来的战略发展方向是向低端市场及年轻消费者市场延伸,LOGO设计是品牌希望全面普及"亲民"倾向,将高贵品牌形象变得更加柔和、活泼,更加平易近人,尤其是接近年轻消费者。近年来,名牌精品集团商业策略的最大改变,就是将消费对象从金字塔尖扩展到中间阶层和年轻群体,迅速扩大消费者数量和营业额,以获取最大利润,主要采取价格策略、产品策略、启蒙策略。

价格策略使得年轻人有可能消费"可以负担得起的"奢侈品,如今的奢侈品不全都是昔日昂贵的商品。名品集团一方面保持高级定制、精品店的尊贵形象;另一方面所采取的做法有:推出低价产品、折扣活动、折扣商店、大型免税商店,进行大众化网络销售——尽管这些销售策略其实与奢侈品牌的传统和其所标榜的奢华本质互相矛盾。

产品策略使得年轻人接触、认识,乃至熟悉全方位蔓延的品牌符号。奢侈品商进行了品类的变化,即在品牌之下推出二线品牌(second line)或者副牌系列(diffusion line)①。无论是风格化还是年轻化,本质上都是

---

① 最早提出副牌概念的是阿玛尼。1981年,Giorgio Armani 尝试创立第一个副线品牌 Emporio Armani。Armani 旗下品牌线众多,其中,Giorgio Armani 是纯意大利工艺和原料,而 Emporio Armani 有一部分在中国生产,副线品牌 Armani EXchange 则完全授权由合作商家生产经营。此后这一做法为很多一线设计师品牌实践并获得市场成效,如 Dolce &Gabbana 的 D&G、Calvin Klein 的 CK 等。

在翻新手法刺激销售，尤其是有意扩展消费者不同层面的需求，价格较主线便宜一半以上，却一样师出名门，大多定位为那些年轻的、消费不起却极力崇尚主线品牌的广大消费者，因此印有品牌 logo 的 T 恤成为象征。

另外一种方法就是延伸产品线。20 世纪 90 年代，奢侈品牌与代理商开始大量租用百货商店柜台。当时的高档百货商场开始引进高端进口化妆品和香水品牌①。通过零售，消费者最初接触到的，可能是一瓶香奈尔香水、一副迪奥的太阳镜。这些入门产品成为中国市场的热销品，人们不一定敢去五星级饭店消费，但总还可以买得起一瓶高级香水。这就是奢侈品企图贴近大众的"香水法则"，以此培养出大量潜在消费者。品牌商利用自己设计销售或者特许经营的方法开发了饰物、笔、眼镜及手套等，使品牌的无形资产得到充分的利用。举例来说，LV 的产品线非常丰富，从很小的物件如钥匙扣到超大的行李箱都有涵括，其不同系列产品在价格方面拉开档次，不同款的手拎包价格从几千元至几十万元不等。目前国内一般年轻白领的消费路径都是从小配饰到包类再到鞋子和衣装。

无论是品牌延伸还是产品延伸，产品上最大的特点都是 LOGO 明显，所以名牌精品的这些策略，都是在贩卖他们的符号。从文化意义上说，这也是他们的时尚启蒙策略。

二　80 后的时尚消费

青年的流行风尚，典型而显著地体现于衣着打扮上。上文已经从生产方面进行了分析，这里我们将从消费者角度出发，希望追寻青年理解消费品的特定方式。

（一）中国奢侈品消费的"年轻化"

目前研究数据和媒体报道普遍显示，我国奢侈品消费者的平均年龄偏低，一大重要消费群体是 25～40 岁的年轻人，并且规模正在快速增长。而在西方发达国家，40～70 岁的中老年群体是奢侈品消费的主力。年轻化是中国奢侈品消费者的特点，那么 80 后的年轻人究竟如何认知、购买、使用

---

① 1993 年 6 月，上海的伊势丹百货全面引进高端进口化妆品牌，Chanel 在此开设了第一个化妆品专柜，此后 Dior、Hermes、Armani、Gucci 等品牌香水或化妆品相继进入中国市场。

奢侈品牌呢？

一般来说，财富与年龄成正比，人们在中年最具经济实力，老年财富是一生积累。而中国比较特殊的社会情境造成了广大中老年人在过去几十年较为落后和停滞的经济发展中未能获得丰裕的财富积累。改革开放以后商品市场的转变使他们进一步消化了有限的积蓄，新一代的青年人不仅在经济实力上更有竞争力，全球化的消费时代来临的成长环境促使他们同时成为高消费者，而且他们未曾生活于物质极度匮乏的艰苦环境，较少受到勤俭传统的教育。

随着中国社会消费升级、消费结构转变，年轻富裕阶层的兴起和商业力量、现代传媒的推广，人们的消费观念在不断变化。尤其是年轻消费者对品牌、品质、潮流的追求逐步与国际接轨，他们的生活方式、消费习惯正在与国际同步。

国际品牌的奢侈品品质优异、价格昂贵，并且贯穿于人们的整体生活方式中，服务于经济实力较强的阶层。我国高速发展的经济中涌现出许多新兴高收入行业和职位，比如金融、房地产、演艺娱乐、IT、信息、保险等领域的行业收入较高，企业主、公司合伙人、高级管理层（CEO、CFO、CDO）、外企管理人员和技术专家等高薪人才年薪一般在30万元以上，他们对物质品质、生活方式、品位有所追求，具有较强的消费需求和能力，是国际奢侈品牌的重要消费群体。

另一个高购买力的人群来自富裕家庭，也就是所谓的"富二代""星二代""官二代"。他们的父母随着改革开放先富起来，他们多年来已经积累了大量的财富，特别是在1980年后出生的独生子女"富二代"。"富二代"之间的攀比，首先通过奢侈品进行自我身份攀比，进而攀比家庭财富和社会地位。我国第一代富豪对子女大多比较溺爱，他们希望孩子能享受这些。"官二代"的奢侈品使用者未必是自己花钱购买，很多情况下都来自礼物馈赠。

与前辈相比，年青一代在衣着方面非常注重，如表15-1所列在服装上的花费，男性消费者在过去3个月超过5万元的达到43%，高于女性的32%，25~40岁的年轻的高收入消费者在支出上也略高于41~55岁的中年人。

表 15-1 名牌精品服装支出比较

过去3个月服装花费	合计	城市		性别		年龄	
		一线城市	二线城市	男性	女性	25~40岁	41~55岁
基数(对服装感兴趣并至少拥有一件品牌服装)	62	20	42	21	41	32	30
<10000元	5	8	3	12	—	—	9
10000~19999元	16	18	15	9	21	20	11
20000~29999元	19	23	18	17	21	14	24
30000~39999元	17	8	21	13	20	23	11
40000~49999元	7	13	5	8	7	4	11
>50000元	36	30	38	43	32	39	34

数据来源：罗博报告（Robby Report）& 益普索（Ipsos）[*]。

[*] 杜伟：《2011中国精品消费报告》，《罗博报告》2011年10月号。

从最新的中国奢侈品市场消费调查来看，以80后为主体的年轻奢华品消费群呈现五大特点：更乐观，更自我，更崇尚主流品牌，更数字化，更追求购买价值。这是罗德公共关系顾问有限公司与亚洲地区著名奢华品市场调研公司——信天翁联业商务咨询有限公司基于1057名受访者的调研分析结果，他们注意到80后是中国奢侈品市场的未来，首次将目光投向这一群体，揭示其奢华品消费观，并对未来中国奢华品消费趋势做出预测和建议。与以往的经验有所不同，聚焦80后的《2011~2012中国奢华品报告》给出一种新趋势：对于年轻的消费者来说，购买奢华品最主要的原因是出于"自我"的诱因，特别是当他们要寻求某种自我奖励的时候。一些社会心理要素，如身份象征，传统的"面子"观念，为了显示身份地位或获得认同而进行的消费行为等消费诱因已次于"自我愉悦"。他们也更追求购买价值，倾向于比较价格而等待更划算的交易。他们经常去境外购买奢华品，特别是欧洲和中国香港，以获得更低的价格、退税优惠及原产地保障。

但总体上说，我国年轻人奢侈品消费主要集中在服装、配饰、皮具、化妆品、香水等小件个人用品上，注重个人炫耀。这一特点与欧美成熟消费者有较大差别，西方人更多花费在豪华地产、汽车、旅游、贵重珠宝等方面。

（二）使用多重策略消费名牌符号

在实际调研中我们发现，80后年龄群体在奢侈品消费方式上有所差异，主要可以区分为专享型、组合策略型、模式追随型，消费者也可能交叉重合使用几种类型方式。

奢侈品不仅仅是高经济能力群体经常购买的商品，在奢侈品领域，消费者在意他们的店内体验、享受到的品牌服务以及从销售顾问获得的讯息。奢侈品代表的不仅仅是具有顶级品质和昂贵价格的大品牌，更是一种体验。殿堂真品的信徒在消费过程中获得了专门享受，他们乐在其中。因此，专享型消费者一般是富有的年轻人和名牌崇拜者，除了光顾北京、上海以及其他城市的精品商圈、专卖店，世界上著名的名牌精品聚集地都成为他们的购物天堂。崇尚名牌精品的消费者追求专卖店营造的奢华气氛，上层群体认为这样的环境是必须达到的标准，否则他们将不会光临店铺，他们排斥去一些他们不自在、不舒服的地方。在奢侈品消费中，消费场所和消费体验是统一的存在。而对于中间收入群体来说，消费者往往需要打扮一番，扮演富有的角色，以达成与购物情境的匹配，否则当他们被昂贵的商品包围，尤其是面对店员的评判眼光时会感觉到较大压力。在对底层收入者的访谈中，几乎所有农民工受访者甚至较低收入的城市居民都从来没有勇气走进这样的商店，他们只是曾经听说过其很昂贵。

相比于富有阶层的专享型消费，中等收入的夹心层购买力有限，他们擅长使用组合策略，将折扣、海外购买、真假混用等方式灵活运用。在追求性价比最高的目标下，折扣购买策略是大多数中间阶层消费者的主要选择，折扣店和折扣季能够吸引大量对价格比较敏感的消费者，满足经济实力不足却又追求名牌的消费者的购物需求。对于消费者来说，即使在折扣店销售的一些名牌商品是过季的，仍然会成为他们的最爱，不一定非得购买当季时尚商品。

海外购买和海外代购也是中国消费者精明的选择，尤其是国内奢侈品售价偏高的情况下，人们在香港、欧洲以及其他国家或地区购买奢侈品[①]。而

---

① 例如，2009年全球免税集团DFS在亚洲地区的营业额60%来自中国内地消费者。2010年春节，千名中国游客赴纽约旅游，给当地创汇3000万元人民币。全美最大连锁百货梅西百货、纽约帝国大厦、顶级珠宝销量第一的卡地亚纷纷为中国顾客设置专场。法国知名购物退税服务机构全球回报集团发布的报告显示，中国游客2009年在全球回报集团位于法国的加盟购物商店消费大约1.58亿欧元，占法国当年退税购物贸易额的60%，中国游客成为法国第一大旅游消费群体。美国波士顿咨询公司统计，中国游客在欧美的主要活动中，95%是购物活动，其中奢侈品消费又占了70%。

年青一代更善于运用网络上的海外代购,英国、美国、法国、日本、韩国等代购都有该国主打品牌和优惠,消费者甚至可以从官网上选好商品型号,交给代购去采办。造成这一现象的原因显而易见,即过高的进口关税和价值税将奢侈品价格抬高了20%~50%。例如,路易威登的同款皮夹在北京的售价要比香港的高出27%,而Max Mara女式大衣在两地的差价则高达35%。另一方面,产品款式的丰富性也是消费者考量的要点。以前,中国的专卖店货品更新速度远远不及国外;今天,中国各大品牌旗舰店开始为中国消费者提供与欧洲无时差的商品,但由于高关税造成的价格差,一部分消费者到店里只是看看款式和价格,然后选择国外或香港代购。购买奢侈品或帮人购买现在已经成为年轻白领出国旅行的一部分。

在北京、上海、深圳,年轻白领,尤其是外企白领喜欢购买一种非正规渠道流通的正品——出口成衣、原单正品、外贸外单,这是具有中国特色的奢侈品牌商品。中国作为世界工厂,是奢侈品厂商最主要的代工工厂基地。每天都有相当数量的廉价优质产品从工厂合法和不合法流出,尤其是纺织类产品和手工制品。真正的原单货品是质优价廉的,但市场上大量充斥的是冒充原单的产品。有经验的消费者经常发明一些办法验证真假,这需要具有一定的知识和鉴赏力。

购买仿冒品(俗称A货),在较低收入的年轻白领和大学生群体中非常盛行。根据北京市知识产权局2007年进行的一项调查①,在650名被访者中,"经常"和"有时"购买假冒商品的比例合计为35.1%。

从图15-3的数据可以看出,随着收入水平的提高,"经常"或"有时"购买假冒商品的比例逐渐降低。对于月收入1000~3000元这个群体而言,购买冒牌服装鞋帽者的相对比例是最高的(高于其他行为的比例)。另外,在学生群体中,购买假冒商品的比例也明显较高。而对于月收入10000元以上的群体,"完全没有"买冒牌行为的比例远远超过其他行为比例。

真假混用是比较有意思的一种方式,这类消费者在白领阶层中比较常见,在富裕阶层②也时常出现,他们有经济实力买得起,也买过正品,但同

---

① 图15-2、15-3均来自北京知识产权环境监测指标体系研究课题组《北京市知识产权环境监测报告》,北京市知识产权局、北京知识产权保护协会,2007。
② 比如"郭美美"事件的主角郭美美事后解释说她一柜子的HERMES包中只有两个是真的。

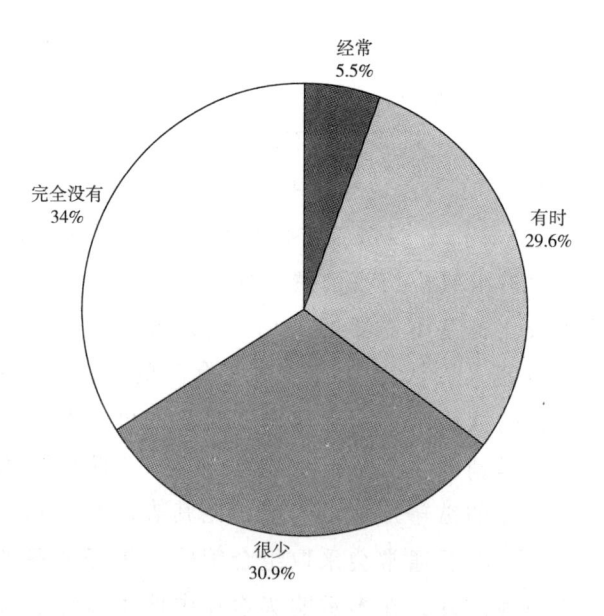

图 15-2　在市场上购买假冒商品（服装鞋包）的
比例（N=650）

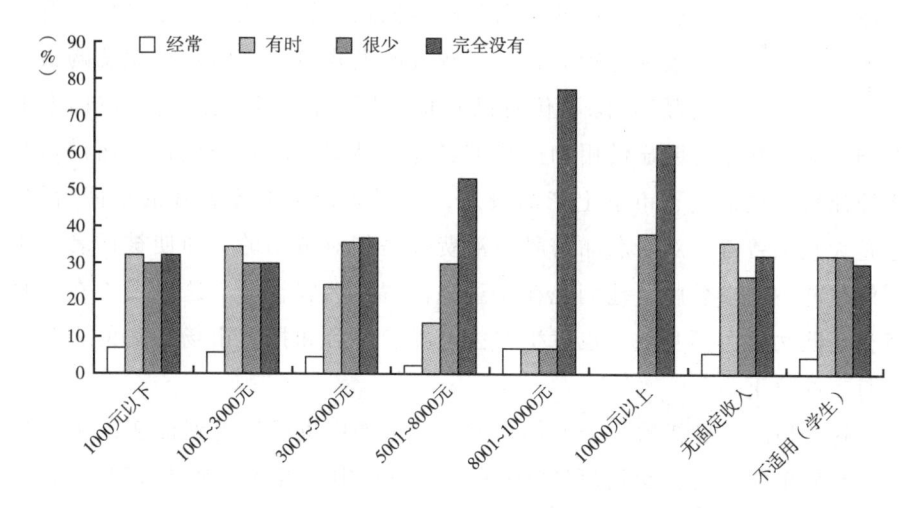

图 15-3　不同收入者的买假行为差别

时购买能够以假乱真的高仿品。他们采取的这种"组合消费策略"是通过购买少量真品对外展示其地位和实力；通过购买更多的高仿品来克服财力有限却要满足不断被塑造出的消费意愿，因为奢侈品在不断推陈出新，更新时尚，迫使其追随者不断消费。

在20~30岁的消费者中，常常出现"包法利夫人现象""假贵族现象"，"整体消费"与"片断消费"不协调，"前台消费"和"后台消费"不统一等情况。以往的学者也曾经探讨过类似的问题。如陈昕所讲的"观念高消费"是指，由于经济条件的限制而实际上离高消费还相去甚远，但已经在极力追求或模仿高消费群体的生活方式，为此甚至常常超出实际经济能力或压抑基本需要的满足。与之相似，王宁认为，如果分析城市社会，可以说人们认为自己"理应有"的生活标准在迅速升级，以致相当一部分人的欲望水平大大超出了自己的可支配收入所能支撑的实际支付能力。这是消费主义兴起的副产品——"两栖"消费。这都是消费主义对现代主体的欲望形成的影响，尤其表现在外在的、可识别方面的高消费，所以夹心层通常会采取组合策略。年轻消费者对于名牌符号需求的欲望不断被激发，在多重购买途径中使用多样消费策略实现对符号的占有。

与我们在上文探讨过的"名牌符号全民化"相关，在生产方面由于国际品牌主导、中国服饰工业的"名牌符号依赖"而导致的符号借用、符号泛滥，在消费方面表现为较低收入消费者的模式追随，即有意无意购买的常常是"模仿流行品"。除了仿冒品直接冒用商标、款式之外，市面上的服饰商品大都也是明显借用和抄袭了名牌精品流行款式的设计。而模仿品大肆流行，也造成了市场上产品匮乏，使得无论是追逐名牌的中间阶层，还是大众消费者，对于名品符号的消费都是相对被动的。即使被访者并不了解也并不追求名牌，他们也在无意中消费了名牌符号，这既发生在去百货公司购物的白领身上，也发生在去地摊、小店和批发市场购物的大学生和打工妹身上。

这种情况在最新的关于奢侈品的社会事件中也可以得到证实，在2011年9月发生的"县长女儿背名包炫富门"事件中，当事人尤异希[①]所发微博图片"左手提一个LV大旅行包，右手挎一个橘红色爱马仕包"，事后她给记者所发淘宝店家地址以及购买时的发货记录，证实她照片上的两个包都是"90元左右"。尤异希说："当时在网上花了200元左右买了那两个包，外出

---

① 贵州锦屏县县委常委、副县长尤成华女儿尤异希，贵州某高校大四学生。

的时候，就拍照发到网上，其实我不是炫耀包，我像其他女孩子一样，希望自己漂亮一些，同时展现自己满意的照片，满足女孩子的虚荣心，没想到大家认为那是名牌包。"这个 80 后的大学生，在不了解名牌的情况下购买的仿冒品引出的麻烦一定不是她想要的，而这种无知觉的购买行为也正在广泛发生。在 BCG 电子商务的调查中，只有 5% 的受访者表示在寻找仿冒货品，而满街仿冒品使用者和满网的仿冒品销售则恰恰说明了大量消费者是在不知情的情况下购买了假货。

在名牌符号全民化的境况下，不同类型的消费者达成符号认同的统一。名品符号全民化对消费最直接的影响是导致大多数人在消费上表现为从众的特征。无论真假、无论辨别与否、无论知情与否，消费者在与地位符号的复杂周旋中，推动与促进了奢侈品的生产和消费，这其中既包括真品、原单正品也包括仿冒品。人们在消费这些商品时，身不由己地进入到一个时尚、文化、经济、政治体系中。

第三节　青年时尚消费的影响因素

为了分析和理解年青一代的消费时尚，我们调查了时尚系统中运作的不同环节之间的关系，设计师、制版师、裁缝、加工工厂、批发商、零售商、时尚买手、时尚编辑、商店和消费者，调查和分析的眼光在生产、销售、消费之间不断移动。由此，我们发现了一个时尚启蒙和教育的社会化动态过程。

鲍德里亚认为，消费过程有两个基本方面，一是"作为建立在一个密码基础之上的明确意义和交流过程，实际消费行为能够在其中得以实现并具有应有的意义。在这里，消费是一种交流体系"。二是"作为社会分类和区分过程，物和符号在这里不仅作为对不同意义的区分，按顺序排列于密码之中，而且作为法定的价值排列与社会等级"。在第一方面，参照群体关乎消费者之间的交流和社会意义的实现；在第二方面，是时尚传媒、正式和非正式的美育起着传递和培育解码能力的作用。以下我们分别探讨这些要素对时尚消费行为产生的影响。

（一）参照群体——亚文化的形成

对于不同社会阶层为什么会有各自不同或相似的消费模式和生活方式，

社会学家们有着多种解释。其中,尤其值得重视的是消费所选择的参照群体问题,因为消费者看似个人自主选择的消费行为往往会受到社会其他成员的影响,有时是来自日常生活中的熟人,有时却也可能是遥远的未曾谋面的他者(通过大众传媒所了解)。所谓参照群体(reference group)是与个人评价、追求或行为有重大相关性的真实的或虚构的个人或群体。

在我们的调查中,无论是"富二代"还是年轻的白领被访者,普遍存在受到"小圈子"压力而在某种程度上"被迫"消费名牌的显著现象。如果说"炫耀性消费"是在主动地选择表明社会地位的名牌产品,是一种积极的需求,那么我们可以将这种迫于"圈子"压力的奢侈品消费称为"维持性消费"——避免因为没有消费名牌产品而受到与自己社会地位相近的重要他者所排斥,它是一种保守的需求。这种"小圈子"既包括职场上的同事群体,也包括生活中的社交和消费场合(如同学聚会、健身房、商场购物等),而这种压力信号的传递方式既包括来自别人的直接意见(比如办公室里的闲聊和别人的评头论足),也包括看到他人消费名牌产品而传递的"无声语言"从而自觉内化成压力(怕别人耻笑、看不起)。同时应该看到,这两种场合(工作和生活)实际上又是相互补充和相互强化的。当名牌消费在小圈子范围内慢慢扩散的时候,一种亚文化的主流意识也就占据了主导地位。这些生活中的重要他者可以称为近距离的参照群体,而另一种远距离的重要他者则来自明星的示范效应。

1890年,法国社会学家塔德(G. Tarde)撰写《模仿律》时就指出,社会中存在一种"上行下效"的规律,模仿的内容是从上层向下层移动的,这种"下层阶级模仿上层阶级"的法则或倾向存在的前提是下层阶级中具有归属上层、提高自身社会地位的意识。

大众文化是当下主要的文化表达方式,我们的生活都被它所围绕甚至为它所渗透。对许多人而言,社会名流与虚构的人物就像是远方的熟人。明星象征着有钱、有名、有品位,所以一般被视为时尚偶像,经常成为被模仿的对象。而品牌需要出镜率/曝光率:除了正式的商业合作如广告代言、品牌开业、公关活动,还将衣服、鞋、包直接送给明星,让他们穿出去,被记者拍照登上媒体报道,被大众看到。

明星作为公众人物,在正式和私下场合的衣着都具有示范和品牌传播作用,他们对于年轻人生活方式的影响力非常强,通过淘宝网、微博和主题论坛的观察，可以看到青年一代消费者在对明星穿戴的关注、讨论以及购买行为上，都表现出极大的热情和模仿力。

（二）网络——新消费工具

2010年，中国互联网用户数量达到4.57亿，随着互联网使用率的升高，电子商务也在爆炸式增长，销售的实际价值已从2008年的1280亿元激增至2010年的4760亿元，其中高达79%的交易额来自淘宝网。并且，与以往去专卖店、商场亲自试穿和购买奢侈品的方式有所不同，人们开始在网络上挑选和消费。

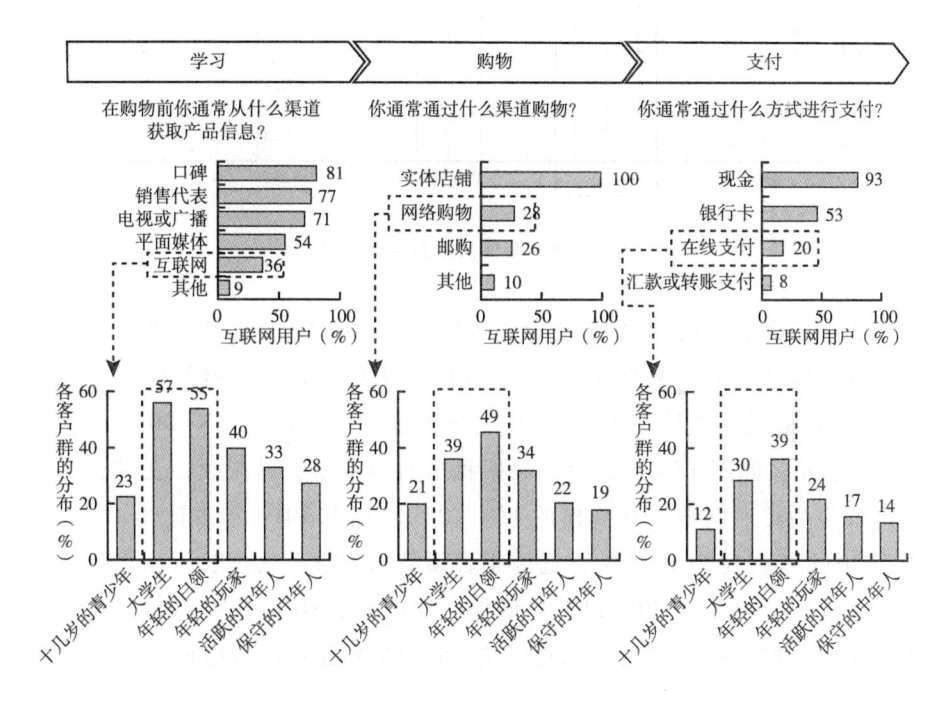

图15-4 大学生和年轻白领在网络搜索和电子商务中最为活跃

数据来源：2009年BCG数字化新世代消费者调研分析。

80后受访者中的年轻白领和大学生几乎全部都在淘宝网上购买过商品，其中有一些人经常登陆购物网站，获取打折、促销、推介、新产品信息。网站上的丰富选择、便捷、价格比较都是他们选择电子商务的原因，从文具、电子产品、化妆品、配饰、衣服到家电，想买的东西几乎在网上都可以找到。

在美国贝恩咨询公司（Bain & Company）的奢侈品调查和历时比较中[①]，互联网作为奢侈品消费信息来源的重要性从 2009 年开始有所增强（如图 15-5）。

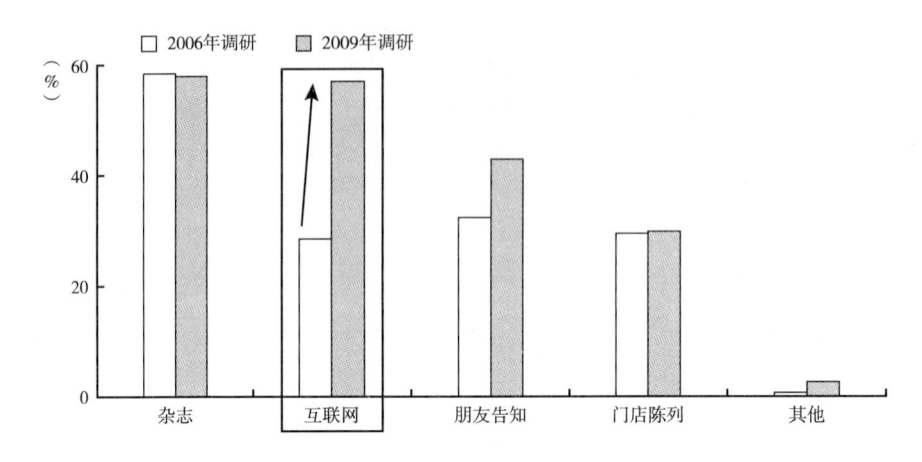

图 15-5 奢侈品信息来源渠道

艾瑞咨询公布的《2011 年中国奢侈品网络购物行业研究报告》进一步验证了这种趋势，数据显示，中国内地 2010 年奢侈品网络购物交易规模为 63.6 亿元，预计 2011 年交易规模将达 107.3 亿元，到 2013 年将达 213.2 亿元。如图 15-6 所示，根据我国网购市场交易规模，艾瑞咨询核算出奢侈品类占网购交易规模的 1%~2%，其中 2010 年占比为 1.38%，预计 2011 年占比为 1.41%，近两年奢侈品网购有较快增长，而之后增速将略微放缓，保持在 30% 以上。值得一提的是，80 后消费者对于在线购买奢侈品，抱持更加开放的态度，有 35% 的受访人表示他们通过网络购买奢侈品。

通过网络来进行奢侈品传播也是一种时尚社会化过程，可以在购物网站、论坛社区、品牌官方网站、网络杂志、SNS 网站、搜索引擎、视频网站、即时通讯、个人博客、门户网站等 10 种网络环境开展。其中品牌商家

---

① 本次调查于 2009 年 7~9 月在上海、北京、广州、武汉、深圳、南京以及其他城市通过专家访谈、消费者调研、门店走访以及案头研究的形式展开。调研受访的样本数量为 1410 个。女性占 52%，男性占 48%。其中，55% 的受访人的年龄在 25~34 岁。本科以上学历占 80%。家庭收入在 5000~14999 元的受访人数最多，达到 41%。

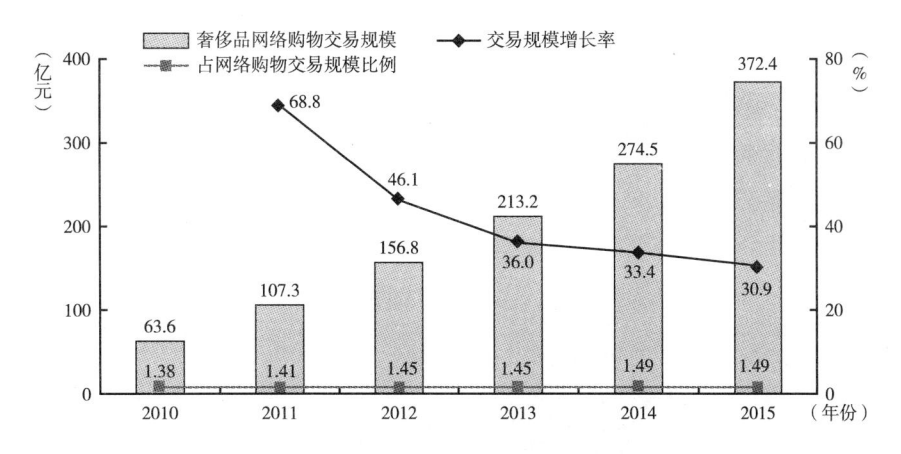

图 15-6　中国奢侈品网络市场交易规模增长

主要采取的营销渠道有品牌官网①、门户网站奢侈品专区、网络杂志以及微博②等新平台，这些基本属于大众传播方式，除此之外，有较大影响力的是购物网站、社区论坛等小众流传渠道。一方面，互联网传播了大量关于名牌奢侈品的信息，其中相当一部分是转载那些最初来源于奢侈品公司或者重要的时尚杂志的信息。另一方面，也更重要的是，互联网为消费者提供了相互交流的互动平台，这主要体现在各类品牌的论坛上，这些论坛有的是完全开放性的，有的则是需要注册并带有明显"小圈子"的性质③。因此，互联网的论坛同时具有"遥远"和"身边"的双重性质，它打破了日常生活中社会交往的有限范围，同时又将一部分原先陌生的人聚在一起，形成某些品牌社区或消费者部落。换句话说，网络同时扮演了大众传媒和小众圈子的角色。

在时尚论坛中，"长草族"④ 的出现是个值得注意的现象。主体为80后、90后的"长草族"就是为生活中的种种心痒、心动甚至心悸的一群年

---

① 许多品牌专门为中国地区建立了相应的官网，或者借助一些网站平台建立自己的社区。
② 微博快速上升的影响力，使微博成为最受欢迎奢侈品信息渠道之一。
③ 国内比较知名的、注册会员数量较大的有55BBS、YOKA时尚论坛、天涯论坛的"时尚资讯"等。
④ 这个网络新词是2009年网络中出现相当频繁的词语之一。"长草"是指对一种物品的占有欲蓬勃生长，"拔草"则是彻底、干脆地把这个物品买下来。"长草"是一种感觉：春天了，小草长出来了，挠得你的脚底、你的手心痒痒的。就像你想买或者喜欢某种东西，哪怕是看到好的东西，心里痒痒的感觉。

轻人。各种各样的"草"生长在充满诱惑的现实橱窗和虚拟网络中，在时尚论坛中，带有名牌精品的标题常常出现在显要位置，如"暴走澳门三天购物：化妆品+爱马仕+PRADA""新光天地周年庆小败 ferragamo MMJ Jurlique""HK 血拼的战果：LV Gucci Chanel"等等。发帖人会将购买到的商品包装、商标、细节图，以及购买的时间、地点、价格、经历和心情公布出来。

在对时尚论坛的长期观察和访谈中，我们可以发现以下主要特点：带有名牌的标题和图片受到更多关注、跟帖较多，往往高达几百，被称为"高楼帖"，也更容易被网站推荐到首页。在名牌帖中，跟帖的评论是压倒性的好评，极少出现不好的评价。在含名牌的综合帖中，名牌比非名牌的"战利品"所收到的评论更多。可以说在小众圈子中，网络论坛普遍存在的名牌推介和单向赞誉促进了对名牌精品的欲求，并且加剧了符号光环效应，造成审美价值的误导和评判失准。

（三）时尚传媒——名牌至上的广告传播

一般来说，传媒通过对流行文化趋势的引导而对受众的某种价值观念产生潜移默化的影响。媒介是塑造社会共识的重要工具，也就自然成为社会强势全力控制某种意识形态的重要手段之一，通过图像、文字或语音施之于众，再生产了某种价值观。

传媒与受众的关系既是"引导"，也是"迎合"。这套知识体系被建立在构成层次化的过程中，媒介通过点名和注解的方式展现商品、营造情境，同时赋予次序，通过某种主题策划的组合，将不同层次的品牌产品，建立起一套可多样变化到无限，却同时保有一定的统合性的知识体系。时尚杂志作为工具书，介绍品牌知识和当季流行趋势[①]，界定和评论产品特性与解释。他们以产品汇集或者模特实穿的效果图展示，辅以文字说明，常借用美学理论几个基本点，尤其是"多样中的统一性"以及"法则"的概念。所以，时尚传媒的启蒙和教育任务有两部分：时尚知识和搭配常识。

但是，值得警惕的是，时尚传媒有一种明显的偏好和倾向：以广告为先导的名牌至上。随便翻开任何一种报章杂志，找到时尚专栏，就可以看到"奢华""尊贵""高端""优雅"等一系列标签显赫登场。这些词汇作为商

---

① 中国的进口时装距离世界时尚行业中心一般有半年的滞后，时尚传媒承担主要的推介工作。

品的形容和描绘，既是诱导消费的卖点，也反映了广泛的市场欲求。名品广告基本出现在以下媒体上：第一，最主要的出现在针对中间阶层的时尚杂志上，包括本土时尚杂志，国外时尚杂志的中文版，或者与国外时尚杂志有版权合作的本土杂志；第二，出现在针对高端消费人群的定向投放刊物上；第三，出现在以特定爱好者人群为目标读者的专业杂志上；第四，出现在大众消费的"精品购物指南"等普通报刊上。而在2000年前，名品广告的覆盖范围远没有这么广泛，只出现在第一类时尚杂志上。目前，名品广告是出版物市场的利润增长点。杂志的发行量是与广告商谈判的筹码。近年来，这些杂志赢得了庞大的消费群。知名时尚杂志的广告以10万~14万元每页的价格出售版面，这虽然是公开刊物报价，但最亲密的长期合作伙伴也至少需要每页6万起。

对于资方品牌集团来说，虽然中国的租金和人力成本比日本等国家便宜，但是要在庞大市场建立品牌知名度需要特别雄厚的资金。由于传统的欧美奢侈品消费市场正大幅萎缩，全球奢侈品销售市场的重点正在从欧美转移到亚洲，特别是中国市场。"你希望第一年的营业额是多少，你就要花多少在广告上""一旦你停止宣传，营业额就会下滑"，这就是奢侈品牌市场的生存法则和行业形态。

除了传媒机构公开的广告业务，作为个人的时尚编辑，也广泛存在着与商家的私下交易，为了获得额外奖励而在职权范围内有所偏倚，编辑工作的有限收入使得他们追求着这种商业合作。时尚编辑在不同主题的策划中，为读者提供关于生活幸福、荣耀、健康、职场经验、社交生活以及两性关系的建议，但核心目的是推销产品。

另一方面，在影视作品等文艺形式中，广告植入成为常见的促销手段，甚至成为影片的内容。波德里亚将大众传媒称作"文化设计师"，曾批判他们想方设法地用"文化"对个体进行"重新设计"，把它们装到同样形式的外壳里，为文化提升符号下的交换提供方便，把人们放到"氛围"中去，这种包装、文化再循环，是我们被消费了的文化的超级功用主义。时尚传媒的文化推销无疑在一定程度上给人们造成了一种错觉和误导，应该说他们恰好是迎合了转型时期浮躁的社会阶层心理状态，迎合了力求通过消费符号显示社会身份地位的群体诉求。

显而易见，中国时尚媒介的文本和话语是完全而彻底地维护甚至建构着西方名牌符号霸权,非常简单而又充分的证据是压倒性的名品广告和商品推介,几乎见不到国内本土品牌。这种失去独立立场的表现完全暴露了中国时尚媒介的集体利益,毫无疑问是市场逻辑下的盈利手段和商业诉求。进一步说,这种媒介引导的消费文化是外生性的、强制性的,如同其他所有的大众文化的流行一样,是依靠大众传媒通过各种商业文化和促销形式推销和营造出来的。虚饰的表象背后,最终的本质是市场利益驱动,在整个社会、各个阶层有意无意的消费中,特定的时尚神话流行起来,而消费者是被支配的,对他们来说,这种生活方式缺乏真实的意义。

综上所述,时尚启蒙与教育的社会化过程是在大众传媒和小众流传两个层次上交互进行的。名品集团与时尚媒体、偶像明星合作宣传,通过文化产品的渗透,对消费进行示范和诱导,而且从性质和内容上,是单向的、积极的肯定与赞美。在日常生活中,消费者在优势群体向往和同侪群体压力的双重作用下,在来自日常现实和虚拟社区的意见领袖的影响下,被实施了时尚的启蒙和教育。青年时尚文化表现出从众性特征:一是他人意见依赖,主要表现在消费者往往顺从于群体压力或者他人权威,参照群体、意见领袖的影响显著。二是时尚符号依赖,主要表现在主流时尚成为合法审美标准,名牌符号成为高品位象征。

第四节 "符号压力"下的社会后果

整体上看,80后的时尚消费没有与成人主流时尚区分开来,尽管群体内部风格有所分化,出现小群体鲜明风格,如潮范儿、日韩范儿、文艺范儿、摇滚范儿,但风格的区划并没有使年轻人对名牌的欲求产生差异。上文谈到的"专享型"和"组合策略型"属于主动消费,名牌符号成为消费者追求的时尚符号。

在时尚认知方面,传媒(时尚传媒、文艺作品等文化中介)和网络的推广,使得名牌符号/时尚符号越来越成为一种标准、地位符号(某种身份必需品)。

中国自古就是非常注重人际关系的社会,人际关系的一系列准则,是社会运行中的重要内容。名牌服饰与电视剧、流行电影、明星八卦、名车豪宅一样,已经成为人际关系、情感模式和交流氛围的系统之一,影响着人和人之间的信息传递与判断。一方面是讨论别人的穿戴，加入自我推敲与判断，猜度他人的财产与品味；另一方面是陈述自己的看法，表达自己的喜好，炫耀财富或品位。在相互谈论某个品牌和某个消费者成为聊天的主题时，这就把个人的选择延伸到了工作场所、社交场合或者消费场所。名牌奢侈品在"小圈子"中的流传，采取了一种压力信号的传递方式。群体内一般社会地位相近的人，即使不追求优越感，每个人都难免担忧自己的消费水平降低到参照群体的水平之下，产生"相对剥夺感"，名牌符号的可视性很容易引起比较，对于个体而言，在工作和生活中的小圈子就能直接感受到。优势阶层向往、同侪群体认同以及熟人压力、匿名压力使得年轻人不得不选择名牌符号消费。从这个角度上说，目前流行的奢侈品风潮造就了一种"非名牌歧视"的符号压力。

名牌作为高价商品，与收入和财富水平密切相关。若要求品牌的名气和绝顶优异的品质，就要花费高昂的代价。这对于富豪阶层来说，是无可厚非的，先富阶层已然将名牌精品作为生活必需品，也表现为前文提到的我国奢侈品消费"低龄化"特点。但缺乏财力又希望显示身份的年轻白领，具有攀高化倾向，把名品作为主要追求目标，容易忽视和牺牲其他生活价值。国内奢侈品消费支出比例过大，西方占收入的比例通常不超过4%，而中国约为20%。① 对于中低收入者来说，在一般的中低价位品牌里，本来也可以选购到比较称心的商品，没有必要非得超出支付能力勉强。在购买力不足的人群中，符号压力表现为超支型消费、过度消费以及以假充真的符号伪装。

80后中大多数人进入职场不久，有的还在读书，其中相当一部分人收入不高，甚至没有收入（学生人群或啃老族），但他们已经习惯使用超前消费方式、借贷（信用卡透支），不乏用省吃俭用几个月后攒下的薪水去大牌专卖店购买5000~30000元的名牌包包。虽然，很多年轻人只是购买一些相对便宜的配件例如领带、钱包、腰带等，尝试消费顶级名牌，但这些攀高型的消费常常使他们倾囊购买，甚至举债，成为"月光族""负翁"②。有的人家庭并不富裕，向父母不断索取无疑加重了家庭的负担。这种类型的消费者，在奢侈品消费过程中，普遍存在内心冲突，由于收入水平和地位商品需

---

① 数据来自对外经济贸易大学祥祺奢侈品研究中心。
② 现代金融信贷制度和信用卡业务的推广使"超前消费"变成年轻人奢侈愿望的实现手段，可以轻松愉快地购买想要的商品。分期付款等方式进一步刺激了年轻消费者提前消费的物质欲望。

求无法同时满足而陷入心理困境。

这种物质欲望的膨胀直接造成了一些意志品质薄弱的年轻人开始寻求其他经济来源，他们不想靠自己工作踏实收获财富，想图捷径，比如援助交际。这种现象最早出现在20世纪80年代的日本，起初指少女为获得金钱或商品答应与男子约会，但不一定伴有性行为。当时的日本女孩子喜欢名牌包，但她们只有学费和生活费，没有这个经济能力去买这个包，就与中年男子约会。香港和台湾地区都有类似的现象。而我国时下流行风潮走向高级商品，中学、大学阶层的学生，面对物欲诱惑也开始难以把持自我，援交的风气亦因为年轻人（男孩、女孩均有）对时尚和享受的追求而悄然引入。多见于与演艺圈有关的演员、模特、艺术学院学生，形式上为陪吃饭、娱乐，以交友为名，借以交换高价商品。最近竟然发生在上海的中学生群体中。李银河提出，目前，大学生中的援交现象有增长趋势，就连中学生中都偶有发现。这是人们对金钱的价值观出现了严重的问题。"从法律层面来看，援交的性质与得到长期包养的二奶及得到金钱礼物馈赠的小三差不多。""这个事件反映出全民拜金的低俗之风已经到了非常严重的程度。为了挣钱，为了过上奢华的生活，人们已经不择手段。只要能挣钱，什么事都可以做。"

还有一些购买奢侈品的消费者，对奢侈品牌的文化、历史认知度不高，只是因为名牌光环而购买，脱离了实际需求，盲目从众、攀比。而以假充真的符号伪装和追赶时尚的模式跟从进一步加剧了国内仿冒商品的泛滥。

服饰的价值应该在于与使用主体的关系，而不是由商家、媒体以商业力量和话语权赋予和定义的固定合法性和文化高贵性，不应该把这套审美标准强加于人。原因也很简单：首先，名牌商品并不适用于所有人；其次，并非所有人都需要名牌精品。实际上，每个人的体型、肤色、气质、职业所适合的服饰都拘于有限的品种和类型，即使是名牌，很多产品也不具有普适性，尤其是对于年轻的男孩女孩来说，很多国际名牌的风格奢华，更适合熟龄人群。可以说，80后一代年轻人的时尚消费没有展现自我真实的生活风格。

结　语

当下的中国正处于剧烈的社会转型时期，社会成员在收入和财产上的贫富分化日益显著，社会阶层分化处于定型化过程之中；与此同时消费在建构社会阶层地位中的作用越发重要，小到服饰大到汽车、住房的各类商品本身正在逐渐"文化化"，而作为文化现象的消费主义和其他各种外来文化也更加广泛地影响着各个阶层的人们。国际奢侈品牌带来时尚美学、商业文化，中国目前正处于奢侈品文化形成的时期，新贵阶层、年轻人群都在参与这种文化变迁和建构。

在考察了整个时尚体系的各个环节之后，我们发现了"时尚生产机制"和"名牌符号全民化"现象。它既是国际奢侈品资本采用各种策略有意识塑造的结果，也是各阶层在文化消费领域进行地位竞争的结果，以媒体、名人、互联网等为手段的时尚生产和传播机制也强化了这一现象。西方输入的高端消费文化和生活方式在中国社会自身精英文化断裂的背景下，被渴望实现"文化原始积累"的新富阶层奉为圭臬，毫不费力地取得了文化霸权的地位，并且进一步影响了年轻富裕人群和白领阶层的选择。而收入较低的青年群体由于经济限制和认知泛化，面对仿冒品和衍生品的符号泛滥，表现为跟随和无从选择。

另外，目前流行的奢侈品风潮造就了一种"非名牌歧视"的符号压力。80后群体在日常生活现实中遭遇了纠结与困惑，不得不面对贫富差距的心理冲突、不安和落差，中国传统文化中的若干因素如注重"面子""从众心理"等在目前的消费文化中无疑还发挥着重要作用。为了身份、地位的表达而进行的炫耀性消费、购买力不足却过度追求奢侈品的透支消费、攀高消费屡见不鲜。在奢侈品消费时尚中，传媒缺乏中立公正的姿态，而是鼓吹名牌的同盟。在条件允许的前提下追求高品质生活无可厚非，但不应该渲染崇洋媚富和享乐主义，而是要倡导量力而为、适度消费。

市场转型和消费社会的来临是青年群体消费行为选择和时尚文化形成的挑战性背景，商业化策略的强大影响、资本对社会化过程的渗透、消费文化断裂和文化符号体系的无序，这些令年轻人感到不安的特殊处境解释了他们对于强势符号的跟从。而值得进一步思考和研究的问题是：在西方消费文化获得市场垄断地位和合法性主导权的情况下，中国年青一代在消费文化上的自主性成长空间在哪里？

在未来的研究中，我们可以进一步思考如何将对物质奢华的欲求转变成其他文娱闲暇精神生活的提升，比如，在社会文化政策和措施中推展人文、审美教育，提高人们的文化鉴赏力和媒介素养①，规约传媒的独立性和公正性；改善不健全的社会文化系统，我国社区建设比较落后，还没有建立起高质量的社区设施和有凝聚力的社区文化，应该创造条件使年轻人在居住区域中丰富闲暇生活，开展体育活动、文娱演出、图书馆阅读以及各种志愿服务、环保等培育社会责任感的公益活动；鼓励单位、企业、工会组织兴趣小组，如音乐听赏、绘画、摄影、品茶等多样休闲爱好，使年轻人的心灵和视野更加开阔，投入社会未来建设。

参考文献

艾瑞咨询：《2011年中国奢侈品网络购物行业研究报告》，2011年12月，艾瑞咨询集团（iResearch）。

陈昕，2003，《救赎与消费——当代中国日常生活中的消费主义》，江苏人民出版社。

窦文涛、梁文道、李小牧：《锵锵三人行》，2011年11月22日，凤凰卫视。

杜伟，2011，《2011中国精品消费报告》，《罗博报告》。

《副县长女儿PK郭美美，左手LV右手爱马仕》，《天府早报》2011年9月26日，第一财经，http://www.yicai.com/news/2011/09/1109901.html。

吉尔·利波维茨基（Gills Lipovetsky）、埃利亚特·胡（Elyette roux），2007，《永恒的奢侈——从圣物岁月到品牌时代》，谢强译，中国人民大学出版社。

加布里埃尔·塔尔德（G. Tarde），2009，《模仿律》，中国人民大学出版社。

江跃中、杨云，2011，《上海20多名女中学生组成"援助交际"团体》，《新民晚报》2011年11月6日。

李银河，2011，《如何看待援交现象》，网易博客（http://blog.sina.com.cn/s/blog_51f0e9f70102dv8d.html），检索时间：2012年3月6日。

李银河，2011，《中学生卖淫事件点评》，网易博客（http://blog.sina.com.cn/s/blog_51f0e9f70102dv8d.html），检索时间：2012年3月6日。

罗德公关，2011，《2011~2012中国奢华品报告》，罗德公共关系顾问有限公司（Ruder Finn）。

让·波德里亚（Jean Baudrilltard），2001，《消费社会》，刘成富、全志刚译，南京大学出版社。

王宁，2009，《从苦行者社会到消费者社会——中国城市消费制度、劳动激励与主体结构转型》，社会科学文献出版社。

---

① 媒介素养是指人们对各种媒介信息的解读和批判能力以及使用媒介信息为个人生活和社会发展服务的能力。

西蒙·杜林（Simon During），2005，《高雅文化对低俗文化：从文化研究的视角进行的讨论》，冉丽华译，《文艺研究》第 10 期。

新华网，《"长草族"：大方晒物欲，拔草很光荣》，http://news.qq.com/a/20100118/000665.htm。

中国网络信息中心，2011，《第 27 次中国互联网络发展状况统计报告》，中国网络信息中心（http://blog.sina.com.cn/s/blog_9ea48a520101211h.html），检索时间：2011 年 10 月 11 日。

Dana Thomas, 2007, *Deluxe: How Luxury Lost Its Luster.* London: Penguin Books.

Nicola White, Ian Griffiths, 2000, *The Fashion Business: Theory, Practice, Image.* New York: Berg.

第十六章
80后青年的政治态度

青年与政治是一个含义丰富的话题。一方面，它涉及个体在其生命历程中的一个关键时期，伴随自我独立意识的增强以及与社会的关系的确立，个人政治态度开始形成；另一方面，它涉及社会发展中的一股新兴力量，这股力量一旦参与到现实的社会运动之中，便具有标定自身代际属性同时影响社会未来发展的能力；而在一个国家的特定发展阶段，它又被作为有关该发展阶段的一个隐喻，人们对社会变革的期望和对未来生活的憧憬均在这一隐喻中，被表达得淋漓尽致。从某种意义上说，中国改革开放历程，使青年与政治话题中所包含的丰富意义得到充分展现。由此，人们对青年与政治的话题给予较大关注，分析青年政治态度成为青年研究的重要内容之一。

在改革以来的青年研究中，有两代青年成为关注的热点：20世纪80年代的青年一代（即60后）因其激进的政治态度、积极的参与行为和强烈的社会变革预期影响了当时的社会发展进程，成为重要的研究对象；而目前已步入社会的青年一代（即80后）因其出生于特殊生育政策环境且完全成长于改革开放的大背景，自其降生之时便受到社会舆论的普遍关注。时至今日，80后青年一代的政治态度有何特点，而改革初期青年一代的政治态度又有何变化，目前政治态度的代际差异有何表现等，将是本文论述的重点。

第一节　改革以来的青年政治态度研究

以年龄特征为核心进行的社会研究通常包含两个角度，一是生命历程研究，即以某个年龄阶段人群为对象，描述和分析该年龄阶段人群的社会特征及其对社会变迁的影响；一是代的研究，即以某一代人为对象，描述和分析他们与其他代人不同的社会特征及其对社会变迁的影响。前者是实证主义者的观点，他们认为，特定的生命年龄对人的经历起着决定的作用，社会的变革和历史的发展被认为是由人类的生命年轮造成的；而后者是浪漫—历史主义者的观点，他们认为，文化和历史的因素将一代人联系在一起，并使其区别于其他代人（布伦盖特、布伦盖特，1990）。

有关政治态度的生命历程研究认为，青年期的认知变化促成了更强的政治意识和批判能力，而中年期则处于青年的开放与老年的保守之间。但批评者认为，在因缺乏大规模的有关整个生命过程中政治行为的纵向研究，而忽略了社会因素和历史环境的情况下，我们无法得知老年的保守是由于生命发展所致，还是其在步出青年期后的社会因素变化所致。为此，代政治学研究主张以文献研究来反映群体政治态度和行为形成的社会与历史条件，以分析政治态度和行为的变化。他们假设并通过研究证明："青年阶段所形成的政治态度和行为为解释接下来发生的政治事件提供了基础，态度和行为并非随着年龄而明显地变化。"

在本文所涉及的政治态度代际差异研究中，不仅缺乏各代有关政治态度的纵向数据，同时也缺乏代政治学研究所要求的完备的文献资料。我们仅可以在相关截面数据中，区分各代目前的政治态度特征，或从以往文献中获得对各代在青年期时的政治态度研究资料，但对于已步出青年期的各代，我们仍无法获得其政治态度变化的纵向数据及目前的政治态度研究文献。尽管如此，本文仍以有限资料，尝试对目前中国大陆政治态度代际差异进行描述和分析。

一 20世纪80年代的青年政治态度研究

20世纪80年代是中国改革开放风起云涌的时代。当时的青年一代对自身历史使命感的认识与代沟理论的引入共振,使文化反哺成为当时青年研究的基调,而关注社会现实并加以批判反思成为青年政治态度的主要特点。而且,由于研究者与研究对象同属一代,因此从很大程度上说,此时的青年研究本身就是青年一代群体意识的觉醒和对自身政治态度的表达,当时青年研究的文献成为此后人们解读这一代青年的文本。

历史使命感与对历史及现实的批判是这一时期青年政治态度的基调。改革开放标志着一个新的时代的开启,而在这一时代的初期,对以往历史阶段的评价和反思成为当时社会上下的基本共识。而此时玛格丽特·米德的《文化与承诺》一书的翻译出版,使当时的青年一代以历史的非亲历者身份获得了作为历史批判者的合法性。米德从史前文化、有史时期的文化和二战之后的当代文化的历史跨度,总结出的前喻文化、并喻文化和后喻文化概念,成为年轻的批判者们的武器。该书译者在译序中指出:"如果说在前喻文化(即传统社会)中,社会化的对象是社会中尚未成年的个人,那么,借用社会学的术语,后喻文化则是一种不折不扣的'反向社会化'……以往,人们往往把代沟产生的原因仅仅归咎于年轻一代的'反叛'上,而米德却进一步把这种反叛归咎于老一代在新时代的落伍之上……当代世界独特的文化传递方式(即后喻方式),决定了在这场对话中,虚心接受教益的应该是年长的一代。这种经历或许是惨痛的,但却是无法回避的现实。"

在分析当时青年一代政治态度走向时,有研究者认为,自五四运动以来,中国"青年的政治生涯始终处于压抑和开放、依附和自主的双重冲突之中,80年代里后者逐渐占据上风,五四道路在青年生活中再次延伸拓宽",而走向叛逆、走向现代和走向成熟是青年政治生活的三大走向。"从逻辑联系上看,'走向叛逆'是青年关注并进入政治文化生活的开始;'走向现代'是青年参与社会政治活动的主体实现过程;'走向成熟'则是青年在社会政治生活中搏击风云、全面发展的必然结果。"

《第四代人》一书的出版标志着60后群体自我独立意识的最终形成。作者以代沟理论为基础,首次将60后一代视为独立的社会群体,论述了作为五四运动以来的第四代人的历史责任和特征。在政治态度方面，作者一方面分析了改革初期重估历史所引发的第四代人普遍的怀疑情绪，另一方面也直接论述了西方政治思想对第四代人的影响。"在他们的精神结构中，西方文化起着重大的支撑作用。这种支撑作用表现在他们对传统和现实的评价上，也表现在他们对未来的选择上。西方文化一贯强调的自由、平等、民主以及竞争等观念，在他们的精神结构中占有突出地位。"

这种自认继承五四运动的历史使命感和基于代沟理论的批判意识构成了这一代青年的政治态度基调。在当时的一项全国范围政治态度大型问卷调查中，60后青年的这一特点得到体现：94.6%的60后认同"国家兴亡，匹夫有责"，高于大部分年龄群体；但在问及是否同意"我所能有的一切都是政府给的"时，54.2%的60后表示不同意，远高于其他年龄群体；62.38%的60后对改革10年来国家的政治形势满意，其满意度为各年龄群体最低；51.27%的60后表示会参加游行活动，远高于其他年龄群体。

此后有关20世纪80年代青年的政治态度研究寥寥无几。从零星的研究中，我们可以看到80后一代对于60后青年政治态度的解读："这一时期青年的政治价值观既不同于'文革'期间的狂热与盲目，也摒弃了70年代末批判、反思后的悲观和失望，而是从悲观失望的政治情绪转向以独立思考和追求为基调的政治新思维……他们的政治责任感逐步增强，不愿意只做改革的旁观者……然而青年的这种政治激情在西方政治思潮的影响下，转化为对西方政治体制和西式民主的顶礼膜拜，进而渴望用西方的政治制度来完全代替中国的政治制度……他们的政治价值观逐渐偏离了社会主导政治价值观，也超出了体制所能容纳的极限。"在代际对话中，60后青年一代所乐道的后喻方式最终转变为前喻方式。

二 20世纪90年代以来的青年政治态度研究

对于20世纪90年代以来青年政治态度的研究相对较少。一方面，在经历了20世纪80年代末期的国际国内政治动荡后，人们对于政治的关注程度有所下降；另一方面，市场经济体制改革的推进，使人们开始注意与自身利益密切相关的事物。同时，政府加大了思想政治教育的力度，从1994年起，思想政治教育作为学科列入了国家高等教育专业目录。这就使此后的有关青年政治态度的研究呈现以下新的特点。

第一，研究者虽仍以青年为主，但更多的集中在以思想政治教育专业为主的教师及学生范围内。这一方面使青年政治态度研究在公众对政治关注度下降的背景下得以延续，另一方面也使此类研究被置于一个独特的学科框架内，而服从于该学科的固有逻辑。

第二，研究对象以大学生群体为主，包括80后和90后青年学生。随着量化研究方法的广泛采用，从研究成本及便利性考虑，大学生群体越来越多的成为青年政治态度的研究对象。

第三，研究风格的学术化。此时的青年政治态度研究已没有20世纪80年代青年群体政治宣言的特征，严谨规范的学术性得到强化。在相关研究中，以国内外已有研究成果为基础，对政治态度概念加以操作化定义，实施测量并进行分析，成为基本的方法。

第四，研究领域相对集中。从现有文献看，青年的政治社会化成为研究相对集中的领域。在大多数研究者看来，青年学生是国家的未来，面对国际国内的复杂形势，如何分析青年学生政治态度特点并加以教育引导是一个关键问题。因此，研究青年政治态度是研究青年政治社会化问题的一个环节，而针对青年学生的政治态度特点加强学校政治思想教育成为主要的对策建议。

第五，研究结论相对趋同。大多数研究均表明，当代青年大学生对现实政治具有较高认同，表现为对执政党和政府给予较高信任、对主流意识形态和现实政治制度给予较高肯定、对政府重大政策给予较高支持、对国内外重大政治事件给予较高关注。但同时，青年大学生的政治态度也存在一些问题。就群体内部分化而言，有的研究将大学生依政治态度倾向进行分类，认为政治热衷型占2%，政治关心型占55%，政治旁观型占35%，政治冷漠型占8%。就群体自身冲突而言，有的研究指出了大学生政治态度的矛盾性，如政治价值取向上自主意识增强，但又存在政治功利化倾向；政治参与行为积极、健康，但又部分存在政治冷漠现象；日益重视社会实践，但又存在忽视政治理论学习的倾向；民主意识增强，但民主素质较差；思想解放，富有开拓精神，但部分学生民族精神淡漠。总之，在对青年学生的政治态度研究中，积极肯定其对现实政治要素的高度认同，同时指出其在其他方面的不足，成为普遍的结论模式。这种将现实的社会政治态度方面的矛盾冲突内化为青年群体自身的内在矛盾冲突的研究思路，与 20 世纪 80 年代将青年政治态度方面的内在矛盾冲突外化为现实的代际冲突的研究思路有着明显的不同。

第二节　80 后青年的政治态度

一　80 后青年政治态度分析的基本框架

政治态度是个人对政治稳定的、有组织的心理状态。它从社会心理的角度反映了社会政治领域的基本关系，即个人与政治的关系，包括社会成员对于国家、社会制度的认同，对政府的评价，以及对其自身在政治生活中的地位和作用的认识。

第二次世界大战前后，政治学研究发生了较大的变化，它一反早期政治学以国家政治制度为研究重点，以历史分析为主要研究方法的传统，把政治现实中可以实际观察的行为作为研究重点，将自然科学以及社会学、心理学、人类学、统计学等社会科学的理论和方法引入，从而产生了一批新的政治学研究课题，"政治态度"便是其中之一。

20 世纪 50 年代初，西方政治态度研究主要关注人格与政治态度的关系，其选题围绕政治人格展开，如"权威性人格""开放与封闭心态""政治疏离感"等。20 世纪 50 年代中期，以选举研究及民意测验为中心建立的政治态度量表，主要研究"政治功效意识""公民责任感""民主与反民主"。到 20 世纪 60 年代，政治态度研究出现较大发展，以跨文化研究为特点的"政治文化"研究最终奠定了政治态度研究的基础。正是因为"政治文化"概念的出现，使政治态度研究脱离了人格心理学层面对个体政治行为特殊性及个体间政治行为差异性的关注，从而转向社会心理学层面对群体政治行为特殊性及群体间政治行为差异性的关注。

尽管在 1956 年，美国政治学家阿尔蒙德就提出"政治文化"概念，但系统、全面、实证地论述政治文化的著作应属 1963 年出版的《公民文化》一书。在该书中，阿尔蒙德认为："当我们提到一个社会的政治文化时，我们所指的是在其国民的认知、情感和评价中被内化了的政治制度"，"因此，'政治文化'一词代表着特定的政治取向——对于政治制度及其各个部分的态度，对于自己在这种政治制度中的作用的态度"。而当我们不以跨文化比较作为研究目的，仅考察某一民族在特定时期所流行的一套政治态度、信仰、情感时，"政治文化基本等于政治态度"。

为以量化研究方式描述和分析政治态度，阿尔蒙德从政治取向模式和政治目标分类两个方面对政治态度概念进行了操作化定义。就政治取向模式而言，包括认知取向、情感取向和评价取向；就政治目标分类而言，包括政治体系（即特定角色和结构及角色承担者等）、输入目标（即公众对政治体系的政策诉求）、输出目标（即政策贯彻和实施的结果）和自我政治角色（即个体作为政治制度中的一员而对自身的理解）。在此后与鲍威尔合著的《比较政治学：体系、过程和政策》一书中，阿尔蒙德再次整合了政治文化的含义，将对政治体系的取向称为体系文化；将自我政治角色的取向称为过程文化；将输入、输出目标的取向合称为政策文化。

本文将2008年中国社科院社会学所的中国社会状况综合调查数据（CSS2008）[①]，依照上述政治态度分析框架，对相关变量进行整合。为了解人们对未来政治稳定性预期，我们还加入了社会冲突预期指标。每个政治态度指标包含若干项目，采用李克特量表计分方法，每个指标得分为其所包含项目得分加总并除以项目数。

表16-1 政治态度指标、项目及赋值

政治目标分类	政治态度指标	项目	赋值
政治体系	政府满意度	您对现住地的地方政府的下列方面是否满意？A. 提供好的医疗卫生服务；B. 为群众提供普遍的社会保障；C. 提供优质的基础教育；D. 保护环境，治理污染；E. 打击犯罪，维护社会治安；F. 廉洁奉公，惩治腐败；G. 依法办事，执法公平；H. 发展经济，增加人们的收入；I. 为中低收入者提供廉租房和经济适用房；J. 扩大就业，增加就业机会；K. 政府信息公开，提高政府工作的透明度	很不满意（-2分），不大满意（-1分），不清楚（0分），比较满意（1分），很满意（2分）

---

① 2008年中国社会状况综合调查（CSS2008）以第五次人口普查所提供的区市县统计资料为基础进行抽样框设计，采用分层多阶段抽样方法，覆盖全国28个省市区130个县（市、区）、260个乡（镇、街道）、520个村/居委会的7200个家庭户，并通过户内抽样的办法得到有效问卷7139份。

续表

政治目标分类	政治态度指标	项 目	赋 值
政治体系	官员信任度	您在多大程度上同意下列说法？ A. 现在一心为老百姓着想的干部不多了；B. 很多发了财的老板，都是靠政府官员的帮助	很同意(-2分)，比较同意(-1分)，不清楚(0分)，不大同意(1分)，很不同意(2分)
输入目标	公平效率倾向	您在多大程度上同意下列说法？ A. 让少数人先富起来对社会没什么好处；B. 应该从有钱人那里征收更多的税来帮助穷人	很不同意(-2分)，不大同意(-1分)，不清楚(0分)，比较同意(1分)，很同意(2分)
输出目标	生活安全感	您觉得当前社会中以下方面的安全程度如何？ A. 个人和家庭财产安全；B. 人身安全；C. 交通安全；D. 医疗安全；E. 食品安全；F. 劳动安全；G. 个人信息、隐私安全	很不安全(-2分)，不大安全(-1分)，不清楚(0分)，比较安全(1分)，很安全(2分)
输出目标	社会公平感	您觉得在当前社会中以下各方面的公平程度如何？ A. 收入差距；B. 工作与就业机会；C. 高考制度；D. 选拔党政干部；E. 公共医疗；F. 义务教育；G. 公民实际享有的政治权利；H. 司法与执法；I. 不同地区之间的发展差距；J. 不同行业之间的待遇差距；K. 城乡居民之间享有的权利、待遇的差距；L. 养老等社会保障待遇	很不公平(-2分)，不大公平(-1分)，不清楚(0分)，比较公平(1分)，很公平(2分)
自我政治角色	政治责任意识	您在多大程度上同意下列说法？ A. 政府搞建设要拆迁居民住房，老百姓应该搬走；B. 老百姓应该听从政府的，下级应该听从上级的；C. 民主就是政府为人民做主；D. 国家大事有政府来管，老百姓不必过多考虑	很同意(-2分)，比较同意(-1分)，不清楚(0分)，不大同意(1分)，很不同意(2分)
社会冲突预期		您认为我国现在是否存在着社会群体之间的利益冲突？	有严重冲突(2分)，有较大冲突(1分)，说不清(0分)，有一点冲突(-1分)，没有冲突(-2分)
社会冲突预期		您认为今后我国社会群体之间的利益冲突会激化吗？	绝对会激化(2分)，可能会激化(1分)，说不清(0分)，不太可能激化(-1分)，绝对不会激化(-2分)

二 80后青年的基本特点

80后群体自其产生以来就一直成为全社会关注的热点。究其原因主要包括以下几点：首先，80后群体是计划生育政策严格实施后出生的第一代人，围绕独生子女家庭可能产生的"养尊处优""有求必应"等教育问题及其对独生子女未来人格发展的影响，人们从一开始就对80后群体的心理健康、社会交往能力、社会责任感等方面持怀疑和批判态度。其次，80后群体是完全在改革开放年代成长起来的第一代人。伴随物质资料生产的日益丰富和大众消费时代的到来，社会价值观念发生了与以往不同的变化，崇尚物质需要的满足而轻视社会关怀，追求个人自我价值的实现而轻视对国家和社会利益的奉献。这些社会环境变化使人们担心80后群体形成功利性价值观念。最后，80后群体中最先亮相于社会的一批文学青年所表现出的叛逆精神，也令人震惊。他们以自己的作品展示了颠覆传统、颠覆权威、颠覆主流的个性，而被社会贴上了"垮掉的一代"的标签。

事实上，此前有关80后的种种评价都是人们在80后尚未正式踏入社会时所做的推测。直至2000年以后，80后群体才相继完成学业而真正步入社会，开始向人们现实地展现其不同于以往各代的特点。因此，我们在分析其政治态度之前，有必要描述其现实的社会特征。

为更好地描述现阶段80后群体的社会特点，我们将2006年和2008年中国社会状况调查（CSS2006、CSS2008）中的相关变量加以合并分析。[①] 结果显示为以下方面。

1. 与其他各代相比，80后的受教育程度较高

数据显示，80后群体中大专及以上学历者占17.9%。改革开放以来，随着普及九年义务教育的推行，社会成员的受教育程度稳步提高。而20世纪90年代末期以后的高等教育扩大招生规模，又使80后群体成为最直接的受益者。这就使80后群体的整体受教育程度明显高于其他各代。

---

① 2006年中国社会状况调查（CSS2006）与2008年中国社会状况调查（CSS2008）采用相同的抽样框设计，共得到有效问卷7014份。

表 16-2　出生年代与受教育程度

单位：%

	出生年代				
	1940年代 (N=1966)	1950年代 (N=2798)	1960年代 (N=3469)	1970年代 (N=3373)	1980年代 (N=2279)
未受正式教育	24.8	15.7	6.1	3.4	0.9
小　　学	45.3	35.9	26.6	21.3	9.6
初　　中	19.5	30.7	44.2	46.8	46.5
高　　中	3.3	11.8	14.3	9.8	16.8
技校/职高/中专	1.8	1.2	1.4	3.8	8.0
大　　专	2.8	2.6	3.1	5.3	6.9
本　　科	1.5	1.6	2.8	6.3	7.1
研究生	0.5	0.4	1.4	2.9	3.9
其　　他	0.3	0.0	0.1	0.4	0.2
合　　计	100.0	100.0	100.0	100.0	100.0

2. 与其他各代相比，就业人群中，80后群体在非公机构中的就业比例较高

改革开放以后，以公有制经济为主体多种所有制经济并存的发展格局，极大地促进了非公有制经济的发展，使非公有制经济在整个国民经济中所占比例不断增加，为社会创造了大量的就业机会。在这一背景下，80后群体的就业状况发生了与以往各代不同的变化，一是农业就业比例大幅下降，数据显示，80后就业人群中从事农村家庭经营的比例为27.7%，远远低于其他各代；二是非公有制机构就业比例大幅上升，数据显示，80后就业人群中，在私营企业就业的占32.5%，在三资企业中就业的占5.4%，自己作为个体工商户或受雇于个体工商户的占17.8%，合计约有55.7%的80后就业人员在非公机构工作。

表 16-3　出生年代与就业单位类型

单位：%

单位类型	出生年代			
	1950年代 (N=2553)	1960年代 (N=2944)	1970年代 (N=2805)	1980年代 (N=1502)
农村家庭经营	67.1	50.0	38.7	27.7
党政机关、人民团体、军队	1.3	1.7	1.7	1.5
国有企业及国有控股企业	3.9	6.1	7.6	4.6

续表

单位类型	出生年代			
	1950年代 (N=2553)	1960年代 (N=2944)	1970年代 (N=2805)	1980年代 (N=1502)
国有/集体事业单位	4.2	5.6	5.7	5.7
集体企业	1.7	2.4	2.6	1.2
私营企业	5.6	10.2	16.2	32.5
三资企业	0.3	0.6	2.5	5.4
个体工商户	11.2	16.5	21.2	17.8
社会团体及自治组织	1.5	1.8	0.8	0.6
其他	0.3	0.8	0.5	0.7
没有单位	2.9	4.2	2.5	2.1
不清楚	0.0	0.2	0.1	0.3
总计	100.0	100.0	100.0	100.0

3. 与其他各代相比，80后群体中流动人口比例相对较高

改革开放以来，随着市场经济体制的逐步建立，以市场机制合理配置劳动力资源成为现实。尤其是随着工业化、城镇化的发展，农村劳动力向非农产业转移、农村人口向城镇转移成为中国改革开放以来的重要社会现象。但受制于户籍制度等制度、政策因素，目前更多地表现为人口流动而非人口迁移。因此，流动人口比例不断上升。以离开户籍地半年以上为流动人口的统计口径，就80后群体而言，数据显示，目前在区县内流动的比例为11.2%，在省内流动的比例为7.4%，在省际流动的比例为12.4%，合计80后群体中约有31%的流动人口，远远高于其他各代。

表16-4　出生年代与流动状况

单位：%

户口所在地	出生年代			
	1950年代 (N=2798)	1960年代 (N=3469)	1970年代 (N=3373)	1980年代 (N=2279)
调查点所在的乡/镇/街道	88.4	86.6	78.3	68.9
调查点所在的区/县/县级市	7.7	8.7	10.4	11.2
调查点所在的省/自治区/直辖市	2.7	2.8	4.9	7.4
调查点以外的省/自治区/直辖市	1.0	1.8	6.2	12.4
不清楚	0.0	0.0	0.0	0.1
总计	100.0	100.0	100.0	100.0

4. 与其他各代相比，80后群体中使用互联网的比例较高

互联网的出现拓展了人们获得信息的渠道，同时也改变了人们表达意见和社会交往的方式。数据显示，80后群体在使用互联网方面的比例高于其他各代，不使用互联网浏览信息的不足半数，而几乎每天浏览互联网的占19.2%，一周多次浏览互联网的占11.8%，因此经常浏览互联网的比例合计约为31%，这一比例远远高于其他各代。

表16-5 出生年代与互联网使用*

单位：%

浏览互联网	出生年代			
	1950年代 (N=1363)	1960年代 (N=1702)	1970年代 (N=1522)	1980年代 (N=1309)
从　　不	93.8	87.5	74.1	48.3
一年几次	0.4	0.9	2.5	4.4
一月至少一次	0.5	0.9	2.7	6.8
一周至少一次	1.1	2.3	3.6	9.4
一周多次	1.2	2.7	5.3	11.8
几乎每天	3.0	5.8	11.9	19.2

* 本表采用2008年中国社会状况调查数据（CSS2008）。

综上所述，21世纪以来，80后从长辈的标签化和自身文学小群体所标记的叛逆形象中，现实地步入社会。与前几代人相比，他们拥有更高的教育程度、更多的人在非公机构就业并处于流动状态，更擅长使用互联网获取和交流信息。这些特点不仅使80后群体与其他各代相区别，同时也影响着其政治态度。

三　80后青年的政治态度描述

（一）政府满意度

80后对地方政府在提供优质的基础教育、好的医疗卫生服务，打击犯罪维护社会治安，为群众提供普遍的社会保障等方面的满意度相对较高，上述四项中表示很满意或比较满意的比例合计均在60%以上，分别为76.8%、70.8%、66.7%、61.5%；而对为中低收入者提供廉租房和经济适用房、保护环境治理污染、廉洁奉公惩治腐败三项的满意度相对较低，其很满意或比

较满意的比例合计均在50%以下,分别为45%、49.3%和49.5%。表明80后对于地方政府在提供基本的民生保障方面的努力给予肯定,但同时面对日益上涨的房价、渐趋突出的环境污染和尚未有效遏制的腐败等社会问题,80后也表达了其对地方政府工作的不满。

表16-6 您对现住地的地方政府的下列方面是否满意?(N=1309)

单位:%

	很不满意	不大满意	比较满意	很满意	不清楚	合计
提供好的医疗卫生服务	4.6	21.4	57.6	13.2	3.2	100.0
为群众提供普遍的社会保障	7.2	24.7	48.3	13.2	6.6	100.0
提供优质的基础教育	3.9	13.2	56.4	20.4	6.1	100.0
保护环境,治理污染	14.5	32.1	37.6	11.7	4.1	100.0
打击犯罪,维护社会治安	8.4	22.2	52.6	14.1	2.7	100.0
廉洁奉公,惩治腐败	13.1	26.8	39.3	10.2	10.6	100.0
依法办事,执法公平	9.4	29.2	43.1	9.6	8.7	100.0
发展经济,增加人们的收入	8.5	26.4	44.6	13.4	7.0	100.0
为中低收入者提供廉租房和经济适用房	11.1	22.5	36.2	8.8	21.4	100.0
扩大就业,增加就业机会	8.1	24.6	43.0	13.4	10.9	100.0
政府信息公开,提高政府工作的透明度	8.1	23.2	43.9	10.4	14.6	100.0

(二)官员信任度

80后对官员的信任度相对较低。在问及是否同意"现在一心为老百姓着想的干部不多了"这一说法时,78%的80后表示很同意或比较同意;在问及是否同意"很多发了财的老板,都是靠政府官员的帮助"这一说法时,58.3%的80后表示很同意或比较同意。

表16-7 您在多大程度上同意下列说法?(N=1309)

单位:%

	很同意	比较同意	不大同意	很不同意	不清楚	合计
现在一心为老百姓着想的干部不多了	37.5	40.5	14.2	3.7	4.2	100.0
很多发了财的老板,都是靠政府官员的帮助	21.1	37.2	29.2	5.1	7.3	100.0

(三)公平效率倾向

在公平与效率的倾向方面,当问及是否同意"让少数人先富起来对社会没什么好处"这一说法时，61.7%的80后表示很同意或比较同意；当问及是否同意"应该从有钱人那里征收更多的税来帮助穷人"这一说法时，70.1%的80后则表示很不同意或不大同意，表明80后对于公平与效率的认识有着自己的理解。一方面，面对社会群体间收入差距日益拉大的状况，80后对"先富"观念给予了否定的评价；而另一方面，80后也不同意以向富人征收更多的税的方式来缩小收入差距，从而表现出尊重效率原则的倾向。

表16-8 您在多大程度上同意下列说法？（N=1309）

单位：%

	很不同意	不大同意	比较同意	很同意	不清楚	合计
让少数人先富起来对社会没什么好处	8.2	26.8	43.0	18.7	3.4	100.0
应该从有钱人那里征收更多的税来帮助穷人	32.6	37.5	22.1	3.8	4.0	100.0

（四）生活安全感

80后对人身安全、个人和家庭财产安全、个人信息隐私安全、医疗安全等方面的安全感较高，其表示很安全或比较安全的比例合计均在70%以上，分别为79.1%、75.7%、75%、70.2%；而对交通安全、食品安全等的安全感相对较低，其表示很安全或比较安全的比例分别为57.6%、62.8%。

表16-9 您觉得当前社会中以下方面的安全程度如何？（N=1309）

单位：%

	很不安全	不大安全	比较安全	很安全	不清楚	合计
个人和家庭财产安全	4.3	19.4	53.4	22.3	0.5	100.0
人身安全	3.5	16.2	57.5	21.6	1.2	100.0
交通安全	7.8	32.9	46.8	10.8	1.7	100.0
医疗安全	4.7	21.1	57.9	12.3	3.9	100.0
食品安全	5.0	30.5	50.1	12.7	1.7	100.0
劳动安全	5.4	23.5	56.4	11.9	2.8	100.0
个人信息、隐私安全	5.4	16.1	51.9	23.1	3.5	100.0

（五）社会公平感

在社会公平方面，64.2%的80后认为目前社会总体上很公平或比较公平，有30.5%的人则认为很不公平或不大公平。具体来说，80后对目前社会中义务教育、高考制度、公共医疗、公民实际享有的政治权利等方面的公平感相对较高，其表示很公平或比较公平的比例合计均在60%以上，分别为86.6%、73.5%、65.2%和61.1%；但对收入差距、不同行业之间的待遇差距、不同地区之间的发展差距、工作与就业机会、城乡居民之间享有的权利待遇的差距等方面的公平感相对较低，其表示很公平或比较公平的比例均在40%左右及以下，分别为27%、33.4%、36.1%、40.3%和41.1%，而且在这几项中，认为很公平或比较公平的比例低于认为很不公平或不大公平的比例。表明现实的收入差距及行业间、地区间、城乡间存在的差异是导致80后对社会公平程度评价低的主要因素。

表16-10 您觉得在当前社会中以下各方面的公平程度如何？（N=1309）

单位：%

	很不公平	不大公平	比较公平	很公平	不清楚	合计
收入差距	25.5	44.6	23.7	3.3	2.9	100.0
工作与就业机会	16.5	39.1	34.0	6.3	4.0	100.0
高考制度	3.0	11.1	45.2	28.3	12.4	100.0
选拔党政干部	12.1	26.6	38.6	9.6	13.1	100.0
公共医疗	4.9	21.6	53.4	11.8	8.2	100.0
义务教育	1.6	8.1	54.3	32.3	3.6	100.0
公民实际享有的政治权利	7.7	22.0	46.3	14.8	9.1	100.0
司法与执法	8.4	26.7	43.7	9.0	12.1	100.0
不同地区之间的发展差距	16.8	39.2	29.3	6.8	7.9	100.0
不同行业之间的待遇差距	19.6	39.1	27.1	6.3	7.9	100.0
城乡居民之间享有的权利、待遇的差距	15.2	36.8	35.1	6.0	6.9	100.0
养老等社会保障待遇	10.5	28.2	41.5	10.0	9.8	100.0
总体上的社会公平状况	3.3	27.2	59.2	5.0	5.2	100.0

（六）政治责任意识

在政治责任意识方面，有60.5%的80后很不同意或不大同意"国家大事有政府来管，老百姓不必过多考虑"，有52.5%的80后很不同意或不大同意"政府搞建设要拆迁居民住房，老百姓应该搬走"，表现出一定程度的独立意识；但同时，有53.8%的80后很同意或比较同意"老百姓应该听从政府的，下级应该听从上级的"，71%的80后很同意或比较同意"民主就是政府为人民做主",又表现出一定程度的顺从权威意识。因此,在政治责任意识方面,80后总体表现出独立与顺从并存、整体上倾向独立但内部存在分歧的特点。

表 16-11 您在多大程度上同意下列说法?(N=1309)

单位:%

	很同意	比较同意	不大同意	很不同意	不清楚	合计
政府搞建设要拆迁居民住房,老百姓应该搬走	10.9	33.5	37.8	14.7	3.1	100.0
老百姓应该听从政府的,下级应该听从上级的	14.1	39.7	32.6	11.7	1.9	100.0
民主就是政府为人民做主	24.4	46.6	19.6	7.1	2.4	100.0
国家大事有政府来管,老百姓不必过多考虑	10.2	27.3	39.9	20.6	2.1	100.0

(七)社会冲突预期

在社会冲突评价上,24.2%的80后认为我国现在存在着较大的或严重的社会群体间的利益冲突,45.9%的80后则认为有一点冲突,表明目前80后整体上认为目前社会群体间的利益冲突不严重;但就社会冲突预期来看,则有44.1%的80后认为今后我国社会群体间的利益冲突可能激化或绝对会激化,而认为不太可能激化或绝对不会激化的占35.7%,表明80后中近半数认为我国今后存在社会冲突激化的可能。

表 16-12 您认为我国现在是否存在着社会群体之间的利益冲突?(N=1309)

单位:%

	没有冲突	有一点冲突	有较大冲突	有严重冲突	说不清	合计
比例	14.5	45.9	18.5	5.7	15.4	100.0

表 16-13 您认为今后我国社会群体之间的利益冲突会激化吗?(N=1309)

单位:%

	绝对不会激化	不太可能激化	可能会激化	绝对会激化	说不清	合计
比例	8.8	26.9	37.9	6.2	20.2	100.0

第三节 80后青年政治态度代际比较

为分析80后群体政治态度并进行代际比较,本文采用了七个线性回归模型，每个模型针对一个政治态度指标。模型的因变量为政府满意度、官员信任度、公平—效率倾向、生活安全感、社会公平感、政治责任意识和社会冲突预期等七个政治态度指标；模型的自变量分别为出生于1959年以前、1960年代、1970年代、1980年代、1990年代群体，其中以出生于1959年以前的群体为参照组；模型的控制变量包括性别（以男性为参照组）、教育年限、所在地区（分为东、中、西部，以西部地区为参照组）、户籍（以农业户籍为参照组）、就业类别（以在公有制机构就业为参照组）、流动状况（以非流动人口为参照组）、互联网使用状况（以不经常浏览互联网为参照组）。

表16-14 分析变量的描述性统计（N=7014）

变量	均值	标准差
哑变量女性	0.5031	0.50003
教育年限	8.4985	3.35489
哑变量东部地区	0.3657	0.48166
哑变量中部地区	0.4001	0.48996
哑变量非农户口	0.3528	0.47789
哑变量非公就业	0.2384	0.42615
哑变量流动状况	0.1497	0.35682
哑变量互联网使用	0.1326	0.33911
哑变量60后	0.2427	0.42873
哑变量70后	0.2174	0.41252
哑变量80后	0.1867	0.38966
哑变量90后	0.0271	0.1624

从表16-15可以看出，就总体而言，目前公众政治态度指标呈现：政治体系取向方面，对政府满意度略高而对官员信任度较低；输入目标取向方面，公平诉求的倾向明显；输出目标取向方面，个人生活安全感较高而社会公平感相对较低；自我政治角色取向方面，公民意识不强，政治责任感较低；社会冲突预期方面，冲突预期较低，对社会保持稳定的预期较高。表明目前人们对政府信任，相关政策结果也给人们的个人生活产生了较为积极的影响，社会稳定是目前的基本共识，但就对个人在政治生活中所扮演的角色看，人们均较少意识到自身应有的公民责任，习惯于服从政治权威，而仅以对官员个人的激烈批评的方式表达政治意愿。

表 16-15 政治态度指标平均得分*

出生年代	政府满意度	官员信任度	公平效率倾向	生活安全感	社会公平感	政治责任意识	社会冲突预期
1950 年代及以前	.3680	-.7527	.5523	.7359	.1698	-.5034	-.3721
1960 年代	.3631	-.7570	.5026	.6872	.1575	-.4164	-.3522
1970 年代	.3388	-.7212	.3467	.6408	.1352	-.2458	-.3610
1980 年代	.2905	-.6700	.1790	.5309	.1118	-.0697	-.1960
1990 年代	.4395	-.4934	.2183	.6222	.2100	-.2207	-.3924
总体	.3479	-.7244	.4168	.6620	.1496	-.3376	-.3325

* 各项政治态度指标得分范围在 -2~2 分。

基于政治文化研究而展开的政治态度研究，其最终目的是对某一地区特定阶段的政治文化特征进行概括。阿尔蒙德在《公民文化》以跨文化视角对政治文化类型做出了基本分类：地域型、依附型和参与型。同时他也认为，这三种基本分类并非相互排斥的，而是结合、溶合及混合的。甚至以参与型文化为主导的政治系统，也包含着地域型或依附型政治文化。为此，他继续区分了三种混合型的政治文化：地域—依附型文化、依附—参与型文化以及地域—参与型文化。其中，在依附—参与型文化中，一部分国民取得了专门的输入取向和活跃的自我取向，但大多数国民则仍适应于一种政府结构而依然保持着相对消极的自我取向。在 20 世纪 80 年代末的中国政治文化研究中，研究者确认了当时中国政治文化的这一特征，即参与观念开始萌芽，中国的政治文化正处于由臣属文化向参与文化的过渡之中。

从目前总体的政治态度看，就公众的政治责任意识而言，的确表现出顺从权威的特点；而就公众的官员信任度而言，又表现出激烈的否定特征。顺从依附于权力、权威，但又激烈否定拥有权力、权威的群体，表现出目前公众政治态度极具传统性的一面，即将道德政治化，强调执政者个人的道德自觉，在放弃自身应有的政治参与权利的同时，保留了对官员进行道德批判的权利。因此，就中国政治文化而言，其仍需要经历一个发展变化的过程。

而从具体的政治态度指标看，短期内又面临着两个积极的变化。其一，在对政府满意度评价方面所表现出的，由政府推动经济规模增长标准向政府公共职能发挥程度标准的转变，表明社会公众的利益诉求开始从单纯经济利益转向社会民生利益。这一转变，不仅使社会公众的利益更加现实化、具体化，同时也为社会公众影响及参与公共政策制定提供了条件。其二，在对社会公平感评价方面所表现出的中性的态度特征，在一定程度上表明公众对于个人在社会中的自由发展空间的认可。在2008年中国社会状况调查（CSS2008）中，当被问及是否同意"在我们这个社会，工人和农民的孩子与其他人的孩子一样，都能成为有钱有地位的人"时，有63.3%的人表示很同意或比较同意。而在2011年中国社会状况调查（CSS2011）中，这一比例上升到72.7%。人们对个人自由发展空间的认可，有助于全社会在一个新的公平公正的起点达成共识，以重新整合因单纯追求经济规模增长所造成的社会分化。

表16-16列出了各项政治态度指标的线性回归模型系数，以帮助我们在控制相关变量后，更为深入地分析80后政治态度及其与其他各代的差异。

表16-16 线性回归模型系数（非标准化回归系数）

	模型1: 政府 满意度	模型2: 官员 信任度	模型3: 公平 效率倾向	模型4: 生活 安全感	模型5: 社会 公平感	模型6: 政治 责任意识	模型7: 社会 冲突预期
哑变量女性	-.028 (.018)	.017 (.023)	.002 (.021)	-.038* (.016)	-.059** (.016)	.054** (.021)	-.004 (.022)
教育年限	-.013** (.003)	.000 (.004)	-.009* (.004)	-.012** (.003)	-.012** (.003)	.028** (.004)	-.003 (.004)
哑变量东部地区	-.106** (.024)	.095** (.031)	.013 (.029)	-.047* (.022)	-.009 (.021)	.081** (.028)	.049 (.030)
哑变量中部地区	-.114** (.023)	-.100** (.029)	.139** (.027)	.009 (.021)	-.010 (.020)	-.052* (.026)	-.139** (.029)
哑变量非农户口	-.131** (.021)	-.133** (.027)	.073** (.025)	-.196** (.019)	-.126** (.018)	.169** (.024)	.136** (.026)
哑变量非公就业	-.075** (.022)	-.045 (.029)	-.004 (.027)	-.020 (.021)	-.018 (.020)	.030 (.026)	.046 (.028)
哑变量流动状况	-.050 (.027)	.002 (.034)	.024 (.032)	-.063 (.025)	-.117** (.024)	.071* (.031)	.006 (.034)
哑变量互联网使用	.004 (.029)	.004 (.037)	-.016 (.035)	-.015* (.027)	.010 (.026)	.127** (.034)	.171** (.037)
哑变量60后	.026 (.024)	.010 (.031)	-.034 (.029)	-.025 (.022)	.015 (.021)	.027 (.028)	.018 (.031)
哑变量70后	.021 (.026)	.044 (.033)	-.180** (.031)	-.053* (.024)	.010 (.023)	.156** (.030)	-.017 (.033)

续表

	模型1：政府满意度	模型2：官员信任度	模型3：公平效率倾向	模型4：生活安全感	模型5：社会公平感	模型6：政治责任意识	模型7：社会冲突预期
哑变量80后	-.009 (.029)	.077* (.037)	-.332** (.035)	-.150** (.027)	.006 (.026)	.281** (.034)	.124** (.037)
哑变量90后	.094 (.056)	.239** (.072)	-.288** (.067)	-.096 (.052)	.073 (.050)	.187** (.065)	-.039 (.071)
常数项	.614** (.031)	-.704** (.040)	.524** (.038)	.926** (.029)	.344** (.028)	-.804** (.037)	-.369** (.040)
调整后的R^2	.024	.013	.031	.045	.023	.078	.025

注：括号内为标准误，各模型样本量均为7014。
** P≤0.01；* P≤0.05。

一 政府满意度方面

在政府满意度方面，代际的差异不显著，而教育年限、所在地区、户籍、就业类别等因素的影响则较为显著。非农户籍人口较农业户籍人口，对政府满意度低；东中部经济较发达地区较西部地区，对政府满意度低；非公机构就业人群的政府满意度较低；受教育程度越高，对政府满意度评价越低。从政府满意度指标所涉及的具体项目看，主要侧重于对地方政府提供的医疗卫生、社会保障、基础教育、环境保护等与基本公共服务有关的方面的评价。表明经过30多年改革开放，随着经济的发展，社会公众对政府认同的标准正在悄然发生变化。一方面，人们依然将经济是否得到发展作为政府满意度评价的标准；而另一方面，在部分人群中，人们对政府的认同开始越来越多的取决于政府公共职能发挥的程度，而非单纯的经济规模增长。因此，地方政府尤其是发达地区的地方政府能否实现由地区经济发展的大力推动者向辖区公共服务的积极提供者的角色转变，就成为能否提升人们的政府满意度的关键。而这一点对于不同代际的人群而言则是相同的。

二 官员信任度方面

在官员信任度方面，代际差异显著。尽管社会公众总体上对官员的信任程度较低，但90后、80后对官员的信任度高于其他各代。就各年龄段而言，呈现年龄越高，对官员信任度越低的特点。非农户籍人口较之农业户籍人口对官员的信任度低，中部地区较之西部地区对官员的信任度低，但东部地区则相反对官员的信任度高于中、西部地区。

三 公平效率倾向方面

就公平效率倾向方面而言，总体表现出倾向公平的政策诉求，而代际在这方面又存在显著差异，其中，80后、90后和70后均在强调公平倾向的同时，也表现出对效率的追求。相对于60后及以上的群体，青年一代更注重公平与效率的兼顾。中部地区较东西部地区更为注重公平；非农户籍人口较农业户籍人口更注重公平；而教育程度越高，越倾向公平与效率兼顾。

四 生活安全感方面

在生活安全感方面，总体上公众的评价较高。但就代际而言，80后和70后与其他各代相比，其生活安全感略低一些，且差异显著。非农户籍、东部地区、女性、互联网使用者以及受教育年限越高的人，其个人的生活安全感略低。这一方面与城镇、发达地区等的交通安全、食品安全问题高发有关，同时也与上述人群较高的安全意识有关。而互联网使用者则对于个人信息隐私安全的关注程度更高一些。

五 社会公平感方面

公众总体的社会公平感趋于中性，既没有表现出很公平的评价，也没有表现出很不公平的评价。改革至今，一方面人们的收入差距不断拉大，分配不公问题较为突出；但另一方面，个人回归其经济行为主体地位后，人们的自由发展空间也较以往有了较大的扩展。正是在这一背景下，公众不满现实的收入分配不公，但在对个人事业成功的归因方面又较注重勤奋努力、受到良好教育等个人因素，因此在社会公平感上表现出中性的态度特征。在这方面，代际差异不显著。而非农户籍人口、流动人口、女性及受教育程度高的人群，其社会公平感相对较低。

六 政治责任意识方面

服从权威而自身参与意识薄弱是目前公众政治责任意识的主要特征。尽管如此，从70后到90后群体均表现出了高于其他各代的政治责任意识，尤其是80后，其政治责任意识又高于70后和90后，且差异显著。非农户籍人口、互联网使用者、东部地区居民、流动人口、女性及受教育程度高者的政治责任意识也略高于相应人群。而中部地区居民的政治责任意识则低于东、西部地区。

七 社会冲突预期方面

公众对社会冲突预期总体平稳，但从代际看，80后的社会冲突预期略高于其他各代，且差异显著。互联网使用者及非农户籍人口的社会冲突预期高于相应群体，而中部地区居民的社会冲突预期低于东、西部地区。

八 公众政治态度影响因素分析

从政治态度指标描述中我们可以看到，有两个群体可能成为影响今后政治态度发展走向的关键。一个是非农户籍变量所表示的城镇人口，另一个是互联网使用变量所代表的资深网民群体。

就非农户籍群体而言，与农业户籍群体相比，其在政府满意度、官员信任度、生活安全感、社会公平感等指标上评价偏低，同时在公平效率倾向上更强调公平，在政治责任意识上具有较高的独立性，在社会冲突预期方面又表现出显著的冲突预期。改革以来，在城市化进程得到推进的同时，与之相伴的城市社会问题也日益突出。目前公众反应强烈的物价、住房、交通、就业、医疗、教育、治安等社会问题，无一不与城市居民生活密切相关。而城市规模的不断扩大与城市管理理念、手段的相对滞后，使这些社会问题成为顽疾。城市居民较高的独立意识又进一步增强了其对现实的不满情绪，也加剧了其对未来发生社会冲突的预期。

就资深网民群体而言，与非资深网民群体相比，其在政治责任意识上表现出更高的独立性，同时在社会冲突预期方面有着更强的冲突预期，而在其他政治态度指标上则没有显著差异。这表明，互联网正在以虚拟方式现实地改变着人们的政治参与方式：海量的信息提供了人们丰富的消息来源，便捷的联络扩展了人们的交往范围，共同的话题聚合了各类团体，匿名发表言论降低了相关风险，实时的传播又极易在短时间内形成民意。相比现实社会中的政治参与，互联网在表达民众意见、形成社会舆论、影响政府决策方面有着极为明显的作用。因此，互联网使用因素仅在促进政治责任意识和强化社会冲突预期方面作用显著，正说明互联网在今后人们的政治态度发展中将扮演越来越重要的角色。

结　语

综上所述，就政治态度的各项指标而言，各代在总体趋向上是基本一致的，表明在当前并不存在像20世纪80年代那种较为明显的代际冲突。在社会政治环境较为稳定的背景下，各代依据自身的社会经验和生活阅历，调整着各自对政治的看法，从而在具体政治态度指标方面表现出循序的差异。

表 16-17　政治态度的代际差异示意

政治态度指向	政治态度指标	60后	70后	80后	90后
政治体系	政府满意度	略高	略高	略高	较高
	官员信任度	很低	很低	很低	较低*
输入目标	公平效率倾向	倾向公平	倾向公平*	公平效率兼顾*	公平效率兼顾*
输出目标	生活安全感	较高	略低*	略低*	较高
	社会公平感	一般	一般	一般	略高
自我政治角色	政治责任意识	趋向顺从	趋向独立*	独立*	趋向独立*
	社会冲突预期	趋向缓和	趋向缓和	趋向冲突*	趋向缓和

* 为线性回归系数差异显著。

90后是正在成长的一代，尽管其同样具有80后为世人关注的各种理由，但因其并非第一代而较少被人们所议论。有研究者在检索90后关键词后描述说：2008年12月，在中国知网搜索，题名输入90后共39篇文章，其中，2005年及之前无相关论文，2006年8篇，2007年9篇，2008年22篇。2009年10月，在中国知网搜索，题名输入90后，共108篇文章。这与80后自一开始就受到社会关注形成鲜明对比。该作者指出了90后不同于80后的两个社会背景因素，一是90后成长于经济发展黄金期与社会矛盾凸显期并存的社会环境中；二是90后成长环境的网络化。就政治态度而言，90后在多数指标方面较其他各代显得积极。尽管在政府满意度、生活安全感、社会公平感、社会冲突预期等指标上与其他各代差异不显著，但从均值看大多较其他各代略为积极；而在官员信任度方面略高于各代且差异显著。目前，90后中的一小部分已步入社会①，但其绝大部分则正在就学，因此，90后的政治态度基本反映出前喻的政治社会化进行状态。值得肯定的是，在政治责任意识上90后所表现出的显著的趋向独立倾向，体现了自我独立意识与政治态度同步形成中的青春期特点。

80后已正式步入社会。在以往描述80后成长的特殊社会环境时，人们较少提及一个特点，即80后是第一代在完全没有计划体制保护下，需要依靠自己努力立足的一代。高等教育收费并轨、高等教育扩招后的就业竞争压力、半数以上的人就业于非公机构、相当比例的人处于流动就业状态、步入婚龄却要面对极高的房价等等，均是80后一代需要面对的问题。在失去计划体制的保护下，家庭背景成为唯一的重要保障。因此，在政治态度各项指标方面，从均值看，80后在政府满意度、生活安全感、社会公平感等方面的评价为各代中最低。而互联网使用经历也促进了80后的政治责任意识，表现出显著的独立特征，同时在社会冲突预期方面也更趋向于冲突。与本文在综述20世纪90年代以后青年学生政治态度研究文献中所描述的情况不同，当时以政治社会化为线索的，突出政治认同特征的80后政治态度，在目前已发生较大变化。生活压力过大及自身社会经验的逐渐丰富，使80后对现实的批判色彩增加，但又绝非叛逆。

70后是跨时代的一代，成长于计划体制向市场体制转轨之际。因此，在政治态度的具体指标方面既有与80后一致的部分，又有与60后一致的部分。如在生活安全感方面，其与80后一样面临压力；在政治责任意识方面，表现出独立的倾向。而在公平效率倾向方面，则更趋向公平；在社会冲突预期方面，则与60后均值近似，表现较为缓和。可以说，温和的独立倾向是70后政治态度的主要特点。

60后在政治态度的具体指标方面，已与50后一致。政治责任意识上的顺从权威与在官员信任度上的激烈评价，表现出传统政治文化的深刻影响。较高的生活安全感和较低的社会冲突预期也使60后没有了其青年时期政治

---

① 2011年中国社会状况调查（CSS2011）数据显示，18岁及以上的90后中，26.6%的人已就业。

态度的鲜明特征。

　　曾以激进方式展现自身历史使命感的 60 后一代终归于保守，而刚步出前喻政治社会化阶段的 80 后则表现出鲜明的独立倾向。正如实证主义所言：特定的生命年龄对人的经历起着决定的作用。群体生命历程中政治态度由开放向保守的变化轨迹，凸显了青春期政治态度的独特性。

参考文献

布里埃尔·阿尔蒙德和西德尼·维尔巴，1989，《公民文化》，徐湘林译，华夏出版社。
陈笑，2010，《大学生政治关注度调查与思考》，《人民论坛》第 5 期。
董金平，2001，《社会转型期青年政治心态变化轨迹与特点分析》，《山西青年管理干部学院学报》第 2 期。
董翔，2011，《改革开放以来青年政治价值观变迁研究》，天津商业大学硕士论文。
戈玲，2000，《试析当代青年价值观念变化对其政治倾向形成的影响》，《中国青年政治学院学报》第 2 期。
孔庆蓉，2008，《大学生思想政治态度研究》，《教育与职业》第 11 期。
李春玲，2011，《寻求变革还是安于现状——中产阶级社会政治态度测量》，《社会》第 2 期。
理查德·布伦盖特、玛格丽特·布伦盖特，1990，《生命过程与代政治学》，《当代青年研究》第 5 期。
陆建华，1991，《当代青年的政治价值观》，《青年研究》第 1 期。
玛格丽特·米德著，1987，《文化与承诺》，周晓虹、周怡译，河北人民出版社。
闵琦，1989，《中国政治文化》，云南人民出版社。
潘一禾，2002，《观念与体制——政治文化的比较研究》，学林出版社。
苏明明，2010，《90 后大学生的职业期待视野研究》，中国青年政治学院硕士学位论文。
王乐理，2000，《政治文化导论》，中国人民大学出版社。
王明哲，2010，《我国有关 80 后代际分析的研究述评》，《山西青年管理干部学院学报》第 3 期。
吴建华，2009，《当代青年政治素质调查研究》，《社科纵横》第 7 期。
叶南客、唐仲勋，1989，《论当代青年政治生活的三大走向》，《青年研究》第 6 期。
岳宗德，2006，《大学生政治社会化问题研究》，河南大学硕士学位论文。
张永杰、程远忠，1988，《第四代人》，东方出版社。
周威，2007，《大学生政治态度及其政治教育研究》，河海大学硕士学位论文。
潘一禾，2002，《观念与体制——政治文化的比较研究》，学林出版社。

第十七章
80后知识精英的社会政治态度

——基于对六所985高校在校生和毕业生调查

  社会政治态度是个人对社会政治的一种相对稳定的认知与心理倾向状态,它包括社会成员对社会话题的关注,对社会和政府作为的评价,对国家与社会制度的认同水平,以及对其自身在社会政治生活中的角色的认识。

  任何一代青年人都是在特定的社会结构和社会历史进程中成长起来,形成特定的社会特质,拥有相对独立的社会政治态度和行动能力,尤其是青年知识精英,对社会的未来走向有着现实或者潜在的重要影响。例如,历史上先进的青年学生通过发起五四运动极大地推动了中国历史进程。目前我国的青年群体主要是指80后和90后,从与时代变革的关系角度看,相对于90后,80后是与改革开放同步成长起来的一代,他们面临的问题正反映了当今时代的社会焦点,他们的社会政治态度既是既往社会变革形塑的结果,也影响着未来社会变革的方向;从生命历程的角度分析,相对于刚进入大学教育阶段的90后,80后是比较成熟的群体,大部分人已经走向社会、加入白领阶层,只有极少数人仍在高校读书。据已有调查,在受过高等教育的80后群体中,重点大学(例如985高校)的80后学生与普通高校的80后学生也不同,他们堪称知识精英,其家庭背景中来自城

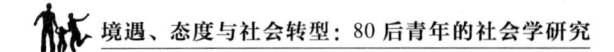

市中上阶层的比例更高,接受精英教育,更加受到社会的青睐,其就业机会相对普通高校学生更好,更有可能成为社会的中坚力量。这些80后知识精英当前的社会政治态度较有可能是影响我国未来社会政治走向的重要参量。因此,了解当前80后知识精英的社会政治态度具有重要的现实意义。

西方学者对政治态度研究的重要成果之一是美国政治学家阿尔蒙德从以下两个维度对政治态度概念进行了操作化定义:一是政治取向模式,包括认知取向、情感取向和评价取向;二是政治取向对象分类,包括作为一般对象的政治系统、输入对象、输出对象和对象自身。目前国内对80后知识精英社会政治态度的探讨主要分布于两个领域:中产阶级政治态度研究领域和思想政治教育视野下大学生政治观研究领域。在当前我国中产阶层的政治态度研究中,80后青年大学生是中产阶层的后备军或是边缘中产阶级,他们能否顺利转变为中产阶层/新中产阶级和获得相应的社会经济地位,极大地影响着其社会情绪和政治态度。张翼(2008)发现,"文化程度"是影响中产阶层政治态度的一个重要变量,文化程度越高的群体,对当地政府的信任程度越低;大学生毕业之后不能顺利转变为白领阶层,是导致这个群体对社会不满的主要原因。李春玲(2011)也认为,巨大的就业压力和房价压力阻碍了熟练掌握网络交流工具和积极参加公共事务的拥有较高教育水平的80后青年的"中产阶级梦想"的实现,"梦想与现实差距导致的焦虑心态有可能激发其对社会的不满情绪,并且也有可能成为激进政治自由主义的温床"。在当前时期,以思想政治教育为出发点研究80后和90后大学生群体的政治观成为青年社会政治态度研究的主题。已有研究分析表明,当代青年大学生对现实政治具有较高的认同,但同时也表现出一定的动摇。例如,大多数青年学生对国家、政党、政体认同感强烈,有较强的忠诚感和爱国意识,但同时也表现出一定程度的困惑和疑虑;对法律政策等政治工具有着较为务实的认同感;对公共政策的经济绩效做出较为理性的肯定,但同时因社会不公正等不合理现象的存在而对政府效能产生质疑与失落感。也有学者定性分析了影响青年学生政治观的主要因素,如宏观经济、政治、文化、社会因素和家庭因素、网络因素以及独生子女因素等。

第十七章　80后知识精英的社会政治态度

与已有研究不同的是，本章专门以80后知识精英为研究对象，从对在校生和毕业生进行比较分析的角度，研究80后知识精英的社会政治态度。研究问题包括80后知识精英平时所关注的话题、对社会问题影响其个人发展的评价、社会总体评价、国家认同、政府评价、政治理念及生活满意度和社会满意度问题。本章数据来源于中国社科院社会学研究所2010年中国大学生就业、生活及价值观调查。由于在校生样本和毕业生样本中出生于1980年之前和1990年及之后的人员各占有一定比例，因此，本章只选取了出生于1980~1989年的人员①，其中在校生有效样本数为5192人，毕业生有效样本数为4134人。

本章从以下五部分描述80后知识精英的社会政治态度：平时所关注的话题、对社会问题影响个人发展的评价、个人现状满意度和居住区满意度、社会评价和政治态度。

第一节　关注话题与社会满意度

不同的社会群体平时关注的话题不同，对同一话题的关注程度也不同。针对重点大学的80后在校生和毕业生，本章选取时事政治、就业问题、恋爱及两性问题、娱乐八卦、文化时尚、新兴时尚、新兴科技和培训考证等七个话题，考察其平时对这些话题的关注情况，参见表17-1。

表17-1显示，80后知识精英平时最关注的三个话题是就业问题、时事政治和新兴科技。但是在校生和毕业生对这三个话题的关注结构不同，在校生最关注的依次是就业问题、时事政治和新兴科技，毕业生最关注的依次是时事政治、新兴科技和就业问题。这反映了在校生和毕业生在社会角色和所处人生阶段的任务等方面的差异。在校生和毕业生对其他四个话题的关注程度排序是一样的，依次是文化时尚、恋爱及两性问题、培训考证和娱乐八卦，而且对这四个话题的关注程度没有较大差异。

---

① 本章中80后知识精英是指我国出生于1980~1989年的重点大学的在校生和毕业生。

表 17-1　六所 985 高校 80 后在校生与毕业生的话题关注情况

单位：%

关注话题	在校生								毕业生							
	很不关注	不关注	不大关注	有点关注	关注	很关注	无法评价	关注度排名*	很不关注	不关注	不大关注	有点关注	关注	很关注	无法评价	关注度排名*
就业问题	1.1	2.6	8.4	22.8	38.5	25.9	0.6	1	2.7	4.2	15.6	27.6	33.3	15.8	0.8	3
时事政治	2.3	3.1	11.3	25.9	33.7	23.0	0.6	2	2.6	2.9	12.0	25.9	33.3	22.7	0.7	1
新兴科技	1.6	4.3	18.7	34.9	28.0	11.8	0.6	3	2.0	3.7	15.9	33.1	29.4	15.2	0.7	2
文化时尚	4.2	7.9	17.9	33.9	27.3	8.2	0.6	4	4.3	6.9	18.9	34.3	26.7	8.1	0.7	4
恋爱及两性问题	2.8	7.0	23.0	30.6	27.7	8.2	0.7	5	3.6	8.1	23.1	32.0	24.7	7.6	0.9	5
培训考证	4.5	10.4	26.2	30.7	20.9	6.4	0.6	6	6.7	9.8	28.4	27.1	19.8	6.8	0.7	6
娱乐八卦	10.2	13.3	27.3	26.9	16.9	4.8	0.6	7	9.5	11.5	27.1	29.0	16.8	5.6	0.6	7

注：* 评价排名是按照"有点关注""关注"和"很关注"三项比例之和高低进行排序。

当前我国社会正处于快速转型期，出现了受到各个社会群体广泛关注的诸多社会问题。每个社会群体都面临特定的社会问题，对不同的社会问题对其个人发展的影响有不同的看法。那么，作为 80 后知识精英，985 高校的在校生和毕业生如何看待影响其个人发展的社会问题，两个群体在对社会问题影响其个人发展的看法上有何异同？

调查问卷中设计了当前房价过高、社会诚信衰落、生态环境恶化、贫富差距等 12 个主要的社会问题，由六所 985 高校 80 后在校生和毕业生按照对个人发展的影响程度分别对其评估，如表 17-2 所示。

从表 17-2 中可做以下归纳：总体上来说，除了社会不公正问题外，在校生和毕业生在认为其他 11 个社会问题影响其个人发展的严重程度排序上是一致的。在列出的在校生和毕业生认为影响其个人发展的 12 个问题中，除了政商权钱交易、社会不公正和就业困难等 3 个问题外，在校生和毕业生在其余 9 个问题的看法上的比例相近。在校生认为，影响其个人发展程度最严重的 3 个社会问题依次是房价过高、社会不公正和社会诚信衰落；而毕业生则认为，房价过高、社会诚信衰落和社会保障缺乏依次是影响其个人发展程度最严重的 3 个问题。可以看出，80 后知识精英都将有关社会正义、道德和民生的社会问题视为影响其个人发展的最大问题。

表 17-2 六所 985 高校 80 后在校生与毕业生
对社会问题影响个人发展程度的评估

单位：%

社会问题	在校生							毕业生						
	很严重	严重	较严重	不大严重	不严重	与我无关	严重度排名*	很严重	严重	较严重	不大严重	不严重	与我无关	严重度排名*
房价过高	50.0	22.6	17.6	6.7	1.5	1.6	1	52.4	19.5	15.9	7.4	2.3	2.6	1
社会不公正	20.8	28.3	34.5	12.7	2.3	1.4	2	21.2	27.2	29.1	15.4	3.6	3.5	5
社会诚信衰落	17.7	28.1	36.1	14.4	2.3	1.4	3	20.5	26.5	32.5	14.6	2.9	3.0	2
社会保障缺乏	24.5	28.1	28.1	14.4	3.2	1.7	4	29.6	26.5	23.2	14.3	3.8	2.6	3
就业困难	22.2	25.5	29.6	16.5	4.4	1.7	5	18.6	21.4	26.8	21.8	6.9	4.5	6
生态环境恶化	23.9	24.2	28.9	16.6	4.5	2.0	6	26.8	23.8	27.3	15.5	3.9	2.6	4
政商权钱交易	21.5	25.3	28.9	16.3	3.0	5.0	7	21.8	22.0	23.0	20.2	4.6	8.4	7
贫富差距	20.9	20.8	27.1	23.2	5.4	2.7	8	22.0	19.3	23.8	24.0	5.6	5.3	9
社会稳定	15.5	21.1	28.3	23.7	9.9	1.6	9	18.8	21.4	25.7	24.0	7.7	2.4	8
犯罪率高	14.0	19.1	27.2	28.3	8.7	2.6	10	16.5	21.7	26.6	26.0	7.8	3.8	10
户籍限制	15.7	19.0	24.0	27.4	9.4	4.4	11	19.9	16.8	19.4	26.8	10.9	6.3	11
恐怖主义渗入	11.1	11.5	17.0	32.4	20.8	7.3	12	12.5	11.5	17.0	29.6	19.0	10.3	12

注：* 评价排名是按照"很严重""严重"和"较严重"三项比例之和高低排序。

以上分析表明，重点大学的 80 后在校生和毕业生在对当前主要社会问题影响其个人发展的看法上呈现相对较为一致的模式，反映了 80 后在校生和毕业生作为同一代群体的共性。但是，在校生和毕业生在一些具体问题上还是呈现各自不同的特点。例如，也许由于年龄、工作经历和社会角色的不同，在校生更倾向于将社会不公正、政商权钱交易及就业困难等有关社会正义的问题对其个人发展的影响看得比较严重，而毕业生则认为社会保障缺乏问题是影响个人发展的第三大社会问题。总体上，在校生比毕业生将有关社会正义和民生的社会问题对其个人发展的影响看得更加严重。

相对于 80 后其他群体，80 后知识精英拥有最好的就业机会和很强的社会适应能力，那么他们对个人现状和生活地区的满意度如何？

80 后知识精英对个人现状满意度并不高。如表 17-3 所示，在校生对个人现状感到满意（包括"较满意""满意"和"很满意"）的比例只占五成，而毕业生的个人现状满意度低于五成——47.1%。

表17-3 六所985高校80后在校生与毕业生个人现状与生活地区的满意度

单位：%

内容	在校生							毕业生						
	很不满意	不满意	较不满意	较满意	满意	很满意	无法评价	满意度排名*	很不满意	不满意	较不满意	较满意	满意	很满意	无法评价	满意度排名*
个人现状	5.6	14.5	27.1	37.8	11.6	1.7	1.7	—	6.9	17.6	26.4	35.9	9.2	2.0	1.9	—
生活地区总体情况	1.2	3.3	22.6	64.1	5.9	1.1	1.7	1	2.3	4.1	26.6	56.6	6.2	1.9	2.4	1
生活地区经济发展状况	1.8	4.6	24.1	55.7	9.9	2.1	1.9	2	3.3	6.0	26.3	50.6	9.4	2.8	1.7	2
生活地区个人发展机会	2.6	5.0	28.3	54.3	6.4	1.8	1.7	3	4.4	6.3	30.5	47.0	7.5	2.3	1.9	3
生活地区社会风气与道德	3.3	6.9	34.3	46.4	6.0	1.6	1.5	4	6.1	8.3	32.4	42.8	5.5	2.0	2.9	4
生活地区政府行政作为	4.0	6.9	29.4	47.6	4.9	1.5	5.7	5	7.3	9.2	29.8	40.5	4.7	1.6	6.8	5
生活地区人居环境质量	5.7	11.2	37.8	35.6	6.3	2.2	1.2	6	7.3	10.1	36.3	34.6	6.6	3.1	1.9	6

注：* 评价排名是按照"较满意""满意"和"很满意"三项比例之和高低进行排序。

重点大学80后在校生与毕业生在对有关其生活地区的各项满意度指标排名结构上是完全一致的。按照满意度比例由高到低的次序，这些指标依次是生活地区的总体情况、生活地区的经济发展状况、生活地区的个人发展机会、生活地区的社会风气与道德、生活地区的政府行政作为和生活地区的人居环境质量。在校生和毕业生最满意的是生活地区的总体情况、经济发展状况和个人发展机会，满意度比例均在六成左右；而对生活地区的政府行政作为、社会风气与道德及人居环境质量等问题的满意度较低，满意度比例均在五成左右。另外，在校生比毕业生在生活地区各项指标上的满意度比例都要高。

第二节 社会态度

社会评价是80后知识精英对包括政府、企业、社会公正与道德风气三大领域和官员、富商、学者三大群体等多个指标进行的综合性评价,评价结果能够反映80后知识精英对社会各主要部分及社会总体的态度倾向和印象。

在表17-4中,80后知识精英持肯定性评价比例最高的是知识界的知识素质和道德素养。过半在校生与毕业生均对知识界持肯定性的评价态度。77.8%的在校生对知识界的知识素质持肯定态度,远高于毕业生68.8%的比例。然而,在校生与毕业生对知识界的道德素养评价要低很多,62.9%的在校生认为知识界的道德素养是好的,毕业生的比例更低,只有55.4%。

表17-4 六所985高校80后在校生与毕业生的社会评价情况

单位:%

内容	在校生								毕业生							
	很差	差	较差	较好	好	很好	无法评价	评价排名*	很差	差	较差	较好	好	很好	无法评价	评价排名*
知识界的知识素质	1.5	3.2	10.8	43.2	25.3	9.3	6.7	1	2.8	4.2	14.2	40.2	21.9	6.7	10.0	1
知识界的道德素养	2.5	4.9	19.9	43.3	16.1	3.5	9.6	2	4.7	6.2	20.9	39.9	12.8	2.7	12.9	2
政府行政作为	6.1	10.0	27.7	37.6	8.4	1.6	8.7	3	10.1	11.6	31.2	31.2	5.0	1.2	9.7	3
党政官员的知识素质	7.2	10.5	27.4	35.5	6.8	1.0	11.6	4	10.1	12.6	29.0	29.5	4.8	0.7	13.2	4
社会道德风气	6.4	12.8	36.4	34.4	4.2	0.7	5.0	5	9.1	15.7	34.9	30.1	3.5	0.5	6.2	5
富商阶层的知识素质	4.7	10.4	31.7	31.7	5.8	0.9	14.7	6	6.5	11.6	31.6	26.8	5.1	0.7	17.6	6
企业的社会责任	5.8	11.5	37.4	30.6	4.9	0.9	8.9	7	6.4	14.4	38.4	27.3	3.9	0.7	9.0	7
社会公正状况	9.8	16.2	37.2	26.7	3.5	0.8	5.8	8	13.2	17.4	36.1	22.6	2.9	0.4	7.5	8
党政官员的道德素养	10.2	13.7	35.0	25.2	3.8	0.6	11.6	9	13.4	15.2	34.2	21.5	2.3	0.6	12.8	9
富商阶层的道德素养	6.1	12.2	39.8	22.9	3.4	0.6	14.9	10	8.4	14.2	37.4	20.1	2.5	0.3	17.2	10

注:*评价排名是按照"较好""好"和"很好"三项比例之和高低进行排序。

均有不到五成的人分别对当前政府、企业、社会公正与道德风气、官员、富商等持肯定性评价态度。在政府行政作为方面，47.6%的在校生持肯定态度，而毕业生的比例则更低，只有37.4%。在社会公正方面，持肯定态度的在校生只有30.9%，而毕业生只有25.9%。在社会道德风气方面，39.3%的在校生认为较好，毕业生的比例是34.1%。43.3%的在校生认为党政官员的知识素质是好的，高于毕业生的35.0%。在校生与毕业生对党政官员的道德素养评价极差，分别仅有29.6%和24.4%的人对此持肯定评价。在80后知识精英心目中，企业并没有履行好社会责任，仅有三成的人——36.4%和31.9%——对我国企业社会责任践行持肯定态度。对富商阶层的知识素质，仅有38.4%在校生和32.6%的毕业生持肯定态度；在富商阶层的道德素养上，在校生和毕业生的评价更差，分别只有26.9%和22.9%的在校生和毕业生认为富商阶层具有较高的道德素养。

通过以上分析，可归纳出以下三点：一是在校生与毕业生在社会评价的态度结构上具有完全一致性；二是除了对知识界的知识素质和道德素养持肯定性（包括"很好""好"和"较好"，下同）评价态度外，占多数的985高校80后在校生与毕业生对政府行政作为、社会公正状况与道德风气、企业社会责任、党政官员与富商的知识素质和道德素养等方面持否定性（包括"很差""差"和"较差"）评价态度；三是在社会评价的态度结构相一致的前提下，与毕业生相比，更多的在校生倾向于对社会各个领域和群体的评价持肯定性态度。

第三节 政治态度

本章政治态度主要包括对国家历史、成就与前途的看法，外交观和政治理念。对国家历史、成就和前途的看法的测量采用以下四个指标：对新中国成立、毛泽东时代、改革开放30年和国家未来前途的评价。对外交观的测量采用以下两个指标：中国的国际立场和对西方针对中国发展态度的判断。对政治理念的测量采用以下三个指标：美国社会制度体现民主与人权、中国今后应该进行多党制改革和中国今后应学习美国经济模式。

（一）国家历史、成就和前途

大多数在校生和毕业生均认同（包括"较同意""同意"和"很同意"

三项总和，下同）"新中国的建立为民族复兴奠定了坚实的基础"这一说法，但是在校生的比例稍微高于毕业生的比例，前者为 86.5%，后者为 81.1%。

图 17-1 和图 17-2 分别是 985 高校 80 后在校生和毕业生对我国毛泽东时代和改革开放 30 年历史与成就的评价。从两幅图的对比中可以发现，大多数在校生和大多数毕业生均对毛泽东时代与改革开放 30 年持正面评价，而且对改革开放 30 年持正面评价的在校生和毕业生更多；与毕业生相比，更多的在校生对两个时代给予肯定性评价。例如，65.3% 的毕业生对毛泽东时代持正面评价，而在校生的比例达到 71.1%；毕业生对改革开放总体持肯定态度的比例高达 87.0%，而在校生的比例更是高达 92.1%。

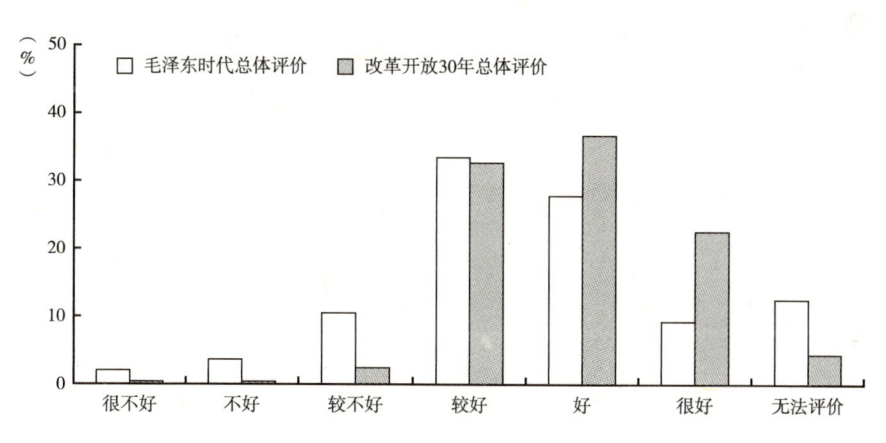

图 17-1 六所 985 高校 80 后在校生对国家历史成就的总体评价

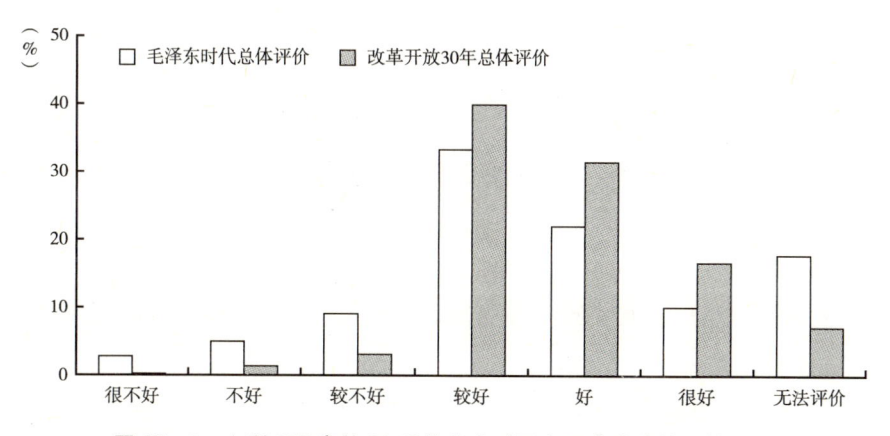

图 17-2 六所 985 高校 80 后毕业生对国家历史成就的总体评价

在问及"您对未来中国社会前途是否有信心"时，大多数80后知识精英表示有信心，在校生的比例为82.2%，毕业生的比例为72.1%。

总体上，80后知识精英对国家的历史、成就和前途持有较高水平的认同；相对于毕业生，在校生更加认同国家的历史、成就和前途。

（二）外交观

如表17-5所示，随着中国国际地位的不断提升和与中国国家利益相关的矛盾的大量增加，绝大多数80后知识精英认为今后中国在国际上应采取强硬立场，更加坚决捍卫自己的国家利益。但是，在校生94.5%的比例稍微高于毕业生93.4%的比例。

表17-5 六所985高校80后在校生与毕业生的政治态度

单位：%

内容	在校生							毕业生						
	很不同意	不同意	较不同意	较同意	同意	很同意	无法评价	很不同意	不同意	较不同意	较同意	同意	很同意	无法评价
美国的社会制度体现了民主与人权	5.0	14.2	20.7	33.5	12.0	3.9	10.7	4.1	11.8	18.2	33.5	11.9	6.4	14.1
中国的政治体制未来应该采用多党制	9.4	23.9	19.4	15.0	9.3	5.7	17.3	8.1	20.0	16.6	15.8	8.7	8.7	22.1
中国今后的改革应主要学习美国的经济模式	7.7	26.1	30.5	15.2	4.6	1.8	14.1	6.5	20.8	28.4	15.6	5.8	2.7	20.3
今后中国在国际上应更加坚决捍卫自己的国家利益	0.5	0.5	1.6	14.2	27.5	52.8	2.8	0.5	0.7	1.3	16.2	28.6	48.6	4.3
以美国为代表的西方国家总是想要遏制中国的发展	0.9	2.6	10.9	28.0	27.8	23.6	6.2	1.5	3.1	10.1	27.8	26.0	22.8	8.7

同样，在对西方针对中国发展态度的判断上，多数80后知识精英认为以美国为代表的西方国家始终在企图遏制中国的发展，而在校生79.4%的比例稍微高于毕业生76.6%的比例。

80后知识精英持有一致的外交观念，在校生在维护国家利益态度方面表现得更加坚定。

（三）政治理念

如表17-6所示，总体上来说，在校生和毕业生在美国社会制度同意度、多党制同意度和学习美国经济模式同意度等 3 个指标上也很接近，但是毕业生显得更加激进些。对于"美国的社会制度体现了民主与人权"这一说法，49.4% 的在校生表示认同，而毕业生表示认同的比例更高，为 51.8%。仅有 30.0% 的在校生认同"中国的政治体制未来应该采用多党制"这一主张，而对此毕业生的比例则高出 3.2 个百分点，而且毕业生持模糊态度的比例更高，达 22.1%，在校生的比例低些，为 17.3%。同样，关于今后中国经济改革，多数 80 后知识精英赞同中国特色经济模式，只有两成的人赞成学习美国经济模式；但是，持赞成态度和模糊态度的毕业生的比例高于在校生。

以上分析表明，80 后知识精英总体上对国家是高度认同的。他们高度肯定共产党领导的新中国对民族复兴的重要意义，多数人认可毛泽东时代和高度肯定国家改革开放 30 年所取得的历史成就，对国家的未来充满信心，反对中国实行多党制的知识精英仍然占多数，一致主张在国际上坚决捍卫国家利益，强烈感受到国家发展受到来自西方的威胁和压力，这有利于强化 80 后知识精英对国家的认同和增强中国社会的内部团结。但是，80 后知识精英在政治理念和体制选择上存在一定的分化，其中相当一部分人赞成中国将来实行多党制，甚至这一人群比例接近反对实行多党制的人数，而且两成人对此持观望态度；另外，超过半数的人认为美国的社会制度体现了民主和人权。在校生和毕业生在政治态度上也存在细微差异，相对于毕业生，在校生更加认同国家的历史成就、现存政治体制和对未来发展的信心更高，而毕业生对中国未来政治变革表现得更加激进；在捍卫国家利益和外交观方面，在校生比毕业生表现得更加强硬和警觉。

结　　语

80 后知识精英拥有良好的家庭背景。但是，始于 1999 年的高校扩招给 80 后群体提供了一个拥有上好大学机会的公平化过程。与毕业生相比，在校生中家庭背景出身较差者比例较高；80 后知识精英中家庭背景出身较差的学生比例呈增长趋势。绝大多数 80 后知识精英属于网民，超过六成的人每天上网时间在 3 个小时以上。

作为伴随改革开放成长起来、拥有最好就业机会的 80 后知识精英，985

高校在校生和毕业生平时最关注的话题均是就业问题、时势政治和新兴科技，但是两个群体对三个话题的关注结构是不同的，反映了各自不同的生命阶段和社会角色。80后知识精英认为，影响其个人发展最严重的社会问题是有关社会不公正、诚信衰落与民生缺乏等社会问题，其中，对在校生影响程度最严重的三个社会问题依次是房价过高、社会不公正和社会诚信衰落，而对毕业生影响程度最严重的三个社会问题则依次是房价过高、社会诚信衰落和社会保障缺乏。由于个人发展受到社会不公正、诚信衰落与民生缺乏等问题的影响，80后知识精英对其个人现状和生活地区的满意度并不高，其中令其较满意的是生活地区的经济发展状况、个人发展机会和总体状况，而较不满意的是个人现状和生活地区的政府行政作为、社会道德风气与人居环境质量；所不同的是，相对于毕业生，在校生对个人现状和生活地区等各项内容感到满意的比例更高。80后知识精英对当前社会（包括政府、企业、社会公正与道德风气、官员和富商阶层等社会的主要构成元素）产生了一种全面否定性评价的态度；但是，在校生对社会的评价比毕业生要积极一些。80后知识精英总体上对党领导的国家的历史、成就、未来和国际立场有着高度的认同，在维护国家利益外交观方面保持高度的一致和团结，其外交态度趋于强硬；但是在政治理念和体制选择上存在一定的分化，其中相当一部分人赞成中国将来实行多党制，毕业生的比例稍高于在校生，甚至这一人群数量接近反对多党制的人数，而且两成人对此持观望态度；另外，超过半数的人认为美国的社会制度体现了民主和人权。

概括地讲，党领导人民进行社会主义革命和建设，实现了民族独立，国家不断富强，人民物质生活条件有了巨大改善，这些成就和历史都获得了80后知识精英的高度认同，而且80后知识精英也对国家未来的发展充满了信心。但是，由于一些受80后知识精英关注的社会问题对其个人发展产生了严重影响，例如，房价问题、社会保障缺乏问题、就业问题、社会公正问题、社会诚信衰落问题和腐败问题等关乎民生、社会公平正义、道德良俗等的社会问题，80后知识精英产生了对个人现状不满意的心理、对社会的否定性评价态度，甚至政治信仰的动摇和政治理念的分化，毕业生比在校生的社会政治态度更加消极。这意味着80后知识精英（尤其是毕业生）成为影响当前社会政治稳定的风险群体。为了降低这一群体的社会政治风险，政府需要启动社会建设系统工程，解决80后知识精英关切的民生问题，创新社会公平正义的维护机制，促进社会的公序良俗，同时加强针对该群体的思想政治宣传和教育。

参考文献

加布里埃尔·A.阿尔蒙德，西德尼·维巴，2008，《公民文化》，徐湘林译，东方出版社。
张翼，2008，《当前中国阶层的政治态度》，《中国社会科学》第 2 期。
李春玲，2011，《寻求变革还是安于现状》，《社会》第 2 期。
郎翠艳、卢阳，2008，《当代大学生政治认同的现状分析与对策探讨》，《当代大学生研究》第 4 期。
李奋生，2009，《大学生政治态度的影响因素与对策思考》，《经济研究导刊》第 30 期。
刘冬梅，2010，《网络文化背景下大学生政治认同危机探究》，《南方论刊》第 3 期。
田毅，2005，《当代中国大学生政治观现状及致因分析》，《思想政治教育研究》第 4 期。

第十八章
80后网民的个人传统性及现代性

第一节 中国互联网发展和研究

一 中国互联网应用发展概况

在中国，自1995年第一个民用互联网接入机构成立以来，互联网应用的发展十分迅猛。截至2011年6月底，中国网民规模达到4.85亿，互联网普及率达到36.2%，网民平均每周上网时长达到18.7个小时（CNNIC，2011a）。而随着技术的进步，互联网应用已经从最开始的电子邮件和BBS发展出越来越多的应用。搜索引擎、即时通讯、网络购物、博客、微博客等应用在短短十余年期间依次萌生并得到迅猛发展。

从表18-1中可以看出，互联网络的应用已经深入人们的工作和生活。随着网络的普及，越来越多的人从网络获取信息、发表个人意见、保持人际交流、享受休闲娱乐，并将网络作为社会活动的助手，与互联网相关的活动在人们生活中占据重要内容。与此同时，近10年来出现的

第十八章 80后网民的个人传统性及现代性

一系列网络事件和网络现象,例如,孙志刚事件①、反日游行②、奥运圣火传递声援③、躲猫猫④、邓玉娇案⑤等,都无一例外地表明互联网正在成为影响社会进程的重要力量。

在中国的网民群体中,青少年占据了非常大的比例。截至2010年底,中国青少年网民规模达2.12亿人,占网民总体的46.3%,中国青少年互联

---

① 2003年3月17日晚,在广州打工的孙志刚因未携带任何证件上街,被错误作为"三无"人员送至收容遣送中转站。3月18日晚,孙志刚称有病被送往市卫生部门负责的收容人员救治站诊治。3月20日凌晨,孙志刚遭同病房的8名被收治人员两度轮番殴打,于当日上午10时20分因大面积软组织损伤致创伤性休克死亡。此后,互联网上出现关于孙志刚事件的激烈讨论。最终,国务院于2003年6月20日废止1982年国务院发布的《城市流浪乞讨人员收容遣送办法》,新的《城市生活无着的流浪乞讨人员救助管理办法》于同年8月1日起正式施行。参见 http://news.sina.com.cn/c/2003-12-23/09461409368s.shtml

② 2005年4月5日日本文部省对扶桑出版社编辑的《新历史教科书》进行审定,虽然文部省要求扶桑出版社对120余处进行修改,但最终给予该书"审定合格"的决定。由于该书将日本在第二次世界大战时期前后的一系列问题责任进行淡化处理,改变了日本其他主流历史教科书的说法,因此遭到了中国民众的强烈反对。2005年3月底4月初,在中国多个城市几乎同时出现了反对日本这一行径的游行示威运动,日本驻中国大使馆遭受冲击。这场运动基本上是由网民利用网络组织起来的。

③ 2008年4月7日,在巴黎进行2008年奥运会圣火传递活动时,火炬护卫队伍受到藏独分子的蓄意冲击,而巴黎当局则对冲击活动干预不力,当时部分在法的中国留学生自愿组织起来护卫火传递,双方发生了较为激烈的冲突,部分西方媒体对此进行了兴灾乐祸的报道。针对这种情况,在网络上自发出现了大量网民抨击西方国家对圣火传递态度的评论。

④ 2009年1月28日,云南省晋宁县24岁男青年李荞明涉嫌盗伐林木罪被刑事拘留,并羁押于晋宁县看守所第9号监室,羁押期间,同监室在押人员张厚华、张涛等人以各种借口对李荞明多次用拳头、拖鞋进行殴打,致使其头部、胸部多处受伤。2月8日17时许,张涛、普华永等人又以玩游戏为名,用布头将李荞明眼睛蒙上,对其进行殴打,致使其身上有两处骨折,普华永再一次猛烈拳击后,李荞明撞墙倒地昏迷,经送医院抢救无效,于2月12号死亡。当地警方宣布,李荞明在看守所中与狱友玩"躲猫猫"游戏时头部受伤,后经医院抢救无效死亡。这一事件经媒体报道后,在网络上迅速发酵,众多网民纷纷质疑,一群成年男人在看守所中玩小孩子玩的"躲猫猫"游戏听起来非常离奇,而这种"低烈度"游戏竟能致人死亡就更加令人难以置信。于是,一场以"躲猫猫"为标志的舆论抨击热潮迅速掀起。参见 http://baike.baidu.com/view/2218094.htm。

⑤ 邓玉娇,湖北省恩施州巴东县野三关镇木龙垭村人,在野三关镇"雄风"宾馆做服务员时,于2009年5月10日晚基于自卫目的,刺死、刺伤镇政府人员引起全国轰动,并在网络上引起对邓玉娇事件后果的全国性关注。

377

表 18-1 中国互联网应用的使用情况

应 用	用户规模(万)	使用率(%)	应 用	用户规模(万)	使用率(%)
搜索引擎	37453	81.9	网络文学	19481	42.6
即时通信	35258	77.1	微 博	6311	13.8
网络音乐	36218	79.2	网络购物	16051	35.1
网络新闻	35304	77.2	网上支付	13719	30.0
博客/个人空间	29450	64.4	网上银行	13948	30.5
网络游戏	30410	66.5	论坛/BBS	14817	32.4
网络视频	28398	62.1	网络炒股	7088	15.5
电子邮件	24969	54.6	团 购	1875	4.1
社交网站	23505	51.4	旅行预订	3613	7.9

资料来源：CNNIC，中国互联网络发展统计报告，2011 年 7 月。

网使用普及率达到 60.1%（CNNIC，2011b）。[①] 按 CNNIC 公布的汇总数据估算，80 后网民约占网民总体的 38%，也即是 1.84 亿[②]。由于 20 世纪 90 年代后期高等教育扩招，80 后中接受高等教育的比例远高于年长于他们这一代的人群，因而 80 后群体的触网比例也远高于年长人群。人口统计数据表明，1978~1989 年共出生人口 257367976 人，据此可以估计 80 后群体中触网比例应在 73% 以上。如此高的触网率使我们不得不关注 80 后的网络使用问题。

如何看待前面提到的这些互联网应用的蓬勃发展以及出现的各类网络事件？这个问题涉及下文即将讨论的两种互联网研究传统。

二 互联网研究的两种范式

纵观国内外的互联网研究，可以从中发现两种传统，第一个传统是互联网带来的各种转变和影响，这类研究主要探讨互联网对人们的工作、生活、休闲等方面的影响。另一个问题则是对各种在线活动的描述和解释。由此也形成了关于互联网研究的两种范式：第一种范式笔者称为"后果范式"，第

[①] CNNIC（2011b）所采用的青年网民划分标准为 6~25 岁的上网人群，相当于是 1986~2005 年出生的网民。

[②] 本文所使用的 80 后概念并非人口意义上的 80 后概念，而是在社会学意义上的 80 后，即基本上将在改革开放（1978）到 1989 年出生的这一部分人群作为 80 后。

二种笔者称为"悬置范式"。实际上,这个问题涉及的是技术应用和社会相互作用的关系问题。

"后果范式"背后潜在的假设是技术发展能够带来社会的发展乃至变迁;并且,从大量的此类研究中,我们看到的是技术对社会的单向影响,而既有社会现实对技术应用可能的作用没有得到足够的关注。DiMaggio 等人(2001)曾经对这一问题做出过反思,不过他们反思的重点在于互联网应用的发展和其赖以发生的制度环境之间的关系。他们认为,"互联网对社会的影响取决于社会要互联网变成什么样子",对互联网的研究应该充分重视各种政策和组织的的作用,互联网的未来以及它可能带来的社会影响,都会受到现有政策和制度安排的影响。虽然 DiMaggio 等人在此强调的是要从组织、制度、政策层面来对互联网应用发展的条件进行考察,但他们道出了十分重要的一点,那就是技术扩散对社会的作用并非一个单向过程,既定的社会现实会对互联网的应用产生不可忽视的影响。

和 DiMaggio 等人不同,这里强调的是要充分考虑互联网使用者在文化背景上的差异,即讨论文化背景和互联网的发展状况之间的关联。随着技术应用的推广,互联网正在全球范围内蔓延。但是,这种蔓延是否会受到当地既有文化传统的影响?一些研究已经开始涉及这个问题。比如说,Reid(1995)在一项对虚拟社区的研究中就提出,在文化的总体层面和范畴层面(如社会规则)上存在着虚拟社区活动的背景和虚拟社区活动的关联,还没有深入具体的某一背景,因而其所谓的文化背景仍然是抽象的文化背景。关于这个问题,更具有直观意义的是彩铃(CRBT)的应用状况。彩铃在中国 2006 年的渗透率已经达到了 20%,在日本、韩国等其他亚洲国家的渗透率甚至达到了 50% 以上[①]。而同样的电信增值服务在欧洲的平均渗透率不到 3%。彩铃应用的差异化现象给我们一个启示,即技术应用确实会受到文化环境因素的影响;同样的技术在不同的文化背景下可能会出现不同的结果。进一步说,不同文化背景下技术和社会的相互作用模式可能是互异的。

互联网研究中的另外一个重要传统笔者称为"悬置范式"。所谓"悬置范式",是将研究焦点放在各种在线活动本身的描述和分析上;并且,

---

① 参见 http://column.chinabyte.com/ccclub/236/3387736.shtml。

研究者对这些在线活动主体的背景不做考察。这种理解虽然明确了在线活动的主体是人，但因其关注点仅仅放在在线活动本身的考察和分析上，不知不觉地忽略了在线活动群体中的人同时还是现实中的人，无形中就将在线活动和现实社会有意无意地隔离开来，其结果是研究者将网上世界视为和现实社会平行之物。虽然一些研究，比如郭茂灿（2004）、刘柳（2006），也致力于用适用于现实社会的理论和逻辑来解释网络社区中的现象，但在这种理论"挪移"过程中却隐含地斩断了虚拟和现实的联系，从而无法在虚拟和现实的联系中理解和阐释网络现象，最终成为一种"去背景化"的互联网在线活动研究。虽然我们也可以认为这种研究是一种"悬置"了背景的研究，但笔者认为不能把这种"悬置"了背景的研究作为对互联网问题的全部认识。举例来说，如果忽略中国的社会时代背景，人们很难理解2002年的孙志刚事件、2003年的宝马撞人事件①以及2004年的山东临沂计生事件②；如果忽略美国长期以来的个人主义传统，人们也无法很好地理解Gurak（1999）中提到的美国人反对政府对电话加密技术进行掌控的案例；同样，如果忽略个人现实社会身份的不同，我们也无法对他们在互联网上的活动差异进行合理解释。

笔者认为，应在"虚拟的世界，真实的生活"这样一种关照下来看待各种网络现象，即应该将互联网现象作为整个社会现实的一部分，从而建立起网络现象和更大范围内的社会现象之间的关联；同时，应该将网络现象的出现及其背后的意义置身于具体的历史时空来进行分析和研讨。为此，作者对中国当代个人现代性进行分析，并通过比较分析80后网民和年长网民之间在个人现代性和个人传统性方面存在的异同。③

---

① 2003年10月16日，黑龙江哈尔滨市苏秀文驾驶宝马车被一辆四轮车剐蹭，后苏秀文驾车将驾驶四轮车的农妇当场撞死，并撞伤12人。事后，当地法院给出了判刑两年、缓刑三年的判决意见，网民怀疑当事人苏秀文和黑龙江省某高官有亲属关联，由此引发网络评议并最终引起了中共中央高层关注。虽然此案并没有改判，但直接导致了中共中央2004年对黑龙江省干部任免的调查，一批官员因此落马。
② 2003年9月，山东临沂政府发出关于强硬执行计生政策的文件。在执行政策过程中，出现了强行流产等恶劣事件。2005年4月，当地村民陈光诚夫妇开始出面维权；此后半年中，北京的部分律师先后参与维权行动。与此同时，国外媒体开始关注此事。2005年9月，国家计生委官员正式承认临沂地区计生工作过程中存在暴力事件。
③ 有关现代性的详细分析，可参见作者的博士论文《虚拟社区与现代性——虚拟社区交往和表达研究》，北京大学，2009。

第二节 个人现代性研究简略回顾

一 关于个人现代性

关于个人现代性的研究最早出现在 1950 年代，当时正是现代化研究风行全球的时候。当时的学者认为，社会现代化（societal modernization）是社会在经济、政治、社会以及文化方面的变化；而个人现代化则是社会个体在价值观念、工作习惯以及生活习惯方面的变化。英克尔斯等人在 1960 年代主持进行了著名的"经济发展的社会和文化因素研究计划"，这一计划的目的，如英克尔斯自己所言，就是"解释人们从传统人格转变为现代人格的过程"。英克尔斯指出，"根据我的经验……我们在人们身上发现的东西，基本上反映了他们所在社会制度的性质……事实上，大多数研究个人变迁的人认为，个人变迁更多是由制度的现代性所引起的"（英克尔斯，1995a）。不过，英克尔斯本人并不太同意完全按照帕森斯等人的分析理论去研究所谓传统和现代社会的关系。他更倾向于采取经济学家式的分析办法去发现一些共同的"因子"。在这个研究中，英克尔斯通过对全球范围内六个不同文化背景的国家和地区的人群进行量表测试，探讨了制度环境对个人特征变迁的影响，指出个人心理现代性在世界范围内具有相似性，并描述了可供经验辨识的现代人一般模型特征。这些特征包括乐于吸收新经验、减少对传统权威的依赖、相信科学和医学、守时、有计划、热心公共事务、对信息紧抓不放等（英克尔斯，1995a）。同时，他在研究中特别分析了教育、工厂等现代制度对个体现代性的影响，并运用分析模型、主体模型和行为量度这三种检验方法进行了理论检验[①]。

在中文学术文献中，对个人现代性和个人传统性的关注最多的是台湾学者杨国枢等人。自 1960 年代末开始，台湾学者开始探讨台湾的个人现代性问题，并开启了当代中国人心理与行为的本土化研究。台湾学者认为，个人

[①] 值得指出的是，英克尔斯的这一研究有不容忽视的历史背景。1960 年代，美国经济处于持续增长时期，社会学也处于学科鼎盛时期，再加上美国六七十年代的指标运动，这一切都有可能对这项研究产生影响。

现代性指的就是个人现代化的内涵,"所谓个人现代性(以下有时简称现代性),是指现代化社会中个人所最常具有的一套认知态度、思想观念、价值取向以及行为模式"(杨国枢、黄光国,1989)。如杨国枢先生自己所说,这一探讨以 1985 年为界分为两个阶段,第一阶段主要是在西方早期现代化理论的导引下进行的有关研究,而第二阶段则更加全面地研究分析了有关现代化理论,并提出对现代性的研究应该在四个方面进行改变:一是从"对立"到"分离"。即传统性和现代性可能不是一个连续体的两极,而可能是各自独立的变量。二是从单向度到多向度,即传统性和现代性可能不是单维变量,可能是多维变量。三是从"单范畴"到"多范畴",即现代性和传统性可能在不同生活范围中是不同的,应在不同生活范围中加以测量。四是从"普同性"到"本土性",即现代性和传统性研究的重心可能应是本土性的,而不是普适性的(杨国枢,2004)。

在大陆地区,由于众所周知的原因,社会学直到 1980 年左右才逐步恢复。恢复重建后的社会学的研究主题在相当长的时间内更多的和社会发展问题以及伴随着改革开放出现的社会问题相关,较为理论化的问题以及有关西方社会学学术传统的系统梳理则是到了 1990 年代以后的事情。就个人现代性这一研究主题来说,英克尔斯的《人的现代化素质探索》一书直到 1995 年才由天津社会科学出版社组织翻译出版。由于种种原因,个人现代性和个人传统性的讨论在大陆并没有引起充分的讨论。

就作者的观点来看,英克尔斯的研究中存在一个不容忽视的问题,即它忽略了现代诸项制度带来的消极影响。在英克尔斯那里,现代化或者现代性无疑已经成为积极、进步的一个代名词。但如果我们从现代性作为人们的心态特征这一概念出发,异化、社会孤立、厌倦情绪等也是在现代社会发展过程中出现的重要现象,齐美尔在 20 世纪初有关货币和城市生活的分析是这方面研究的典型代表。另外,本文最初提到的杨国枢提出的四点批评十分中肯,也更加符合现实。特别重要的是,杨国枢等学者指出了本土性研究的必要。西方学者是在一种"古今"对比的结果中觉察到现代性的存在,因此他们看到的更多的是现代制度的影响;由于西方文化之间的相似性,文化的差异并没有彰显出来。但是当在一个非西方文化传统的国度中观察现代性问题时,文化背景的差异就变得突出,因而,不管是本土性的强调还是现代性与传统性的分离,在这种情况下都显得十分必要。

从思想观念的发展历程和现代制度的扩张影响两个方面入手观察当今中国社会，可以归纳出六种思潮，笔者分别称之为自由主义、个人主义、工具理性、民族主义、虚无主义和消费主义。① 这六种思潮是中国传统思想和文化与近代以来百年历史，尤其是改革开放以来的历史实践相互作用的产物，同时也是人们形成的观念、心态和行为模式的重要源头。从近年来出现的诸多网络事件中，我们都可以观察到其中透露出来的这六种思潮的影响。

二 量表的修订

个人现代性通常是由量表来进行测量。由于杨国枢等人在1980年代已经发展出了较为成熟的针对中国人的多元个人现代性和传统性量表，本文决定不再重起炉灶去自行设计有关量表，而是采取了一种修订的策略。具体来说，由于杨国枢等人发展的量表形成于1980年代，同时由于这些量表基于台湾当时的社会现状设定，有必要根据时代的变化和中国大陆的实际情况予以修订。表18-2列出了本研究中所设计量表与杨国枢先生等人在1980年代所用量表的比对情况。

和杨国枢等1980年代所使用的量表相比，本研究所使用的量表有如下几个特点。

一是从整体上说，本研究所使用的量表和严格心理学意义上的量表有所不同，更多的是一种变量测量，因此在题目的数量方面并未严格一致。

二是在杨国枢等人的个人传统性的测量中，除了"遵从权威"和"男性优越"这两项外，还有"孝亲敬祖""安分守成""宿命自保"等三项内容。但本研究中，除了"遵从权威"和"男性优越"这两项外，只包括"关系取向"。这样的原因主要在于，在笔者的博士论文研究设计中，个人现代性和传统性是作为自变量对待，因而笔者首先从理论上寻找和虚拟社区交往与表达相关的因素，这个时候，"孝亲敬祖"和"安分守成"的有关题目没有进入最初的量表测试过程中。并且，在本研究中的"关系取向"维度所包含的题目仅有部分和"宿命自保"量表中的题目相同，在既有题目上也增加了一些题目，从最终量表所包含的内容看，称其为"关系取向"更为恰当。

---

① 关于这六种思潮的讨论分析，详见作者博士论文《现代性与虚拟社区——虚拟社区交往和表达研究》，北京大学，2009。

表 18-2 本研究所用个人现代性与个人传统型量表的对比

	杨国枢(2004)		本项研究	
	内容	项目个数	内容	项目个数
个人传统性	遵从权威	15	遵从权威	12
	孝亲敬祖	15	—	—
	安分守成	15	—	—
	宿命自保	15	—	—
	男性优越	15	男性优越	12
	—	—	关系取向	8
个人现代性	平权开放	10	自由平等	12
	独立自顾	12	独立自我	12
	尊重感情	12	对婚姻和性的开放态度	12
	乐观进取	12	—	—
	两性平等	12	—	—
	—	—	工具理性	8
	—	—	虚无倾向	6

三是在杨国枢等人的个人现代性的测量中,"平权开放"和"两性平等"二者是独立的量表内容,但从本研究试调查的数据看,二者在因子分析中却是同属于一个维度,不能将其分开,这说明在平等理念方面,大陆人群对平等的内涵并没有做进一步的区分;考虑到本文的研究目标,这里仅保留了有关"平权开放"的有关项目,其所包含的项目也基本上由杨氏量表中的相应项目构成。"独立自顾"和"独立自我"的测量项目则基本一致,对"婚姻和性的开放态度"的项目大部分来自"尊重感情"量表,而"工具理性"和"虚无主义"则是由笔者另行设计的。

此外,个人现代性中并没有对消费主义和民族主义进行测量,这同样是因为在笔者的博士论文的分析对象中不涉及这两个变量。[①]

为了验证上述量表的有效性,笔者在开展正式调查之前对这些量表进行

[①] 但实际上,虚拟社区的表达包括了个人日常生活情感的表达和对社会事务态度的表达,后者在某些时候仍然和民族主义有关,但本人研究的虚拟社区表达没有包括这一类表达活动。

了试测①。试调查中个人现代性量表题目为 72 个,个人传统性题目为 41 个,经过因子分析并采取斜交旋转的方法,删除了个别鉴别力较低或因子负载较低的题目,最终确定了 3 个个人传统性量表和 5 个个人现代性量表。其中,个人传统性题目为 32 个,个人现代性题目为 50 个。各量表的题目如下。

表 18-3 遵从权威量表项目

题 号	内 容
173	要避免犯错误,最好的办法就是听长者的话。
174	父母所敬爱的人,子女也应该敬爱。
176	即使再有钱,买汽车的档次也不应该超过领导用车的档次。
177	开会讨论的时候,应该让领导和资历深的同事先讲。
178	强有力的领导比法律更重要。
179	为了整个家庭,家长的话大家都应该主动服从。
180	对于政府的法令,遵守就了,没有必要管它合理不合理。
181	如果自己的意见和大多数人不一致,最好不要讲出来。
182	孤男寡女不可同住一室,以免引起人家误会。
195	只要是为了家庭的幸福,个人利益应该做出牺牲。
196	子女的成就应该归功于父母。
197	人遇到不公平的待遇,能忍尽量忍,以免惹出更大的麻烦。

表 18-4 关系取向量表项目

题 号	内 容
184	我只是关心我的亲人和为数不多的朋友,别的人我不关心。
185	家人或者亲戚犯了法,应该尽力加以掩护,以免受到惩罚。
187	当亲戚和外面的人发生矛盾,不管怎样都应该向着亲戚。
188	当了官没有发财,可以说是不懂得把握机会。
190	违反交通规则后,如果能够找人说情,不受处罚,那是最好不过的。
191	为了在公家机关办事方便,给经办人送点红包不算是什么贿赂。
193	明哲保身,少管闲事,是立身处世的重要原则。
194	和过于讲原则的政府官员交朋友没有什么用,他不会帮你什么忙。

---

① 限于经费和研究目的,试调查仅在北京进行,并且样本总数只有 102 个,其中男性 40 名,女性 62 名。

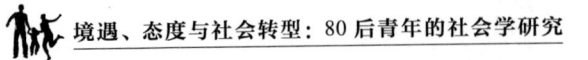

表 18-5　男性优越量表项目

题　号	内　容
200	夫妻意见不同时,妻子应该服从丈夫。
201	女人应该避免在外抛头露面。
202	男人是一家之主,家中的事情应该由丈夫作主。
203	妻子的喜怒好恶,应该尽量迎合丈夫。
204	管教子女时,妻子应该以丈夫的看法与方法为主。
205	女人的工作能力和效率,总是不如男人。
206	在性生活方面,男人应该比女人享有更多的自由。
207	女人的事业在家庭,已婚妇女不应该外出工作。
209	无论怎么说,女人还是不要参加政治的好。
210	新娘是不是处女很重要,丈夫对此计较是应当的。
211	女孩子不必要受太多教育,将来当好妻子和母亲就行了。
212	女儿长大以后总会出嫁,所以生女儿不如生男孩。

表 18-6　独立自我量表项目

题　号	内　容
99	个人有个人的生活,不用多与邻居打交道。
100	听到邻居夫妻吵架,只要事不关己,不必前去劝阻。
101	住在城市里认识的人较少,可以省掉很多不必要的人情往来。
102	家庭只是生活的一部分,不必花太多时间与家人相处。
103	不求名、不求利的生活态度已经过时,不值得再去提倡。
105	与异性朋友交往是自己的事情,用不着告诉父母。
106	子女结了婚,最好不要与父母住在一起。
107	尽管父母健在,但成年子女赚的钱应该属于自己。
108	为了追求个人的目标,即使得罪别人也没有关系。
109	人一辈子不结婚也可以过得很好。
112	政府或者单位搞思想政治教育其实很可笑。
141	子女在婚姻问题上可以不听父母的意见。

表 18-7　自由平等量表项目

题　号	内　容
111	一个没有竞争的社会不是一个好社会。
135	电影中有关男女间性的情节,如果是剧情需要,则不应该加以剪除。
138	如果子女觉得自己的想法合理,即使父母反对,也应该据理力争。
139	子女信仰的宗教与父母不同,父母应该容许。

续表

题 号	内 容
142	为了求学与就业,离开家乡去外地也没有什么关系。
143	情人节、圣诞节等西方节日过起来也很有意义。
144	政府官员犯了错,人们应该可以公开批评。
145	政府改革者与宣传家,应可以在公众场合演说。
146	政府或者单位都没有权利强迫个人做不情愿的事情。
147	如果老师有错,学生可以提出理由辩论。
148	报纸和电视对腐败案件的曝光应该力度更大一些。
155	人一辈子很多事情都说不清楚。

表 18-8 对婚姻和性的开放态度量表项目

题 号	内 容
116	彼此相爱就可以结婚,不必计较对方是否曾经和别人发生过性关系。
117	只要彼此相爱,婚前发生性关系也无所谓。
118	只要彼此相爱,女方年龄较大也可以结为夫妻。
119	与离过婚的人结婚,也没有什么不好。
120	与外国人结婚,并没有什么不好。
121	如果妻子的学历或者成就比丈夫高,丈夫也不必要感到羞愧。
122	女人大可不必因为被奸污而羞愧自杀。
123	只要彼此相爱就可以结婚,学历差距并不重要。
125	婚前同居有利于今后婚姻的稳定。
126	两个人一直同居但是不结婚也不错。
136	婚前同居是个人的选择,不应该受到限制。
137	如果婚姻生活太痛苦,则离婚是一个解决问题的办法。

表 18-9 工具理性量表项目

题 号	内 容
115	朋友聚会采取 AA 制平摊费用是最好的办法。
156	人活着要是没有理想,那就跟动物没有什么区别。
163	社会的发展最终要靠科技来推动。
166	一件事情如果事先不做计划,就不可能成功。
167	人都应该在年轻时为自己规划职业生涯,这样才能获得事业成功。
168	和别人打电话的时候应该尽量简短,一句多余的话都不要讲。
169	上班的人不应该在办公室打私人电话。
171	如果可能,应该把下一周或者更长时间内的事情都安排好。

表 18-10　虚无倾向量表项目

题号	内容
157	孝顺不孝顺,没什么关系。
158	政府其实没有什么作用。
159	世界上根本不存在什么爱情,男女在一起只不过是为了性的满足而已。
160	美丑善恶都只是教育人们的一些说法而已。
161	现在我们知道的历史都是人编写出来的,未必可信。
162	只要能挣钱,没有什么不能干的。

第三节　80后网民的个人现代性和传统性

本项研究所用数据来自2008年1月进行的一项四城市（北京、深圳、绵阳、济宁）网民行为和态度研究,① 调查对象是在1948年1月1日和1990年1月1日之间出生的非学生网民,其中的青年网民群体属于我们通常所言的80后青少年中的非学生部分。经数据清理,共获得有效样本997个。样本中,男性493名,女性504名；18~24岁者266名,25~30岁者324名,31~35岁者148名,36~40岁者123名,41~50岁者96名,51~60岁者37名；② 未婚473名,已婚（含再婚和丧偶）者524名。由于有3名被调查者年龄缺失,最终进入本项分析的样本为994个。

一　80后网民的个人现代性和传统性描述

此处我们首先对网民在这些测量项目的回答上进行分析,从而获得对个人现代性的直观认识,同时帮助我们建立起个人现代性和各类网络现象之间关联的理解。分析的方法是对80后群体在各量表上的得分进行描述,并在必要时和80前群体进行比较。③

---

① 关于调查实施的具体方面,请参见作者博士论文。
② 有三名调查者没有提供年龄。
③ 这是分析李克特量表测量结果的通常做法,但这种做法只适用于单一性质的群体,对于具有异质性的群体来说,这样的做法有潜在的风险,一般是采取分组法验证量表在不同群体之间的等同性之后才能这样做。

第十八章 80后网民的个人传统性及现代性

在调查中，我们对每个量表的每个项目都设计了六个选项，分别是"非常不同意""基本上不同意""不知道""基本同意""比较同意""非常同意"，在数据处理时分别将上述六个选项赋值1~6。通过将各个量表的得分加总，得到个人现代性五个维度上的得分。

表18-11列出了80后群体在各个量表上的得分统计情况。从理论上说，在各个维度上的最低得分等于量表中项目的个数，而最高得分则等于项目个数的6倍。表中的数据表明，80后在"独立自主""自由平等""虚无主义""工具理性"以及"对婚姻和性的开放态度"等五个维度上的得分分别为40.76、53.17、15.14、33.02和47.93，各维度内的项目平均得分分别为3.40、4.43、2.52、4.13和3.99。从上述数据可以看出，80后网民在自由平等方面的赞同度最高，其次是工具理性，再次是对婚姻和性的开放态度，复次是独立自住，而在虚无主义方面的赞同度则最低。

表18-11 80后群体的个人现代性得分

	N	项目数	最小值	最大值	平均值	标准差	项目平均得分
独立自主	590	12	14.00	70.00	40.76	8.95	3.40
自由平等	590	12	20.00	72.00	53.17	8.83	4.43
虚无主义	590	6	6.00	31.00	15.14	5.43	2.52
工具理性	590	8	12.00	48.00	33.02	5.79	4.13
对婚姻和性的开放态度	590	12	21.00	72.00	47.93	8.70	3.99

表18-12列出了80前群体在各个量表上的得分统计情况。和80后群体的得分相比，80前群体在"自由平等"方面得分略低，而在"独立自主"方面得分略高，其余的方面差别较小；并且，各维度的项目平均得分排序和80后一样。

表18-12 80前群体的个人现代性得分

	N	项目数	最小值	最大值	平均值	标准差	项目平均得分
独立自主	404	12	13.00	68.00	41.11	7.54	3.43
自由平等	404	12	20.00	72.00	51.25	9.49	4.27
虚无主义	404	6	6.00	29.00	15.32	5.10	2.55
工具理性	404	8	14.00	48.00	32.99	6.46	4.12
对婚姻和性的开放态度	404	12	21.00	71.00	47.85	8.75	3.99

个人传统性的测量方法类似于个人现代性。表 18-13 中的数据表明，80 后群体在"关系取向""男权优越"和"遵从权威"方面的平均得分依次为 26.15、30.41 和 41.28，各量表的项目平均得分则分别为 3.27、2.53 和 3.44。从这一情况可以看出，80 后网民在"关系取向"和"遵从权威"方面基本上是持赞成态度，但在"男权优越"方面的认同程度较低。如果以项目平均得分为标准，赞成程度的高低排序依次为"遵从权威""关系取向"和"男权优越"。

表 18-13 80 后群体的个人传统性

	N	项目数	最小值	最大值	平均值	标准差	项目平均得分
关系取向	590	8	8.00	45.00	26.15	6.35	3.27
男权优越	590	12	12.00	72.00	30.41	11.85	2.53
遵从权威	590	12	18.00	68.00	41.28	7.22	3.44

表 18-14 则列出了 80 前群体的基本情况。从表中的数据看，80 前群体在"关系取向""男权优越"和"遵从权威"方面的平均得分依次为 27.01、32.02 和 42.02，分别高于 80 后群体在这三个量表上的得分。不过，按项目平均得分高低进行赞成程度排序的结果和 80 后一样。

表 18-14 80 前群体的个人传统性

	N	项目数	最小值	最大值	平均值	标准差	项目平均得分
关系取向	404	8	8	46	27.01	6.71	3.38
男权优越	404	12	12	67	32.02	11.47	2.69
遵从权威	404	12	24	54	42.99	7.66	3.58

上述关于个人现代性和个人传统性的描述分析显示，80 后群体和 80 前群体之间存在着一定的差别。但从严格的测量角度来说，仅凭这一描述分析并不能得出结论说二者之间的差别是有意义的。这是因为，个人现代性和个人传统性的各个量表对于 80 后和 80 前群体来说的测量效度可能是不同的。要想证明二者之间的差距是真实有效的，更好的办法是引用多组验证性因子分析来展开进一步的分析。

二 多组验证性因子分析简介

多组验证性因子分析一般分为两类：第一类，一是检验各组的因子结构是否相同，二是检验各组的因子均值是否相同；第二类分析和传统的方差分析相似。就本研究来讲，我们希望确定个人现代性和个人传统性量表的测量项目对于80后和80前是否同样有效；[①] 并且，在有效的基础上可以检测各项目在因子上的负荷是否等同以及因子得分是否相同。

为了实现上述目标，我们首先分析模型的形态对于80后和80前来说是否相同，包括因子的数量和因子的从属样式（pattern）。简单来说，模型形态相同意味着对于80后群体和80前群体来说，个人传统性和个人现代性有同样的因子个数，并且每个因子所包含的测量项目也相同，因子负荷（LX）是否固定、因子方差（PH）和误差方差（TD）的元素是固定还是自由估计这样一些事项在80后群体和80前群体中是一致的。[②] 下面以个人传统型因子模型的分析为例来说明如何进行有关分析。

假设 $M_{T,Y}$ 是80后群体的个人传统性最佳拟合模型，而 $M_{T,O}$ 是80前群体的个人传统性最佳拟合模型，$M_{T,T}$ 表示对80后群体和80前群体的共同拟合模型。显然，$M_{T,T}$ 对两个群体的拟合优度不会好于 $M_{T,Y}$ 和 $M_{T,O}$。但是，如果用 $M_{T,T}$ 拟合两个群体和分别用 $M_{Y,T}$ 和 $M_{O,T}$ 去各自拟合的差别不是很大，那么我们则认为，$M_{T,T}$ 是有意义的。

如果 $M_{T,T}$ 能够较好地同时拟合80后群体和80前群体，那么我们需要进一步判断在两个群体之间，因子的负荷是否相等。也即是说，对于某个因子，比如说因子1，是否80后群体的 LX 1 1 与80前群体对应的 LX 1 1 相等。这一检验利用模型卡方变化量（$\Delta \chi^2$）和自由度（df）的变化来进行判断。具体地说，设模型 $M_{T,T}$ 用于80后群体时有 $\chi^2_{T,Y}$，自由度为 $df_{T,Y}$，用于80前群体时有 $\chi^2_{T,O}$，自由度为 $df_{T,O}$，且有 $df_{T,O} = df_{T,Y}$；加上负荷相等条件后，80后群体和80前群体拟合模型的卡方值分别为 $\chi^2_{T,Y(R)}$ 和 $\chi^2_{T,O(R)}$，自由度为 $df_{T,Y(R)}$ 和 $df_{T,O(R)}$，卡方的变化量为 $\chi^2_{T,Y(R)} + \chi^2_{T,O(R)} - \chi^2_{T,Y} - \chi^2_{T,O}$，

[①] 为了进行这样的分析，我们将调查时年龄在30岁以下（含30岁）也即是1978年1月1日以后出生的划分为青年网民群体（以下简称80后群体），而将1978年1月1日以前出生的划分为年长网民群体（以下简称80前群体）。

[②] 本项分析所使用的软件为 LISREL8.70。正文中所用的标记符号为 LISREL 软件的符号系统。

自由度的变化则为 $df_{T,Y(R)} + df_{T,O(R)} - 2 df_{T,Y}$。按照通行的模型比较思路，如果这一限定是有意义的，也即是说，可以认为对两个模型的各因子负荷是相同的，那么对于这一自由度增加所带来的卡方增量不应该太大（显著），这样模型才可以说是得到了优化；而如果卡方的增量过大，达到了显著程度，则认为作出这样的设定是不合理的，从而反过来支持二者负荷不等同的模型。[①]

在验证两个模型的因子负荷是否等同后，面临两种可能，一是如果二者等同，则可以进一步验证二者的因子相关和误差是否等同，并考虑进一步进行因子均值结构分析；如果二者不等同，则可以对不等同的情况进行进一步分析，并找出导致不等同的原因。

三 个人传统性分组比较

表 18-15 列出了对个人传统性的各种模型估计情况。其中，$M0_{T,Y}$ 是对 80 后群体（N=590）进行的单独拟合，$M0_{T,O}$ 是对 80 前群体（N=404）进行的单独拟合，$M1_T$ 是用同一模型并且不加任何限制对两组同时进行拟合的情况，而 $M2_T$ 则是用同一模型估计但是加上负荷等同这一限制条件的拟合。

表 18-15　个人传统性多组验证模型的拟合情况

编号	模型描述	df	卡方	RMSEA	NNFI	CFI
$M0_{T,Y}$	80 后群体单独估计	461	1643.71	0.069	0.92	0.92
$M0_{T,O}$	80 前群体单独估计	461	1363.95	0.073	0.91	0.92
$M1_T$	两组同时估计但不设限制	922	3007.66	0.071	0.92	0.92
$M2_T$	两组同时估计，负荷等同	951	3057.45	0.070	0.92	0.92
$M3_T$	负荷、因子相关和误差方差全相同	989	3133.35	0.069	0.92	0.92
$M4_T$	均值结构模型（未限定等同）	1018	3228.85	0.070	0.92	0.92
$M5_T$	均值结构模型（限定等同）	1021	3243.56	0.070	0.92	0.92

从表中可以看出，$M0_{T,Y}$ 和 $M0_{T,O}$ 的模型自由度均为 461，自由度则分别为 1643.71 和 1363.95；二者自由度之和恰好等于 M1T 的自由度，二者卡方

[①] 也有部分学者认为，从经验上看，只要 $\Delta\chi^2/\Delta df$ 小于 5，就可以认为两个嵌套模型之间等同（侯杰泰，2002：115）。这是一种更为宽松的标准。

之和也刚好等于 $M1_T$ 的卡方。从 RMSEA、NNFI 和 CFI 这三个指标看，无论是单独的拟合，还是同时的多组验证，拟合结果均较为满意。这说明，个人传统性量表的因子从属样式 80 后群体和 80 前群体基本上是一样的。加入负荷等同的结果后发现，$M2_T$ 的自由度较之模型 $M1_T$ 增加了 29，卡方则增加了 49.79，也即是平均每增加一个自由度导致了 1.72 的卡方增幅；由于对应的卡方临界值 $\chi^2_{(29,0.01)}$ 为 49.59，从统计上看这一增量是统计显著的。不过，正如许多研究者指出的那样，卡方增量不是判断模型是否有意义的唯一标准。从本例的情况来看，$M2_T$ 和 $M1_T$ 相比，各个拟合优度指标基本毫无差别，其中 RESEA 甚至还低于 $M1_T$。因此，在这里，笔者认为应该接受 80 后群体和 80 前群体在个人现代性因子负荷上无差别的假设。

在认定因子负荷无差别后，我们继续进行检验。在 $M3_T$ 中，我们假设 80 后群体和 80 前群体的因子负荷、因子相关和误差方差均等同。结果卡方增加了 125.69，自由度增加了 67，平均每增加一个自由度导致了 1.88 的卡方增幅；由于对应的卡方临界值 $\chi^2_{(67,0.01)}$ 为 96.83，这一卡方增量水平超出了临界值；但基于前面所述的考虑，我们仍然接受 $M3_T$ 和 $M1_T$ 之间没有差别的假设。

$M4_T$ 进行均值无差别的检验。我们假定 80 后群体的三个因子值为 0，而 80 前群体的三个因子值分别为 0.127、0.097 和 0.135，其对应的 t 检验值分别为 3.536、2.025 和 2.304，均大于 2，表明两个组别之间存在差异。

进一步的，模型 $M5_T$ 设定因子值等同后，卡方较之 $M4_T$ 增加了 14.71，但自由度只增加了 3，每一个自由度增加导致的卡方增幅超过了 4.9。因此，我们拒绝认为 $M5_T$ 和 $M4_T$ 不存在差别的假设，也即是说，因子均值不等。

综合上述情况，可以得出结论说，个人传统型的测量对于 80 后群体和 80 前群体来说是同样有效的。从 $M4_T$ 可以得知，80 前群体的个人传统性在三个维度上均强于 80 后群体。

四 个人现代性分组比较

表 18-16 列出了对个人现代性的各种模型估计情况。其中，$M0_{M,Y}$ 是对 80 后群体（N=590）进行的单独拟合，$M0_{M,O}$ 是对 80 前群体（N=404）进行的单独拟合，$M1_{M,Y}$ 是用同一模型并且不加任何限制对两组同时进行拟合，而 $M2_{M,Y}$ 则是用同一模型估计但加上负荷等同这一限制条件进行拟合。

表 18-16　个人现代性多组验证模型的拟合情况

编号	模型描述	df	卡方	RMSEA	NNFI	CFI
$M0_{M,Y}$	80 后群体单独估计	1165	3604.44	0.063	0.88	0.89
$M0_{M,O}$	80 前群体单独估计	1165	2933.20	0.065	0.90	0.91
$M1_M$	两组同时估计但不设限制	2330	6537.64	0.064	0.89	0.90
$M2_M$	两组同时估计，所有负荷等同	2375	7018.01	0.069	0.88	0.89
$M3_M$	仅"平等倾向""虚无倾向"负荷等同	2346	6564.42	0.064	0.89	0.90
$M4_M$	仅"平等倾向""虚无倾向"负荷等同、所有因子相关等同、误差方差等同	2411	6767.78	0.065	0.89	0.90
$M5_M$	仅"平等倾向""虚无倾向"负荷等同，所有因子相关等同、误差方差等同、截距等同	2461	6962.89	0.065	0.89	0.89
$M6_M$	仅"平等倾向""虚无倾向"负荷等同，所有因子的误差方差等同、因子相关等同、截距等同、均值结构模型（未限定等同）	2456	6914.12	0.065	0.89	0.89
$M7_M$	"平等倾向""虚无倾向"负荷等同，所有因子相关等同、均值结构模型（限定等同）	2461	6940.30	0.065	0.89	0.89

从表 18-16 中可以看出，$M0_{M,Y}$ 和 $M0_{M,O}$ 的模型自由度均为 1165，卡方值则分别为 3604.44 和 2933.20；二者自由度之和恰好等于 $M1_M$ 的自由度，二者的卡方之和也刚好等于 $M1_M$ 的卡方度。从 RMSEA、NNFI 和 CFI 这三个指标看，无论是单独的拟合，还是同时的多组验证，拟合结果均基本满意。这说明，根据试调查得出的个人现代性量表结构是合理的。不过，加入负荷等同的结果后发现，$M2_M$ 的自由度较之模型 $M1_M$ 增加了 45，卡方则大幅度地增加了 480.37，由于自由度为 45 的卡方分布临界值为 $\chi^2_{(45,0.01)} = 60.96$，所以可以看到这一增量是极其显著的。由此表明，个人现代性量表的因子从属模式对 80 后群体和 80 前群体都适用，但总体上来说，因子负荷不等同。

为了确认到底是哪些因子的负荷在 80 后群体和 80 前群体之间不等同，我们分别对这五个因子单独进行分组验证比较，验证的方法和个人现代性整体测量模型的比较类似，比较结果表明，"自由平等""虚无主义"这两个因子的因子负荷在两个群体之间是等同的。而其余三个因子的因子负荷在两个群体之间不等同。有关验证的结果见表 18-17。

表 18-17　个人现代性各因子单独的分组检验比较

因子	模型描述	df	卡方	RMSEA	NNFI	CFI
独立自主	两组同时估计但不设限制	106	517.42	0.092	0.83	0.86
	两组同时估计,所有负荷等同	118	568.46	0.093	0.83	0.85
自由平等	两组同时估计但不设限制	106	358.64	0.071	0.95	0.96
	两组同时估计,所有负荷等同	118	376.49	0.068	0.96	0.96
对婚姻和性的开放态度	两组同时估计但不设限制	106	741.720	0.070	0.83	0.87
	两组同时估计,所有负荷等同	118	856.32	0.084	0.83	0.84
工具理性	两组同时估计但不设限制	38	178.339	0.091	0.90	0.93
	两组同时估计,所有负荷等同	46	362.73	0.116	0.81	0.84
虚无倾向	两组同时估计但不设限制	16	58.24	0.072	0.95	0.97
	两组同时估计,所有负荷等同	22	64.82	0.062	0.96	0.97

根据这种情况，我们进一步观察 $M0_{M,Y}$ 和 $M0_{M,O}$ 的输出结果，发现其他三个因子在不少测量项目的负荷也十分接近，仅部分测量项目上的负荷有一定差异，在这种情况下，我们试图采取一种部分测量相同（partial metric invariance）的模型进行因子均值比较。所谓部分测量相同是指仅限定部分元素等同的情况下，对模型因子结果进行的分析。① 有关因子均值比较的情况 $M3_M$ 拟合了"平等倾向""虚无倾向"负荷同时等同的情况。结果是，相对于 $M1_M$ 来说，模型自由度增加了 16，卡方增加了 26.78，卡方增长量小于对应的临界值 $\chi^2_{(16,0.01)} = 32$。因此我们接受 $M3_M$，即可以认为"平等倾向""虚无倾向"的负荷均相同。

$M4_M$ 拟合仅"平等倾向""虚无倾向"负荷等同，但所有因子相关和误差方差等同的情况；$M5_M$ 在 $M4_M$ 基础上进一步限制截距等同，$M6_M$ 则是要求了因子均值自由估计。$M7_M$ 则进一步检验了 80 后群体和 80 前群体因子均值等同的假设。

从拟合的情况看，相对于 $M3_M$ 来说，模型的拟合优度指数 RESEA、NNFI、CFI 均没有太大变化，但卡方的增长较快。如果我们不将卡方作为验证模型的唯一标准，则可以认为这几个模型都可以接受。不过，在 $M7_M$ 中，

---

① 按照 Vandenberg 和 Lance（2000）的建议，这种比较应该在部分题目负荷不等的情况下进行，并且应该有较强的理论依据。笔者认为本研究的情况正是处于这样一种情况。

模型设定了青年组的各因子均值为零,对年长组进行了估计,结果发现,"独立自主""自由平等""对婚姻和性的开放态度""工具理性",以及"虚无倾向"等五个因子的均值分别为 0.084, -0.115, 0.038, 0.029, 0.015,其对应的 t 检验值分别为 1.407, -2.794, 0.870, 0.761 和 0.256。这一结果表明,80 后群体在"自由平等"方面比 80 前群体有更强的倾向,而在其他四个方面,二者没有统计上的显著差别。

结　　语

一　关于中国当代的个人现代性

通过多组验证性因子分析,我们发现,在个人传统性方面,80 后群体和 80 前群体在个人现代性的因子从属模式也是一致的,但各个成分的作用大小存在轻微不一致的情况。80 后群体在"遵从权威""关系取向""男性优越"方面的因子得分均低于 80 前群体,其差异具有统计上的显著性,这说明青年的个人传统性相对较弱。而在个人现代性方面,研究发现 80 后群体和 80 前群体在个人现代性的因子从属模式也是一致的,80 后群体和 80 前群体在"自由平等""虚无主义"方面的因子负荷等同,但在"独立自我""对婚姻和性的开放态度"以及"工具理性"方面的因子负荷不等同。采用部分测量相同的方法对个人现代性因子均值进行检验表明,80 后群体在"自由平等"方面的倾向更强,而在其他四个方面与 80 前群体没有差别。

上述多组验证性因子分析的结果是意味深长的。可以说,这样一种结果恰好展现了半个多世纪以来社会变迁的影响。1949 年以来,大陆传统文化实际上受到了正统意识形态和现代西方思想的双重冲击,从而在很大程度上导致传统文化的式微,这也是 80 后群体在个人传统性方面弱于 80 前群体的重要原因。而就个人现代性来说,80 后群体和 80 前群体几乎同时面对并经历了 1978 年以后的改革开放,本研究中的调查对象年龄最大为 60 岁(2008年 1 月时),也即是说,在 1978 年时,这批人年龄最大才 30 岁,恰恰是在他们生命的壮年时期和改革开放来了一次彻底拥抱。而 1978 年以后发生的各种经济和社会事件,包括经济上的市场化,单位体制改革,住房、医疗、教育的改革以及新启蒙运动,对这一批人也是有着直接的影响,而青年人也正好同样地成长于这一环境之中。从可感知的社会现实来说,个人主义蔓延、社会道德滑坡、拜金主义盛行、政治信任式微、家庭责任感的弱化乃至两性情感的变质等种种现象都在这一阶段出现，80后群体和80前群体一样都未能逃脱这一大潮的席卷，二者在个人现代性因子均值上的总体相同恰恰反映了这样一种趋势。而作为青年人在"自由平等"方面得分更高，则可以归因于80后群体的总体社会地位较低，从而更容易具有追求自由和平等的倾向。

上述对个人现代性的这一番考察还给我们另外一个启示，即正如modern一词在西文中最早意味着"新的"一样，个人现代性是意味着当代社会（目前来说是工业社会和后工业社会）中的心态特征，这样一种心态特征是社会进程留在个体身上的痕迹。即使我们同意吉登斯的说法——"现代性指社会生活组织模式，大约17世纪出现在欧洲，并且在后来的岁月里，程度不同地在世界范围内产生着影响"，在分析个人现代性的时候，我们还是应该在这一过程中注意本土社会变迁的特质，并在用现代性分析"古""今"差异的过程中审慎地把握本土社会文化因素所发挥的作用。

二 个人现代性与网络潮流

笔者无意说网民的个人现代性决定了他们如何使用网络，但笔者的确主张网民的个人现代性因素对中国当下的网络发展有着不可忽视的影响。

拿自由平等倾向来说，20世纪初，西方自由主义传入中国；1980年代的新启蒙运动和改革开放则再次开启了自由主义的传播，其集中体现在政治自由主义和文化自由主义。从政治自由主义来说，新启蒙运动对"文化大革命"期间的集权主义提出了深刻的反思和批判，其最直接的后果是促进了对右派的平反，此外，民主作风在各种组织中得到了倡导和施行，一系列保障公民权利的法律和政策得以制定颁布，其中具有象征意义的是《中华人民共和国行政诉讼法》的颁布施行，这意味着在具有2000余年封建历史的中国社会中，"民告官"第一次有了制度上的合法性，其中所蕴含的政治自由主义意义不言而喻。文化自由主义的表现更为丰富，从喇叭裤、墨镜、长发、迪斯科音乐等时尚在青年人中的流行，一直到1990年代以来的婚前性行为、未婚同居现象的流行以及同性恋的相对公开化都显示了文化自由主义的影响。值得注意的是，上述历史进程在中国恰恰出现在互联网进入民用之前。因此，观察中国互联网的发展无法离开这样一个宏观的社会历史背景。以这几年最为突出的网络群体事件来说，往往是一个普通的日常案件最终演化成引起全国范围关注的事件（比如说，邓玉娇案、南京天价烟局长事件），恰恰是体现了这样一种社会历史背景的影响。在个人现代性的量表中，网民（包括80后和80前）在"政府官员犯了错，人们应该可以公开批评""报纸和电视对腐败案件的曝光应该力度更大一些"等问题上的赞成程度均较高，充分显示了网民对类似事件的态度，这也说明了为什么网络舆论监督在当前中国社会中成为互联网的一个重要功能。

再拿消费主义来说，从当前的一系列网络现象中可以看到消费主义的踪影。按照费瑟斯通的观点，在消费文化研究中，有三种值得关注的理论：一是从资本主义消费生产扩张的角度出发去观察闲暇及消费活动的增长，这一理论的代表人物是霍克海默（Max Horkheimer）与阿多诺（Theodor Ludwig Wiesengrund Adorno）、马尔库塞（Herbert Marcus）等人，其关注点在于消费是如何被有效地组织起来的；第二种是将消费活动作为一种社会地位的建构方式，也即是凡勃伦（Thorstein Veblen）、布迪厄（Pierre Bourdieu）以及波德里亚有关论述意义上的消费；第三种则是关心消费本身带来的情感快乐和欲望等问题，这种观点强调大众文化中越轨、反抗和狂欢的传统，消费的意涵和狂欢节、节日盛会、烈性酒、淫乱的性关系紧密相连，从而成为大众对正统文化象征性颠覆以及表达情感宣泄的手段（费瑟斯通，2000：13~22）。在中文中，消费主义这一字眼更多的带有崇尚消费的意涵，因而人们更多的是在后两种含义上使用这一概念。近年来出现的一系列网络事件为消费主义的斛殇提供了丰富的注脚。就炫耀性消费来说，不管是2008年第一桩引发全国关注的"兰董事件"，① 还是2011年闹得沸沸扬扬的郭美美事件② 以及贵州锦屏县副县长女儿炫富门，③ 起因无一例外都是炫富；而就大众文化的越轨来说，早年的木子美④、美女作家的身体写作⑤，近年在网络

---

① 参见http://news.sina.com.cn/s/2008-05-04/083615471871.shtml，最后访问时间：2013年10月8日。
② 参见http://news.sina.com.cn/c/sd/2011-07-06/132322766764.shtml，最后访问时间：2013年10月8日。
③ 参见http://news.sina.com.cn/s/2011-09-29/105423237470.shtml，最后访问时间：2013年10月8日。
④ 木子美是一名年轻的中国女性网民，2003年在网络上公布了自己的性爱日记，引起舆论关注。
⑤ 主要包括卫慧、棉棉、九丹等，其作品包括《上海宝贝》《糖》《凤凰》等。

上频频曝光的各种不雅自拍"门",都表明费瑟斯通所称的第三种消费主义在中国正大行其道。

回到本章讨论的主题,个人现代性实际上是现代社会中人们心态的反映。从根本上说,它是社会生产和社会生活在个体身上的折射,当这种折射进一步转化为影响人们的社会实践要素时,整个历史前进的方向就再次转向。笔者博士论文前言中曾有这样一句话,"在信息技术的引领下,人们不仅仅继续改变着这个世界,而且改变着对这个世界图景的理解和应对这个世界的策略。这些新的理解和策略反过来和信息技术一起,继续不断地形塑这个世界"。或许,个人现代性对大众来说是一个陌生的名词,对学术界来说也不再是一个主流或者说流行的概念工具,但是当我们再次审视中国互联网的发展并关注网民的动向时,我们也许不得不承认,要达到对中国互联网现状的理解,个人现代性的确是一个无法忽略的分析视角和要素。

参考文献

阿历克斯·英克尔斯,1995,《迈向现代化》,何欣译,黎明文化事业公司出版。

阿历克斯·英克尔斯,1995,《人的现代化素质探索》,曹中德等译,天津社会科学院出版社。

马泰·卡林内斯库,2002,《现代性的五副面孔——现代主义、先锋派、颓废、媚俗艺术、后现代主义》,顾爱彬、李瑞华译,商务印书馆。

马歇尔·伯曼,2003,《一切坚固的东西都烟消云散了——现代性体验》,徐大建、张辑译,商务印书馆。

安东尼·吉登斯,2000,《现代性的后果》,田禾译,译林出版社。

安东尼·吉登斯,1998,《现代性与自我认同——现代晚期的自我与社会》,赵旭东,方文译,三联书店。

戴维·弗里斯比,2003,《现代性的碎片》,卢晖临、周怡、李林艳译,商务印书馆。

郭茂灿,2004,《虚拟社区的规则及其服从——以天涯社区为例》,《社会学研究》第2期。

斯图加特·霍尔,2006,《现代性的多重建构》,中国人民大学出版社。

陈嘉明,2006,《现代性的虚无主义》,《南京大学学报》第3期。

陈劲松,2001,《现实社会中的虚拟社区的权威达成》,《社会科学研究》第4期。

费孝通,1998,《乡土中国》,北京大学出版社。

迈克·费瑟斯通,2000,《消费文化与后现代主义》,刘精明译,译林出版社。

候杰泰等,2002,《结构方程模型及其应用》,教育科学出版社。

黄发友，2006，《虚无主义与当代中国文学》，《文艺与争鸣》第4期。

黄方铭（中国台湾），2005，《结构方程模型模式：理论与应用》，中国税务出版社。

刘柳，2006，《虚拟社区中的人际互动》，《南京邮电大学学报·社会科学版》第2期。

刘小枫选编，1999，《舍勒选集》，三联书店。

汪晖，2004，《现代中国思想的兴起》，三联书店。

吴冠军，2002，《多元的现代性》，三联书店。

谢立中，2001，《现代性及其相关概念词义辨析》，《北京大学学报（哲学社会科学版）》第5期。

杨国枢，2004，《中国人的心理与行为：本土化研究》，中国人民大学出版社。

杨国枢、黄光国，1989，《中国人的心理与行为》，（台湾）桂冠图书公司。

余虹，2006，《虚无主义——我们命运的深渊?》，《学术月刊》第7期。

中国互联网络信息中心（CNNIC），2011，《第28次中国互联网络发展状况统计报告》。

中国互联网络信息中心（CNNIC），2011，《中国青少年上网行为调查报告》。

周宪、许均主编，1999，《现代性研究译丛》，商务印书馆。

周宪主编，2006，《文化现代性精粹读本》，中国人民大学出版社。

周宪，2005，《审美现代性批判》，商务印书馆。

周宪主编，2005，《文化现代性与审美精神》，中国人民大学出版社。

Cunningham W. R., 1981, Ability Factor Structure Differences in Adulthood and Old Age, *Multivariate Behavioral Research.*

DiMaggio P., 2001, "Social Implications of the Internet", *Annual Review of Sociology.*

Gurak, L. J., 1999, "The Promise and the Peril of Social Action in Cyberspace: Ethos, Delivery, and Thee Protests over Market Place and the Clipper Chip", In *Communities in Cyberspace.*

Reid, E., 1999, "Virtual Worlds: Cultare and Imagination", in *Cyber Society: Computer-mediated Commun: Cation and Commuaity*, edited by steven G. Joues, pp. 164 – 185, Thausand Oak CA: sage.

Vandenberg, R. J. & Lance, C. E., 2000, "A Review and Synthesis of the Measurement Invariance Literature: Suggestions", *Organizational Research Methods.*

第十九章
80后政治信心的国别差异
——金砖国家与七国集团之间的一项比较研究

在世界上的许多国家,也许并没有80后这样一种称谓。但生于20世纪80年代的年轻人,正在走上世界舞台。这些80后将是我们这个星球未来的主人,然而他们在各自国家所表现出来的姿态,却各不相同。尤其是在最近几年,80后似乎越来越多地与骚乱和革命这样的词汇联系在了一起,从法国英国的城市失业族,到中东阿拉伯国家的"革命者",再到华尔街上的占领者们,我们都可以发现80后的身影。另一方面,我们也看到一些国家的80后在国际舞台上表现得越来越自信。作为承受经济社会政治剧烈变迁的一代人,青年一代的政治信念和政治信心将影响社会未来发展方向。国与国之间——尤其是新兴经济体和老牌经济强国之间——80后们的政治信心是否存在差别?如果存在,差别的来源又在哪里?这正是本章打算回答的问题。

第一节 金砖国家的兴起与七国集团的衰落

业已到来的2012年是一个选举年,世界上的许多国家都将产生新一届的政府或领导核心。人们一般认为,对政治机构的信心将影响人民的选择或政治力量的重组。不幸的是,在过去 20 多年里,政治学家和社会学家们一直在不停地声称,西方世界正在出现一场政治信心的危机。许多学者认为,这场危机在很大程度上与 1970 年代之后西方世界的经济繁荣开始消退有关(Lipset & Schneider, 1983; Klingemann, 1999; Newton, 1999)。尤其是最近几年,一些发达国家相继发生了大规模的由青少年为主体的骚乱——2005 年和 2007 年在法国、2011 年在英国,而 2011 年 10 月的"占领华尔街"行动中,也有大量的青年人参加。人们不禁要问,发达国家的青少年们(尤其是所谓的 80 后),对于政治机构的信心到底如何?一个有意思的对比是,对于那些正在经历经济腾飞的国家来说,那里的 80 后们对政治机构的信心状况又是如何?新兴经济体与发达工业国家之间是否存在差别?

本研究选择了七国集团和金砖国家分别作为发达工业国家和新兴经济体国家研究对象来回答这些问题。金砖国家由高盛集团经济学家 Jim O'Neill 在题为《全球需要更好的经济"金砖"》(O'Neill, 2001)中首次提出。在 2011 年 4 月于中国三亚召开的第三次峰会上,金砖国家的元首们决定接受南非加入,使得"金砖四国"成为"金砖国家"。在此之前,"四国"分别于 2009 年和 2010 年在叶卡特琳娜和巴西利亚召开会议。据悉,下一次的金砖国家会议将于 2012 年在印度举行,同时变成定期会议。值得注意的是,金砖国家直到 2009 年才举行第一次峰会,比"金砖四国"这个概念在 2001 年首次提出晚了 8 年,同时也是在全球金融危机席卷西方发达经济体的 2008 年之后,这绝不是一种偶然。尽管有一些西方观察家倾向于认为金砖国家是"海市蜃楼"(Armijo, 2007),但五国的元首似乎还是倾向于使用这个容易识别的标签来让人们相信世界政治多极化已经不可避免。

金砖国家的信心可能来自经济的增长。实际上"金砖国家"这个称呼广为流传,表明了全球经济权力正在从发达经济体的代表"七国集团"向发展中国家转移——尽管一些评论家在争论哪些国家更有资格成为新兴经济体的代表。①

---

① 例如,引自维基百科(n. wikipedia. org/wiki/BRIC),Jim O'Neill 在 2011 年投资展望峰会(于 2010 年 10 月 6~7 日举行)期间告诉路透社,仅仅拥有不到 5000 万人口的南非实在太小,难以作为一个经济实体进入金砖国家的行列。此外,在同一维基百科页面上,一位南非新兴市场专家 Martyn Davies 认为:中国希望在非洲站稳脚跟,邀请南非加入金砖国家的决定政治意义大于经济意义。更进一步说,将南非纳入金砖国家可能意味着南非将在全球舞台上更加支持中国。

虽然如此，不可否认的是这些国家总的领土面积超过全球的25%，拥有占全球40%的人口，在2010年时总的GDP达到11.539万亿。此外，这些国家还属于国民生产总值增长最快的新兴市场。

七国集团（Group of Seven，简称G7）是主要工业国家会晤和讨论政策的论坛，成员国包括加拿大、法国、德国、意大利、日本、英国和美国。20世纪70年代初，在第一次石油危机重创西方国家经济后，在法国倡议下，1975年11月，美、日、英、法、德、意六大工业国成立了六国集团，此后，加拿大在次年加入，七国集团就此诞生。1997年叶利钦当政时，俄罗斯的加入使得G7转变为G8。但在经济问题上，八国集团首脑会议依然保持七国体制。俄罗斯只能参与非经济议题，因此有滑稽的"G7+1"之称。在普京成为俄罗斯领导人之后，俄罗斯和"八国集团"其他成员之间的亲密程度大减；相反，与金砖国家的关系却热乎起来，因而在本文中不被纳入"发达工业国家"讨论。

表19-1展示了2006~2010年间七国集团和金砖国家的GDP总量、人均GDP和GDP年增长率三项主要经济指标。我们可以看到，七国集团在经济总量上大大超过了金砖五国：在2006年的时候，前者的GDP总量为284600亿美元，而后者只有60040亿美元；到了2010年，七国集团的GDP总量为318210亿美元，而金砖国家上升为115390亿美元，但仍不到前者的40%。虽然Goldman Sachs公司预测到2050年金砖国家GDP将上升为1283240亿美元，而七国集团将为660390美元，但这种预测能否实现仍然存在巨大争议。此外，我们还可以看到，在人均GDP上，金砖国家与七国集团的差距也很大，前者在2010年只有6859美元，而后者则达到了40922美元。

表19-1 七国集团与金砖国家主要经济与社会发展指标（调查年与2010年）

国别[1]	各调查年（与"世界价值观"调查年相同或接近）						2010年		
	GDP总量（亿美元）	人均GDP（美元）	GDP年平均增长速度（%）	基尼系数	高等教育总入学率（%）	教育公共开支总额占GDP的比例（%）	GDP总量（亿美元）	人均GDP（美元）	GDP年平均增长速度（%）
英　国	22800	37860	2.2	0.35（2004）[b]	59	11.8	22460	36100	1.3
加拿大	12790	39162	2.8	0.32（2004）[b]	62（2004）	12.6（2002）	15740	46148	3.1
法　国	22560	35558	2.5	0.28（2005）[b]	55	10.6	25600	39460	1.5

续表

国别[1]	各调查年（与"世界价值观"调查年相同或接近）						2010 年		
	GDP 总量（亿美元）	人均 GDP（美元）	GDP 年平均增长速度（%）	基尼系数	高等教育总入学率（%）	教育公共开支总额占 GDP 的比例（%）	GDP 总量（亿美元）	人均 GDP（美元）	GDP 年平均增长速度（%）
德 国	29190	35429	3.4	0.28(2004)[b]	46[a]	9.7	33100	40509	3.6
意大利	17780	30332	0.7	0.34(2004)[b]	64	9.2	20510	33917	1.3
日 本	45520	35627	1.9	0.32(2002)[c]	55	9.5	54980	43137	5.1
美 国	133360	44663	2.7	0.37(2004)[b]	81	14.7	145820	47184	2.9
巴 西	10880	5793	4	0.49[b]	34(2008)	16.2	20880	10710	7.5
俄罗斯	9890	6947	8.2	0.38(2005)[a]	73	12.9(2004)	14800	10440	4
印 度	12420	1105	9.8	0.37(2005)[a]	13	10.7(2003)	17290	1477	9.7
中 国	34940	2651	14.2	0.42(2005)[a]	22	3.23[d]	58790	4393	10.3
南 非	2860	5930	5.6	0.67(2006)[a]	15(2006)[a]	17.4	3640	7275	2.8
七国集团	284000	36947	2.3	0.32	60	11.2	318210	40922	2.7
金砖五国	70990	4485	8.4	0.47	31	12.1	115390	6859	6.86

注：数据年份，如无特别说明（以括号说明），均代表"世界价值观调查"中对应的年份，英国、日本和意大利是 2005 年，巴西、俄罗斯、加拿大、法国、美国、德国是 2006 年，中国、印度和南非是 2007 年。

资料来源：（1）GDP 总量、人均 GDP、GDP 年增长率、高等教育入学率和教育占 GDP 比重，如未说明，均来自世界银行世界发展指数（http://data.worldbank.org/indicator/）。

（2）上标为（a）的数据来源于 www3.weforum.org/docs/WEF_GlobalCompetitivenessReport_2010-11.pdf。

（3）上标为（b）的数据，来源于卢森堡收入研究数据库（Luxembourg Income Study Database）。

（4）上标为（c）的数据，来源于（Fukawa, 2006）。

（5）上标为（d）的数据，来源于科学网（http://news.sciencenet.cn/htmlnews/2011/4/246681.shtm）。

但是，必须指出的是，金砖五国的 GDP 增长率要比七国集团高很多。七国集团 2006 年和 2010 年的 GDP 年增长率在 2.6% 左右，而金砖国家平均达到了 7.96%（2006 年）和 6.86%（2010 年），其中，中国和印度的增长率更大达到了惊人的 9% 以上。事实上，除 2008 年金融危机导致的波动外，金砖国家自 2006 年以来一直在经历经济增长，领导人们表现得对开始扮演大国角色充满信心。人们很自然地会问，作为这些国家未来的主人，青少年们对政治的信心又如何？经济增长更快的国家与经济增长较慢的国家之间，是否存在截然的区别？民主国家与权威国家之间是否存在区别？更重要的是，影响青少年的信心差别的因素，在各个国家之间是否存在共性？

表 19-2 各国样本的年龄组构成（频次）[1]

国名	同龄组[2]						合计
	90后	80后	70后	60后	50后	40后及以上	
英 国	8	161	196	199	139	338	1041
加拿大	0	256	318	432	396	741	2143
法 国	0	153	190	168	167	323	1001
德 国	0	216	264	408	347	829	2064
意大利	0	128	175	213	182	314	1012
日 本	0	89	173	202	231	401	1096
美 国	0	145	222	234	259	389	1249
巴 西	0	375	333	300	231	260	1499
俄罗斯	22	464	341	393	384	429	2033
印 度	0	311	588	449	323	328	1999
中 国	0	232	382	541	462	398	2015
南 非	85	748	697	565	397	495	2987
合 计	115	3278	3879	4104	3518	5245	20139
（%）	0.6	16.3	19.3	20.4	17.5	26.0	100.0

注：（1）年龄组以出生年为准计算，每一组以 19×0 年为起始年，19×9 年为截止年。如 80 后即为 1980~1989 年出生的被访者。

（2）最小的被访者出生于 1990 年，最大的被访者出生于 1903 年。但被访当年年龄在 90 岁以上和 16 岁以下的被访者已从年龄组中删除。

受数据限制，本章不打算对七国集团和金砖国家青少年的政治信心做长期的跨年度跟踪，我们的分析仅限于 2005~2007 年。等到相关调查，比如"世界价值观调查" 2010~2011 年的调查数据公布之后，对全球金融危机前后金砖国家民众的政治信心做一个比较，也许是一个有意思的话题，但现在还不具备这样的客观数据条件。在本章的下一部分（section），我们将首先介绍我们的数据来源，以及样本的基本特征。接着，我们将对七国集团和金砖五国的被访者对政治机构的信心进行国别比较。在本章的第三部分，我们将从三个角度出发，对政治信心的国别差异进行解释。一是国家的宏观制度表现，二是微观的个人生活满意度，三是个体层面对威权主义的亲和度。最后在结论部分，我们将讨论这项研究所具有的理论和现实意义，以及将来继续研究的方向。

第二节　金砖国家与七国集团 80 后政治信心的国别差异

一　样本的基本人口与社会特征

我们选用了"世界价值观调查"目前所能得到的最新数据（2005~2008 年段）作为本章的数据来源。"世界价值观调查"（WVS）是调查人们的价值观和信仰的全球性研究项目。该项目是由全球社会学家组成的网络推动进行，他们自 1981 年开始，就在近百个具有代表性的国家展开调查。关于该调查的更多详情请登陆 http：//www.worldvaluessurvey.org。当然，各个国家的调查年份并不一致。其中，2005 年调查的是英国、日本和意大利，2006 年调查的是巴西、俄罗斯、加拿大、法国、美国、德国（其中，德国分为东德和西德两个部分调查，但我们进行了合并），2007 年调查的是中国、印度和南非。

我们将各年的数据进行了合并，同时删除了调查当年年龄在 16 岁以下和 90 岁以上的被访者。这样，最后的数据库中，有年龄的样本数为 20139。各个不同年龄组的被访者的构成，可参见表 19－2。在所有知道年龄的被访者中，115 人（0.6%）是 90 后（只出现在英国、俄罗斯和南非三国），有 3278 人（16.3%）是 80 后，3879 人（19.3%）是 70 后，4104 人是 60 后（占 20.4%），3518 人（占 17.5%）是 50 后，还有 5245 人出生于 1950 年之前，占到了全体样本的 26%。

接下来的表 19－3 展示了这 12 个国家被调查的 80 后的基本人口和社会特征。必须指出的是，这反映的仅仅是被调查样本的情况，而不是各国 80 后总体的分布状况。此外，受调查时被访者实际年龄的影响，一些国家的被访者的分布情况与实际有所出入。比如，美国的样本中高等教育水平者只占 3.4%，这可能与美国的样本中在职者的比例较高有关（占到了 74.4%）。

在就业方面，被访者中就业者比例最高的是美国（74.4%），其次是中国，达到了 70.1%；但其他国家除意大利和南非外，也都基本在 50% 上下。

表 19-3 样本的基本人口与社会特征

单位：%

		国名										合计
		七国集团						金砖国家				
		英国	加拿大	法国	德国	意大利	日本	美国	巴西	俄罗斯	印度	中国	南非	
性别	男性	54.0	46.1	47.1	42.6	50.0	44.9	42.1	42.1	56.7	56.6	41.4	53.5	49.6
教育程度(1)	初等	12.7	16.1	39.2	28.2	10.2	2.3	26.2	50.0	8.0	26.9	16.9	6.8	19.4
	中等	57.6	51.2	22.2	66.2	51.2	41.9	70.3	34.4	60.7	32.0	63.2	88.7	58.8
	高等	29.7	32.7	38.6	5.6	38.6	55.8	3.4	15.6	31.2	41.1	19.9	4.4	21.8
婚姻状况	单身	83.0	72.9	58.8	81.9	90.6	93.3	76.6	63.9	71.6	43.7	57.6	86.1	72.7
	已婚(含事实婚姻)	17.0	24.7	39.9	15.3	9.4	6.7	22.1	31.6	26.4	55.9	42.0	13.8	25.9
	离异与分居	.0	2.4	1.3	2.8	.0	.0	1.4	4.0	1.7	.0	.4	.1	1.3
	丧偶	.0	.0	.0	.0	.0	.0	.0	.5	.2	.3	.0	.0	.1
就业状况(2)	就业	54.1	57.0	47.1	40.0	28.3	62.2	74.4	45.2	40.7	49.8	70.1	24.3	43.6
	家庭主妇	7.5	4.7	5.2	4.0	1.7	1.2	10.3	8.2	6.7	.0	6.5	1.5	4.5
	学生	21.4	24.2	30.7	42.0	49.2	36.6	.0	18.5	46.3	28.8	17.8	39.6	32.1
	失业	17.0	14.1	17.0	14.0	20.8	.0	15.4	27.8	6.3	21.0	5.6	34.5	19.6

注：（1）教育程度使用的是"世界价值观调查"自身重新编码的教育水平变量。初等指的是小学及以下，中等指的是初中和高中水平的教育（含未完成学业），高等指的是大学及以上教育（含尚未完成学业者）。

（2）就业状况中原还有"退休"一项。极少数国家80后有个位数的被访者选择"退休"，均被视为误填删除。

资料来源：世界价值观调查 2005~2007 年。

失业者比例最高的是南非、巴西、印度和意大利，均在20%以上。俄罗斯和中国的样本中的失业者比例在10%以下，这应该与这两个国家样本中学生族的比例较高有关。

最后，我们可以发现，样本的性别比基本平衡，而大多数的80后被访者处于单身状态，各国单身比基本在60%上下，与这个年龄段的被访者的情况吻合。

二 政治信心的国别差异

我们在本章中所说的"政治信心"，亦即对政治机构的信心。在"世界价值观调查"中，问卷上的问题是："我准备提出一系列的组织，您对下面这些组织的信心（confidence）程度如何？"然后问卷列出了 16 个机构供被访者评估，既有政治机构，也有文化机构、社团、国际组织。每一个机构，被访者可以选择"非常有信心""比较有信心""不太有信心""非常没有信心"，赋值从 1~4。为了符合国人的理解习惯，我们对问卷赋值进行了颠倒，这样赋值越高表示越有信心。

我们选择了七个机构作为政治机构，它们分别是政府、议会、政党、警察、司法、公共服务与武装力量（军队）。为了与政治信心做参照，另有六个组织被我们选为"社会机构"，它们分别为工会、电视、出版界、宗教组织、环境保护运动以及慈善或人道主义组织。七国集团和金砖国家 80 后对这些机构的信心均值如表 19-4 和表 19-5 所示。

表 19-4　七国集团与金砖国家 80 后对政治机构的信心

信心项目	国别											合计
	七国集团							金砖国家				
	英国	加拿大	法国	德国	意大利	日本	美国	巴西	俄罗斯	印度	中国	南非	
政府[1]	2.30	2.41	2.02	1.98	2.09	1.95	2.37	2.33	2.27	2.59	3.22	2.91	2.49
	.81	.80	.83	.74	.63	.81	.75	.88	.85	.97	.70	.90	.92
议会	2.28	2.39	2.19	1.92	2.23	1.84	2.15	1.91	2.10	2.81	3.24	2.81	2.41
	.81	.75	.85	.74	.62	.74	.64	.81	.80	.96	.69	.89	.91
政党[2]	2.06	2.14	1.84	1.83	1.92	1.78	2.05	1.77	1.91	2.52	3.02	2.29	2.13
	.67	.75	.72	.68	.69	.69	.71	.78	.80	.99	.76	.89	.87
警察	2.77	2.98	2.70	2.74	2.77	2.44	2.80	2.33	2.14	2.83	2.96	2.67	2.63
	.93	.82	.93	.83	.60	.83	.79	.92	.87	.97	.74	.93	.92
司法	2.54	2.91	2.32	2.64	2.55	2.96	2.56	2.47	2.28	2.92	3.02	2.82	2.66
	.90	.83	.82	.89	.73	.71	.76	.93	.87	.94	.70	.89	.90
公共服务[3]	2.50	2.62	2.38	2.13	2.29	1.95	2.34	2.51	2.54	2.73	3.06	2.57	2.52
	.75	.69	.87	.70	.67	.77	.67	.83	.77	.97	.67	.80	.81
武装力量	2.83	2.82	2.73	2.45	2.59	2.70	3.04	2.76	2.65	3.27	3.14	2.72	2.80
	.85	.84	.92	.82	.70	.64	.82	.92	.91	.89	.67	.87	.88

注：（1）政府并没有区分中央（联邦）政府与地方政府。
（2）政党并没有对执政党和在野党做出区分。
（3）公共服务的英文原文是 civil service，在各国的含义并不完全一致，但都是政府机构提供的服务。
资料来源：世界价值观调查 2005~2007 年。表格中加粗的值为均值，未加粗的为标准差。均值越高，表示对特定政治机构的信心越强。

表 19-5 七国集团与金砖国家 80 后对社会机构的信心[1]

信心项目	国别												合计
	七国集团							金砖国家					
	英国	加拿大	法国	德国	意大利	日本	美国	巴西	俄罗斯	印度	中国	南非	
工会	2.22	2.47	2.30	2.18	2.28	2.35	2.28	2.39	2.14	2.58	2.73	2.46	2.38
	.80	.77	.83	.75	.69	.70	.79	.85	.79	.99	.76	.89	.85
电视	2.27	2.26	2.03	2.25	1.93	2.86	2.15	2.14	2.43	3.01	2.72	2.99	2.51
	.76	.80	.76	.74	.63	.68	.77	.81	.79	.85	.78	.82	.87
出版界	1.88	2.16	2.18	2.20	2.23	2.93	2.11	2.14	2.24	3.16	2.70	2.67	2.42
	.71	.79	.73	.69	.67	.63	.77	.84	.83	.78	.86	.87	
宗教领袖[1]	2.35	2.63	2.19	1.99	2.66	1.46	2.86	3.00	2.70	3.31	2.25	3.30	2.79
	.90	.91	.98	.85	.82	.55	.94	.84	.95	.86	.88	.83	1.00
环境保护运动	2.54	2.96	2.79	2.61	2.78	2.57	2.53	2.93	2.74	2.86	2.86	2.78	2.78
	.78	.70	.81	.76	.59	.76	.80	.86	.83	.96	.79	.80	
慈善或人道主义组织	2.85	3.13	2.95	2.69	2.82	2.15	2.72	2.92	2.61	2.58	2.90	2.94	2.83
	.84	.72	.88	.85	.75	.72	.80	.84	.87	1.03	.78	.81	.85

注：(1) 表格中加粗的值为均值，未加粗为标准差。均值越高，表示对特定社会机构的信心越强。

(2) 宗教领袖并没有对各不同宗教进行区分。在问卷中，基督教国家填的是"教会"，非基督教国家填写"宗教领袖"。

资料来源：世界价值观调查 2005~2007 年。

总体来说，这 12 个国家的 80 后对政治机构的信心并没有一个统一的模式。无法得出金砖国家的 80 后的政治信心比七国集团的同龄人更强的结论，反之亦然。

不过，如果分项来看的话，我们还是可以得出一些有意思的结论。比如，在对政府的信心上，中国的 80 后的均值最高（3.22）。事实上，中国的 80 后在对 7 个政治机构的评估上，有 5 个信心均在 12 个国家中名列第一，除政府外，还包括了议会（3.24）、政党（3.02）、司法机构（3.02）、公共服务（3.06）。中国 80 后的信心均值未能排第一的是警察（2.96）和武装力量（3.14），但也仅仅小幅度落后于分别排名第一的加拿大（2.98）和印度（3.27）。可以说，中国 80 后的政治信心在 12 个国家中总体是最高的。笔者对此结果有心理预期，因为一些其他研究也已证明中国人对中央政府和党的信心指数往往比其他国家都要强。

中国 80 后的高政治信心，有很多种可能的解释。但如果认为中国的 80

后缺乏怀疑精神,则并不成立。因为,正如表19-5显示的那样,中国80后并不是对所有机构的信任程度均最高。比如,中国80后对宗教组织的信任程度(2.25)在金砖五国中是最低的,而且远远低于巴西、南非和印度(这三个国家对宗教组织的信心均值几乎都在3.0以上)。在所有12个国家中,中国80后的宗教信心也仅仅高于日本(1.46)、德国(1.99)和法国(2.19)。这也许与中国人没有很强的宗教信仰传统,以及中国宗教组织声誉欠佳有关。表19-5还展示了这12个国家的80后对其他"社会组织"的信心均值,包括工会、电视、出版界、环境保护运动以及慈善和人道主义组织。

让我们再次回到七个政治组织上来。在对政府的信心上,超过总体均值(2.49)的国家都来自金砖国家,分别为南非(2.91)和印度(2.59)。在剩下的均值低于总体均值的9个国家中,对政府信心最高的是加拿大(2.41),接下来是美国(2.37)。

金砖国家中政治信心最低的,是俄罗斯和巴西的80后。其中,俄罗斯青年人对政府(2.27)、警察(2.14)、司法(2.28)、军队(2.65)的信心均为金砖国家中最低——我们可以发现,这些机构在俄罗斯都是所谓的"强力机构"。而巴西的青年人对议会(1.91)和政党(1.77)的信心在金砖国家中垫底,而这两个机构,都是所谓的"民主选举机构"。俄罗斯和巴西人的低政治信心与之前一些学者的主张吻合。例如,在1997年根据"新民主指标调查"写成的文章中,有学者就证明了,在后共产主义的欧洲,包括俄罗斯,怀疑主义态度占主导地位(Mishler & Rose, 1997)。

根据另一位学者的研究(Shlapentokh, 2006),这种怀疑主义的态度并没有因为接下来十年经济政治状况好转而减弱。他声称:由于对于各种机构——尤其是对政治机构——缺乏信心,俄罗斯人在这方面不仅落后于那些最发达国家,甚至比不上那些以不稳定的政治体系闻名的国家(例如哥伦比亚或尼日利亚)。但是至少俄罗斯还不至于成为政治信心最低的国家。一位拉美学者(Lagos, 2001)指出:拉丁美洲国家的机构信任水平并不比那些被标记为低信任水平的后共产主义欧洲国家高;甚至,拉丁美洲人表现出了在全球可观察范围内最低的人际信任水平。

但在所有12个国家中,俄罗斯和巴西的80后并非垫底。在七国集团以及所有12个国家中,政治信心程度最低的,是日本的80后。在政府(1.95)、议会(1.84)、政党(1.78)、警察(2.44)、公共服务(1.95)五个机构上,日本青年人的信心均垫底。在另外一项关于七国集团政治信心的研究中,作者使用了1981~1990年的"世界价值观调查"数据,指出意大利人的政治信心最低(McAllister,1999)。但考虑到日本自21世纪以来的政治乱象(所谓的"政治日本化"指的就是频繁地更换首相),日本青年在2005年的调查中的低政治信心可以理解。不过,值得注意的是,日本青年对司法机构的信心(2.96)在七国集团中排名第一,也强于除中国(3.02)之外的所有金砖国家。

此外,在七国集团中,青年人对军队、警察、司法等机构的信心,一般都要强于他们对各自国家里的代议制机构(议会、政党以及民选政府)。比如,在议会制民主的英国,信心排名前三的机构分别是军队(2.83)、警察(2.77)和司法(2.54),而对政府(2.30)、议会(2.28)和政党(2.06)的信心最低。再比如,在总统制民主的美国,排名与英国相同,前三名分别是军队(3.04)、警察(2.80)和司法(2.56),倒数三名是政府(2.37)、议会(2.15)和政党(2.05)。加拿大、法国、德国、意大利和日本的情况与此类似,只不过前三名和后三名内部的排名偶尔略有差异①。自20世纪70年代以来,这种对代议机构信心的下降,已经被许多西方学者讨论过(Bratton & Chu et al., 2005; Denters & Gabriel et al., 2006)。而进一步的研究也表明,与此同时下降的,还有民众对民主的满意度(Anderson & Guillory, 1997)。在他们看来,这表明西方社会出现了一场"民主的危机",而如何提高民众——不仅仅是青少年——对代议机构的信心,也一直是西方政治学和社会学关注的热点问题之一(Hetherington, 1998)。

相反,在金砖国家中,却没有呈现如此明显的规律。在巴西,军队(2.76)和司法(2.47)的信心均值要高于政党(1.77)和议会(1.91),可以说最接近七国集团所呈现的图式,但政府的信心均值(2.33)与警察

---

① 当然,问卷中对政党并没有区分执政党和在野党。有研究表明,选民对自己青睐的政党执政,会表现出更强的信心,而对自己不喜欢的政党执政,则表现出较低的政治信心。这被称为"赢家"和"输家"心态(Anderson & LoTempio, 2002)。

(2.33) 齐平,可以说得分较高。在另外四个国家,虽然除中国外,政党都是得分最低的机构,但政府和议会的得分并不比军队、警察、司法低很多。在有的国家(比如南非),政府(2.91)和议会(2.81)的得分甚至要高于军队(2.72)和警察(2.67)。当然,金砖国家的行政与立法机构并未呈现西方发达工业国家的"民主危机",原因是多方面的。这可能既与某些金砖国家本身对强大政府的青睐有关,也可能是因为这些国家或多或少尚处于"国家引导的发展主义"(state-led developmentalism),毕竟,西方的民主危机也是自20世纪70年代中期经济陷入停滞之后才大规模出现的。因此,金砖国家青少年对政府和议会相对积极的评价,更可能是与政府本身的表现有关,而与这些机构是否民主无关(印度、巴西和南非都是宪政民主国家)。

第三节 政治信心差异的三条解释路径

正如有学者指出的那样,对政治信心的解释,首先可以区分成宏观解释和微观解释两个层面。宏观解释关注的是制度性层面的表现与政治信心的关系,以国家为个案。微观层面则是个体层次的研究,又可以区分为"社会中心"与"政治中心"两种。前者关注的是那些微观的"社会—文化因素",比如人际信任、幸福感、生活满意度等等,后者关注的是"微观政治因素",比如个体的政治光谱、政治身份和政治行为等等(Denters & Gabriel., 2006)。我们将分别从这三条路径出发,对这12个国家的政治信心差异做出解释。

(一) 政治信心与宏观制度表现的关系

与之前我们一直分各个机构来分析各国被访者的政治信心不同,现在我们将采用另外一种方式来测量被访者对政治机构的整体信心。首先,我们对被访者对政府、议会、政党、警察、司法和公共服务这六个组织的信心做了因子分析。从初等因子载荷阵(表19-6)我们可以看到,被访者对这六个组织的信心评价,可以被视为一个因子。也就是说,人们对政治机构的信心是相互关联的,对一个机构有信心的人,可能也会对其他组织有信心,这与其他研究所发现的结论一致(Christensen & Lægreid, 2005; Zmerli & Newton, 2006)。从表19-6中我们还可以看到,因子分析的结果的总方差解释是比较高的,KMO检验的值也非常稳健,从而更加确认了我们的结论。

第十九章　80后政治信心的国别差异

表19-6　七国集团和金砖国家80后对各政治机构信心的初等因子载荷阵（Component Matrix）

信心项目	七国集团							金砖国家					合计
	英国	加拿大	法国	德国	意大利	日本	美国	巴西	俄罗斯	印度	中国	南非	
政府	.834	.841	.819	.880	.782	.901	.832	.826	.830	.752	.864	.782	.548
议会	.828	.869	.781	.866	.813	.916	.831	.725	.856	.767	.805	.798	.684
政党	.760	.730	.735	.860	.680	.890	.758	.732	.796	.757	.839	.676	.820
司法	.778	.771	.672	.657	.711	.469	.843	.737	.808	.775	.781	.724	.719
警察	.737	.661	.558	.595	.687	.612	.704	.699	.702	.694	.734	.700	.822
公共服务	.764	.797	.741	.719	.633	.868	.723	.671	.696	.696	.778	.708	.769
总方差解释(%)	61.54	78.35	52.229	48.554	68.882	55.423	61.423	53.747	61.401	54.914	64.204	53.674	54.021
KMO	0.777	0.798	0.821	0.834	0.785	0.768	0.833	0.802	0.847	0.862	0.819	0.829	0.866
人数	135	206	149	195	119	76	134	363	379	205	188	689	2792
人数(缺省)	26	50	4	21	9	13	11	12	85	106	44	59	486

注：1. 各政治机构的值是第一组因子分析的情况。
2. KMO 是 Kaiser-Meyer-Olking 测量，反映的是纳入量表中的变量的拟合度。一般认为，该值应该大于0.6。
3. 所有国家都通过了 Bartlett 检验（p<0.001）。

资料来源：世界价值观调查2005~2007年。

以此为基础，我们将被访者对政府、议会、政党、警察、司法和公共服务这六个组织的评价叠加在一起，形成一个关于政治机构信心的量表。① 这个量表的取值从 4 到 24，值愈大表示对政治机构的总体信心愈强。量表的 cronbach's Alpha 值为 0.855，信度较高。

表 19-7 展示了各个国家在"政治信心量表"上评估的均值和排名。从这个表格我们进一步清楚地看到了之前章节所总结的：在七国集团和金砖国家之间，政治信心上并不存在截然的区分。政治信心整体均值排名前三的确实都是金砖国家（中国、印度和南非），且中国和印度常常被并称为 Chindia，但排名第四到第八的，均为七国集团成员。金砖国家中的巴西和俄罗斯分列第九和第十，而日本则垫底。德国的政治信心均值较低出乎我们的意料，这可能与很大一部分样本来自东德地区有关。

表 19-7 政治信心的排名与分布

国名	对政治机构的信心		
	均值	标准差	人数
中　国	21.98	3.61	232
印　度	20.30	4.60	311
南　非	18.87	4.31	748
加拿大	18.27	4.15	256
美　国	17.31	3.92	145
英　国	17.25	4.31	161
意大利	16.42	3.06	128
法　国	16.10	4.15	153
巴　西	16.10	4.23	375
俄罗斯	16.04	4.27	464
德　国	15.80	3.93	89
日　本	15.70	3.97	216

注：1. 因变量是"政治信心量表"，取值从 4 到 24。
2. 国家按照均值由大到小排序。
资料来源：世界价值观调查 2005~2007 年。

---

① 对军队的评价原先也被带入了量表，但因子分析和量表信度检验都显示，将军队移除后量表的质量将得到较大改进，因此我们将军队移除，剩下了现在的六个机构。

既然金砖国家并不一定就比七国集团更强,那么,到底哪些因素影响国家之间政治信心的排名。考虑到中国和印度分列第一和第二,会不会是经济增长速度决定了政治信心?为了检验这一貌似合理的说法,我们选取了五个宏观制度性指标,对量表的均值做了回归分析(表19-8)。

表19-8 政治机构信心与主要经济指标的关系

	B	Std. Error	Beta	t	Sig.
GDP年均增长率	.659	.198	1.313	3.338	.012
GDP总量	.000	.000	-.178	-.678	.520
人均GDP	.000	.000	.901	1.660	.141
基尼系数	8.897	5.349	.480	1.663	.140
(Constant)	8.759	3.784		2.315	.054
调整后的R^2	0.734				
F值	4.906				
个案数	12				

资料来源:详见表19-1。

首先必须坦白的是,这样的回归存在若干方法论上的风险。一些早前的研究已经选用政府的实际经济和政治表现指标(McAllister, 1999)或政治自由程度(Norris, 1999)来解释人们对政府信心的差别。但是,正如有学者指出的那样,这一路径可能存在的问题是,宏观解释的有效性(validity)会受到要解释的国家的数量的影响(small N)(Denters & Gabriel, 2006)。我们只有12个个案数,对由此造成的问题应有足够的认识。

从表19-8中我们可以看到,只有GDP的年均增长速度与政治信心有显著关系,其他几个指标——GDP总量、人均GDP和基尼系数——均未能显示出显著性。具体来说,GDP增长速度越快,被访者越有可能显示出较强的政治信心。这个发现,与早先的一项类似研究不一致(McAllister, 1999)。那项研究认为,高GDP导致低政治信心,富裕国家的人对他们的政治机构有着更高的期待。这种解释虽然符合逻辑,但一旦我们将经济增长更快的国家纳入进来,也许情况就发生了变化。

(二)政治信心与个人生活满意度的关系

刚才我们所做的,是一种宏观层次——国家层次——的分析。受惠于越来越大规模的跨国数据的公布,在跨国比较研究中,越来越多的研究者依靠个体层面的数据来进行分析。其中,在解释人们的政治信心方面,许多学者都认为,社会—文化因素对人们的政治信心有着重要的影响。其中,最有代表性的是美国政治学家普特南的"社会资本"学派。社会资本的核心观点,实际上就是认为政治信任是社会信任的反映。对于这一占据主流的理论,我们将在另外一篇文章中进行讨论。在这里,我们想说的是,还有一些其他的社会—文化因素应该被纳入我们分析的视野。比如,人们的幸福感,以及对生活水平——尤其是经济条件——的满足感。

已经有一些学者发现生活满意度对人们的政治信任有着正向的影响,但他们把这种满意度当做一种"制度变量"(Wong and Hsiao, 2009)。在我们看来,人们在多大程度上觉得自己幸福或对生活满意,虽然受到很多制度性因素的影响,但归根到底仍然是社会—文化上的主观感受,因此我们仍然把它们视为社会—文化解释的范畴。不过,对于幸福感与政治信心的关系,现有的研究的结论是相互矛盾的:比如,对有的学者(Lipset & Schneider, 1983)来说,政治信心的下降,是因为人们对生活的不满,而亦有学者证实在美国和欧盟国家,个人幸福水平越高的国家,人们对政治机构的信心越强(Baltatescu, 2005)。但也有学者认为,人们往往将自己对生活的不满意,转化为对联邦政府的祈求(Brehm & Rahn, 1997)。这两个观点在我们看来都有合理的地方。一方面,个人满意度与政治信心之间的强关系是一种符合逻辑的想象。但另一方面,我们之前在中国老工业基地地区所做的田野调查就表明,那些认为自己生活不幸的人往往更多的把希望寄托在强大的国家身上。因此,幸福感与生活满意度跟政治信任的关系,需要做进一步的检验。

我们选择了"世界价值观调查"中的三道题目,来测量人们对自身生活的满意度。具体如下。

V22 把所有的情况都考虑进去,总的来说,您对自己目前的生活满意吗?这个量表中的数字从 1 到 10,表示由非常不满意到非常满意的不同程度。请在量表上标出您的满意程度。

V68. 您对自己家庭的经济状况满意吗?这个量表中的数字从 1 到 10,表示由非常不满意到非常满意的不同程度。请在量表上标出您的满意程度。

V46. 一些人认为他们完全可以选择和掌握自己的生活，另外一些人觉得自己无法掌握自己的生活。请问您觉得您在多大程度上可以选择和掌握自己的生活？（出示答案卡E）这个量表中的数字，从1到10，表示由根本无法掌握到完全可以掌握的不同程度。请在量表上标出您的看法。

我们可以看到，这三个问题都是10分量表，分数越高，表示越满意。其中，V46虽然并没有直接询问满意度，但在我们看来，对能否掌握自己生活的评价，在很大程度上也反映了人们对自身生活的满意程度。为了验证这一点，我们将这三个问题合并在一起做了主成分因子分析。结果（表19-9）显示，这三个问题的答案在很大程度上是相互关联的。在所有12个国家，这三个问题都只萃取出了一个主成分。我们将这三个问题合并成一个量表，信度检验的结果也可以接受（0.61），且量表也只萃取出一个主成分，我们将其命名为"个人生活满意度"。

表19-10显示了各国被访者"个人生活满意度"的评分均值和排名。我们可以很明显地发现，这12个国家的80后对个人生活满意度的评价，与对政治机构的评价，在排名上有着很大的不同。中国、印度和南非这三个政治信心均值最高的国家，不仅没有在个人生活满意度的评价上挤进三甲，甚至印度80后成为所有12个国家中对个人生活满意度最为悲观的群体。中国80后个人生活满意度低并不让笔者意外，因为已经有文章指出，虽然中国的经济在腾飞，但人民的幸福感却一直在下降（Brockmann & Delhey, 2009）；印度青年人的低个人幸福感，也许是一种更强烈的"相对剥夺感"的反映。相反，政治信心较低的巴西和日本的80后，在个人生活满意度上的排名都有明显上升。这可能与个人生活的乐观主义有关，同时与高水平的生活条件有关。

这是不是意味着，个人生活满意度与政治信心其实没什么关系？或者，干脆就是一种负相关——"端起碗来吃肉，放下筷子骂娘"？当然，这种直观的观察尚需要更严格的分析，才能揭示个人满意度与政治信心之间的关系。在本章里，我们先做一个简单的检验。我们就"个人生活满意度"和"政治信心"萃取出的因子值，分国别分别做了"零阶相关"（zero-order correlation），亦即忽略其他变量，只探讨这两个变量之间的相关性。

表19-9 七国集团和金砖国家80后"生活满意度量表"的初等因子载荷阵（Component Matrix）

信心项目	七国集团							金砖国家					合计
	英国	加拿大	法国	德国	意大利	日本	美国	巴西	俄罗斯	印度	中国	南非	
对整体生活的满意度	.868	.783	.851	.765	.747	.828	.844	.782	.781	.845	.849	.775	.805
对家庭经济条件的满意度	.729	.779	.821	.738	.732	.753	.811	.681	.760	.750	.788	.798	.751
对自我生活的控制感	.598	.626	.392	.708	.704	.688	.775	.648	.596	.765	.691	.575	.645
总方差解释（%）	54.801	53.779	51.730	54.397	53.013	57.492	65.671	49.864	51.446	62.074	60.645	52.240	54.280
KMO	0.505	0.600	0.520	0.628	0.624	0.609	0.674	0.577	0.583	0.639	0.615	0.576	0.597
人数	154	249	150	212	125	83	141	371	447	277	217	727	3153
人数（缺省）	7	7	3	4	3	6	4	4	17	34	15	21	125

注：1. 各政治机构的值是第一组因子分析的情况。各国的生活满意度量表均只萃取出一个主成分。
2. KMO是Kaiser-Meyer-Olking测量，反映的是纳入量表中的变量的拟合度。一般认为，该值应大于0.6。本表中绝大多数KMO值在小数点后两位四含五入后能达到0.6。
3. 所有国家都通过了Bartlett检验（p<0.001）。

资料来源：世界价值观调查2005~2007年。

表 19-10 个人生活满意度的排名与分布

国名	个人生活满意度		
	均值	标准差	人数
加拿大	22.42	4.03	256
巴西	21.52	4.67	375
意大利	21.10	3.61	128
中国	20.99	5.40	232
英国	20.89	3.99	161
南非	20.85	5.35	748
日本	20.54	4.15	89
美国	20.49	4.57	145
俄罗斯	20.35	4.90	464
德国	20.05	4.56	216
法国	19.69	4.16	153
印度	17.87	5.81	311

注：1. 因变量是"个人生活满意度量表"，取值从 3 到 30。
2. 国家按照均值由大到小排序。
资料来源：世界价值观调查 2005~2007。

表 19-11 展示了这两个变量在各个国家情境下的相关系数和显著性水平。我们发现，在南非，这两者之间未能通过显著性检验。剩下的 11 个国家，显著性水平也参差不齐。日本、美国、俄罗斯和中国的 p 值都在 0.01 以上。加拿大、美国、巴西、俄罗斯和中国的皮尔逊相关系数，也比较弱。也就是说，个人生活满意度与政治信心之间存在关联，但这种关联的强度并不是很高。

（三）政治信心与威权主义亲和度的关系

一些学者认为，政治因素可以比社会文化因素更为有力地解释国别直接的政治信心差异（Anderson & LoTempio，2002）。这一点是否使用于七国集团和金砖国家，尚需要检验。但不可否认的一点是，人们的政治信心的政治起源（origins），是无法回避的影响因素。正如我们之前所说的那样，有两种政治起源，一是宏观政治的因素，另一个是微观政治。宏观政治因素往往都是关注政治制度性的"客观"特征，其实更类似于一种"情境化的比较"（contextualized comparison）（Locke & Thelen，1995），我们在第一小节里已经涉及了一些宏观政治指标。

表 19-11　个人生活满意度与政治机构信心的相关性

国名	皮尔逊系数（r）	人数
英　国	0.332 ***	129
加拿大	0.186 **	204
法　国	0.310 ***	146
德　国	0.361 ***	191
意大利	0.250 **	117
日　本	0.242 *	71
美　国	0.193 *	134
巴　西	0.160 **	360
俄罗斯	0.144 *	368
印　度	0.295 ***	197
中　国	0.164 *	181
南　非	0.064	674

注：1. * $p<0.05$，** $p<0.01$，*** $p<0.001$。
2. 国家按照数值由大到小排序。
资料来源：世界价值观调查 2005~2007 年。

在微观政治解释方面，西方的学者们已经形成了一套"分析工具箱"，里面装的都是他们青睐的变量，比如政治光谱、政治身份、政治行为等等。我们将在另外的一篇文章中对这些变量做系统性分析。考虑到七国集团和金砖国家的特殊性，我们在这里只简略地分析一个微观政治因素与政治信心的关系，那就是"威权主义亲和度"。金砖国家的经济崛起，给七国集团在政治上带来的挑战之一，就是对西方所倡导的"华盛顿共识"或"新自由主义"的质疑（Han & Lu, 2011）。尤其是中国的崛起和俄罗斯的复兴，往往被认为是一种"国家主导型"经济发展（Nee & Opper, 2007）或者所谓"有韧性的威权主义"（Nathan, 2003）的胜利。但是，不可忘记的是，在金砖五国中，另外三个国家（印度、南非和巴西）都往往被认为是"稳固的民主政体"，尤其是印度，号称"世界上最大的民主国家"。如果把视野扩大到包括七国集团在内的 12 个国家，则除中国和俄罗斯外，其余的 10 个都标榜自己是"民主国家"——甚至连普京和梅德韦杰夫"双人自行车"统治下的俄罗斯，也号称自己是一种"控制下的民主"。

我们并不想在这里讨论民主与经济发展的关系这个理论议题。许多学者已经对此进行过深入探讨，而他们的结论至今仍然在引发新的争议（Rao,

1984；Przeworski，1991；Przeworski，2004）。我们的问题其实是经验性的，那就是，七国集团和金砖五国这12个国家的80后对各种不同的政治体制是如何看待的？

"世界价值观调查"询问了被访者对四种政治体制——强人领导、专家治国、军事统治、民主政治——的态度。回答为非常好、好、不好、非常不好四类。为对应国人的理解习惯，我们对答案的编码进行了颠倒，数字越大，表示越是积极评价。各国的结果如表19-12所示。

表19-12 七国集团和金砖国家80后对四种政治体制的评价、国别排名

对政治体制的评价	国别												合计
	七国集团							金砖国家					
	英国	加拿大	法国	德国	意大利	日本	美国	巴西	俄罗斯	印度	中国	南非	
强人领导	2.08	1.96	2.05	1.59	1.61	1.83	2.16	2.74	2.60	2.75	2.39	2.20	2.27
	.87	.96	.94	.80	.81	.83	.93	.85	.92	1.01	.75	1.13	1.02
专家治国	2.48	2.46	2.48	2.64	2.35	2.65	2.40	2.94	2.60	2.86	2.50	2.60	2.62
	.81	.93	.89	.93	.83	.68	.84	.78	.78	.87	.75	1.03	.90
军事统治	1.79	1.42	1.61	1.32	1.37	1.21	1.71	2.23	1.88	2.18	2.34	1.95	1.85
	.86	.69	.81	.64	.65	.47	.82	.90	.80	1.05	.80	1.01	.92
"威权主义亲和度"	6.35	5.79	6.11	5.60	5.35	5.68	6.26	7.91	7.09	7.75	7.20	6.80	6.73
	1.86	1.91	1.88	1.74	1.80	1.35	2.03	1.76	1.70	2.21	1.51	2.43	2.13
排名	[6]	[9]	[8]	[11]	[12]	[10]	[7]	[1]	[4]	[2]	[3]	[5]	
民主体制	3.25	3.28	3.36	3.43	3.56	3.01	3.16	3.20	3.08	3.49	3.13	3.39	3.29
	.79	.81	.67	.65	.61	.70	.79	.68	.71	.65	.62	.73	.72
排名	[7]	[6]	[5]	[3]	[1]	[12]	[9]	[8]	[11]	[2]	[10]	[4]	
人数	161	256	153	216	128	89	145	375	464	311	232	748	3278

注：1. 被访者对每种政治体制可以做出四种评价：非常不好、比较不好、比较好、非常好。均值越高，表示对某种特定政治体制的评价越高。2. 表格中加粗的值为均值，未加粗为标准差。

资料来源：世界价值观调查2005~2007。

首先，我们从这个表中可以看到，在所有四种政治体制中，民主体制的得分最高（总体均值3.29，各国都在3.0以上），专家治国其次，强人领导第三，而军事统治得到的积极评价最少（总体均值仅为1.85）。这个结果符合人们的想象，因为"民主"是一个"好词"，而"军事统治"则往往与"独裁"联系起来。

其次，相对来说，金砖国家的80后对强人领导表现出比七国集团的同龄人更为积极的评价。超过总体均值（2.27）的四个国家，全部都是金砖国家的成员。而均值最高的五个国家，也全部都来自新兴经济体：印度（2.75）、巴西（2.74）、俄罗斯（2.60）、中国（2.39）和南非（2.20）。七国集团全部都低于均值，其中最不喜欢强人领导的是德国（1.59）和意大利（1.61）的80后。而有意思的是，这两个国家的年轻人对"民主体制"的评价，在所有的12个国家中，分别排名第三（3.43）和第一（3.56）。

对"民主体制"的积极评价排名第二的是印度（3.49）。考虑到印度的青年人对"强人领导"的积极评价排名在所有国家中排名第一，这个结果多少有些蹊跷。不过，如果把印度人对"专家治国"和"军事统治"结合起来看的话，我们就会发现印度青年人对所有四种政治体制的评价都是名列前茅，对"专家治国"的喜好只落后于巴西，对"军事统治"的喜欢只落后于中国和巴西。也许我们可以认为，印度青年人对各种政治体制的容忍度都比较强。

相反，中国和巴西的80后就呈现不同的特征。中国和巴西的青年人对"强人政治""专家治国"和"军事统治"的积极评价程度，基本上都高于其他国家。其中，中国年轻人对"军事统治"的积极评价排名第一——当然，仍远远低于他们自己对"民主体制"的评价。南非和俄罗斯的情况也与此类此，只不过俄罗斯80后对"军事统治"的评价比较低（1.88），在金砖五国中垫底，但有意思的是，也仍然高于所有七国集团成员国的80后。可以说，在涉及"非民主政体"时，金砖国家的80后并不像七国集团的同龄人那样谈虎色变。此外，我们将"强人领导""专家治国"和"军事统治"合并成一个"威权主义亲和度"量表（为节约篇幅，我们不再列出这个量表的因子分析和信度检验结果，它们都达到了可接受的标准）。我们发现，排名前五的国家正好是金砖五国。因此，从总体上来说，金砖国家的年轻人对"威权主义"的接受程度比七国集团的同龄人高，是成立的。

当然，这绝不意味着金砖国家的青年人排斥民主。正如我们已经指出的那样，民主体制的得分在所有国家四种体制的评价中都最为积极。且在所有12个国家中，印度和南非年轻人对民主体制的评价分列第二和第四。因此，说金砖国家的青年人对各种政治体制的包容性比七国集团强,也许更为合理。

在七国集团中,对民主体制的最消极评价,来自日本(3.01)和美国(3.16)。事实上,在所有12个国家中,日本80后对民主体制最为失望,这与我们之前所发现的日本青年人对政治机构(尤其是代议制机构)的强烈不信任相一致。如果没有俄罗斯和中国分别排倒数第二(3.08)和倒数第三(3.13),美国的年轻人将是所有12个国家中对民主体制评级第二低的群体。不过这种评价不一定与民主体制本身的表现直接相关,因为意大利的年轻人对民主体制的积极评价最高(3.56)。考虑到意大利"民主政治"的种种表现(比如频繁更替的政府和严重的腐败和丑闻),对民主体制的评价,也许是一种政治表现和意识形态共同作用的结果。

为了进一步检测政治信心与威权主义亲和度的关系,我们就"威权主义亲和度"和"政治信心"萃取出的因子值,分国别分别做了"零阶相关"。表19-13展示了这两个变量在各个国家情境下的相关系数和显著性水平。我们发现,在所有的七国集团成员中,被访者对威权主义的态度与政治信心之间,并不存在系统性的强相关,这两者之间均未能通过显著性检验。

表19-13 威权主义亲和度与政治机构信心的相关性

国名	皮尔逊系数(r)	人数
英 国	-.143	114
加拿大	.111	196
法 国	-.111	141
德 国	.011	172
意大利	.028	111
日 本	.088	53
美 国	.153	132
巴 西	.137*	349
俄罗斯	.143*	288
印 度	.039	168
中 国	.128*	135
南 非	.145	576

注:1. *p<0.05, **p<0.01, ***p<0.001。
2. 国家按照数值由大到小排序。
资料来源:世界价值观调查2005~2007年。

在金砖国家，印度和南非也未能通过显著性检验。但在巴西、俄罗斯和中国则通过了显著性检验，虽然各自的皮尔逊相关系数都比较弱。我们可以说，在这三个国家，对政治威权主义有着积极评价的人，可能对政治机构的信心也越强。

结　语

许多观察家都怀疑 BRICS 是否可以持续下去，认为金砖国家这个概念只是一个"海市蜃楼"（Armijo，2007）。然而，对作者来说，BRICS 这个简练的缩写还能时髦多久，只是世界历史这一宏大叙事中的一个花絮。在若干年之后，当历史学家们回顾这段时期的时候，他们也许会忘记金砖国家这个组合。但是他们应该会指出，自 21 世纪以来，尤其是 2008 年全球金融危机之后，一批新兴经济体的出现，是世界经济发展中无法否认的事实；同样不可否认的是，这些新兴经济体正在以各种方式开始在国际舞台上扮演各种它们之前不曾扮演过的政治角色。至于这些经济体是金砖国家，还是任何其他的组合，其实并不重要。

重要的是，任何新兴经济体的持续发展，都离不开一个稳定的政治局面。而人们的政治信心，对于政治稳定至关重要。我们的研究再次确认了经济繁荣对政治信心的重要性。比如，中国 80 后的政治信心，就与中国经济的增长密切相关。史天健等人的一项研究表明，中国的新闻媒体对国人的政治信任方面起到的是一种反效果（Chen & Shi，2001）。他们的研究以 1993～1994 年的调查数据为基础。今天中国的媒体已比那个时候更为开放和具有批判性，因此很难说中国人对政治机构的信任是"洗脑"的结果。

但是，经济指标并不能解释一切。还是以中国为例，中国人虽然对中央政府的信心很强，但是据其他研究显示，中国人对地方政府的信任程度却非常低（Li，2004），一些研究者甚至声称在新加坡、中国台湾、中国香港等六个儒家亚洲社会中，中国人对地方政府的信任程度最低（Tan & Tambyah，2010）。这里面也许还有许多我们无法观测到的宏观因素在发挥作用，比如传统文化的影响。这个道理也同样适用于其他金砖国家。比如，巴西与俄罗斯的青年人之所以在个人社会信任和政治信任两个方面均比较低，可能就与这两个地区对各自历史的集体记忆有着密切的关系。

我们的这项研究就试图寻找除了经济因素之外的其他影响人们政治信心的因素。比如，对于自身生活的满意度会对人们的政治信心产生影响。这不仅再次确认了经济发展水平并非唯一重要的因素，而且督促政策制定者们更加关注个体对于经济发展成果的主观感受。此外我们还发现，金砖国家的年轻人对威权主义有着更大的包容度。当然，还有许多其他的变量也对人们的政治信任产生重要影响。我们将在另外的地方对这些变量的作用进行检验。事实上，任何一项研究都很难穷尽所有可能对政治信心产生影响的变量。但有一点是可以肯定的，如果我们将目光从宏观的经济表现，转移到个体层面的时候，改善个体对经济发展成果的具体体验，将是提高人们政治信心的关键。今天的许多政治家——也许也包括金砖国家的领导人——都相信只要经济能够一致保持增长，就能维持人们对政府的信心。这一种观点有其合理的地方。但是，人们不应该忘记的是，如果领导人忽视了民众的期待，只是以为经济增长就可以带来政治信心，那么不可战胜的力量迟早有一天会遇到严重的危机。

参考文献

Anderson, C. J. & A. J. LoTempio, 2002, "Winning, losing and political trust in America." *British Journal of Political Science* 32 (2).

Anderson, C. J. & C. A. 1997, Guillory, "Political institutions and satisfaction with democracy: A cross-national analysis of consensus and majoritarian systems." *American Political Science Review*.

Armijo, L. E. 2007, "The BRICs Countries (Brazil, Russia, India, and China) as Analytical Category: Mirage or Insight?" *Asian Perspective* 31 (4), 2007.

Baltatescu, S. 2005, "Confidence in Government and Happiness in EU and US." Europe.

Bratton, M. & Y. Chu. 2005 "The People's Voice: Trust in Political Institutions." *Ten Years of Supporting Democracy Worldwide* 1.

Brehm, J. & W. Rahn. 1997, "Individual-level evidence for the causes and consequences of social capital." *American Journal of Political Science* 41 (3).

Brockmann, H. & J. Delhey. 2009, "The China puzzle: Falling happiness in a rising economy." *Journal of Happiness Studies* 10 (4).

Chen, X. & T. Shi. 2001, "Media effects on political confidence and trust in the People's Republic of China in the post-Tiananmen period." *East Asia* 19 (3).

Christensen, T. & P. Lægreid . 2005, "Trust in government: The relative importance of service satisfaction, political factors, and demography." *Public Performance & Management Review* 28 (4).

Denters, B. & O. Gabriel. 2006, "Political confidence in representative democracies: Socio-cultural vs. political explanations." In J. W. van Deth, J. R. Montero and A. Westholm (eds), *Citizenship and involvement in European democracies: a comparative analysis*. London: Routledge.

Fukawa, T. 2006, "Income distribution in Japan based on IRS 1987 - 2002." *The Japanese Journal of Social Security Policy* 5 (1).

Han, S. & P. Lu, 2011, *The Selectivity and Consequences of Chinese Crisis Management: Consolidated Authoritarian Capitalism as a New Brand of Political Regime?* U. van Beek and E. Wnuk-Lipinski. Opladen, Germany: Barbara Budrich Publishers.

Hetherington, M. J. 1998, "Litical relevance of political trust." *American Political Science Review* 92 (3).

Kim, M. & M. Voorhees. 2011, "Government Effectiveness and Institutional Trust in Japan, South Korea, and China." *Asian Politics & Policy* 3 (3).

Klingemann, H. D. 1999, *Mapping political support in the 1990s: A global analysis*. New York: Oxford University Press.

Lagos, M. 2001, "Between stability and crisis in Latin America." *Journal of Democracy* 12 (1).

Levi, M. & L. Stoker. 2000, "Political trust and trustworthiness." *Annual Review of Political Science* 3 (1).

Li, L. 2004, "Political trust in rural China." *Modern China* 30 (2).

Lipset, S. M. & W. Schneider. 1983, "The decline of confidence in American institutions." *Political Science Quarterly* 98 (3).

Locke, R. M. & K. Thelen. 1995, "Apples and oranges revisited: contextualized comparisons and the study of comparative labor politics." *Politics and Society* 23.

McAllister, I. 1999, *The Economic Performance of Governments*. New York: Oxford University Press.

McAllister, I . 2007, "The personalization of politics." In R. J. Dalton & H. Klingemann (eds.), *Oxford Handbook of Political Behavior*. Oxford: Oxford University Press.

Mishler, W. & R. Rose. 1997, "Trust, distrust and skepticism: popular evaluations of civil and political institutions in post-communist societies." *Journal of Politics* 59.

Nathan, A. J . 2003, "Authoritarian resilience." *Journal of Democracy* 14 (1).

Nee, V. & S. Opper. 2007, *On Politicized Capitalism. On Capitalism*. Princeton: Princeton University Press.

Newton, K. 1999, Social and political trust in established democracies. *Critical citizens: Global support for democratic government*.

Norris, P. 1999, *Institutional explanations for political support*. New York: Oxford University Press.

O'Neill, J. 2001, "Building better global economic BRICs." Global economics paper.
Pharr, S. J. & R. D. Putnam 2000a, "A quarter-century of declining confidence." *Journal of Democracy* 11 (2).
Pharr, S. J. & R. D. Putnam 2000b, *Disaffected democracies: what's troubling the trilateral countries?* Princeton: Princeton University Press.
Przeworski, A. 1991, *Democracy and the market: Political and economic reforms in Eastern Europe and Latin America*. Cambridge: Cambridge University Press.
Przeworski, A. 2004, "Democracy and economic development." In E. D. Mansfield & R. Sisson (eds.), *The evolution of political knowledge: Democracy, autonomy, and conflict in comparative and international politics*. Ohio: Ohio State University Press.
Rao, V. 1984, "Democracy and economic development." *Studies in Comparative International Development* (SCID) 19 (4).
Shlapentokh, V. 2006, "Trust in public institutions in Russia: The lowest in the world." *Communist and Post-Communist Studies* 39 (2).
Tan, S. J. & S. K. Tambyah, 2010, "Generalized Trust and Trust in Institutions in Confucian Asia." *Social Indicators Research*.
Tolbert, C. J. & K. Mossberger. 2006, "The Effects of E Government on Trust and Confidence in Government." *Public Administration Review* 66 (3).
Wong, T. K. & H. H. M. 2009, "Comparing political trust in Hong Kong and Taiwan: Levels, determinants, and implications." *Japanese Journal of Political Science* 10 (2).
Zmerli, S. & K. Newton. 2006, "Trust in people, confidence in political institutions, and satisfaction with democracy." In J. W. van Deth, J. R. Montero & A. Westholm (eds.), *Citizenship and involvement in European democracies: a comparative analysis*. London: Routledge.

第二十章
双重转型下的80后青年

第一节 社会转型与个人转型的互嵌：80后的崛起

在中国历史上，或许从未出现过这样一个代际群体，如80后般受到过如此大量、长期的关注与争议。对这代人的讨论从他们伴随着改革开放和独生子女政策这两个重大历史事件的出生开始，历经30年至今仍方兴未衰。80后的出生与成长时点与中国迈向现代化、市场化、全球化的历史进程的独特啮合，注定这代人将成为中国近现代历史上非常特殊的一代，中国独特的转型过程，将在他们身上雕刻呈现。

"80后"这个称谓从一开始出现，就具有两个特征：首先它是一个青年概念，其次它是特定时代的表征，因此本质上说也是一个代际概念。自从80后的提法诞生以来，主流话语对它的评价经历了从全面声讨到部分肯定的过程，而80后自身也经历了由集体抗拒到集体认同的过程。本书缘起于有关80后群体两大值得探究的现象：首先，2005~2008年，随着韩寒等80后作家率先在文坛崛起，80后群体表现出强烈的代际认同，并且呈现一种与社会主流分立的反叛性文化现象，在多次网络大辩论中击败文化权威，引起青年研究学界的关注。其次,社会舆论对于80后的关注伴随着这代人自身的成长历经几个不同阶段,在2008年经历了一个从负面形象到正面形象的大逆转。80后伴随着我国推行独生子女政策出生,这项政策给"多子多福"的传统文化以及传统文化下的长幼尊卑有序的亲属关系带来了前所未有的冲击,颠覆了传统的父母—子女之间的权力关系。一时间,"小皇帝""温室里的花朵"成为这代人的代名词,骄纵、自我、脆弱是社会给他们刻画的集体形象。随后,他们进入青少年时期,中国经济持续快速稳定的增长为他们带来了前辈从未享受过的富足的物质生活,与此同时,改革开放国门的持续打开则为他们带来了丰富多元的港台、欧美、日韩等外来文化,消费主义蔓延。生活在一个物质和精神文化都不断丰富和充裕的时代,这代人具有比父辈们更开阔的眼界和更多元的知识结构,但也同时承受着更多无法理解的目光和主流价值观的批判,在这个阶段,社会舆论依旧对他们持有负面评价,认为他们是"垮掉的一代""叛逆的一代""自私的一代",他们未经历过挫折,耽于享乐而缺乏责任感,无法担负起中国的未来。千禧年的跨越带来了互联网的力量,这代人也逐渐从学校毕业进入工作岗位。对于80后的集体形象转变而言,2008年是一个重要的时间点,奥运会和汶川大地震成为这代人新形象的展示舞台,对"鸟巢一代"的爱国主义和奉献精神的赞誉取代了以往对其自私、脆弱、叛逆、没有责任感的诟病。

这两大现象的出现本身即为这代人伴随着转型历程的成长经历提供了一个生动注脚。中国走向市场化、现代化和全球化的全面开放历程、近30年经济稳定迅速增长下大国崛起的背景,与青年一代从附属于家庭与学校的青少年时期向毕业之后独立走向工作岗位的中青年时期的过渡,这种宏观社会结构变迁历程与微观个人生命历程之间独特的互嵌模式,成为形塑80后群体的关键力量。因此,本书试图采用一种跨越宏观社会结构和微观个人经历的视角,在社会转型和生命历程交错的研究框架下探讨80后及其所代表的独特青年社会学现象,换言之,对于80后的刻画、研究和讨论,其实质是另一个层面的社会转型研究,试图描绘社会变迁的宏大背景在置身其中的个体身上的具体呈现。因此,研究所关注的基本问题是:作为"转型的一代",变迁中的社会结构与国际环境如何形塑了80后?80后又是以怎样的姿态和策略来应对这些风险和挑战?

宏观社会转型与微观个人生命历程的互嵌造就了这一代人独特的共性与

多元分化，体现为 80 后不同于之前和之后几代的代际特征以及 80 后这一代际群体内部以各个迥然相异的子群体为代表的代内分化。生命历程理论最鲜明的特点，就是将时间多面性同社会结构变迁以及社会制度安排融合在一起，它不仅从历史的角度关注个体的生活经历和体验，同时也从社会文化的角度关注各年龄层在社会结构中所处的位置。生活在同一时期、经历了相同历史事件的人们，因所处年龄段的不同会对时代有不同的体验、感受和记忆。由此，现实中每一时刻就不再是同一时点——而是具有不只一个侧面的立体时间（a temporal volume），因为总是有不同的代、不同的年龄组在其不同的发展阶段上体验了这一时刻。这就是所谓"同时代人的非同时代性"（the non-contemporaneity of the contemporaneous）（曼海姆，2002）。

改革开放带来的最深刻的社会变迁之一，就是由国家大包大揽的计划经济体制，向"有中国特色的社会主义市场经济"体制转型，这场发轫于 19 世纪 70 年代末的转型，在各世代群体的生命历程中划出了一道"计划经济"与"市场经济"的分割线，"历史时点"和"个人时点"之间的不同的交错方式，构成社会转型对各个同期群的不同影响模式。将影响中国现代化进程的数件大事与各同期群的出生年份交叠，形成图 20-1。

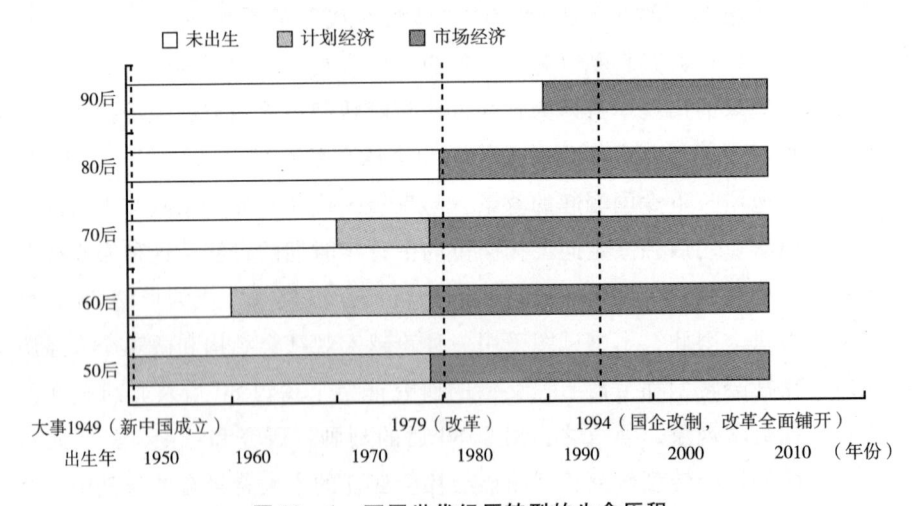

图 20-1 不同世代经历转型的生命历程

从图中可以直观地看出，在各个世代群体中，计划经济和市场经济在其生命历程中的组合方式差别极大，转型及其全面铺开发生在各年龄组的出生、少年、青年或者壮年，对其生命历程的形塑迥然相异。以 80 后而言，在以往描述其成长的特殊社会环境时人们较少提及的一个特点是，80 后是第一代在完全没有计划体制保护下，需要依靠自己努力立足的一代。他们经历了改革从发轫至今逐步深化，见证了中国的经济腾飞。改革的一系列进程构筑了他们的"公共生命历程"，他们经历了大学扩招及自主就业、以城市化为驱动的 GDP 增长带动的消费主义的全面渗透、国家从意识形态合法性向绩效型合法性的转型及互联网全面入侵对这代人的社会政治态度带来的冲击等等，这些社会变迁设定下的公共生命历程，使个人命运带上国家结构变迁的深刻烙印。

而今，80 后已正式步入社会，面临人生的一个新的转折期，意味着他们从之前的附属状态走向独立。与蜜罐中的童年形成鲜明对比的是，他们必须面对激烈的竞争：高等教育收费并轨、高等教育扩招后的就业竞争压力、半数以上的人就业于非公机构、相当比例的人处于流动就业状态、步入婚龄却要面对高昂的房价等等。与此同时，与前辈们的经验所不同的是，这种竞争由于中国被卷入全球化过程而同时受到诸多国际因素的影响，诸如 2008 年以后的世界金融危机以及信息全球化带来的高新科技领域的迅猛发展。总而言之，这一代人面临一个前所未有的风险与机遇并存的局面。

个人转型正是在如上社会转型背景下发生的，两者的互嵌正是本书希望强调的双重转型框架。在此框架下，本书将"80 后"操作化为出生于 1980～1989 年的青年一代，采用的是一个"社会代"的概念。"社会代"的意思是一群同年龄的人由于共同经历了某些重大的历史事件，产生了共同的思想观念、价值态度和相同的行为方式以及利益诉求，从而成为一种具有社会意义的代际群体。"80 后"这个概念真正折射的，正是中国社会的巨大变迁。

在双重转型模式下，这个代际群体的一个基本特征是，呈现代内的多元分化（以各个子群体的不同的生活境遇为体现）及一些鲜明的代际共性（社会变迁在他们身上刻下的公共生命历程以及转型张力赋予这代人的独特的矛盾性）。这种在传统和现代之间的拉扯、市场和计划中的过渡、地方化和全球化的共生，被青年作为人生过渡阶段本身所特有的不确定性所放大。全书从总论（80 后现象产生及演变、人口特征、教育机会与教育状况、青年话语建构与表达）、80 后的内部差异（职业群体比较，大学生、农民工、独生子女、知识精英、蚁族群体的基本状况)、80后大学生的生活境遇(就业状况、消费和收入状况、婚恋观、奢侈品消费与时尚文化)及80后的社会政治态度(政治态度及其代际差异、知识精英的社会政治态度、网民的传统性与现代性、政治信心的国别差异)这四个部分,全方位展现这一代人在社会变迁背景下的生活境遇及他们的应对和态度。

第二节 一个代际群体和一个时代:80后的境遇与态度

一 大转型的孩子们:80后青年的总体特征

根据相关的统计数据,80后总人口是2.2亿,其中大学生4000万,80后和90后农民工1亿,独生子女5000多万。80后青年是在计划生育政策中诞生的第一代。较之其他世代,80后青年总体有如下特征。

首先,出生人口的减少直接增加了他们受教育的机会,数据显示,80后群体中大专及以上学历者占17.9%。改革开放以来,随着九年制义务教育的普及,社会成员的受教育程度稳步提高。而1990年代末期以后的高等教育扩大招生规模,使80后群体的整体受教育程度明显高于其他各代。

高等教育的普及不仅增加了80后的人力资本,而且也改变了他们的整个生命历程,最为明显的是结婚年龄。数据显示,20~29岁未婚人口比例最高的是本科,其次是专科,这意味着较长的受教育年限在很大程度上重置了他们的生命历程,改变了他们从青年期过渡到成家立业的稳定阶段的时点。

与其他各代相比,就业人群中,80后群体农业就业比例大幅下降,在非公机构中的就业比例较高。数据显示,80后就业人群中,在私营企业就业的占32.5%,在三资企业中就业的占5.4%,自己作为个体工商户或受雇于个体工商户的占17.8%,合计约有55.7%的80后就业人员在非公机构工作。

同时,与其他各代相比,80后群体中流动人口比例相对较高。数据显示,目前在区县内流动的比例为11.2%,在省内流动的比例为7.4%,在省际流动的比例为12.4%,合计80后群体中约有31%的流动人口,远远高于其他各代。

此外,与其他各代相比,80后群体中使用互联网的比例较高。数据显示，80后群体在使用互联网方面的比例高于其他各代，不使用互联网浏览信息的不足半数，而几乎每天浏览互联网的占19.2%，一周多次浏览互联网的占11.8%，因此经常浏览互联网的比例合计约为31%，远远高于其他各代。

总体来说，与前几代人相比，他们拥有更高的教育程度、更多的人在非公机构就业并处于流动状态、更擅长使用互联网获取和交流信息。这些特征与中国迈向现代化的转型进程密不可分。

因此，对80后的理解归根结底要通过对转型的理解来完成。中国转型的重要特征之一在于"渐进性"，至今已历经数十年的转型过程为各种力量的冲突调试和各种价值观的协商妥协提供了实验场。传统与现代、计划与市场、地方性与全球化之间的各种拉扯渗透，被面临人生多种不确定性的青年期进一步放大，在80后身上充分展现为前所未有的矛盾性。

小皇帝？亚历（压力）山大？

这是独生子女的一代，伴随着"小皇帝""小太阳"的代名词长大，但他们真的如此幸福吗？本书第九章从家国关系的视角出发，发现家庭遵从国家利益的"家国同构"模式塑造了这一代人的共同生命历程。独生子女政策确实提高了家庭的经济社会地位，为子女成长创造了更丰裕的物质条件。但伴随着孩子的长大，独生子女发展过程中表现出一种明显的"优势递减效应"。并且，当独生子女进入成年后期，养老和抚育的双重压力有可能会给独生子女发展带来风险与压力。其根本原因在于，原本该由社会承担的教育、养老责任被硬性嫁接到家庭身上。

同时，对于子女而言，在失去计划体制的保护下，家庭成为唯一的重要保障，父辈们不得不与其一起面对激烈的求职竞争与高昂的房价。本书第十三章对985高校毕业生的消费和收入的分析发现，是否拥有房子和父母提供资助的程度显著相关。约68%的被访者称父母（会）给其买房或者（会）替其付部分房款或者提供较少的经济资助。尽管如此，按揭贷款的月供或房屋的租金，仍然在这代人日常消费中占很大比例，尤其是80后大学生集中的北京、上海和广州，足以体现这一年轻群体的生活压力。

因此，与独生子女相伴而生的，是家庭对社会在转型变迁过程中缺失的功能——教育、养老、住房保障等——的填补。这代人有着蜜罐里的童年，但当他们步入成人社会后，也注定面临着无处逃避的挑战。

拼爹？知识改变命运？

事实上，这一代除了作为独生子女一代从家庭中获得的特权之外，从升学到就业都遭遇了市场转型时期特有的残酷竞争和压力。本书第四章从教育机会和教育状况出发，发现尽管80后受益于初等教育普及、高等教育扩招政策，但教育机会供应量的增加并没有减缓中考和高考的竞争激烈程度。分化的教育投资策略反而导致教育不平等，尤其是城乡教育不平等的上升。持续的城乡教育机会差距导致了社会经济不平等在代际传递。而从本书第六章对职业群体的分析也发现，虽然80后代际流动有社会流动规模大、以向上流动为主的特点，但职业流动在代际也具有一定的传递性。家庭背景对青年群体的成长影响很大，难怪社会上戏称这是一个"拼爹"的时代。

本书第十章则通过对985高校在校生经济生活条件、学业成绩、社会交往和就业预期四方面的数据分析表明，知识只能在有限程度上改变命运。数据分析结果印证了具有不同先赋型资源的个体不仅进入大学的机会不同，而且在进入精英大学之后，他们的适应能力依旧受到先赋性因素的隐形制约，他们的起点并不完全平等。在大学生活的这几个基本方面中，我们发现，有些层面获致性较高，另一些层面先赋性较高，而先赋性高的层面往往在当前社会全球化和现代化背景下具有更加重大的适应性意义。

因此，对于这一代人，教育机会的增加并不意味着教育平等的增加，社会流动规模增大并不意味着社会结构的必然开放，而进入精英大学也并不意味着一个全然公平的起点。这种种表面与实质之间的矛盾，正是社会结构变迁过程的体现。

消费？娱乐？政治？

与市场化、全球化接壤的消费主义全面形塑了80后的生活方式、价值观和政治态度。本书第十五章通过对国际奢侈品的研究指出，市场转型和消费社会的来临是青年群体消费行为选择和时尚文化形成的挑战性背景，商业化策略的强大影响、资本对社会化过程的渗透、消费文化断裂和文化符号体系的无序，这些令年轻人感到不安的特殊处境解释了他们对于强势符号的跟从。与西方消费文化获得市场垄断地位和合法性主导权相伴而生的是，消费领域的本土文化缺乏成长空间。由此导致的一个颇为悖谬的结果是，作为这代人宣称个性和自我的重要手段之一的消费，在很大程度上却是对更大范围的强势符号的跟从和模仿。

互联网是80后青年亚文化萌发的大本营。本书第十八章对80后网民的传统性和现代性的分析指出，较之之前世代，80后网民的个人传统性较弱，个人现代性基本持平，但是在自由平等方面有着更强的倾向。本书第五章通过对青年话语的分析指出，与70后对主流话语非常明显的对抗和拒绝不同，80后青年话语虽然总体上依然处在主流话语的笼罩之下，但是却以自己运用互联网的优势以及流行文化的主导者身份，创造出了草根化、平民化、娱乐化且不乏叛逆精神和批判力量的青年文化，并在主流大众文化中逐渐赢得自己的话语权。

随着政府网络管制和言论控制的加剧，网络恶搞成了现阶段中国网民和青年人最常用的一种抨击时弊和现行体制、自由表达思想和宣泄情绪的方式，也是大众消费文化尤其是80后青年文化的一种新时尚。它的形式多种多样，从文字、图片、歌曲、动画再到影视片，应有尽有；从内容上看，它标新立异、出奇制胜，往往站在草根的立场，自觉与精英文化决裂，以滑稽、讽刺、调侃、游戏的心态来颠覆所谓的传统、正统和权威，因此既追求作品的娱乐性，又强调其原创性的智慧，以达到一种全民狂欢的效果。

娱乐至死的表相之下，体现的是80后对政治无可厚非的关注，与普遍观念中认为的80后这一代人对政治及社会漠不关心形成鲜明对照。事实上，或许他们只是不再以上一代所习惯的正统或主流的方式关心政治。本书第十六章通过对80后青年的政治态度的分析发现，较之之前几代，80后对政府满意度、生活安全感、社会公平感等方面的评价最低。而互联网使用经历也促进了80后的政治责任意识，表现出显著的独立特征，同时在社会冲突预期方面也更趋向于冲突。这一方面有青春期政治态度的独特性，另一方面也标志着社会结构的力量。

因此，从某种意义上说，对于被称为"网络的原住民"（Net Natives）的这一代人，消费、娱乐与政治这三者在生活中是密不可分的，而网络则是连结这三者的重要实践场域。在旧的价值体系分崩离析，新的价值系统尚未确立的转型过程中，他们对国家前途充满信心，但又对社会及自身的现状抱有诸多不满，他们希望以个人努力改变命运，却无法逃离更大的社会力量的左右,以至于在实践中,他们以消费主义化解理想,以娱乐精神解构政治,呈现多元化和碎片化的样态。

二 境遇与态度:80后知识精英的具体特征

985高校在校生和毕业生是本书的重点调查对象。在此,本书尝试性地提出"知识精英"的概念,80后知识精英泛指出生于20世纪80年代,接受过较好的高等教育的群体(详细定义参见本书第十章)。

(一) 80后知识精英的生活境遇

关于80后知识精英的生活境遇,本书主要从就业、收入、消费、时尚文化和婚恋观念几个角度展开分析。

(1) 80后知识精英在各子群体中优势明显。985高校的毕业生的受教育年限都在15年以上,党员比例最高,独生子女占42.8%,父亲的受教育年限达到10年。这几项比例均高于80后总体和80后农民工。

(2) 80后知识精英的就业与收入状况。虽然他们是高等教育的优胜者,但也面临着一些压力,2006年以前,985高校毕业生的平均工资高于城镇家庭人均可支配收入和人均平均工资,但是在2006年以后,这个差距在缩小,博士生的就业薪资也没有明显优势。此外,985高校毕业生的期望月薪与实际月薪有很大差距,其中博士生的差距是最大的。

(3) 80后知识精英的消费状况。985高校毕业生每月平均支出2682元,在日常支出中,占比例很高的主要是房屋租金、按揭贷款月供及日常饮食,985高校毕业生的日常支出水平不仅高于城镇居民平均水平,他们的住房支出比例也同样高于城镇居民的水平,因此他们的生存压力也不容忽视。

同时,这群人之间存在一定的分化,仅21%的人拥有自己的私有住房,已婚毕业生的住房拥有率为59%。总体来看,他们的住房拥有率高于我国城镇居民平均水平,但还是低于发达国家同龄青年的水平,不过,已婚毕业生的住房拥有率高于发达国家已婚青年的水平。他们的分化主要体现在有房的人更可能有车,有房无贷的人生活更为安逸,我们平常说的"房奴"就是有房有贷的年轻人,其实他们的生活质量没有像大众传媒中认为的那么差,还是高于很难有希望有自己房子的无房族。

(4) 80后知识精英的择偶观。在寻找另一半时,他们注重性格、学历和能力、气质风度,弱化了自古以来强调的门当户对的择偶观,摒弃了20

世纪六七十年代唯家庭出身论的择偶观,也没有屈从于 21 世纪金钱至上的择偶观,而女性在择偶的时候对学历、能力和经济条件的重视程度高于男性,男性则是注重外表,对相貌、气质的偏好程度不仅高于女性,而且是男性择偶时的第二看重因素,我们可以看到,在这群知识精英身上,男才女貌的择偶观还是起重要作用的。

在对 80 后知识精英这个群体做总体判断时,我们还应该看到如下两点。

(1) 微妙的阶级效应。首先体现在他们的就业和收入方面,虽然家庭背景并未对 80 后知识精英的就业收入产生显著影响,但是包括父母月收入和父母职业在内的家庭背景对于他们的消费,尤其是能否拥有住房,具有很重要的作用,父母能给买房的 985 高校毕业生拥有房产的概率是父母不能提供任何经济资助的毕业生的 12 倍,而父母替他们还房款的毕业生拥有房产的概率是父母不能提供任何资助的毕业生的近 4 倍。很多年轻的奢侈品消费者也来自富裕家庭。因此,在这个群体中,家庭经济社会地位的影响未必从传统的分层指标,例如职业选择中体现,而是更多的在间接层面体现,比如在校生的新兴电子设备占有、英语及互联网应用能力、毕业生的住房拥有状况,以及对于时尚文化和前沿资讯的接受程度。

(2) 同样的矛盾与困境。作为 80 后中的一个子群体,知识精英同样体会到置身史无前例的社会变迁时所不得不面对的矛盾与困境:例如,生活中无处不在的期望与现实之间的矛盾,较强的物质欲望和有限购买力之间的挣扎,各种可能性与改变现状的无力感之间的焦灼。在消费行为中,存在着崇尚自我与符号压力并存,既强调自我实现、自我奖励、自我愉悦的动机,同时也注重消费的符号意义而热衷炫耀性消费;在婚姻家庭方面,他们有着相对开放的恋爱观,但同时也坚守一些传统和理性的婚姻家庭观,比如婚内生育是主流选择,不以感情为婚姻存续的唯一标准,不赞成夫妻 AA 制。

(二) 80 后知识精英的政治态度

80 后对社会现状满意度一般,知识精英对个人现状表示满意的比例只有 50% 左右,80 后总体个人生活满意度得分是 20.99 分。知识精英认为,严重影响个人发展的社会问题主要有四类,一是民生类,二是社会不公正、诚信衰落,三是政商权钱交易,四是生态环境恶化。

在现阶段发展状况的评价上,对改革开放持肯定态度的比例占九成左右,但也有 70% 的 80 后不同程度地感觉到社会的冲突,对社会公正状况、道德风气、企业社会责任和富商阶层的素养不满意。在未来预期方面，对社会未来较有信心的占 70%~80%。对政府评价一般，对政府行为持肯定评价的占四成左右，在政府公共服务满意度评价方面，除了对基础教育、社会治安、综合保障方面评价比较高，其他方面是五成左右。对官员的评价差，知识精英对党政官员知识素养持肯定态度的比例很低，在党政官员信任度评价方面，78%的 80 后认为现在一心为老百姓着想的官员不多。

在对政体的看法上，80 后知识精英存在分化的态度，有三成同意多党制改革，五成左右的人不同意，另外两成的人是模糊态度。尽管 80 后对国内政治环境的评价较低，但在国际比较方面，中国 80 后的政治信心在金砖五国和七国集团中总体却是最高的。对世界价值观调查的数据分析表明，中国与其他几国的 80 后的政治信心差异主要来自 GDP 较高的年均增长速度，以及对"威权主义"较高的容忍度。

总体来说，在社会政治态度上，80 后知识精英对社会满意度及个人现状满意度都感觉一般，认为严重影响个人发展的社会问题是民生问题、公正道德缺失、社会恶化和腐败。其政治态度从如下几方面同样体现出内在矛盾性。

（1）对改革开放的总体评价、对未来预期与对当下社会现状评价之间的矛盾。80 后知识精英高度肯定改革开放，对社会未来较有信心，但对当下社会持消极评价，有较强的社会群体冲突预期。金砖五国和七国集团的比较也同样显示，中国 80 后存在政治信心与个人生活满意度之间的不匹配。

（2）政体评价的国际排名与国内评价之间的不一致。80 后知识精英对政府评价一般，对官员评价很差，但在国际排名中中国 80 后的政治信心最强。七国集团 80 后对政府信心即使很低，也很少否定其政治体制；而我国 80 后对政府信心的丧失，则很容易联系到现有制度，有相当比例的知识精英赞同"多党制改革"，认为民主政体好于威权政体。

（3）总体价值观上的矛盾性。现代化转型作为一个从传统到现代过渡的中间阶段，使 80 后的价值观也不可避免地带有多重、多元的特质。他们既期望公平又反对牺牲效率，呈现传统和现代之间的矛盾性，不过总体而言，现代性更强。总的来说，80 后是社会政治态度最消极的一代，也是最具政治意义的一代，是影响社会稳定和未来政治走向的最重要的力量。

第三节　双重转型的烙印：80后的共性与分化

一　代际共性：过渡时期的矛盾性

将80后置于社会转型与变迁的宏观历史进程中理解，上述几部分指向的一个共同结论是：社会变迁形塑了这一代人非常突出的代际共性，从某种意义上来说，作为中国独特现状的转型过程与作为人生特殊阶段的青年时期的相遇，使这一过渡时期的种种特性在这一代人身上得到其他代人所不具备的彰显。

从宏观层面来讲，代际共性主要有三个结构性来源：第一，他们是改革开放的一代。面向现代化、市场化、全球化的转型过程，构成80后成长经历中重要的社会历史条件，这种处于"未完成"的中间状态，融合了各种力量，建构着这一代人独特的态度与价值观。第二，他们是独生子女的一代。作为新中国成立后的一个重要举措，独生子女政策前所未有地改变了中国传统的家庭模式及国家与个人、父母与子女之间的权力关系，不仅影响了这代人的受教育程度、消费观念、代际的经济互助模式，也影响了这代人在组建自己家庭时的婚姻观和择偶观，并重构了整个社会关系。第三，他们是互联网的一代。被称为第三次全球化浪潮的信息技术革命正在以所向披靡的力量在世界范围内重塑着整个社会秩序，其对于青年一代的独特意义在于，如果如玛格丽特·米德所说，我们正从一个前喻社会走向一个后喻社会的话，那么，信息技术无疑是赋予了青年一代面对年长者与生俱来的话语权时最强有力的反抗力量，而这股力量，正从日益活跃的论坛、社交网站以及青年亚文化中体现出来。

因此，在这种共同经历下，本书发现80后这一代人有几个突出特征：他们共享着共同的社会经历、价值观念和行为方式，具有很强的利益表达愿望和能力，承受着前所未有的社会风险和竞争压力，对自我现状不满意，但对未来充满信心；他们具备较大的社会影响力，并将持续增强。此外，本书非常强调的一个代内共性是：80后是一个各种社会力量交汇之下、充满内在矛盾的群体，突出表现在如下几个方面。

（1）在体制转轨背景之下，他们处于一种在体制内、外摇摆的游离状态。寻求体制内的安全保障与追求市场机会的自主创业并存，描绘出这一代人充满矛盾和纠结的就业图景。一方面他们有明确的市场偏好，希望能借市场竞争充分实现自我价值，但同时他们又害怕承担风险，在实际就业的预期中更想进入体制内单位。与此同时，那些成功在体制内就业的人虽然享受了安全的保障，但他们又希望生活得更有挑战一些。

（2）在观念和行为方式上，他们身上的反叛传统、颠覆权威与传承传统、认同现存体制之间也存在矛盾。一方面，在文化领域，他们的独树一帜，独立性与反叛性都非常突出，但是当走向工作岗位、面对竞争压力时，他们也会对原来反对的主流规范做一定程度的妥协，体现出较强的适应性以及对这种矛盾的自我消化能力。在价值观上，他们有传统和现代之间的冲突。在政治选择上，他们觉得西方民主制度比我们的制度更好，但同时又不认为现在要马上实行西方的民主制度，认为中国当前的体制更契合中国目前的状况。

（3）他们是打上代际与阶级双重烙印的一代。从代际文化来说，这代人的共性突出体现在以网络文化为代表的青年亚文化、生活方式和消费时尚方面，但这些共性无法弥合农民工和受过高等教育的白领之间的差异，因此，代际共性未能打破社会不平等的再生产模式，跨阶级的代际文化无法突破社会生活领域中的阶级分割。我们发现，最重要的是城乡不平等和家庭背景的阶级差异，在实质上影响了这一代人的受教育机会，在这代人中存在着教育分层，最终导致他们的就业机会和社会经济地位的差异。

与之前几代相比，他们是改革之后的第一代；而与后几代相比，他们则出生于改革尚未全面推开的初期。这一代完整地见证着中国特色社会主义改革的渐进过程，他们听着市场经济的宣传的同时却在很大程度上实践着计划经济度过童年期，进入青少年时代后，市场经济、现代性、全球化的塑造增强，中国进入改革开放的成熟阶段。两种体制的并存、纠缠与渐变，口号与实践的矛盾与断裂，使他们总是处于一个尴尬且自我矛盾的境地。同时，当他们集体"奔三"，进入工作岗位、面临结婚成家以后，在社会生活的方方面面都再度体会到处于转型历程中所特有的制度"脱节"。由此，他们总是处于各种可能性与改变现状的无力感之间的焦灼状态。比如，知识精英中出现的较强的购买欲望与有限的经济能力的矛盾;"蚁族"在"生活之下,生存之上"的夜色中仰望星空的无奈;新生代农民工身上出现的"融不入的城市,回不去的乡村"的尴尬境地。可以说,他们身上所能观察到的每一种"矛盾",都能从背后找到转型变迁的原因。

不过,虽然有各种各样的矛盾性,但研究发现,这一代人在观念上、行为上的变化更接近于潜移默化的缓慢转变,而不是像西方学生运动那样大张旗鼓地变革。这些改变已在某些社会领域中悄然发生,最突出的比如文化价值和婚恋观念方面,未来会不会在政治上有所突破,还有待于进一步观察。

二　代内分化:典型 80 后子群体

80 后的分化则突出体现为传统的社会分层意义上的分化——职业、收入等,以及文化意义上的分化——生活方式、消费模式、身份认同等。前者源于更深层的社会资源的结构性分化,城乡二元分割的社会结构决定了社会资源分配的巨大差异,进而导致了以受教育机会和水平为基础的职业分化;后者则更大程度上受全球范围内消费主义蔓延以及向后现代迈进的影响。这两类分化不仅背后的作用力各不相同,而且在不同群体身上的表现也未必是一致的。比如本书发现,80 后农民工和大学生群体可能在生活方式以及消费符号上有所趋同,但在职业地位分层体系中是完全分隔的。这些分化的可能维度导致 80 后群体内部前所未有地多元化,子群体之间存在许多沟壑和裂痕,使其持有不同的社会态度。在这个全面的初步调查中,我们发现有三个 80 后群体特别值得学术界进一步关注和讨论。

(1)新生代农民工群体。他们是构成新工人阶级的主要部分,在他们身上已经有阶级意识和阶级行动的迹象,而这种现象会导致现在和未来的劳资冲突日益严重;他们有相对被剥夺感和不公平感;经济理性与价值理性并存,认为打工是为了挣钱,但不仅仅是为挣钱。他们对体面的生活、舒适的工作环境的期待,超越了一般的经济要求。美好生活的预期与强烈的不公平感在他们身上并存。所以,新生代农民工未来的走向是什么,将对社会产生什么影响,非常值得进一步关注。

(2)大学生群体。他们是新中产阶级的后备力量,但目前他们在成为新中产阶级的道路上遇到很大障碍,他们认同国家的理念及成就,并对国家的未来有信心,但对自己的现状并不满意。巨大的就业压力和购房压力,导致了这一群人存在着未能达到中产阶级状态的焦虑。与此同时，这群人还有非常强烈的物质欲望，希望能过上有房有车的较好的生活。理想与现实的剧烈冲突在这群人身上表现得非常突出。

（3）80后中受过优质高等教育的精英群体，他们是主导社会未来走向的群体。985高校毕业生略超过一半人就职于党政机关，可能会对中国未来走什么方向起很大的主导作用；而他们中进入市场的另一批人也有比较大的可能成为各领域中的精英人物。所以这群人的想法和状况对中国社会未来的走向很关键。据调查，这群人享有比较稳定的社会经济地位，包括就业保障、稳定的收入、职业的发展，其中有些人在某些领域崭露头角或成为主力，这群人与主流社会有高程度的融合，对主流社会的认同度较高。

第四节　未来研究展望

最后，我们尝试着简单列举未来青年研究可以不断拓展和深化的几个方面。

首先，应该加大青年研究的国际比较和历史性研究。青年问题与中国当下的社会转型密切关联。一方面，当代青年本身受到社会转型的直接影响并且自身也构成转型的一部分；另一方面，他们也越来越受到全球化的影响，其价值观和行为方式都不再是自我封闭和独立的。因此，为了更完整和准确地理解中国当代青年的境遇与态度，我们应该加大青年研究的国际比较力度。为此，本课题组已经着手开展和推动金砖四国青年比较的研究项目。从历史性视角来看，目前的青年研究在跟踪性研究方面还非常薄弱。美国学者格伦·埃尔德（2004）的经典之作《大萧条的孩子们》给我们带来的一个重要启示就是：历史变迁对于个人的影响不仅体现在孩子人格形成的成长阶段，而且贯穿其成年后的工作生活和整个生命历史，甚至影响到其下一代，并在某种程度上塑造了国民性格。中国30多年来的改革开放和社会转型无疑也在青年一代的身上打下了深刻的烙印，这不仅直接影响到青年的各种当下问题，而且可能影响他们的整个生命历程。因此，需要更加重视长期跟踪性研究。未来研究计划将此80后研究拓展成"当代中国青年就业、生活及价值观追踪研究"，研究对象将不仅包括80后，还包括90后。此外，正尝试建立一个青年人口调查的数据库，包括一个针对全国人口的当代青年生存状况及行为态度调查，以及在当前数据基础上，将本研究发展成一个针对高校在校生及毕业生的追踪调查，目前已完成 2011 年、2012 年及 2013 年的调查，并将调查范围从 985 高校扩展至普通高校和高等职业学院，追踪这代人进入劳动力市场、结婚、生育及未来的发展。未来研究的重点将放在就业与失业、消费模式和生活方式、价值观念和社会政治态度、网络行为及公共参与等方面。

其次，青年研究与互联网研究的结合应该有着更为开阔的问题意识、研究对象和研究手段。随着互联网的迅猛发展，国内针对青少年与互联网关系的研究逐渐从早期的青少年网络使用习惯、网络成瘾等问题扩展到对青少年网络交往和参与、青少年网络社区、青少年网络语言和各种网络亚文化等方面。网络为我们提供了观察年轻人心态的独特窗口，网络流行用语和网络舆情往往折射出青年的价值观和态度。虽然"数字鸿沟"在全社会范围内（如城乡、代与代、阶层之间等）应该比青少年群体内部要大得多，但我们也要注意网络分析手段的代表性问题，因为网络上的发声者并不能"代表"或替代"沉默的大多数"的境遇和看法。此外，我们也应该看到，具有开放、平等、自由等先天属性的互联网，一方面对于青少年发展有着解放和赋权的重大意义，使他们获得了对于父权、社会精英以及官方主流意识形态等前所未有的话语权和自组织空间；但另一方面它的某些内在缺陷以及与商业力量的结盟也会对青少年成长构成新的桎梏和约束，甚至导致其异化问题。这两个方面都是未来的研究需要继续深化的。

再者，青年研究与消费和文化研究之间可以有更为密切的结合。青年群体不仅是消费社会的"晴雨表"，而且也是大众文化的主要影响群体和参与创造者。在"文化"成为"产业"的今天，消费研究和文化研究就在青年群体身上找到了直接的结合点。而对"culture industry"是翻译成"文化工业"还是"文化产业"，不仅反映出当代社会经济与文化的相互融合以及国家对大众流行文化的态度转变，背后更隐含着社会学与经济学、法兰克福学派或伯明翰学派等不同学科和理论视角的分野。

当代青年群体成长于中国社会转型的重要历史阶段，同时又与全球化、信息化、城市化的浪潮以及消费社会的兴起交织在一起。与上一代人相比，他们身上的确受到了更多宏观力量的综合影响，本身就成为一个透视中国当代社会的"万花筒"。同时，青年关系到中国未来的社会

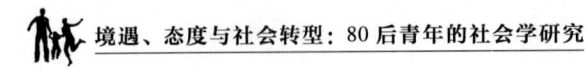

稳定和健康发展，随着其主体性和能动性的不断增强，他们越来越成为社会的参与建设者和主角。因此，青年研究应该更有潜力揭示中国社会转型的某些内在机制和长远趋势，这也就更加迫切地需要加强不同学科之间的合作和融合。

参考书目

K. 曼海姆，2002，《代问题》，徐彬译，南京大学出版社。
格伦·H. 埃尔德，2004，《大萧条的孩子们》，田禾、马春华译，译林出版社。

附录一

表 目

表 3-1　青年人口在总人口中所占比重 …………………………… 33
表 3-2　青年阶层在总人口中所占比重持续降低 ………………… 33
表 3-3　前期 80 后与后期 80 后人口特征比较 …………………… 36
表 3-4　第六次和第五次人口普查年龄段人口性别比 …………… 39
表 3-5　不同受教育程度人口的结婚年龄 ………………………… 41
表 3-6　不同年龄段、不同受教育程度人口的婚姻状况 ………… 41
表 4-1　不同年龄组各阶段升学比例 ……………………………… 51
表 4-2　80 后教育程度及群体差异 ………………………………… 54
表 4-3　80 后升学与未升学者家庭背景比较 ……………………… 62
表 6-1　不同单位类型就业的 80 后人群的不同户籍性质的比例 …… 97
表 6-2　分工作单位和户口性质的 80 后青年在组织内部层级状况 …… 97
表 6-3　不同户口性质 80 后青年的工作技能自评 ………………… 99
表 6-4　80 后职业群体的分布状况和基本特征 …………………… 103
表 6-5　分职业的技术水平状况 …………………………………… 104
表 6-6　代际职业流动 ……………………………………………… 105

表 6 - 7	代际户口性质的流动	106
表 6 - 8	代际文化程度的流动	107
表 6 - 9	代际工作单位的流动	107
表 6 - 10	分职业的收入状况	109
表 6 - 11	分职业的消费状况	110
表 6 - 12	不同职业群体的购买衣物选择差异	111
表 6 - 13	不同职业群体的外出吃饭选择差异	112
表 6 - 14	不同职业群体出行方式的差异	113
表 6 - 15	80后职业群体的经济社会地位自评	115
表 6 - 16	对机会均等的社会态度	116
表 6 - 17	对结果均等的社会态度	117
表 6 - 18	对过程公平的社会态度	118
表 8 - 1	80后农民工的基本特征及比较	139
表 8 - 2	80后农民工的就业工作与经济地位	142
表 8 - 3	80后农民工经济社会地位自评及比较	144
表 8 - 4	80后农民工的支出及比较	145
表 8 - 5	80后农民工购买服装和外出吃饭的选择及比较	147
表 8 - 6	80后农民工手机和网络的使用频率及比较	148
表 8 - 7	80后农民工所遇到的生活压力及其比较	150
表 8 - 8	80后农民工对社会冲突的评价及其比较	151
表 8 - 9	80后农民工的安全感及其比较	152
表 8 - 10	80后农民工的公平感及其比较	153
表 8 - 11	80后农民工和老一代农民工在发生劳动纠纷时的处理方法比较	154
表 9 - 1	中国大学生就业、生活及价值观调查（2010）样本的基本结构	162
表 9 - 2	城乡两类家庭的 SES 比较	164
表 9 - 3	选择独生子女对中国家庭 SES 地位影响的回归检验结果	165
表 9 - 4	独生子女与非独生子女两类青年生命历程事件发生时间的比较	168
表 9 - 5	两类大学生步入社会后 SES 地位的比较	170

表 9-6	国家政策对家庭生育决策影响力的 Logistic 回归	173
表 10-1	80 后内部群体差异：农民工与大学生	185
表 10-2	80 后内部差异：大学生与精英大学学生	188
表 10-3	先赋因素对 985 高校 80 后在校生的经济生活及学业成绩的影响	198
表 10-4	先赋因素对 985 高校 80 后在校生社会交往的影响	199
表 10-5	先赋因素对 985 高校 80 后在校生就业预期的影响	200
表 11-1	"蚁族"全国主要城市分布地域	204
表 11-2	月均支出列表	221
表 11-3	2008~2010 年月平均支出	222
表 12-1	985 高校毕业生人口特征	247
表 12-2	2006~2009 届大学生毕业半年后就业率	247
表 12-3	985 高校历届毕业生目前的就业率和失业率	248
表 12-4	985 高校毕业生的就业和不就业状况	251
表 12-5	2006~2009 届毕业生半年后月薪	252
表 12-6	985 高校在校生期望初职月薪与大学毕业生初职月薪比较	253
表 12-7	毕业后第一份工作的影响因素	258
表 12-8	学业成绩对第一份工作的影响	260
表 13-1	985 高校毕业生拥有房产和受父母资助的情况	268
表 13-2	985 高校毕业生的房产和汽车的拥有情况	269
表 13-3	985 高校毕业生平均每年休闲消费支出	271
表 13-4	985 高校毕业生拥有房产的影响因素	276
表 13-5	985 高校毕业生当前月收入和首份工作月收入的影响因素	280
表 14-1	不同教育程度的 80 后知识精英的恋爱比例	291
表 14-2	80 后知识精英上网习惯与恋爱比例的关系	292
表 14-3	80 后知识精英家庭经济情况与恋爱比例的关系	293
表 14-4	80 后知识精英择偶标准分布	298
表 14-5	80 后知识精英对调和家庭关系的看法	305
表 14-6	80 后知识精英对婚前财产公证和夫妻 AA 制的看法	308
表 15-1	名牌精品服装支出比较	320

表 16-1	政治态度指标、项目及赋值	344
表 16-2	出生年代与受教育程度	347
表 16-3	出生年代与就业单位类型	347
表 16-4	出生年代与流动状况	348
表 16-5	出生年代与互联网使用	349
表 16-6	您对现住地的地方政府的下列方面是否满意？（N=1309）	350
表 16-7	您在多大程度上同意下列说法？（N=1309）	350
表 16-8	您在多大程度上同意下列说法？（N=1309）	351
表 16-9	您觉得当前社会中以下方面的安全程度如何？（N=1309）	351
表 16-10	您觉得在当前社会中以下各方面的公平程度如何？（N=1309）	352
表 16-11	您在多大程度上同意下列说法？（N=1309）	353
表 16-12	您认为我国现在是否存在着社会群体之间的利益冲突？（N=1309）	353
表 16-13	您认为今后我国社会群体之间的利益冲突会激化吗？（N=1309）	353
表 16-14	分析变量的描述性统计（N=7014）	354
表 16-15	政治态度指标平均得分	355
表 16-16	线性回归模型系数（非标准化回归系数）	356
表 16-17	政治态度的代际差异示意	360
表 17-1	六所985高校80后在校生与毕业生的话题关注情况	366
表 17-2	六所985高校80后在校生与毕业生对社会问题影响个人发展程度的评估	367
表 17-3	六所985高校80后在校生与毕业生个人现状与生活地区的满意度	368
表 17-4	六所985高校80后在校生与毕业生的社会评价情况	369
表 17-5	六所985高校80后在校生与毕业生的政治态度	372
表 18-1	中国互联网应用的使用情况	378
表 18-2	本研究所用个人现代性与个人传统型量表的对比	384
表 18-3	遵从权威量表项目	385

表 18 – 4	关系取向量表项目	385
表 18 – 5	男性优越量表项目	386
表 18 – 6	独立自我量表项目	386
表 18 – 7	自由平等量表项目	386
表 18 – 8	对婚姻和性的开放态度量表项目	387
表 18 – 9	工具理性量表项目	387
表 18 – 10	虚无倾向量表项目	388
表 18 – 11	80后群体的个人现代性得分	389
表 18 – 12	80前群体的个人现代性得分	389
表 18 – 13	80后群体的个人传统性	390
表 18 – 14	80前群体的个人传统性	390
表 18 – 15	个人传统性多组验证模型的拟合情况	392
表 18 – 16	个人现代性多组验证模型的拟合情况	394
表 18 – 17	个人现代性各因子单独的分组检验比较	395
表 19 – 1	七国集团与金砖国家主要经济与社会发展指标（调查年与2010年）	403
表 19 – 2	各国样本的年龄组构成（频次）	405
表 19 – 3	样本的基本人口与社会特征	407
表 19 – 4	七国集团与金砖国家80后对政治机构的信心	408
表 19 – 5	七国集团与金砖国家80后对社会机构的信心	409
表 19 – 6	七国集团和金砖国家80后对各政治机构信心的初等因子载荷阵（Component. Matrix）	413
表 19 – 7	政治信心的排名与分布	414
表 19 – 8	政治机构信心与主要经济指标的关系	415
表 19 – 9	七国集团和金砖国家80后"生活满意度量表"的初等因子载荷阵（Component. Matrix）	418
表 19 – 10	个人生活满意度的排名与分布	419
表 19 – 11	个人生活满意度与政治机构信心的相关性	420
表 19 – 12	七国集团和金砖国家80后对四种政治体制的评价、国别排名	421
表 19 – 13	威权主义亲和度与政治机构信心的相关性	423

附录二
图　　目

图 3-1　青年人口与其他年龄人口所占比重的历史变化 …………… 35
图 4-1　1952~2009 年各阶段升学率 ………………………………… 47
图 4-2　高等教育机会增长 …………………………………………… 49
图 4-3　1940~1989 年出生者的升学路径 …………………………… 51
图 4-4　受教育年限性别差异的年代比较 …………………………… 56
图 4-5　80 后教育水平性别差异的城乡比较 ………………………… 56
图 4-6　农业户口 80 后与非农户口 80 后的文化程度比较 ………… 57
图 4-7　出生农村家庭 80 后与出生城市家庭 80 后的文化程度比较
　　　　………………………………………………………………… 58
图 4-8　居住于城市、农村和城乡混合区域的 80 后文化程度差异 … 58
图 4-9　不同身份 80 后的文化程度差异 …………………………… 59
图 4-10　各阶段教育机会城乡差异的年龄组比较 ………………… 61
图 9-1　不同出生组的独生子女总量及其城乡分布 ……………… 158
图 10-1　1970~1999 年全国出生人数及 1988~2008 年高考人数 … 183
图 11-1　"蚁族"调查样本分布 …………………………………… 202

图 11-2	"蚁族"性别分布	206
图 11-3	"蚁族"年龄分布	206
图 11-4	"蚁族"毕业年限与人数比例折线图	207
图 11-5	"蚁族"民族分布	207
图 11-6	"蚁族"户口性质	208
图 11-7	"蚁族"家庭所在地	208
图 11-8	"蚁族"政治面貌	209
图 11-9	"蚁族"宗教信仰	210
图 11-10	"蚁族"婚姻状况	210
图 11-11	"蚁族"同居状况	211
图 11-12	"蚁族"全职工作	212
图 11-13	"蚁族"工作的主要类型	212
图 11-14	"蚁族"换工作的次数	213
图 11-15	"蚁族"从事职业的种类	214
图 11-16	"蚁族"工作单位性质	214
图 11-17	"蚁族"取得第一份全职工作时间（以月为单位）	215
图 11-18	"蚁族"每月收入	216
图 11-19	"蚁族"2008~2010年月平均收入分布	216
图 11-20	"蚁族"在找工作过程中，最看重以上哪三个方面（多选）	217
图 11-21	"蚁族"选择留在大城市的原因	217
图 11-22	"蚁族"2009年与2010年人均居住面积对比	218
图 11-23	"蚁族"是否会在本地长期居住	219
图 11-24	"蚁族"买房计划	220
图 11-25	"蚁族"买房地点	220
图 11-26	"蚁族"亲情支出状况	222
图 11-27	"蚁族"结余状况	223
图 11-28	"蚁族"生活影响因素	223
图 11-29	"蚁族"网络内容使用状况（多选）	225
图 11-30	"蚁族"网络功能使用状况（多选）	225
图 11-31	"蚁族"网络投票	226

图 11-32 "蚁族"网络互动 …………………………………………… 227
图 11-33 "蚁族"对政府和舆论的信任 ………………………………… 228
图 11-34 "蚁族"参与网络群体事件方式（多选）…………………… 228
图 11-35 社会事件与"蚁族"利益关联性 ……………………………… 229
图 11-36 "蚁族"网络群体性事件（多选）…………………………… 229
图 11-37 "蚁族"网络声援 ……………………………………………… 230
图 11-38 "蚁族"认为网络事件对现实的影响 ………………………… 230
图 11-39 "蚁族"网络经历（多选）…………………………………… 231
图 11-40 "蚁族"与网络关系 …………………………………………… 231
图 11-41 "蚁族"对经济方面的态度 …………………………………… 233
图 11-42 "蚁族"对司法方面的态度 …………………………………… 233
图 11-43 "蚁族"对社会事件的态度 …………………………………… 234
图 11-44 "蚁族"对社会问题的关注度 ………………………………… 235
图 11-45 "蚁族"关注事件类别 ………………………………………… 235
图 11-46 "蚁族"希望政府提供的帮助 ………………………………… 238
图 12-1 985 高校历届毕业生初职平均月薪与城镇家庭及就业人员
　　　　 收入比较 ……………………………………………………… 253
图 12-2 985 高校历届毕业生初职平均月薪与城镇家庭及就业人员
　　　　 工资之比 ……………………………………………………… 254
图 12-3 985 高校在校生期望工作单位类型与毕业生初职单位类型
　　　　 ………………………………………………………………… 256
图 13-1 985 高校毕业生平均每月日常开销 …………………………… 265
图 13-2 985 高校毕业生平均每年除日常开销之外的其他支出 ……… 266
图 14-1 80 后在校和毕业知识精英对于婚前接触程度的态度 ………… 296
图 14-2 80 后知识精英择偶影响因素排序 …………………………… 299
图 14-3 80 后知识精英择偶影响因素排序的性别差异 ………………… 300
图 14-4 80 后知识精英对婚外两性关系的看法 ………………………… 302
图 14-5 80 后知识精英对维持婚姻传统的看法 ………………………… 304
图 15-1 北京市工商局宣布的 48 种在市场中禁止销售的国外品牌
　　　　 ………………………………………………………………… 314
图 15-2 在市场上购买假冒商品（服装鞋包）的比例

	(N=650) ……………………………………………	323
图15-3	不同收入者的买假行为差别 ……………………………	323
图15-4	大学生和年轻白领在网络搜索和电子商务中最为活跃 ……	327
图15-5	奢侈品信息来源渠道 ……………………………………	328
图15-6	中国奢侈品网络市场交易规模增长 ……………………	329
图17-1	六所985高校80后在校生对国家历史成就的总体评价 ……	371
图17-2	六所985高校80后毕业生对国家历史成就的总体评价 ……	371
图20-1	不同世代经历转型的生命历程 …………………………	430

后 记

本书是中国社会科学院重大研究项目"境遇与态度：80后青年的社会学研究"的研究成果。此研究项目主要由中国社会科学院社会学研究所青少年与社会问题研究室承担，同时也邀请了其他相关研究人员参与，共同组成了超过十人的研究团队，收集了许多调查数据和访谈资料，历经四年完成。本书的各章作者如下：李春玲（第二章、第三章、第四章、第十二章），吴小英（第五章），张翼（第三章），田丰（第六章、第八章），王玉栋（第七章、第十七章），包蕾萍（第九章），施芸卿（第十章），廉思（第十一章），朱迪（第十三章），马妍（第十四章），孟蕾（第十五章），范雷（第十六章），赵联飞（第十八章），吕鹏（第十九章），第一章"前言"和第二十章"双重转型下的80后青年"为项目组集体智慧的结晶，由施芸卿执笔整理。除上述作者以外，陈昕和李原两位同志也参与了前期的大量研究工作。作为本书的主编，在此向参与研究的所有人员表示感谢。

李春玲

2013年1月5日

图书在版编目(CIP)数据

境遇、态度与社会转型:80后青年的社会学研究/李春玲主编.
—北京:社会科学文献出版社,2013.12(2014.12重印)
(当代中国社会变迁研究文库)
ISBN 978-7-5097-5260-9

Ⅰ.①境… Ⅱ.①李… Ⅲ.①青年社会学-研究-中国-现代 Ⅳ.①C913.5 ②D432.6

中国版本图书馆CIP数据核字(2013)第265184号

·当代中国社会变迁研究文库·
境遇、态度与社会转型:80后青年的社会学研究

主　　编 / 李春玲
副 主 编 / 施芸卿

出 版 人 / 谢寿光
项目统筹 / 童根兴
责任编辑 / 谢蕊芬

出　　版 / 社会科学文献出版社·社会政法分社(010)59367156
　　　　　地址:北京市北三环中路甲29号院华龙大厦　邮编:100029
　　　　　网址:www.ssap.com.cn
发　　行 / 市场营销中心(010)59367081　59367090
　　　　　读者服务中心(010)59367028
印　　装 / 北京季蜂印刷有限公司
规　　格 / 开本:787mm×1092mm　1/16
　　　　　印张:29.25　字数:492千字
版　　次 / 2013年12月第1版　2014年12月第2次印刷
书　　号 / ISBN 978-7-5097-5260-9
定　　价 / 99.00元

本书如有破损、缺页、装订错误,请与本社读者服务中心联系更换

▲ 版权所有 翻印必究